신학박사 논문시리즈 28

The Doctrine of the Trinity
in the Theology of Jonathan Edwards

조나단 에드워즈의
삼위일체론

김유준 지음

CLC

기독교문서선교회(Christian Literature Center: 약칭 **CLC**)는 1941년 영국 콜체스터에서 켄 아담스에 의해 시작되었으며 국제 본부는 영국의 쉐필드에 있습니다.

국제 CLC는 59개 나라에서 180개의 본부를 두고, 약 650여 명의 선교사들이 이동도서차량 40대를 이용하여 문서 보급에 힘쓰고 있으며 이메일 주문을 통해 130여 국으로 책을 공급하고 있습니다.

한국 CLC는 청교도적 복음주의 신학과 신앙서적을 출판하는 문서선교기관으로서, 한 영혼이라도 구원되길 소망하면서 주님이 오시는 그날까지 최선을 다할 것입니다.

The Doctrine of the Trinity
in the Theology of Jonathan Edwards

Written by
You-Joon Kim

Korean Edition
Copyright © 2016 by Christian Literature Center
Seoul, Korea

추천사 1

민경배 박사
백석대학교 석좌교수, 연세대학교 명예교수, 한국교회사학연구원 명예원장

한국교회에 샛별이 뜨는 듯한 훌륭한 저서가 나타났다. 김유준 박사의 『조나단 에드워즈의 삼위일체론』이다.

이 책은 한국교회나 한국신학계에 참신하고도 꼭 필요한 적시(適時)의 간행이다. 사실상 개혁주의 신학의 시조인 존 칼빈 이후 우리 교회에 있어서 가장 탁월한 업적을 이룩했다고 말할 수 있는 조나단 에드워즈의 사상과 그 신앙을 한국의 신학자가 창의적인 연구와 논리 그리고 체계로 대성하여 프로테스탄티즘의 새로운 면모를 구상(具象)하여 상재(上梓)한 것은 별로 많지 않았기 때문이다.

실제 우리 한국교회는 유럽계의 선교 시도에도 불구하고 결국 미국계의 선교에 의해서 세워지고 그리고 지금은 세계에서도 가장 생동력 있는 거대 교회로 우뚝 솟아 있다. 그런데 그 미국교회의 선교사들은 다 미국의 대각성운동과 무디의 부흥운동에 의해서 성령의 감동을 불타게 받고 그 뜨거운 사명감으로 한국을 찾았던 미국의 엘리트 신앙인들이었다.

한데 저자는 한국교회의 신학자들의 연구가 이상하게 유럽 신학계에 더 끌리고 그 연구량도 많다는 사실에 놀랐다. 조나단 에드워즈와 같은 해에 출생한 영국의 감리교 창시자 존 웨슬리나 독일계 경건주의 신학 그리고 칼 바르트와 같은 신학에 대한 연구나 관심

이 이상하게 높다는 사실을 알게 된 것이다. 사실 독일계 경건주의나 위기신학은 우리 한국교회와는 직접적인 연관이 없는 신학이다. 물론 신학연구는 한국교회와 관련 있는 것만 연구한다는 법은 없다.

저자는 한국교회가 가진 그 거대한 힘과 세계적 선교의 기초에 놓인 구조 그 거점(據點)을 밝혀내는 것이 중요하다고 판단한 것이다. 그래서 조나단 에드워즈의 신학과 그의 경건을 연구하게 된 것이다. 조나단 에드워즈는 18세기 미국 뉴잉글랜드의 혼란스런 정치적 환란과 과학과 이성의 거센 도전 그리고 교회의 영적 위기, 그런 어려움 속에서 경이적인 신앙부흥을 주도하였을 뿐만 아니라 미국신학을 빛낸 탁월한 신학적 저술, 그리고 더 나아가 일선의 목회를 통해 거기서도 목회의 교과서적인 성공을 거둔 희대의 거대 신학자이다. 더구나 그런 신학과 신앙 그리고 목회에서 결정적인 영향을 받은 미국계 젊은 신학도들이 한국에 선교하여 이제 세계적인 교회를 이룩한 그 배경의 연구가 중요하다고 하는 것은 다시 말할 필요조차 없는 것이다.

따라서 저자의 간절한 소원은 조나단 에드워즈처럼 신학과 목회를 그렇게 동시에 감당하는 한국교회의 영적 지도자가 배출되기를 간절히 기원한 심정으로 이 책을 내놓게 된 것이다.

한데 이 책은 조나단 에드워즈의 신학 중에서 삼위일체 신학 연구에 집중하고 있다. 그 이유가 뚜렷하다. 하나는 대개 조나단 에드워즈는 극단적인 칼빈주의자이기는 하지만 회중교회(會衆敎會 [Congregationalism], 일본에서는 구미아이교회[組合敎會]) 목사로서 신비주의적인 경향을 강하게 띤 신학자로 알려져 있다. 장로교인은 아니라는 뜻이다. 사실 드와이트 무디도 회중교회 목사이다. 장로교인이 아니다. 그래서 저자는 행여나 이런 회중주의적인 교회론이나 성령

강림을 말할 때 혹시나 신비주의적인 경건에 이를 가능성을 있기 때문에 그런 것을 결정적으로 배제시킬 수 있는 삼위일체론을 큰 기치로 들었디는 인상이다.

다른 하나는 평양대부흥 100주년을 기념한 한국교회가 정확한 전통의 삼위일체론에서 올바른 신학과 신앙의 방향에 이를 수 있다고 보았기 때문으로 보인다. 중요한 것은 한국교회가 성령론이나 구주 예수님의 십자가 보혈의 감격에서 자칫 삼위일체의 구도에서 빗나가는 일이 없도록, 하나님 신앙의 건전하고도 완전한 신앙의 경지에 이르도록 하려고 한 의도가 컸다고 본다.

이 책을 통해서 저자가 보여주고자 한 것이 셋이 있다.

첫째, 조나단 에드워즈의 관계적 삼위일체론을 통해 그리스도인들의 세상을 향한 사랑의 실천이 가능하다는 것이다.

둘째, 조나단 에드워즈의 삼위일체론을 통해 인간과 자연의 모든 사상과 가치에 대한 끊임없는 상대화와 개혁이 추진되어야 한다는 것이다.

셋째, 조나단 에드워즈의 삼위일체론은 그 내적 충만과 그 외적 반복과 확산이 조화를 이루고 있다는 것이다.

저자가 조나단 에드워즈를 연구하고 얻은 결론은 다음과 같다. 곧 기독교가 밖에서 보기에 다른 종교와 결정적으로 다른 것이 바로 이 삼위일체론에 있다는 것이다. 따라서 기독교의 정통성을 확립하고 시위하는 길은 삼위일체론(三位一體論)을 확립하고 그 것을 지속적으로 확인하고 견지하고 고양하는 데 있다고 믿는다. 그리고 다른 하나, 이 삼위일체론이 안으로는 교회 예배의 중심이 되고, 신학의 중심교리가 되고, 하나님을 향안 인간의 근원적인 신앙 패턴의 원형이 되어야 한다고 믿는다.

저자는 난해하기로 유명한 미국의 초기 거대 신학자 조나단 에드워즈의 신학, 그 중에서 가장 핵심적인 것으로 알려진 삼위일체론을 담백한 추리로 연구하였다. 그리고 그것을 한국교회의 중추적인 신학으로 정립하고 한국교회 예배의 규범으로 확립시키려는 간절하고도 웅대한 포부로 이 연구를 시작하였다. 그러노라 그 동안의 누적된 풍부한 사상을 면밀하게 조목조목 가슴과 영으로 검증해 나갔다. 그리고 때로는 대담한 추리적 접근도 마다하지 아니하였다. 조나단 에드워즈와 한국교회와의 원근관계를 측정하고 그 결과를 우리 한국교회의 구심점과 거점으로 정착시킬 절묘한 터전을 찾아 제공한 것이다.

저자가 읽은 책만도 577권에 이른다. 대단한 자료 섭렵(涉獵)이요, 연구와 체계화와 그 구상화이다. 그렇게 해서 여기 한국교회 실용에 대한 자료들을 내놓게 된 것이다. 그 노고와 결실은 한국교회의 역사의 자료실에 영구 보존될 것이다.

여기 저자의 탁월한 탐색연구에 갈채를 보내면서, 한국교회 기왕의 거대 이미지를 새롭고도 확고하게 조율하고 보완하는 이 책의 간행에 감격하여 여기 추천사로 보(補)하고자 하는 바이다.

추천사 2

이양호 박사
연세대학교 명예교수, 한국교회사학회 회장 역임, 한국칼빈학회 회장 역임

김유준 박사가 연구한 조나단 에드워즈는 칼빈주의 전통에 서 있는 미국의 위대한 신학자다. 에드워즈는 아우구스티누스, 루터, 칼빈, 웨슬리 등과 비교해 볼 때, 칼빈과 같이 단명했음에도 불구하고 매우 많은 저작을 남겼을 뿐만 아니라, 심오한 신학사상을 지녔다. 즉 에드워즈는 합리주의에 맞서 성령의 사역을 강조했고, 다른 한편으로는 열광주의에 맞서서 이성을 강조했다. 그는 율법주의와 반율법주의 사이에서 중도의 길을 택하며, 율법주의에 대항해서 이신칭의를 주장했고, 반율법주의에 대항해서는 신앙의 실천을 강조했다. 특히 에드워즈의 부흥운동은 미국의 가장 영향력 있는 종교적 실천들 가운데 하나의 원형이 되었고, 그의 설교는 미국의 가장 유명한 설교가 되었다.

이처럼 조나단 에드워즈는 17세기 청교도 전통과 유럽 대륙의 칼빈주의적 전통에서 이어받은 신학에 충실하였으며, 18세기 복음주의의 출현에 중추적 역할을 했다. 칼빈이 종교개혁 전통과 당시 새로운 인문주의 사상을 종합한 사상가라고 한다면, 에드워즈는 칼빈주의 전통과 당시 새로운 경험주의 사상을 종합한 사상가로 평가할 수 있다.

김유준 박사의 『조나단 에드워즈의 삼위일체론』은 18세기 뉴잉글랜드의 청교도 칼빈주의자인 조나단 에드워즈의 삼위일체론에 나

타나는 독창적인 내용과 특징을 고찰함으로 현대 그리스도인들의 신앙과 삶의 실천적인 토대와 지침을 규명하고자 했다.

김유준 박사는 동서방교회의 삼위일체론을 종합한 아우구스티누스, 루터, 칼빈, 그리고 전통적 삼위일체론을 에드워즈가 조화와 균형으로 탁월하게 체계화했음을 논증했다. 하나님의 영광과 절대주권을 강조한 에드워즈는 삼위일체 하나님에 대한 지식과 경험을 자신의 신학과 사상의 근간으로 삼았기에, 에드워즈의 삼위일체론에 대한 김유준 박사의 연구는 에드워즈의 신학과 사상을 파악하는 데 있어서 중요한 초석이 된다.

김유준 박사는 북미 학자인 에이미 포오(Amy P. Pauw)와 스티븐 스튜드베이커(Steven M. Studebaker)의 연구를 중심으로 에드워즈의 삼위일체론을 비교분석했다. 에드워즈의 사상이 아우구스티누스의 상호 간의 사랑 모델뿐만 아니라, 사회적 모델의 영향도 받았으며, 개혁적 전통과 초기 계몽주의의 영향 속에서 창조적으로 계승했음을 저자는 삼위일체적 전망의 방법론으로 파악했다. 또한 이상현 교수의 경향적 존재론을 근거로 에드워즈가 이신론과 자연과학의 도전을 극복했고, 경험적 인식론을 통한 삼위일체 하나님 이해로 참된 신앙적 감정과 실천을 강조했다고 보았다. 에드워즈의 삼위일체론에 나타난 적극적인 사랑의 행위자이신 성령의 인도하심을 통해, 인류와 자연만물이 하나님의 영광을 향한 천지창조 목적에 적극적으로 동참할 수 있는 근거가 마련된다.

한국교회의 개혁과 갱신을 부르짖는 이 시대에, 신학연구와 목회를 병행하며 고민한 흔적이 배어있는 김유준 박사의 『조나단 에드워즈의 삼위일체론』을 통해 신앙의 근본적 성찰과 대안을 모색하는 기회가 되길 기대하며 이 책을 추천한다.

추천사 3

박명수 박사
서울신학대학교 교회사 교수, 현대기독교역사연구소장

　삼위일체는 기독교 신앙의 핵심진리를 잘 요약하고 있다. 따라서 삼위일체를 이해하는가, 그렇지 못한가에 따라서 기독교를 올바르게 이해하고 있는가, 그렇지 못한가를 알 수 있다.

　김유준 박사는 바로 이 기독교의 핵심진리를 조나단 에드워즈의 저작을 통해서 우리에게 알려 주고 있다. 조나단 에드워즈는 미국이 낳은 세계적인 신학자로서 기독교의 전통을 영미 경험주의적인 배경을 갖고 참신하게 설명하였다. 에드워즈는 신학자이면서 동시에 체험적인 신앙을 가진 부흥사로서 미국의 제1차 대각성운동을 이끌었다.

　현재 한국교회는 에드워즈와 같이 깊은 신학과 뜨거운 체험을 가진 부흥사를 필요로 한다. 김유준 박사의 조나단 에드워즈 연구가 한국교회에 새로운 도전이 되기를 기대한다.

추천사 4

김회권 박사
숭실대학교 기독교학과 교수, 프린스턴신학대학원 성서신학 박사

저자 김유준 박사의 연세대학교 신과대학 박사학위 논문을 풀어 쓴 이 책은 기독교 신학의 중심인 삼위일체론에 대한 본격적인 연구서로 서구의 학자들의 어떤 삼위일체 연구서보다 더 잘 읽힌다. 이 책은 삼위일체론으로 본 2000년 교회사개관이라고 해도 될 만큼 교회사적 맥락에 비추어 시도된 삼위일체론 연구다. 18세기 미국 1차 부흥운동의 중심지도자였던 조나단 에드워즈의 생애와 사상을 다룬 2부를 먼저 읽고 1부를 읽은 후에 나머지 장들을 순서대로 읽으면 훨씬 더 잘 이해가 될 것이다. 이 책의 특장(特長)은 세 가지다.

첫째, 삼위일체론이 얼마나 실천적인 함의가 가득 찬 교리이며 서구교회사의 위대한 신앙적 성취물인지를 조리있게 진술한다는 점이다. 삼위일체론은 단지 예수 그리스도와 성령의 신성고백을 위한 부수적인 교리가 아니라 인간공동체의 이상적인 모델과 기독교생태신학, 여성신학을 착상하며, 다문화다인종 다종교라는 포스트모던 사회의 교회의 선교적 좌표를 설정하는 데 결정적인 영적 자산이다.

둘째, 조나단 에드워즈의 신앙과 이성, 영성과 지성의 겸전과 조화를 통해 구축된 삼위일체론이 2000년 교회사에 등장했던 여러 삼위일체론의 지류들을 어떻게 효과적으로 합류시키는가를 잘 보여준다. 이 점에서 이 책의 제5부 조나단 에드워즈의 삼위일체론 특징

이 특별히 유익한 깨달음을 준다. 저자는 에드워즈의 삼위일체론을 심리학적 삼위일체론과 사회적 삼위일체론의 연속성, 내재적 삼위일체론과 경륜적 삼위일체론의 조화, 관계적 삼위일체론과 실천적 삼위일체론의 균형이라는 측면에서 에드워즈의 삼위일체론의 교회사적 기여를 부각시킨다. 조나단 에드워즈가 초대의 동방교회와 서방교회의 사상과 함께 종교개혁자들 그리고 개혁적 계몽주의자들의 전통적인 삼위일체론을 창조적으로 계승(繼承)한다는 점을 강조한다.

셋째, 김유준 박사는 삼위일체론이 난해하고 신비한 교설이라는 통속적인 몰이해를 넘어 조나단 에드워즈의 삼위일체론이 현대 포스트모더니즘의 다원주의(多元主義) 사회에 도전하는 면이 있음을 부각시킨다. 삼위일체론을 방어적인 입장에서 보는 것이 아니라 문화변혁적 관점에서 해석한다.

이 책은 교회사의 서사적 맥락을 따라 조나단 에드워즈의 삼위일체론의 의의를 발굴하고 그 특장(特長)을 잘 드러냈다. 제목이 주는 묵직함에 비해 결코 어렵지 않다. 오히려 이 책을 읽는 내내 우리는 삼위일체 하나님을 묵상하게 되고 경배하고픈 열망에 사로잡히게 된다. 삼위일체 하나님은 신비한 구름이자 빛이지만 또한 한국어로 설명되는 성육신의 하나님이시다. 우리는 하나님을 영원히 예배하고 찬양하고픈 열망에 사로잡히지만 또한 하나님의 속마음을 알고 이해하고 납득하기를 원한다. 따라서 삼위일체론은 맹목적인 신앙대상이기만 해서는 안 된다. 인간의 지적 규명과 탐구의 대상이기도 하다. 이 책은 이 두 가지 면 모두를 붙들고 있다.

추천사 5

장경철 박사
서울여자대학교 기독교학과 교수, 프린스턴신학대학원 조직신학 박사

김유준 박사의 책 『조나단 에드워즈의 삼위일체론』은 조나단 에드워즈가 전개했던 삼위일체 하나님 이해를 탁월하게 서술한 책이다. 이 책은 하나님이 어떻게 창조 이전부터 역동적인 모습으로 존재하였으며, 하나님이 역사 속에서 어떻게 그 역동성을 펼쳐나가는 존재인가를 명료하게 서술하고 있다.

조나단 에드워즈는 하나님의 역동성을 매우 강조한 신학자이다. 에드워즈에게 있어서, 하나님이 존재한다는 것은 단순한 존재 자체가 아니라 하나님이 끝없이 자신을 영화롭게 펼쳐나간다는 것을 의미한다. 그렇기에 하나님을 믿는 사람들이 역사 속에서 정체된 상태로 머무는 것은 있을 수 없는 일이었는데, 저자는 그 내적인 논리를 에드워즈의 삼위일체 하나님 이해에서 발견한 것이다.

혹시라도 삼위일체론은 단지 사변적인 교리에 불과하다고 생각했던 독자라면, 김유준 박사가 해석하는 조나단 에드워즈의 역동적 삼위일체 하나님 이해를 통해서 기독교적 하나님의 역동성을 재발견할 수 있을 것이며, 에드워즈가 왜 놀라운 부흥운동의 주창자가 되었는지에 대한 신학적 근거도 포착할 수 있을 것이다. 오늘날 정체된 한국교회에 새로운 활력을 불어넣을 수 있는 신학적 저술이기에 이 책을 기쁨으로 추천한다.

추천사 6

김근주 박사
기독연구원 느헤미야 전임연구위원, 영국 옥스퍼드대학교 구약학 박사

2천년의 교회 역사 동안 우리 신앙의 핵심적인 기둥으로 자리해 온 삼위일체론은 얼핏 사변적으로 보이지만, 세상을 지으시고 사랑하시는 하나님의 존재 방식이라는 점에서 근원적으로 사변적일 수가 없을 것입니다. 격변의 시기를 신실한 그리스도인이자 목사요 학자로 살아온 조나단 에드워즈의 삼위일체 이해는 삼위일체론이 결코 현실과 동떨어진 이론이지 않음을 명확히 보여줍니다.

그리고 그렇게 이 책의 저자인 김유준 박사 역시 21세기 우리 현실을 고민하고 고생하고 신음하며 살아오셨습니다. 그래서 이 책은 변함없는 신앙의 진리를 격변기 미국 현실을 살아간 에드워즈가 어떻게 이해하고 다루었는지, 그리고 오늘의 우리 현실과 교회 안에서 우리는 어떻게 살아가야 하는지 깊은 통찰력을 제공해 줄 것이라 확신합니다.

추천사 7

박노훈 박사
신촌성결교회 담임목사, 연세대학교 신약학 부교수

　삼위일체 하나님의 신앙고백은 삶의 해체를 경험하는 현대의 그리스도인들에게 다시 깊이 고백되어야 한다. 조나단 에드워즈의 삼위일체 사상에 대한 이 책의 깊은 통찰은, 올바른 지식과 인식과 경험을 통한 교회의 영적 각성과 부흥이 꼭 필요하다는 사실을 일깨워 준다.
　삼위일체 하나님의 속성은 현대인들이 봉착한 상대적 박탈감과 소외감 속에서도, 깊은 공동체성의 희망과 가능성을 제시한다. 보편적 이성의 추론을 활용하되, 자신의 시대를 위해 삼위일체의 하나님을 새롭게 소개하였던 탁월한 신학자 조나단 에드워즈를 가이드로 삼는다면, 오늘의 그리스도인들 역시 자신의 언어로 삼위일체 하나님을 이해하며, 하나님의 영광으로 자신의 삶을 다시 가득 채울 수 있을 것이다.

감사의 글

김유준 박사
은진교회 담임목사, 연세대학교 교회사 겸임교수 역임

주의 성령이 내게 임하셨으니 이는 가난한 자에게 복음을 전하게 하시려고 내게 기름을 부으시고 나를 보내사 포로된 자에게 자유를, 눈먼 자에게 다시 보게 함을 전파하며 눌린 자를 자유케 하고 주의 은혜의 해를 전파하게 하려 하심이라 (눅 4:18-19).

『조나단 에드워즈의 삼위일체론』은 필자의 연세대학교 대학원 교회사 박사학위(Ph. D.) 논문을 토대로 출간한 저서입니다. 이 저서를 통해 조나단 에드워즈처럼 신학과 목회를 탁월하게 감당하는 한국교회의 영적 지도자가 많이 세워지길 소망합니다. 한국교회가 삼위일체 하나님에 대한 온전한 지식으로부터 참된 신앙을 회복되고, 희년의 기쁨으로 공평과 정의로 통치하시는 하나님 나라를 든든히 세워가길 기도합니다.

이 저서가 출판되기까지 여러 교수님의 가르침과 도움이 있었기에 가능했습니다. 교회사 학문의 길을 열어 주시고 본을 보여 주신 한태동, 민경배, 이양호 교수님과 이상현 교수님을 비롯하여 박사논문을 지도해 주신 교수님들께 감사드립니다. 연세대학교 신학과, 교목실, 한국교회사학연구원, 한국교회사학회, 한국칼빈학회, 한국에드워즈학회, 한신대학교 등의 수많은 교수님들의 가르침과 동료 학자들과의 세미나 덕분에 학자적 자질과 학문적 명료함을 더할 수 있었습니다.

  목회와 강의를 병행할 수 있도록 배려해 주신 은진교회 교우들께 감사드리며, 부족한 저를 위해 늘 헌신적인 사랑과 기도로 격려해 주시는 양가 부모님들과 형제들에게 감사드립니다. 언제나 든든한 버팀목이 되어 하나님의 나라를 위해 함께 달려갈 수 있도록 따스한 사랑과 기도로 힘이 되어 주는 사랑스런 아내와 아이들에게 고마움을 전합니다. 끝으로 이 책이 나오기까지 수고를 아끼지 않은 기독교문서선교회 모든 분들께 감사의 마음을 전합니다.

  제 삶을 언제나 신실하게 인도해 주신 삼위일체 하나님께 모든 영광과 찬양을 올려드립니다.

"Solo Deo fruendum."

2016년 8월 10일
서울 연희동에서

목차

추천사 1 ◆ 민경배 박사(백석대학교 석좌교수)   4
추천사 2 ◆ 이양호 박사(연세대학교 명예교수)   8
추천사 3 ◆ 박명수 박사(서울신학대학교 교회사 교수)   10
추천사 4 ◆ 김회권 박사(숭실대학교 기독교학과 교수)   11
추천사 5 ◆ 장경철 박사(서울여자대학교 기독교학과 교수)   13
추천사 6 ◆ 김근주 박사(기독연구원 느헤미야 전임연구위원)   14
추천사 7 ◆ 박노훈 박사(신촌성결교회 담임목사)   15
감사의 글   16
약어표   20

제1부 서론   21
제1장 삼위일체론은 사변이 아닌 최상의 실천적 교리   22
제2장 에드워즈의 삼위일체론에 관한 최근 연구   34
제3장 삼위일체적 전망을 통한 연구   44

제2부 조나단 에드워즈의 생애와 신학사상   57
제1장 18세기 뉴잉글랜드의 상황과 에드워즈의 생애   58
제2장 신학사상   91
제3장 신학사상의 특징   109

제3부 삼위일체론의 형성과 조나단 에드워즈의 계승   137
제1장 삼위일체론의 성경적 토대와 형성   138
제2장 조나단 에드워즈의 전통적 삼위일체론 계승   167
제3장 조나단 에드워즈의 삼위일체론 계승에 관한 논쟁   200

제4부 조나단 에드워즈의 삼위일체 하나님에 대한 정의와 속성 227

제1장 최초의 신성, 하나님의 관념, 사랑의 행위자 228
제2장 삼위일체 하나님의 속성과 동등성 275
제3장 경향성과 조화를 통한 삼위일체 하나님 이해 309

제5부 조나단 에드워즈의 삼위일체론 특징 331

제1장 심리학적 삼위일체론과 사회적 삼위일체론의 연속성 332
제2장 내재적 삼위일체론과 경륜적 삼위일체론의 조화 349
제3장 관계적 삼위일체론과 실천적 삼위일체론의 균형 366

제6부 결론 395

제1장 요약 396
제2장 평가 405
제3장 전망 411

참고문헌 414
ABSTRACT 451

◆ 그림 차례 ◆

그림 1: 삼위일체 하나님의 세 위격의 상호포괄 관계 281
그림 2: 이해와 사랑을 통한 삼위일체 세 위격의 관계 283
그림 3: 삼위일체 세 위격 안에 공유된 명철과 의지 286
그림 4: 인간 중심적 수직구조 320
그림 5: 하나님 중심적 수평구조 320

약어표

ANF	*The Anti-Nicene Fathers*
CH	*Church History*
CTJ	*Calvin Theological Journal*
HCC	Philip Schaff, *History of the Christian Church*
HTR	*Harvard Theological Review*
LCC	*The Library of Christian Classics*
LCL	*The Loeb Classical Library*
LW	*Luther's Works*
NPNF	*A Select Library of the Nicene and Post-Nicene Fathers of the Christian Church*
OSA	*Obras de San Augustin*
OS	*Joannis Calvini Opera Selecta*
PG	*Patrologia Graeca*
PL	*Patrologia Latina*
SJT	*Scottish Journal of Theology*
WJE	*The Works of Jonathan Edwards, Yale University*
ZThK	*Zeitschrift für Theologie und Kirche*

제1부 서론

제1장 | 삼위일체론은 사변이 아닌 최상의 실천적 교리
제2장 | 에드워즈의 삼위일체론에 관한 최근 연구
제3장 | 삼위일체적 전망을 통한 연구

제1장

삼위일체론은 사변이 아닌 최상의 실천적 교리

　기독교의 삼위일체론(三位一體論)은 다른 종교의 신(神) 개념이나 계시(啓示) 이해와는 구별되는 특징이다.¹ 삼위일체론은 기독교 신앙과 예배(禮拜)의 가장 깊은 곳의 심장이자 전통신학의 중심적 교리이고, 하나님을 알아가는 근본적인 지식이다.² 삼위일체론은 교회가 만들어 낸 사변적(思辨的) 교리가 아니라, 초대 기독교 공동체의 하나님 체험(體驗)에 근거한 아주 구체적이며 실제적인 교리다. 삼위일체론은 모든 기독교 신학과 교리의 내용을 그 안에 포함하는 형식적 원리로서 기독교와 비기독교를 구분하는 기준이 될 만큼 중요한 교리다.³ 또한 삼위일체론은 초대교회의 이단(異端) 사상으로부터 교회

1　Karl Barth, *Church Dogmatics*, I.1. tr. G. W. Bromiley (Edinburgh: T. & T. Clark, 1975), 297.
2　Thomas F. Torrance, *The Christian Doctrine of God, One Being Three Persons* (Edinburgh: T. & T. Clark, 1996), 2.
3　박 만, 『현대 삼위일체론 연구』 (서울: 대한기독교서회, 2003), 13-15.

를 지키려했던 하나의 '방어적인' 개념을 뛰어넘어,[4] 그리스도인의 삶과 사상으로 안내하는 최상의 실천적 교리다.[5] 자로슬라브 펠리칸(Jaroslav Pelikan)은 삼위일체론을 초대교회 교리적 발달의 정점으로 보았다.[6] 그러면서 그는 교회가 유대교의 유일신론(唯一神論)은 옹호하면서도 이교 사상과의 로고스 개념에 대해서는 타협했다고 지적했다. 또한 자로슬라브 펠리칸은 삼위일체론을 예수 그리스도의 정체성 질문에 대한 교회의 응답으로부터 발전된 것이라고 설명하였다.[7]

기독교 신앙에 있어서 삼위일체론이 이처럼 중요한 위치를 차지하고 있음에도 불구하고, 근현대의 그리스도인들은 삼위일체론을 추상적이고 이해하기 힘든 사변적 교리로 간주했다. 임마누엘 칸트(Immanuel Kant)는 일신론(一神論)이든 삼신론(三神論)이든 그것이 우리의 잠재적 삶에 아무런 규칙도 끌어낼 수 없다면서, 우리가 자유롭고 책임 있는 삶을 살기 위해서 윤리적 일신론으로도 충분하다고 생각할 정도였다.[8] 프리드리히 헤겔(Georg W. Friedrich Hegel)은 삼위

---

[4] 에밀 브루너는 삼위일체 교리를 '방어적 교리'(defensive doctrine)라고 했다. Emil Brunner, *The Christian Doctrine of God: Dogmatics*, vol. 1, tr. Olive Wyon (London: Lutterworth Press, 1949), 206.

[5] Roser E. Olson & Christopher A. Hall, 『삼위일체』, 이세형 역 (서울: 대한기독교서회, 2004), 13.

[6] Jaroslav Pelikan, *The Christian Tradition 1: The Emergence of the Catholic Tradition (100-600)*, vol. 1 (Chicago: The University of Chicago Press, 1971), 172-226.

[7] Pelikan, *The Christian Tradition 1: The Emergence of the Catholic Tradition (100-600)*, vol. 1, 172-226.

[8] "삼위일체론은 우리가 그것을 이해할 수 있다고 생각할지라도 실천적 의미를 가지고 있지 않다. 삼위일체론이 모든 개념을 넘어선다고 생각될 경우 그것은 한층 더 무의미하게 된다." Immanuel Kant, *The Conflict of Faculties*, tr. Mary J. Gregor (New York: Abaris Books, 1979), 65.

일체론을 종교적 진리가 아닌 철학적 진리라고 보면서, 신앙의 본질과는 아무런 관계가 없는 부수적인 교리로 간주하였다.[9]

특히 19세기 신학의 교부(敎父), 즉 현대신학의 아버지로 불리는 프리드리히 슐라이어마허(Friedrich Schleiermacher) 이후 많은 신학자들이 삼위일체론을 하나의 사변이나 기독교 신앙의 부차적 요소로 간주했다. 슐라이어마허는 삼위일체론이 기독교적 자기인식(自己認識)에 대한 직접적인 진술이 아니라, 여러 가지 진술들의 결합에 불과하기에 그리스도인의 신앙적 본질과는 아무런 관계가 없으며, 아무런 구성적(構成的) 의미도 없다고 했다.[10] 이러한 견해로 그리스도인들은 비록 삼위일체론을 정통(正統)이라고 고백하기는 하지만, 그 실제 생활에서는 거의 예외 없이 단일신론자(單一神論者)로 살아가게 되었으며,[11] 일신론적(一神論的) 사고방식을 극복하지 못하는 결과를 초래했다.[12]

하지만 고대(古代)의 종교적인 세계에서 기독교가 외친 하나님에 대한 삼위일체론은 기독교를 다신론(多神論), 범신론(汎神論), 그리고 일신론(一神論)으로부터 구별하는 이론이었기에, 삼위일체론은 기독교를 다른 모든 종교들로부터 구별하는 매우 중요한 구성적 의미를

---

9 Georg W. Friedrich Hegel, *Lectures on the Philosophy of Religion: The Lectures of 1827*, III, tr. Peter C. Hodgson (University of California Press, 1988), 148.
10 Friedrich Schleiermacher, *The Christian Faith*, tr. & ed. H. R. Mackintosh & J. S. Stewart (Edinburgh: T. & T. Clark, 1968), 738.
11 Karl Rahner, *The Trinity*, tr. Joseph Donceel (London: Herder & Herder, 1970), 10.
12 이에 대해 라칭거(J. Ratzinger)는 '삼위'(三位)를 표현하는데 있어서 프로소폰(πρόσωτον)과 페르조나(persona)의 개념을 채택(採擇)함으로 인해 일어난 불가피(不可避)한 일이라고 본다. J. Ratzinger, *Einführung in das Christentum*, S. 129; 김균진, 『기독교조직신학 Ⅰ』 (서울: 연세대학교출판부, 1984), 236-237에서 재인용함.

가지고 있다.[13] 사실 삼위일체 교리만큼 기독교 신앙에 있어서 근본적이면서도 해석하기 어려운 교리도 없다.[14] 아우구스티누스도 "이 주제에 대한 오류가 더 위험하며, 더 많은 노력이 필요하다"(*quia nec periculosius alicubi erratur, nec laboriosius aliquid quaeritur*)고 지적하면서,[15] "이 진리를 깨달을 때에 이보다 더 유익한 주제는 없다"(*nec fructuosius aliquid invenitur*)고 했다.[16]

이러한 해석상의 어려움에도 불구하고 삼위일체 하나님에 대한 지식과 신앙은 그리스도인의 궁극적 관심사이며, 삼위일체 하나님을 어떻게 이해하느냐에 따라 삶 전체에 큰 영향을 미칠 수밖에 없다. 그렇기에 삼위일체론에 대한 바른 이해는 예수 그리스도의 신성(神性)을 고백함으로써 그 사건을 하나님 자신의 구원(救援) 사건으로 고백하게 한다. 그것은 예수 그리스도와 관계없는 하나님의 무시간적인 영원한 존재(存在)에 대한 사색에서 오는 것이 아니라 그리스도의 역사적 사건에 대한, 그의 계시(啓示)에 대한 경험으로부터 형성된 것이다.[17] 또한 삼위일체론에 대한 이해는 하나님과 동일한

---

13 김균진, 『기독교조직신학 I』, 240.

14 Cyril C. Richardson, "The Enigma of the Trinity," *A Companion to the Study of St. Augustine*, ed. Roy W. Battenhouse (Grand Rapids, Michigan: Baker Book House, 1979), 235.

15 아우구스티누스의 라틴어 본문은 스페인어와 상하 비교로 구성된 San Augustin, *Obras de San Agustin* T. v: *Tratado Sobre la Santísima Trinidad*, ed. Luis Arias, *Biblioteca de Autores Cristianos* vol. 39, 3rd ed. (Madrid: La Editorial Catolica, S.A., 1968)을 사용하였고, 이후로는 다음과 같이 표현한다. Augustini, *De Trinitate*, I.3.5, 121.

16 Augustini, *De Trinitate*, I.3.5, 121.

17 이러한 사상은 근본적으로 루터의 '십자가 신학'(*theologia crucis*)에서 비롯된 것으로 칼 라너(K. Rahner), 한스 발타잘(Hans Balthasar), 뮐런(H. Mühlen), 한스 큉(Hans Küng), 아돌프 슐라터(Adolf Schlatter), 파울 알타우스(Paul Althaus), 칼

성령(聖靈)의 신성(神性)을 고백함으로써 성령의 사건을 하나님의 구원 사건으로 고백하게 한다.[18]

신앙의 본질과 현실적 삶에 대한 깊은 연관을 갖고 삼위일체론에 대한 논의들이 근현대에 들어 다시금 활발히 진행되었다.[19] 칼 바르트(Karl Barth)와 칼 라너(Karl Rahner)는 하나님의 구원하심에 대한 교회의 신학적 성찰로서 삼위일체론을 연구하였다. 칼 바르트는 역사 속의 한 구체적 인물인 예수 그리스도를 통해 나타난 하나님의 자기 계시에 대한 교회의 교리적 표현이 삼위일체론이라고 하였다. 그러면서 그는 하나님의 구원사건의 정점인 예수 그리스도를 통해 삼위일체 하나님께서 온전히 계시되었다면 삼위일체 교리는 우리의 구원 사건과 더욱 긴밀히 연결되어야 함을 강조했다.[20]

칼 라너 역시 칼 바르트의 사상을 더욱 철저화해서 삼위일체론을 철저히 구원 사건 안에서 이해한다.[21] 하나님의 삼위일체 존재를 십자가에 달려 고난(苦難)과 죽음을 당한 예수 그리스도로부터 이해하고자 하는 견해는 에버하르트 윙엘(Eberhard Jüngel)과 위르겐 몰트만(Jürgen Moltmann)한테서 잘 나타난다.[22]

한편, 위르겐 몰트만과 레오나르도 보프(Leonardo Boff) 그리고 샐

바르트(Karl Barth), 가이어(H. G. Geyer)의 사상에도 나타난다. Paul Althaus, *Die Theologie Martin Luthers* (Gütersloh, 1975), 35ff.

18 김균진, 『기독교조직신학 I』, 240-245.
19 박만, 『현대 삼위일체론 연구』, 16-44.
20 Karl Barth, *Church Dogmatics*, I.1. tr. G. W. Bromiley (Edinburgh: T. & T. Clark, 1975).
21 Karl Rahner, *The Trinity*, tr. Joseph Donceel (London: Herder & Herder, 1970).
22 Eberhard Jüngel, *Vom Tod des lebendigen Gottes*, in *ZThK*, 1968, 106; J. Moltmann, *Der gekreuzigte Gott* (München 1972), 186-189.

리 맥페이그(Sallie McFague)는 삼위일체 교리에서 자유롭고 평등(平等)한 사회 및 생태계 보존에 대한 신학적 원리를 찾았다. 위르겐 몰트만은 삼위일체론에서 정의롭고 평등한 사회의 신학적 원리를 찾은 다음 그것을 생태계의 영역에까지 확장한다.[23]

특히 몰트만은 칼 바르트와 칼 라너의 삼위일체론이 일체성(一體性)에서 출발하여 삼위(三位)의 완전한 상호 구분성을 말하는데 실패함으로써 충분히 삼위일체론적이지 않다고 비판하면서 사회적(社會的) 삼위일체론을 전개한다.[24] 즉 삼위일체 신학이 해명해야 하는 문제는 하나님 안의 삼위성(三位性)이 아니라 일체성(一體性)이다. 그래서 삼위 하나님의 일체는 숫자적인 하나가 아니라 세 신적 위격(位格)의 연합(Vereinigung)이며 세 위격 상호 관계 속의 교제(Gemeinschaft)에서 발견된다. 삼위의 연합(聯合)은 단지 신학적인 것만이 아닌, 예수 그리스도의 삶과 죽음과 연관해서 온 세계의 회복(回復)과 구원을 포함하기에 구원론적(救援論的)이다.[25]

레오나르도 보프는 삼위일체 하나님의 영원한 사랑의 사귐과 일치(一致)에서 진정한 인간 해방(解放)과 평등(平等)을 위한 신학적 원리를 찾는다. 즉 레오나르도 보프는 세 신적 위격의 온전한 사랑의 연합과 교제로 이해되는 사회적 삼위일체론이 삼위 하나님의 신비(神秘)를 가장 적절하게 설명하며 또한 우리 시대에 가장 적합한 삼위일체 모형(模型)이라고 주장한다. 그래서 삼위 하나님의 연합은 인

---

23 Jürgen Moltmann, *The Trinity and the Kingdom: The Doctrine of God*, tr. Margaret Kohl (London: SCM Press, 1981).

24 Moltmann, *The Trinity and the Kingdom: The Doctrine of God*.

25 Moltmann, *The Trinity and the Kingdom: The Doctrine of God*, 151-158.

간이 만든 모든 억압(抑壓)과 지배(支配)의 구조를 비판하며 그것을 극복하는 비전과 힘을 제공한다.[26]

샐리 맥페이그는 생태계 회복(回復)과 생명 보전(保全)을 가능하게 하는 신학을 전개한다.[27] 또한 볼프하르트 판넨베르크(Wolfhart Pannenberg)는 신적 본질을 삼위(三位)로 구별(區別)되는 세 신적 위격(位格) 속에서 관계적으로 구성된 연합으로 보며,[28] 이러한 신적 연합 역사 속에서 계속 이루어지는 종말론적(終末論的) 과업으로 설명한다.[29]

이렇듯 삼위일체론은 하나님의 구원과 관련된 그리스도인의 삶을 비롯하여, 개인과 사회의 자유와 평등 그리고 생태계 보존 등 오늘날의 다양한 현안(懸案)들에 대한 근본 해결책 마련을 위해 연구되어 왔다. 삼위일체론이 기독교 신학과 신앙의 근본적 토대를 제공하기 때문이다.

한편, 21세기를 살아가는 현대인들은 포스트모더니즘의 영향으로 인해 다양한 상대적(相對的) 가치를 중시한다. 현대인들은 모든 인간 사상의 진보적인 상황성(狀況性)을 통해 판단하기에, 성경을 비롯하여 기독교의 근본적이고 핵심적인 기독론과 삼위일체론과 같은 교리들을 거부한다.[30] 스티븐 다니엘(Stephen H. Daniel)은 포스모던의

26　Leonardo Boff, *Trinity and Society*, tr. Paul Burns (Maryknoll: Orbis Books, 1988).

27　Sallie McFague, *Models of God: Theology for an Ecological Nuclear Age* (Philadelphia: Fortress Press, 1987).

28　Wolfhart Pannenberg, *Systematic Theology*, vol. 1. tr. Geoffrey W. Bromiley (Grand Rapids: Eerdmans, 1991), 327.

29　Pannenberg, *Systematic Theology*, vol. 1, 327.

30　예를 들어, 19세기까지 성경해석은 '삶의 자리'(Sitz im Leben)를 중요시하는 역사·비평적 방법과 연구로 진행되어 왔으나, 20세기 후반에 일어난 구조주의

특징을 실재(實在)에 대한 부인(否認), 신에 대한 불신, 인식론적 회의주의 그리고 도덕적 상대주의(相對主義)와 연관이 깊다고 지적한다.[31] 이러한 포스트모던 사회는 절대적 진리를 거부하며, 자신의 감정과 경험을 더 중시하고 자신만의 상대적 가치와 개인적 문화를 즐기게 된다. 그렇기에 다분히 자극적이고 향락적인 쾌락주의에 빠지기 쉬운 위험성이 도사리고 있다.

포스트모더니즘은 상대주의(相對主義)와 다원주의(多元主義)의 언어를 빌려 발전되었다. 이처럼 포스트모더니즘으로부터 비롯된 종교와 모든 사상의 다양성(多樣性)은 현대 신학자들에게 있어서 가장 큰 도전(挑戰) 중의 하나임에 틀림이 없다. 포스트모던 사상가들은 보편적(普遍的)인 가치를 주장하는 체계들이나 수많은 사람들 각각의 이야기를 뒤로한 채 유일한 진리만을 강조하는 거대담론(巨大談論)들을 모두 의심스럽게 받아들인다. 여러 다원론자(多元論者)들은 타인의 의견을 묵살(默殺)하는 담론 중에 복음(福音)이 포함된다고 보고 있다.[32]

그러한 다원론자들은 서구 세계의 기독교 복음이 주도권을 잡음으로써 소수가 다수를 집어삼킨 비극으로 인식하고 있다.[33]

(構造主義)와 후기구조주의에 의해 유일성(唯一性)과 권위(權威) 그리고 영속성(永續性) 등에 관한 많은 문제 제기(提起)를 받았다. Alister E. McGrath, *Christian Theology: An Introduction* (Oxford: Blackwell, 1994), 104-105.

31 Stephen H. Daniel, *Postmodern Concepts of God and Edwards's Trinitarian Ontology*, ed. Sang Hyun Lee and Allen C. Guelzo, *Edwards in Our Time: Jonathan Edwards and the Shaping American Religion* (Grand Rapids: Eerdmans, 1999), 45.

32 Kevin J. Vanhoozer, *The Trinity in a Pluralistic Age: Theological Essays on Culture and Religion* (Grand Rapids: Eerdmans, 1997), ix-x.

33 Vanhoozer, *The Trinity in a Pluralistic Age: Theological Essays on Culture and Religion*, ix-x.

이러한 종교적 다원주의(多元主義) 시대에서 기독교 본질의 핵심적 교리인 삼위일체론의 역할과 기능이 무엇인지 재검토하지 않을 수 없는 현실이다. 다른 사람들과의 '동등한 공존'(共存)을 요구하는 시대에, 인간을 포함한 우주 만물을 향한 기독교 삼위일체론이 제공할 수 있는 독특한 기여나 탁월성이 무엇인지 연구되어야 한다.

현대 포스트모더니즘의 현상은 일찍이 17-18세기 일어났던 계몽주의(啓蒙主義)의 영향 하에 있었던 유럽과 신대륙의 현실과 유사한 면이 적지 않다. 17-18세기의 계몽주의는 그 배경이 되는 16세기 유럽의 종교개혁과 긴밀한 연관성이 있다. 과학과 이성(理性)의 시대인 근대가 출발할 수 있었던 것은 중세의 보편적(普遍的)인 사회가 16세기 유럽의 종교개혁을 거치면서 개별적(個別的)이고 개체적(個體的)인 것이 강조되고 지향되었기 때문이다. 이러한 개별적인 자각을 통해 개별 민족국가가 생겨났고, 다양한 개신교의 교파(敎派)들도 개체적으로 생겨난 것이다. 특히 종교개혁은 중세의 가톨릭교회와 신성로마제국의 보편적인 것을 거부하는 단절이 아닌, 연속선상에서 근대의 개체적이고도 개별적인 개인의 발견이 이루어짐으로 정치적, 종교적 질서가 와해된 근대의 출발점이다.

이 시기에 존 칼빈(John Calvin)은 종교개혁을 꽃피운 인물로서 16세기 제네바와 그 이후 유럽의 근대화에 큰 공헌을 하였다. 존 칼빈은 청교도들을 비롯한 18세기 뉴잉글랜드의 신학자, 조나단 에드워즈에게도 지대한 영향을 미쳤다. 18세기 뉴잉글랜드에 살았던 조나단 에드워즈는 존 칼빈의 사상을 이어받아 과학과 이성의 거친 풍랑을 탁월하게 헤쳐나간 인물이었다. 조나단 에드워즈는 삼위일체 하나님에 대한 신학과 지식을 근거로 올바른 신앙과 삶의 원리를 도출하였다. 조나단 에드워즈의 사상과 신학은 과학적 법칙과 합리적 이성(理性)을 상대화시키는 포스트모던의 현실을 살아가는 우리들에게도 훌륭한 통찰력을 제시하고 있다. 조나단 에드워즈는 18세기 과학과 이성의 거센 도전 앞에서 삼위일체 하나님에 대한 창조적 이해와 변증으로 기독교 신앙의 본질과 전통을 발전시켰다.

조나단 에드워즈를 연구하는 학자들은 그의 삼위일체론을 해석함에 있어서 삼위성-일체성 방식을 자주 사용해 왔다. 일반적으로 학자들은 동방의 카파도키아 교부(敎父)들과 서방의 신학자 성 빅토르의 리처드는 사회적 유비를 사용하면서 삼위일체의 삼위성에 대한 강조를 했다고 보고, 서방교회의 아우구스티누스 전통은 심리학적 유비를 사용하면서 일체성을 강조해 왔다고 본다.

조나단 에드워즈의 삼위일체론에 관한 연구 중, 에이미 포오(Amy Plantinga Pauw)는 조나단 에드워즈가 심리학적 모델과 사회적인 모델 양자 모두의 삼위일체론을 사용했다고 주장한다.[34] 반면, 스티븐 스튜드베이커(Steven M. Studebaker)는 삼위성-일체성 방식이 삼위일체 전통을 너무 일반화했다고 주장하면서, 조나단 에드워즈의 삼위일체가 양자의 영향을 받은 것이 아니라, 아우구스티누스의 상호 간의 사랑 모델만을 이어받았다고 주장한다.[35] 또한 스티븐 스튜드베이커는 조나단 에드워즈의 삼위일체론이 아우구스티누스의 상호 간의 사랑 모델과 함께 전통적 삼위일체론을 주장하는 초기 계몽주의 변증가들의 영향을 받았음을 강조한다.[36]

---

34 Amy Plantinga Pauw, *"The Supreme Harmony of All": The Trinitarian Theology of Jonathan Edwards* (Grand Rapids: Eerdmans, 2002).

35 Steven M. Studebaker, "Jonathan Edwards's Social Augustinian Trinitarianism: An Alternative to a Recent Trend," *Scottish Journal of Theology* 56/3 (2003).

36 Studebaker, "Jonathan Edwards's Social Augustinian Trinitarianism: An Alternative to a Recent Trend," 268-285.

이에 필자는 조나단 에드워즈의 삼위일체론이 심리학적 삼위일체론과 사회적 삼위일체론 양자의 영향을 받았을 뿐만 아니라, 에드워즈가 당시의 역사적 정황 속에서의 개혁주의자들을 비롯한 초기 계몽주의자들의 전통적 삼위일체론의 영향을 받았음을 고찰할 것이다. 특히 아우구스티누스의 성부와 성자의 상호 간의 사랑 모델 속에서 심리학적 삼위일체론과 사회적 삼위일체론의 공존(共存) 여부를 파악할 것이다. 또한 필자는 18세기 초의 과학의 도전과 이신론(理神論) 그리고 삼위일체론 논쟁 등의 역사적 배경 하에서 조나단 에드워즈가 자신의 신학과 삼위일체론을 어떻게 전개했는지를 살펴볼 것이다.

필자는 조나단 에드워즈가 초대의 동방교회와 서방교회의 사상과 함께 종교개혁자들 그리고 개혁적 계몽주의자들의 전통적인 삼위일체론을 창조적으로 계승(繼承)한 그의 독창성을 확인하고자 한다. 특히 동방교회와 서방교회의 사상 간의 연속성(連續性)과 균형(均衡) 그리고 조화(調和)를 통해 발전시켰음을 살펴볼 것이다. 조나단 에드워즈의 삼위일체에 대한 특징을 파악하기 위해 필자는 심리학적 삼위일체론과 사회적 삼위일체론, 내재적(內在的) 삼위일체론과 경륜적(經綸的) 삼위일체론, 그리고 관계적(關契的) 삼위일체론과 실천적(實踐的) 삼위일체론을 중심으로 연속성과 균형 그리고 조화 개념을 정리하고자 한다.

결국, 필자는 조나단 에드워즈의 삼위일체론 연구를 통해 이러한 근본적인 관심을 토대로 다음과 같은 점들을 염두하며 연구함을 밝힌다.

첫째, 현대 포스트모더니즘의 다원주의(多元主義) 사회에서 그리스도인들이 조나단 에드워즈의 삼위일체론을 통해 구체적이고 실천적인 삶을 살아갈 수 있는 근거와 접촉점은 무엇이며, 다원주의 사회에 실제적으로 도전할 수 있는 가치가 무엇인지를 살펴보고자 한다.

둘째, 성령 하나님에 대한 동방교회와 서방교회의 신학적 차이에 있어서 해결의 실마리나 대안적 통찰의 가능성이 조나단 에드워즈의 삼위일체론에서 가능한지를 찾아보고자 한다. 특히 이 부분은 동방교회와 서방교회, 그리고 개신교의 신학 전반에 걸친 에큐메니칼(Ecumenical) 차원에서 검토할 것이다.

셋째, 찰스 피니(Charles G. Finney)는 부흥을 인간의 사역에 대한 하나님의 응답으로 보아, 인간의 회개(悔改) 노력을 통해서 하나님께서 역사(役事)하신다고 보았다. 하지만 조나단 에드워즈는 부흥을 "하나님의 놀라운 사역"이라고 묘사함으로써 인간의 노력에 의해서라기보다는 하나님의 은혜의 임재에 의해서 부흥이 일어난다고 확신했다.[37] 미국의 제1차 대각성운동의 부흥 속에서, 신앙의 참된 감정(affections)과 거짓된 열정(passions)을 구별하며 올바른 신앙과 감정의 기준을 제시했던 조나단 에드워즈의 사상을 삼위일체적 전망에서 연구함으로 한국교회가 나아가야 할 바람직한 신앙과 신학의 길은 무엇인지를 고찰해 보고자 한다.

---

37 최재건은 부흥운동을 신앙 부흥과 전도운동으로 세분하면서, 신앙 부흥에는 인간적 요소가 뚜렷하지 않지만, 전도운동에는 방법이나 도구라는 인간적 요소가 강하다고 했다. 또한 영적 각성은 하나님의 주권적 사역이지만, 그 운동의 방법은 인간적인 요소를 갖고 있다고 봄으로 종합적인 입장을 취했다. 최재건 편, 『근현대 부흥운동사』 (서울: 기독교문서선교회, 2007), 9.

제2장

에드워즈의 삼위일체론에 관한 최근 연구

조나단 에드워즈의 사상은 시대마다 그 영향력을 더해 갔다. 18세기에는 새뮤얼 홉킨스(Samuel Hopkins), 조나단 에드워즈 2세(Jonathan Edwards, Jr.) 그리고 티모시 드와이트(Timothy Dwight)를 포함한 조나단 에드워즈의 제자들과 가족들이 조나단 에드워즈의 신학과 사상을 체계화했다.[1]

19세기에는 조나단 에드워즈의 사상이 복음적 프로테스탄티즘 안에서의 전통을 확고히 확장했다.[2] 데이빗 브레이너드(David Brainerd)에 대한 조나단 에드워즈의 전기(傳記)는 19세기 미국 사회에서 베스트셀러 중 하나였다.[3] 전통적인 기독교를 위한 능력이 있

---

1 Stephen J. Stein, ed. *The Cambridge Companion to Jonathan Edwards* (Cambridge: Cambridge University Press, 2007), 1.
2 Stein, ed. *The Cambridge Companion to Jonathan Edwards*, 1.
3 Joseph A. Conforti, *Jonathan Edwards, Religious Tradition, and American Culture* (Chapel Hill: University of North Carolina Press, 1995), 62-86.

는 설교자이자 탁월한 변증가로 알려진 조나단 에드워즈는 해리엇 스토우(Harriet B. Stowe)와 올리버 홈즈(Oliver W. Holmes)와 같은 다양한 작가들에 의해 문학적이고 문화적인 작품으로 다루어졌다.[4] 하지만 1890년에 조셉 크루커(Joseph H. Crooker)는 조나단 에드워즈를 "종교적 정신착란 시대"에 채택된 불쾌한 칼빈주의 교리들을 상세히 설명한 광신자로 비판하기도 했다.[5]

20세기 전반에 들어 뛰어난 사상가들에 의해서 조나단 에드워즈에 대한 전기(傳記)와 평가들이 나타났다. 윌리엄 제임스(William James)와 조시아 로이스(Josiah Royce)는 조나단 에드워즈에 대한 긍정적인 평가를 내렸고, 조지 산타야나(George Santayana)와 클라렌스 대로우(Clarence Darrow)는 부정적인 평가를 했다.[6]

1930년에 헨리 팍스(Henry B. Parkes)는 자신의 저술(著述)을 통해 조나단 에드워즈를 "범신론적"(汎神論的) 통찰을 칼빈 신학의 엄격한 틀 속에 집어넣은 비극적 인물로 보면서 비판적인 입장을 취했다.[7] 찰스 앵고프(Charles Angoff) 역시 1931년 자신의 저술에서, 조나단 에드워즈를 "호기심(好奇心) 많고 오히려 미친 사람처럼 지옥불과 진노의 하나님에 대해 몰두하고 거의 병적인 증오심으로 아담의 모든 자녀들을 증오"한다고 맹렬히 비판했다.[8]

---

[4] Stein, ed. *The Cambridge Companion to Jonathan Edwards*, 1.

[5] Joseph H. Crooker, "Jonathan Edwards: A Psychological Study," *New England Magazine*, New Series, II (1890), 165.

[6] Stein, ed. *The Cambridge Companion to Jonathan Edwards*, 1.

[7] Henry Bamford Parkes, *Jonathan Edwards, the Fiery Puritan* (New York: Minton, Balch, 1930).

[8] Charles Angoff, *A Literary History of the American People*, I (New York: Alfred A Knopf, 1931), 302.

20세기 중반기로 접어들면서 점차 조나단 에드워즈에 대한 학문적 관심이 깊어지면서 수준 높은 전기들이 나왔다. 즉 1940년에 조나단 에드워즈 전기(傳記)를 통해 퓰리처상을 수상(受賞)한 올리 윈슬로(Ola E. Winslow)의 저술[9]과 페리 밀러(Perry Miller)의 저술[10]이 그러한 예다. 헨리 팍스(Henry B. Parkes)를 비롯한 조나단 에드워즈에 대한 비판적 시각과는 달리, 페리 밀러는 1949년의 글을 통해 조나단 에드워즈를 "미국의 가장 위대한 천재(天才)"로 묘사하면서, "칼빈의 범주들을 사용한 심원(深遠)한 현대적 철학자"로 묘사했다.[11]

페리 밀러는 조나단 에드워즈를 "18세기에 견줄 만한 사람이 거의 없었으며, 그 당시 지적(知的)으로 가장 현대적인 사람"이었다고 평가했다.[12] 그래서 페리 밀러로 인해 1957년부터 예일대 판『조나단 에드워즈 전집』 출판이 착수되었다. 이후에도 조나단 에드워즈에 관한 전기(傳記)는 계속 집필되어, 이안 머레이[13]와 조지 마스덴[14]에 의해 출판되었다.

21세기에는 조나단 에드워즈의 탄생 300주년을 기념하는 2003년에 다양한 저술들이 출판되었고, 미국의 프린스턴신학교와 칼빈 대학, 미국 국회도서관 등 다양한 곳에서 학술회의가 열렸다. 한국에서도 2002년 12월에 조나단 에드워즈를 사랑하는 학자들이 모여

---

9   Ola Elizabeth Winslow, *Jonathan Edwards, 1703-1758: A Biography* (New York: Macmillan, 1940).

10 Perry Miller, *Jonathan Edwards* (New York: W. Sloane Associates, 1949).

11 Miller, *Jonathan Edwards*.

12 Miller, *Jonathan Edwards*.

13 Iain Hamish Murray, *Jonathan Edwards: A New Biography* (Edinburgh and Carlisle, Pennsylvania: Banner of Truth Trust, 1987).

14 Marsden, *Jonathan Edwards: A Life*.

"한국에드워즈학회"를 창립하여 다양한 강연과 연구발표회를 계속 진행하고 있다.

2003년에 조나단 에드워즈 평전(評傳)을 통해 저술상을 수상(受賞)한 노트르담대학교의 조지 마스덴(George M. Marsden)은 조나단 에드워즈를 "가장 예리(銳利)한 초기 미국 철학자이자 모든 미국 신학자들 가운데 가장 훌륭한 신학자"라고 평가했다.[15] 히브리대학교의 아비후 자카이(Avihu Zakai)도 "조나단 에드워즈와 같이 칭송(稱頌)받을 만큼 뛰어난 철학자, 도덕가, 그리고 윤리학자는 없다"고 언급했다.[16]

에모리대학교의 브룩스 홀리필드(E. Brooks Holifield)도 "미국에서 지적(知的) 깊이에 있어서 조나단 에드워즈와 견줄만한 신학자는 아무도 없다"고 주장했다.[17] 인디애나대학교의 종교학 교수인, 스티븐 슈타인(Stephen J. Stein)은 조나단 에드워즈를 "미국 역사에서 가장 중요한 인물"로 평가했다.[18] 그것은 조나단 에드워즈가 "18세기 중반의 뉴잉글랜드의 신앙적 지평(地平)을 이내 세계적인 명성에 이르게 했기" 때문이며, "신앙적 부흥에 대한 서술과 복음적 프로테스탄티즘에 대한 변증을 미국은 물론 세계적으로 공론화했기" 때문이다.[19]

이처럼 조나단 에드워즈의 생애와 사상 그리고 그의 신학에 대

---

15 Marsden, *Jonathan Edwards: A Life*, 1.
16 Avihu Zakai, *Jonathan Edwards's Philosophy of History: The Reenchantment of the World in the Age of Enlightenment* (Princeton, NJ: Princeton University Press, 2003), xiii.
17 E. Brooks Holifield, *Theology in America: Christian Thought from the Age of the Puritans to the Civil War* (New Haven: Yale University Press, 2003), 102.
18 Stein, ed. *The Cambridge Companion to Jonathan Edwards*, 1.
19 Stein, ed. *The Cambridge Companion to Jonathan Edwards*, 1.

한 다양한 연구가 진행되어 왔다. 최근 들어 조나단 에드워즈에 대한 관심이 높아져서 석·박사학위논문과 단행본, 그리고 다양한 학술논문과 이에 대한 서평들이 국내외적으로 나오고 있다.[20] 이것은 최근 예일대학교 출판사에서 『조나단 에드워즈 전집』이 출판되면서 조나단 에드워즈에 관한 본격적인 관심과 연구가 더욱 활발해진 면도 있다.[21]

조나단 에드워즈의 하나님 이해에 대한 연구는 그의 인식론(認識論)과 존재론(存在論)과 연관을 지어 연구가 되어왔다. 아서 러브조이(Arthur Lovejoy)는 조나단 에드워즈가 하나님에 대한 이해를 정적(靜的)으로 묘사했다고 보았다.[22] 그러나 더글라스 엘우드(Douglas L.

---

20 조나단 에드워즈에 관한 박사학위논문의 경우, 영미권에서는 1900년대 이후에 약 170편의 박사학위논문이 나왔다. 1900-1920년대까지 7편에 불과하던 논문이 1930년대에 8편, 1940년대에 7편씩 꾸준히 연구가 되다가 1960년대부터 점차 연구가 활발해졌다. 1960년대에 21편, 1970년대에 26편, 1980년대에 33편, 1990년대에는 31편이 나왔다. 2000년부터 2008년 최근까지 34편의 박사논문이 이어졌다. 에드워즈에 관한 연구는 주로 미국에서 많이 나왔다. 또한 논문제목에는 포함되어 있지 않았지만, 조나단 에드워즈와 연관된 박사학위논문은 1900년대 이후 약 350편에 달한다. 한편 국내에는 에드워즈에 관한 박사학위논문이 2008년까지 모두 3편 나왔다. 2001년 연세대 김성광의 "조나단 에드워즈의 영성신학," 2002년 호서대 표재근의 "조나단 에드워즈의 성향사상 연구" 그리고 2003년 연세대 노병기의 "조나단 에드워즈의 중생론"이다. 국내의 석사학위논문의 경우, 1980년대에 2편, 1990년대에 8편, 그리고 2000년대에 14편이 나와 모두 24편이 나왔다. 이러한 점은 에드워즈에 대한 국내에서의 관심이 2000년대에 들어 비교적 높아졌음을 보여준다. 그럼에도 불구하고 조나단 에드워즈에 대한 연구나 학회활동은 아직까지 그리 활발하지 못한 실정이다.
21 『조나단 에드워즈 전집』은 2008년 6월 현재 25권까지 출판되었다. 자세한 내용은 참고문헌에 정리되어 있다.
22 Arthur Lovejoy, *The Great Chain of Being: A Study of the History of an Idea* (New York: Harper and Row, 1936), 43-44.

Elwood)는 하나님의 창조성을 완전한 존재의 행위로 보았다.²³ 롤랑 들라트르(Roland André Delattre)도 조나단 에드워즈의 사상에서 역동성(逆動性)에 의한 하나님의 자기 전달 행위를 하나님의 본질적인 측면으로 평가했다.²⁴

존 스미스(John E. Smith) 역시 이러한 입장을 취했다.²⁵ 프린스턴 신학교의 이상현도 조나단 에드워즈가 전통적인 실재(實在) 개념을 극복하고자 성향적(性向的) 존재론(存在論) 개념, 즉 하나님에 대한 역동적인 이해를 통해 당대의 한계로 느낀 실체(實體)의 개념을 역동적 실재(實在) 개념으로 설명했다고 보았다.²⁶

조나단 에드워즈에 관한 이러한 관심과 주목 속에서 삼위일체론에 대한 연구도 지속되고 있다. 조나단 에드워즈의 삼위일체론에 대해서 로버트 젠슨(Robert W. Jenson),²⁷ 크리스터 세어싱(Krister Sairsingh),²⁸ 이상현(Sang Hyun Lee),²⁹ 에이미 포오(Amy P. Pauw),³⁰ 스

---

23 Douglas J. Elwood, *The Philosophical Theology of Jonathan Edwards* (New York: Columbia University Press, 1960).

24 Roland Andre Delattre, *Beauty and Sensibility in the Thought of Jonathan Edwards: An Essay in Aesthetics and Theological Ethics* (New Haven and London: Yale University Press, 1968).

25 John E. Smith, "Jonathan Edwards as Philosophical Theologian," *Review of Metaphysics* 30 (1976), 314-319.

26 Sang Hyun Lee, *The Philosophical Theology of Jonathan Edwards* (Princeton, New Jersey: Princeton University Press, 1988).

27 Robert W. Jenson, *America's Theologian: A Recommendation of Jonathan Edwards* (New York: Oxford University Press, 1988).

28 Krister Sairsingh, "Jonathan Edwards and the Idea of Divine Glory: His Foundational Trinitarianism and Its Ecclesial Import," Ph.D. Dissertation (Cambridge, Massachusetts: Harvard University, 1986).

29 Lee, *The Philosophical Theology of Jonathan Edwards*.

30 Pauw, *"The Supreme Harmony of All": The Trinitarian Theology of Jonathan Edwards*.

티븐 홈즈(Stephen Holmes),³¹ 윌리엄 대너허(William J. Danaher Jr.),³² 스티븐 스튜드베이커(Steven M. Studebaker),³³ 로버트 콜드웰 3세(Robert W. Caldwell III)³⁴와 같은 학자들에 의해 연구되었다.

조나단 에드워즈의 삼위일체론 연구에 있어서 에드워즈의 삼위일체론 형성 배경에 관한 입장은 크게 두 부류로 나눌 수 있다. 즉 삼위성-일체성 방식을 중심으로 연구한 이상현, 크리스터 세어싱, 에이미 포오, 윌러엄 대너허 등의 학자들이 있고, 아우구스티누스의 심리학적 삼위일체론을 중심으로 연구한 스티븐 스튜드베이커, 로버트 콜드웰 등의 학자들이 있다.

로버트 젠슨(Robert W. Jenson)은 조나단 에드워즈에 관한 연구들이 최근의 많이 쏟아져 나오고 있지만, 대부분 그 당대의 현안(懸案)에 대해서 조나단 에드워즈 자신의 조직신학적 의도로 평가되고 있음을 지적한다.³⁵ 로버트 젠슨은 삼위일체론에 관해서 조나단 에드워즈가 아이작 뉴턴(Issac Newton, 1643-1727)과 존 로크(John Locke, 1632-1704)의 계몽주의(啓蒙主義)를 창조적으로 해석한 독창성(獨創性)을 부각한다.³⁶

---

31 Stephen R. Holmes, *God of Grace and God of Glory: An Account of the Theology of Jonathan Edwards* (Grand Rapids: Eerdmans, 2001).

32 William J. Danaher Jr., *The Trinitarian Ethics of Jonathan Edwards* (Louisville, Kentucky: Westminster John Knox Press, 2004).

33 Steven M. Studebaker, *Jonathan Edwards' Social Augustinian Trinitarianism in Historical and Contemporary Perspectives* (Piscataway, NJ: Gorgias Press, 2008).

34 Robert W. Caldwell III, *Communion in the Spirit: The Holy Spirit as the Bond of Union in the Theology of Jonathan Edwards* (Milton Keynes: Paternoster, 2006).

35 Jenson, *America's Theologian: A Recommendation of Jonathan Edwards*, vii-ix.

36 Jenson, *America's Theologian: A Recommendation of Jonathan Edwards*, vii-ix.

조나단 에드워즈는 자신의 신학에서 계몽주의를 사용하면서도 계몽주의의 기계론적(機械論的)인 경향이나 개인주의적 경향에 굴복하지 않았다.[37] 또한 조나단 에드워즈는 존 로크의 의식(意識)에 대한 분석을 통해 신앙적 의식을 분석했으며 하나님의 의식 안에서 이 세계의 형이상학을 분석했다.[38] 특히 계몽주의자들은 우주적(宇宙的) 질서를 탐구하면서 그것이 제시하는 바가 인간의 정치와 질서에도 동일하게 적용되기를 기대했는데, 조나단 에드워즈는 우주의 창조주가 바로 삼위일체 하나님이기 때문에 그 기대는 적절했음을 분명하게 입증했다.[39]

그래서 로버트 젠슨은 계몽주의 시대의 기독교 사상가들 중에서 조나단 에드워즈야말로 기독교 경건(敬虔)과 창조적 신학을 진정으로 펼쳤다고 평가한다.[40] 로버트 젠슨은 에드워즈의 삼위일체 신학을 설명함에 있어서 아우구스티누스 전통과 카파도키아 전통을 적용한다.[41]

크리스터 세어싱(Krister Sairsingh)은 에드워즈의 관계적 존재론과 사회적 삼위일체론에 관한 자신의 연구를 위해 삼위성-일체성 방식을 사용한다.[42] 크리스터 세어싱은 실재에 관한 사회적이며 공동체

---

37 Jenson, *America's Theologian: A Recommendation of Jonathan Edwards*, 23-34.
38 Jenson, *America's Theologian: A Recommendation of Jonathan Edwards*, 65-78.
39 Jenson, *America's Theologian: A Recommendation of Jonathan Edwards*, 195-196.
40 Jenson, *America's Theologian: A Recommendation of Jonathan Edwards*, 195-196.
41 Jenson, *America's Theologian: A Recommendation of Jonathan Edwards*, 91-98.
42 Sairsingh, "Jonathan Edwards and the Idea of Divine Glory: His Foundational Trinitarianism and Its Ecclesial Import," 69-73, 144-151.

주의적 비전을 위해 에드워즈의 삼위일체론의 중요성을 부각한다.⁴³ 세어싱은 에드워즈의 삼위일체 신학을 통해, 상호 간에 도움을 주며 상호 동등한 위격들의 사회인 삼위일체 하나님에 기반한 실재의 사회적 개념을 제시한다.⁴⁴ 그래서 세어싱은 관계성 안에 있는 신적 위격들이 에드워즈의 교회에 대한 이상적 형태로서 창조 안에 있는 신적 영광을 재현하는 공동체를 제시해 줌을 강조한다.⁴⁵

이상현은 조나단 에드워즈가 하나님에 대한 독창적(獨創的)인 이해로 계몽주의에서 문제를 제기하는 실재 개념에 대한 한계를 극복했음을 밝혔다.⁴⁶ 이상현은 하나님의 성향적(性向的) 개념으로 역동적(力動的) 하나님을 설명하면서 삼위일체 하나님의 내재성과 초월성의 조화로운 이해를 가능케 했다.⁴⁷ 이상현은 신적 존재의 성향적 개념의 틀 안에서 일어나는 심리학적이며 사회적인 유비들로 에드워즈의 삼위일체론을 설명했다.⁴⁸

에이미 포오(Amy P. Pauw)는 조나단 에드워즈의 삼위일체론의 근거(根據)를 아우구스티누스와 개혁적 스콜라주의자들 그리고 청교도들의 전통을 제시함으로 심리학적(心理學的) 유비와 사회적(社會的)

---

43 Sairsingh, "Jonathan Edwards and the Idea of Divine Glory: His Foundational Trinitarianism and Its Ecclesial Import."
44 Sairsingh, "Jonathan Edwards and the Idea of Divine Glory: His Foundational Trinitarianism and Its Ecclesial Import."
45 Sairsingh, "Jonathan Edwards and the Idea of Divine Glory: His Foundational Trinitarianism and Its Ecclesial Import."
46 Lee, *The Philosophical Theology of Jonathan Edwards*.
47 Lee, *The Philosophical Theology of Jonathan Edwards*.
48 Lee, "Editor's Introduction," *WJE*, 21:2-27.

유비의 조화(調和)를 통해 계승되었음을 강조했다.⁴⁹ 윌리엄 대너허 역시 아우구스티누스의 심리학적 유비 안의 본래 불충분성 때문에 에드워즈는 신성의 사랑과 사회의 관점으로부터 삼위일체를 연구하기 시작했다고 본다.⁵⁰

반면, 스티븐 스튜드베이커는 조나단 에드워즈의 삼위일체가 양자의 영향을 받은 것이 아니라, 아우구스티누스의 상호 간의 사랑 모델만을 이어받았다고 주장하면서,⁵¹ 전통적 삼위일체론을 주장하는 초기 계몽주의 변증가들의 영향도 함께 받았음을 강조한다.⁵²

로버트 콜드웰은 스티븐 스튜드베이커의 주장대로 에드워즈는 폭넓은 아우구스티누스의 삼위일체 틀의 정황 안에서 사회적 주제들의 언어를 사용했다고 본다.⁵³ 에드워즈의 삼위일체론을 성령론 중심으로 연구한 콜드웰은 에드워즈가 자신의 삼위일체에 대한 논의에서 사회적 언어를 사용한 것은 삼위일체론보다는 성령론을 다루었기 때문이라고 밝힌다.⁵⁴

49　Pauw, *"The Supreme Harmony of All": The Trinitarian Theology of Jonathan Edwards*.
50　Danaher Jr., *The Trinitarian Ethics of Jonathan Edwards*, 67-68.
51　Steven M. Studebaker, "Jonathan Edwards' Social Augustinian Trinitarianism: An Alternative to a Recent Trend," *SJT* 56/3 (2003).
52　Studebaker, "Jonathan Edwards's Social Augustinian Trinitarianism: An Alternative to a Recent Trend," 268-285.
53　Caldwell III, *Communion in the Spirit: The Holy Spirit as the Bond of Union in the Theology of Jonathan Edwards*, 39-40.
54　Caldwell III, *Communion in the Spirit: The Holy Spirit as the Bond of Union in the Theology of Jonathan Edwards*, 40.

제3장

삼위일체적 전망을 통한 연구

　조나단 에드워즈의 삼위일체론을 연구함에 있어서 필자는 전반적으로 '삼위일체적 전망'(Trinitarian Perspective)으로 살펴볼 것이다. 특히 에드워즈의 삼위일체론의 형성배경에 대해서 최근의 학자들이 논의한 삼위성-일체성 방식과 역사적-신학적 방법론에 나타난 취약점들을 극복하고자 필자의 '삼위일체적 전망' 방법론을 사용하고자 한다. 이 방법론은 삼위일체 하나님의 속성에 나타나는 삼위일체 하나님의 구별성과 통일성의 연속성과 조화 그리고 균형을 통한 연구방법이다.
　에드워즈의 신학과 사상을 삼위일체론적 전망으로 살펴볼 때, 에드워즈 신학과 사상체계가 각각의 개별적인 특징으로 국한되거나 단절적으로 연구되는 것을 극복할 수 있다. 이 방법론은 에드워즈의 신학과 사상의 출발점이 삼위일체 하나님에 대한 지식에서 비롯되기에 삼위일체 하나님의 존재방식에서 착안한 삼위일체적 전망과 방법론을 사용한 것이다.

이러한 삼위일체적 전망은 초대교회의 삼위일체론을 종합한 아우구스티누스의 사상에서도 엿볼 수 있다. 즉 아우구스티누스는 인간의 정신과 창조 질서 속에서 삼위일체의 흔적(*vestigium Trinitatis*)이 모든 종교와 문화를 초월하여 나타난다고 보았다.[1] 종교개혁자 존 칼빈도 하나님과 인간 사이의 전체 구속적 관계를 설명하는 근간이 되는 구조, 패턴 그리고 역동성을 모두 다 삼위일체의 존재방식을 통해 설명하였다.[2] 20세기 초반 러시아의 기독교 사상가인 니콜라스 베르쟈예프(Nicholas Berdyaev) 역시 "생명이 있는 곳에는 어디든지 삼위성과 일체성(three-in-oneness)의 비밀(秘密)이 있고, 한 존재와 타자(他者)와의 만남은 언제나 제삼자(第三者)에게서 해소된다"고 보았다.[3]

폴 틸리히(Paul Tillich) 역시 인간 정신은 이미 삼위일체의 흔적을 갖고 태어나기 때문에 인간의 정신 현상으로서의 세계 종교는 삼위일체적 구조를 가질 수밖에 없다고 보았다. 그래서 "삼이란 숫자는 경험된 삶의 내재적(內在的)인 변증법(辨證法)에 상응하여 신적인 삶을 상징화(象徵化)하기에 가장 적절하다"라고 말했다.[4] 데이비드 밀

---

1 San Augustin, *Obras de San Agustin* T. v: *Tratado Sobre la Santísima Trinidad*, ed. Luis Arias, *Biblioteca de Autores Cristianos* vol. 39, 3rd edition; (Madrid: La Editorial Catolica, S.A., 1968), XIV.8.11, 631.
2 John Calvin, *Institutes of the Christian Religion*. ed. John T. McNeill, tr. Ford Lewis Battles, 2 vols., *Library of Christian Classics* (Philadelphia: The Westminster Press, 1960). vols. 20-21.
3 Nicholas Verdyaev, *Christian Existentialism*, tr. W. Lowrie (New York: Harper & Row, 1965), 53; Ted Peters, *God as Trinity: Relations and Temporality in Divine Life* (Westminster: John Knox Press, 1993), 73.
4 Paul Tillich, *Systematic Theology*, vol. 3 (Chicago: University of Chicago Press, 1955), 293.

러(David L. Miller)도 삼위성은 인간의 정신 구조를 반영하기에 삼위일체적 구조는 단지 기독교뿐만 아니라 여러 종교 전통들 및 일반 문학, 가령 비종교적인 시나 드라마에서도 나타난다고 보고 있다.[5]

한태동은 수학논리(數學論理)에서의 신학을 설명하면서 네 가지 종류의 논법(論法)을 전개했다.[6] 즉 창조론을 "영"과 "일"의 논법, 가톨릭의 성모숭배론(聖母崇拜論)을 "일"과 "일"의 논법, 기독론을 "이"와 "일"의 논법, 그리고 삼위일체론을 "삼"과 "일"의 논법으로 보았다. 한태동은 칼 바르트(Karl Barth)가 삼위일체 교리를 논리화하여 성서론에 응용한 것을 주목하여 칼 바르트의 공헌을 인정하면서도,[7] "삼"과 "일"의 관계에 적합한 접속사가 없음을 지적하였고, 에릭 프라즈와라(Eric Przywara)를 뛰어넘는 사종(四種)의 논리를 통일함으로 고차원적인 새로운 해석(解釋)의 가능성을 제언하였다.[8]

니콜라스 베르쟈예프나 데이비드 밀러의 방법론은 그 목적이 타종교나 문화와의 연관성에 초점을 두었다면, 아우구스티누스와 폴 틸리히는 기독교 신앙의 기본 구조(構造)를 파악하는 데 중점을 둔 것이다. 필자는 삼위일체적 전망을 통해 기독교 신앙의 핵심이자 중

---

5 David L. Miller, *Three Faces of God: Traces of the Trinity in Literature and Life* (Philadelphia: Fortress Press, 1986), 13-14.
6 한태동, 『사유의 흐름』 (서울: 연세대학교 출판부, 2003).
7 칼 바르트는 성경이 하나님의 말씀인 것을 (1) 기록된 말씀 즉 성경(聖經)과 (2) 전파하는 말씀 즉 전통(傳統)에 의해 교회가 강단에서 전하고 있는 그 말씀과 (3) 성령이 이 말씀에 대한 증거(證據)로 되었다는 것이다. 곧 하나님의 말씀이 하나인 동시에 셋으로 되어 그 진실성을 상호 증거하고 있다는 것이다: 한태동, 『사유의 흐름』 (서울: 연세대학교 출판부, 2003).
8 토마스 아퀴나스가 유사론법(*Analogia entis*)을 사용하여 삼종의 물체 사이에 놓인 비례를 강조했지만, 에릭 프라즈와라는 물체간의 비례보다는 그 비례를 구성하는 접촉사건의 유사성으로 발전시켜 통일성을 기했다.

심인 삼위일체론을 파악함은 물론, 조나단 에드워즈의 전반에 흐르는 신학과 사상을 살펴보고자 한다.

조나단 에드워즈 신학에 대한 연구를 삼위일체적 방법으로 시도했던 학자로는 이미 스티븐 홈즈(Stephen R. Holmes)와 윌리엄 대너허(William J. Danaher Jr.)가 있다. 스티븐 홈즈는 에드워즈의 신학을 '삼위일체적 원리'(Trinitarian grammar)를 사용하여 자신을 영화롭게 하시는 하나님의 행위에 대해서 묘사했다.[9]

한편, 윌리엄 대너허는 기존의 에드워즈의 윤리사상 연구가 윤리사상의 배경이 되는 형이상학에만 초점을 두거나,[10] 윤리에만 초점을 둔 연구,[11] 그리고 이 둘 간의 연관성은 강조하면서도 그 연관성을 연구하지 못한 점[12]들을 지적하면서, 그는 기존의 세 가지 연구방법을 종합하여 연구했다.[13] 하지만 윌리엄 대너허의 이러한 종합적인 연구임에도 불구하고 조나단 에드워즈의 삼위일체 사상과 윤리사상과의 관계 중에서도 윤리사상에 초점을 둔 연구이기에, 조나단 에드워즈의 사상에 스며들어 있는 삼위일체적 전망(展望)을 전체적

9　Stephen R. Holmes, *God of Grace and God of Glory: An Account of the Theology of Jonathan Edwards* (Grand Rapids: Eerdmans, 2001), 241.

10　Roland André Delattre, *Beauty and Sensibility in the Thought of Jonathan Edwards: An Essay in Aesthetics and Theological Ethics* (New Haven and London: Yale University Press, 1968), 148-152.

11　Jonathan Edwards, "Ethical Writings". ed. Paul Ramsey, *WJE*, 8:96-97.

12　Norman Fiering, *Jonathan Edwards' Moral Thought and its British Context* (Chapel Hill: University of North Carolina Press, 1981), 82-84; Henry Stob, "The Ethics of Jonathan Edwards," *Faith and Philosophy: Philosophical Studies in Religion and Ethics*, ed. Amy P. Pauw (Grand Rapids: Eerdmans, 1964), 124-129.

13　William J. Danaher Jr., *The Trinitarian Ethics of Jonathan Edwards* (Louisville, Kentucky: Westminster John Knox Press, 2004), 1.

으로 파악하기에는 한계(限界)가 있다.

삼위일체적 전망은 '삼분법적(三分法的)인' 연구방법과도 차이가 있다. 예를 들어, 루터에 대한 기존의 연구가 상승 운동에 맞선 하강 운동으로 보는 해석이나 이분법적(二分法的)인 대립과 갈등의 양상으로 보았으나, 이양호는 삼분법적으로 루터의 사상을 해석하여, 세 왕국 개념, 세 종류의 이성(理性) 개념 그리고 율법(律法)에 대한 세 개의 개념으로 율법의 용도(用度)를 해석했는데, 이러한 연구방법과도 차이가 있다.[14] 이러한 삼분법적인 연구는 각 개념들 간의 차이점과 구별점을 분명히 밝혀 주지만 각 개념과 사상 상호 간의 연속성이나 연관성에 대해서 밝혀주지 못하는 한계가 있다.

조나단 에드워즈의 사상을 연구함에 있어서 삼위일체적 전망을 통해 연구하는 장점은 다음과 같다.

첫째, 조나단 에드워즈의 삼위일체론은 물론, 무엇보다도 그의 사상 전반에 있는 연속성과 조화(調和), 그리고 균형(均衡)을 포착할 수 있기 때문이다. 삼위일체적 전망이 단지 삼위일체 교리에만 국한되는 것이 아니라, 조나단 에드워즈 신학과 사상 전반에 걸쳐 스며들어 있음을 살펴볼 수 있을 것이다.

둘째, 삼위일체적 전망은 조나단 에드워즈의 사상과 신학을 삼위일체 하나님에 대한 이해로부터 도출해 낼 수 있다. 하나님의 영광과 절대 주권, 그리고 하나님의 아름다우심에 대한 참된 지식과 감각에서 비롯되는 그의 사상을 파악할 수 있기 때문이다.

조나단 에드워즈의 신학은 철저히 하나님의 주권과 영광에 초점

---

14 이양호,『루터의 생애와 사상』(서울: 대한기독교서회, 2002), 5-6.

이 맞추어져 있기에, 조나단 에드워즈의 사상과 신앙의 근거가 되는 삼위일체 하나님의 일체성(一體性)과 삼위성(三位性), 즉 통일성(統一性)과 구별성(區別性)을 통해 하나님과 인간 그리고 자연을 포함한 우주만물의 속성(屬性)과 특징들을 살펴볼 수 있다. 그것은 조나단 에드워즈의 신학이 인간의 사변적인 고찰이나 개인의 신앙적 체험에서 비롯되는 것이 아니라, 삼위일체 하나님의 명철과 사랑, 그리고 탁월하심과 아름다우심에 대한 인식에서 비롯됨을 강조했기 때문이다.

셋째, 삼위일체적 전망을 통한 연구방법은 칼빈과 마찬가지로 조나단 에드워즈에게서도 발견되는 실천적 삼단논법의 장점을 활용할 수 있다.[15] 조나단 에드워즈는 참된 신앙인들이 구원받을 희망을 논하면서 실천적 삼단논법을 사용했다.[16] 조나단 에드워즈의 삼위일체론 연구를 위해서 '삼위일체적 전망'은 효과적인 도움이 될 것이다.

이러한 삼위일체적 전망의 방법론을 토대로 필자는 제2부에서 조나단 에드워즈의 생애와 신학사상을 파악할 것이다.

제2부 제1장에서 다음과 같은 역사적(歷史的) 배경을 다룰 것이다.

첫째, 영국령 초기 개척지로서 전쟁과 가난에 노출된 뉴잉글랜드의 상황, 신대륙 개척으로 인한 갈등과 세속화, 그리고 계몽주의 시

---

15 칼빈에게 실천적 삼단논법(三段論法)이 존재하는지의 여부는 막스 베버(Max Weber) 이후에 논쟁되었고, 조엘 비크(Joel R. Beeke)와 이양호는 실천적 삼단논법이 존재힘을 칼빈의 성서주석을 통해 입증하고 있다. Joel R. Beeke, "Faith and Assurance in the Heidelberg Catechism and its Primary Composers: A Fresh Look at the Kendal Thesis," *CTJ* 27(1992), 58. 이양호, "조나단 에드워즈의 신앙론,"「신학논단」39 (2005), 255-257.

16 Edwards, "Letter 4. Edwards to Gillespie," *WJE*, 2:502-503.

대의 반(反)삼위일체론 등 18세기 뉴잉글랜드의 시대적(時代的) 상황을 살펴볼 것이다.

둘째, 18세기 미국의 대가성운동을 통한 복음주의적 신앙 각성과 식민지 간의 긴밀한 관계 형성의 의미를 살펴볼 것이며, 그 대각성운동의 발단과 진행, 확산과 분열 과정을 살펴볼 것이다.

셋째, 이러한 역사적 배경에서 지낸 조나단 에드워즈의 생애를 교육환경과 회심 때까지의 시기, 노샘프턴의 목회 시기, 그리고 스톡브리지의 인디언 선교 시기로 나누어 살펴볼 것이다. 그리고 에드워즈의 삼위일체론 관련 저술들에 대해서 고찰할 것이다.

제2부의 제2장에서는 에드워즈의 신학사상을 검토할 것이다.

첫째, 에드워즈의 신학에 나타난 경향성을 통한 역동적 신학방법으로 그 당대의 과학과 이성의 도전을 극복한 통찰력을 살펴볼 것이다.

둘째, 에드워즈의 신앙적 중심이었던 하나님의 영광에 대한 감각을 표현하기 위해 사용한 탁월성 개념을 자연세계와 사회세계의 질서 속에 반영된 영적 조화로서 살펴볼 것이다.

셋째, 에드워즈의 신학적 전통을 세 부분을 살펴볼 것이다. 즉 청교도와 칼빈주의 신학 전통, 계몽주의를 극복한 경험론 신학자, 계몽주의의 도전을 극복한 철학자이자 성경신학자, 부흥을 통한 대중주의와 열광주의를 경계한 부흥운동가로 살펴볼 것이다.

제2부의 제3장에서는 에드워즈의 신학사상에 나타난 특징을 살펴볼 것이다.

첫째, 이성과 계시의 조화에 대한 전통적인 견해를 논증할 것이다. 에드워즈는 신앙적 진리의 통로로서 이성을 언급하면서도 이성의 한계를 극복하기 위해서 하나님의 계시인 성경에 대한 강조를 조화롭게 함을 살펴볼 것이다.

둘째, 하나님의 탁월성과 영광을 살펴볼 것이다. 이러한 개념은 조지 버클리와 사무엘 존슨의 관념론을 분석함으로 그 연관성을 논할 것이며, 삼위일체론을 통해 에드워즈의 탁월성이 분명히 나타남을 논증할 것이다.

셋째, 에드워즈의 오성(惡性)활동을 통해 얻어낸 이론과 오성과 의지의 은혜로운 경향성인 실천을 통한 사랑과 기독교적 실천을 살펴볼 것이다.

제3부에서는 삼위일체론의 형성과 이에 대한 조나단 에드워즈의 계승에 대해서 살펴볼 것이다. 제3부 제1장에서 삼위일체론의 성경적 토대와 형성을 '교리사적(敎理史的) 접근'을 통해 연구할 것이다.

첫째, 삼위일체론의 성경적 토대로서 구약과 신약에 나타난 삼위일체론 요소와 개념들을 연구할 것이다.

둘째, 니케아 공의회 이전의 삼위일체론을 사도적 교부들과 알렉산드리아학파의 교부들, 서방교회 교부들을 중심으로 살펴볼 것이다.

셋째, 니케아 공의회와 그 이후 교부들의 삼위일체론을 아타나시우스와 카파토키아의 세 교부들, 힐라리우스 등을 통해 검토할 것이다.

제3부 제2장에서는 조나단 에드워즈의 전통적 삼위일체론 계승에 대해서 밝힐 것이다.

첫째, 동방교회와 서방교회의 종합적인 결론을 도출한 아우구스티누스의 삼위일체론을 심리학적 삼위일체론과 사회적 삼위일체론, 그리고 영원출생과 이중발출을 통한 관계적 삼위일체론으로 논증할 것이다.

둘째, 마틴 루터와 존 칼빈의 삼위일체론을 통해 에드워즈에게 끼친 영향을 살펴볼 것이다.

셋째, 개혁적 계몽주의자들의 삼위일체론을 연구함으로 에드워즈 당시의 역사적 정황에 입각해 삼위일체론의 주요 쟁점을 짚어볼 것이다.

제3부 제3장에서는 조나단 에드워즈의 삼위일체론 계승에 관한 논쟁을 검토할 것이다.

첫째, 에이미 포오를 중심으로 삼위성-일체성 방식을 통해서 에드워즈의 삼위일체론의 배경을 살펴볼 것이다. 포오는 아우구스티누스의 심리학적 모델과 사회적 모델의 조화를 강조하면서 개혁적 전통의 영향이 에드워즈의 삼위일체론을 형성했음을 검증할 것이다.

둘째, 스티븐 스튜드베이커가 기존의 에이미 포오가 취한 삼위성-일체성 방식에 대한 문제점을 지적하면서 역사적-신학적 방법론을 토대로 에드워즈가 아우구스티누스의 상호 간의 사랑 전통인 심리학적 모델만을 사용했음을 논증할 것이다.

셋째, 필자는 삼위일체적 전망을 통해 두 가지 방법론에 대한 에드워즈의 삼위일체론 해석의 문제점을 극복할 것이며, 기존의 학자들이 주목하지 않은 성경의 계시와 이성적 추론에 대한 부분을 함께 강조할 것이다.

제4부에서는 조나단 에드워즈의 삼위일체 하나님에 대한 정의와 속성을 살펴볼 것이다. 제4부 제1장에서는 삼위일체 하나님에 대한 에드워즈의 정의와 주요 개념들을 살펴볼 것이다.

첫째, 에드워즈가 성부를 자존하시는 최초의 신성으로 파악하면서도 양태설과 유출설의 가능성을 어떻게 차단했는지를 살펴볼 것이며, 하나님의 완전하심과 신적 성향에 대해 살펴볼 것이다.

둘째, 성자를 하나님 자신의 관념으로 파악한 에드워즈가 전통적인 출생 개념을 자기 전달을 통한 창조성으로 논한 점을 살펴볼 것이다.

셋째, 성령에 대해서 성부와 성자의 신적인 사랑의 행위자로 묘사함으로 아우구스티누스의 성령 이해를 한층 더 심화시킨 에드워즈의 탁월한 성령 이해를 살펴볼 것이다.

제4부 제2장에서는 삼위일체 하나님의 속성과 동등성에 대해 논할 것이다.

첫째, 삼위일체 하나님의 세 위격의 완전하심과 신성의 반복을 통한 상호 간의 관계를 살펴볼 것이다. 또한 세 위격의 상호포괄 관계를 통해 공유된 속성들을 살펴볼 것이다.

둘째, 세 위격의 비공유된 속성과 동등성을 세 위격의 구속 사역에서의 독특하고도 동등한 영광을 통해 살펴볼 것이다.

셋째, 삼위일체의 형상과 신비에 대한 점들을 고찰할 것이다.

제4부 제3장에서는 경향성과 조화의 개념으로 삼위일체 하나님에 대한 에드워즈의 독창적인 이해를 살펴볼 것이다.

첫째, 에드워즈는 그 당시의 이신론과 자연과학의 도전을 극복한 경향적 존재론, 사랑과 아름다움의 경향성을 지닌 관계적 존재, 그리고 경향성의 재현인 천지창조를 통한 경향성으로서 삼위일체 하나님을 검토할 것이다.

둘째, 천지창조의 목적에 부합하여 하나님께 영광을 돌리는 삶이 무엇인지를 인간과 자연의 관계에서 살펴볼 것이며, 경험적 인식론을 통해 삼위일체 하나님을 살펴볼 것이다.

셋째, 조화의 개념을 통해 신앙적 조화와 삼위일체 하나님의 조화로운 속성을 파악할 것이다.

제5부에서는 이러한 역사적, 사상적, 교리사적 배경과 저술에 나타난 내용을 토대로 조나단 에드워즈의 삼위일체론에 나타난 특징

을 세 가지 측면으로 살펴볼 것이다. 제5부 제1장에서는 심리학적 삼위일체론과 사회적 삼위일체론의 연속성을 밝힐 것이다.

첫째, 에드워즈의 삼위일체론의 연속성을 심리학적 유비가 사회적 유비로 어떻게 전개되며 통합되는지를 살펴볼 것이다.

둘째, 일체성과 동등성을 통한 심리학적 삼위일체론을 신적 본질의 일체성과 관계론적 접근을 통한 단일성, 동등한 본질과 독특한 영광, 그리고 본질의 공통된 보편적 특성을 통해 살펴볼 것이다.

셋째, 삼위성과 상호순환을 통한 사회적 삼위일체론을 검토함에 있어서, 삼위의 성향적 구별을 통한 삼위성 강조, 삼위의 상호순환, 그리고 삼위성과 상호순환을 통한 사회적 삼위일체론을 통해 살펴볼 것이다.

제5부 제2장에서는 내재적 삼위일체론과 경륜적 삼위일체론의 조화를 연구할 것이다.

첫째, 삼위일체 하나님의 내재적 사역과 경륜적 사역을 논하고, 이에 대한 그리스도인의 생명력 있는 신앙생활의 근거가 됨을 살펴볼 것이다. 또한 하나님의 내재성과 초월성의 조화를 살펴봄으로 삼위일체 하나님의 사역을 통한 신앙고백을 검토할 것이다.

둘째, 내재적 삼위일체론과 경륜적 삼위일체론의 조화를 살펴볼 것이다. 에드워즈의 내재적이며 경륜적인 삼위일체 하나님의 조화는 하나님의 동일한 성향적 본질과 생명에 기초한 것이며, 본질적으로 삼위일체적인 하나님의 구원 사역을 보여준다. 또한 이러한 조화는 만물이 지닌 원리와 진리를 표현함을 검토할 것이다.

셋째, 삼위일체 하나님의 창조와 구원은 내재적 삼위일체 하나님의 외적인 연장과 반복이자, 외적인 충만과 발산임을 살펴볼 것이다. 이것은 영적인 차원뿐만 아니라 물질적 차원에서의 구원도 포함하고 있음을 밝힐 것이다.

제5부 제3장에서는 에드워즈의 삼위일체론에 나타난 관계적 삼위일체론과 실천적 삼위일체론의 균형을 연구할 것이다.

첫째, 성향적 본질을 통해서 삼위일체 하나님을 설명할 것이다. 성부는 성향적 본질이 실현된 최초의 현실성이며, 성자는 신적 성형의 재귀적 명철을 통한 실현이고, 성령은 신적 성향의 재귀적 사랑의 실현임을 논증할 것이다.

둘째, 신적 탁월성과 사랑을 통한 관계적 삼위일체론을 검토할 것이다. 그것은 신적 탁월성을 통한 내적 관계성으로 가능하며, 성부와 성자 상호 간의 사랑이자 사랑의 적극적 행위자인 성령을 통해 가능함을 살펴볼 것이다.

셋째, 동등성과 역동성에 근거한 실천적 삼위일체론을 밝힐 것이다. 삼위일체 하나님의 독특성과 동등성으로 인해 인류와 자연 모두 하나님의 창조 목적에 부합된 사랑과 경건의 실천적 삶을 마련해 줌을 살펴볼 것이다.

결국, 삼위일체론은 아우구스티누스와 종교개혁자들을 비롯한 개혁주의 전통의 신학자들을 통해 체계적으로 논의되고 정리되어 왔기에, 필자는 18세기 뉴잉글랜드의 상황에서 초대교회부터 면면히 흐르는 삼위일체론에 관한 동·서방교회의 전통적인 가르침을 조나단 에드워즈가 어떻게 이어갔으며, 당대의 이성과 과학의 도전 앞에서 삼위일체론을 어떻게 펼쳐 나가는지를 살펴볼 것이다. 그리고 이전의 신학자들이 밝혀내지 못한 삼위일체 하나님에 관한 본질과 관계 규명을 조나단 에드워즈만의 독특하고 탁월한 이해로 논증할 것이다.

The Doctrine of the Trinity
in the Theology of Jonathan Edwards

조나단 에드워즈의
삼위일체론

제2부 조나단 에드워즈의 생애와 신학사상

제1장 18세기 뉴잉글랜드의 상황과 에드워즈의 생애
제2장 신학사상
제3장 신학사상의 특징

제1장
18세기 뉴잉글랜드의 상황과 에드워즈의 생애

1. 18세기 뉴잉글랜드의 상황과 대각성운동

1) 영국령 초기 개척지로서의 뉴잉글랜드

조나단 에드워즈의 생애를 살펴보기 위해서는 오늘날의 사고방식과 선입견을 가지고 살펴본다면 많은 한계에 부딪히게 된다. 특히 18세기 초 뉴잉글랜드 지방은 미국적이라기보다는 영국적인 특징이 강한 곳이었다. 조나단 에드워즈는 자신의 생을 마감한 1758년까지 분명 독립전쟁 이전의 영국령(英國領)에 살았던 인물이다. 그 당시 영국적 특징 가운데 두드러진 것은 엄격한 계급 구조였다.[1]

뉴잉글랜드의 성직자들은 영국령의 다른 어느 곳보다 훨씬 큰 권

---

[1] George M. Marsden, *Jonathan Edwards: A Life* (New Haven: Yale University Press, 2003), 2-3.

력을 지닌 지배계층이었다. 조나단 에드워즈는 스토다드(Stoddard) 가문과 윌리엄스(Williams) 가문 등 서부 매사추세츠와 코네티컷의 일부를 다스리는 엘리트 가문에 속해 있었다.

영국 정착민들의 초기 개척지였던 뉴잉글랜드 서부 지역은 빈번한 전쟁으로 지독한 가난과 공포에 노출된 곳이었다. 그 당시 북아메리카에서 주도권을 놓고 치열하게 충돌한 세력들은 영국계 개신교도들, 프랑스계 가톨릭교도들 그리고 인디언들이었다.[2] 그러한 세 개의 문화적 갈등과 충돌 속에서 살았기에 조나단 에드워즈는 세계 전쟁에 대한 자신의 인식(認識)과 관련한 역사관(歷史觀)을 정립했다.[3]

뉴잉글랜드 지역의 청교도(淸敎徒)는 다른 식민지 지역이 경제적인 야망에 기반을 둔 것과 달리, 신앙적 이상도시를 꿈꾸고 있었다. 뉴잉글랜드는 이렇게 독특한 지역으로 청교도의 유산을 물려주었으며, 그 후에도 미국의 사상과 정치에도 큰 역할을 감당했다.

토마스 후커(Thomas Hooker, 1586-1647)[4] 목사는 존 코튼(John Cotton)과 논쟁을 벌였고, 베이 식민지에서 그가 겪는 엄격한 신학적 통제에 불만을 표시하였다. 토마스 후커는 1636년 매사추세츠 정부에 반기를 들고 성도들을 데리고 하트포드 마을을 건설하여, 청교도의 꿈을 실현하는 장소로 코네티컷을 꾸려갔다. 그 당시 조나단 에드워즈의 고조부(高祖父)는 웨일즈 지방의 목사이며 교장이었는데,

---

2   Marsden, *Jonathan Edwards: A Life*, 3.
3   Marsden, *Jonathan Edwards: A Life*, 3-4.
4   토마스 후커는 코네티컷의 식민지 정부의 기초로 기여한 "근본 질서"(the Fundamental Orders)의 창시자들 중 한 명이었다.

고조부의 죽음으로 가족은 가난으로 토머스 후커 가문과 함께 하트포트에 정착하게 되었다.[5]

2) 신대륙 개척으로 인한 갈등과 세속화

신대륙 개척 초기에 새로운 개척지에 대한 여러 민족이 유입되었다. 이로 인해 다양한 민족으로 구성된 상황에서 교회는 여러 교파(敎派)로 나뉠 수밖에 없었고, 여러 민족 간의 갈등과 마찰이 일어났다. 이러한 이주민 간의 갈등뿐만 아니라, 인디언 원주민과 유럽 이주민 간의 긴장, 남과 북의 정치적 갈등으로 인한 계급분화 등이 생겨났다. 또한 경제적 번영을 위해 식민지로 이주해 온 사람들은 내륙지방으로 들어갈수록 점점 더 신앙적으로 무관심해졌다. 그것은 곧 도덕적인 타락으로 이어졌고, 1662년 중도언약(Half-Way Covenant)이 채택됨으로 교회는 형식적인 교인들로 채워졌다.

1730년대 노샘프턴의 사회·경제적 성장의 모습은 전형적인 뉴잉글랜드의 형태를 가지고 있었다. 노샘프턴은 도시 외곽에 사는 정착민들을 쥐어짜면서 부를 누리고자 했던 번성하는 밀집된 농업 마을이었다. 보스턴과 뉴욕처럼 대도시들이 출현함으로 부의 편중과 세속화도 점점 심해져갔다. 노샘프턴은 보스턴과 같은 규모는 아니었지만, 더 이상 시골의 '잠자는' 마을이 아니었다. 예전에는 공유지(公有地) 안에서 자급자족을 하며 지냈기에, 자신들과 가족들의 필요 외에는 특별히 구입할 기회가 많지 않았다. 하지만 점차 이러한 내

---

5 Marsden, *Jonathan Edwards: A Life*, 22.

수 경제의 형태는 점차 소수 독점 지주(地主)들이 많아지면서 지배층과 피지배층의 구분을 초래했다.[6]

점차 이를 반대하는 정치적 세력들이 심하게 다투기 시작했으며, 지배층들은 보란 듯이 자신들의 부(富)를 자랑하며 사치스런 소비생활을 했다.[7] 재물에 눈이 어두워 물신숭배(物神崇拜)에 빠져 있는 그 시대 사람들은 탐욕과 속임수, 고리대금(高利貸金), 사기행위 등 온갖 악행을 자행했다. 뿐만 아니라 교회에서 자리에 앉는 순서도 교회 공동체에서 지켜온 아름다운 전통적인 방식이 아닌, 부(富)에 따라 배석되기 시작했다.[8] 교회 안에서의 거룩함이나 주일성수(主日聖守)는 사라지기 시작했으며, 가정에서의 경건생활도 점차 사라지게 되었다.

결국, 18세기 초에 일어난 계몽주의(啓蒙主義) 사상으로 인해 기독교를 단지 도덕 체계로만 인식하며 더 이상 초월적인 것을 믿지 않아 세속화는 더욱 가중되었다. 18세기 뉴잉글랜드는 청교도 초기 이민자들의 도덕과 이상(理想)이 많이 상실되자, 다시금 그들에겐 신앙회복과 사회개혁의 필요성이 요구되었다.

---

6 Mark Valeri, "The Economic Thought of Jonathan Edwards," *Church History* 60/1 (March, 1991), 40-41.

7 대다수가 빈곤 가운데 고통 받고 있는데 소수의 부유한 자들이 사치스러운 삶을 사는 것에 대해서 초대교부들을 비롯한 종교개혁자들은 맹렬하게 비판했다. 특히 바실레이오스(Basil)는 "대다수가 궁핍할 때, 일부 소수의 사치는 재산과 부의 목적을 헛되게 하는 것이며 불의하다"고 했다. Basil, *Sermo IV de Eleemosyna*, 1, *PG* 32, 1153-1156. 소유권에 대한 초대교부들의 경제사상은 Charles Avila, *Ownership: Early Christian Teaching* (Maryknoll, New York: Orbis Books, 1983)을 참조하라.

8 Patrica J. Tracy, *Jonathan Edwards, Pastor: Religion and Society in Eighteen-Century Northampton* (New York: Hill and Wang, 1980), 127-129 참조. 찰스 아빌라 지음, 『소유권: 초대교부들의 경제사상』, 김유준 옮김 (서울: 기독교문서선교회, 2008).

3) 계몽주의 시대의 반(反) 삼위일체론

17세기 이후에 전통적 삼위일체론을 설명하던 실체(實體) 개념은 논란의 대상이 되었다. 존 로크(John Locke, 1632-1704)는 경험론적 인식론(認識論)에 기반하여 사물의 '실재적(實在的) 본질'과 실체 그 자체에 전혀 의미를 부여하지 않았다. 아이작 뉴턴(Issac Newton, 1643-1727)의 과학도 사물의 본질을 자족적이고 개별적인 실체들과 형태들의 체계라기보다는 어떤 관계적 법칙들과 역동적인 힘들이 상호 구조를 이루는 것으로 보았다.

조나단 에드워즈는 이러한 계몽주의 시대에 살았고, 신비하고 합리적이지 않은 것에 대한 전반적인 반감 때문에 많은 기독교 신앙인들이 반(反) 삼위일체론 입장을 갖고 있었다. 1690년대 영국에서의 '삼위일체 논쟁'처럼 전통적인 삼위일체론은 그 형이상학적 난해함 때문에 공격의 목표가 되었다. 이신론(理神論)과 유물론(唯物論)의 경향에 반대하면서도, 새로운 사상의 영향 아래 새로운 신학과 윤리 체계를 수립하려 했던 영국의 신학자, 사무엘 클라크(Samuel Clarke, 1675-1729)조차도 성자와 성령이 성부 하나님과 동격이라는 성경적 근거를 찾을 수 없다고 선언했고, 삼위일체 문제는 기독교 신앙에서 비본질적이라고 할 정도였다.[9]

회심할 때 성령의 역할을 경시하고 인간 의지(意志)를 강조했던 알미니안주의는 기본적으로 반(反) 삼위일체 입장이었다. 조나단 메이휴(Jonathan Mayhew, 1720-1766)와 같은 뉴잉글랜드의 알미니안주

---

9 Roland N. Stromberg, *Religious Liberalism in Eighteenth-Century England* (London: Oxford University Press, 1954), 1-55.

의자들은 니케아 교리에 반대하는 성경적 입장을 고수(固守)하였다.

> 성경에는 예수님의 아버지와 우리의 하나님 아버지, 예수님의 하나님과 우리의 하나님 외에 다른 참된 하나님이 있다고 하지 않았다.[10]

이신론자들도 역시 이성에 의해 종교를 재해석하며 성경의 특별계시를 부인(否認)하며, 절대적인 신비현상과 자연종교와 어울리지 않는 것을 거부했기에, 반(反) 삼위일체론 입장이었다.[11] 이신론자들은 특히 하나님의 역사 속에서의 계속되는 섭리(攝理)와 간섭을 부정했다.

하지만 이러한 상황에서도 18세기 미국의 대각성운동은 종교상황에 큰 변화를 주었다. 이 운동은 반(半)세기에 걸쳐 지속되었는데, 기존의 생명력을 잃어버린 기독교에 새로운 자극을 주었다. 이 대각성운동은 독일의 경건주의(敬虔主義)와 영국의 복음주의적 각성(覺性)과 유사했다. 특히 중생의 변화인 '회심'(conversion)을 강조하여 교회론이 회심을 체험한 그리스도인의 모임이라는 의미가 강조되었다. 또한 엄격한 도덕과 열정적인 경건이 이 운동의 전반적인 특징이 되었다.[12]

10　Conrad Wright, *The Beginning of Unitarianism in America* (Boston: Beacon Press, 1955), 200.

11　Sang Hyun Lee, "Editor's Introduction," *WJE*, 21:4-5.

12　Wiliston Walker, 『기독교회사』, 송인설 역 (고양: 크리스찬다이제스트, 2004), 673.

2. 18세기 미국의 대각성운동

1) 대각성운동의 발단과 진행

대각성운동은 교파(敎派)를 막론하여 복음주의적 신앙을 일깨웠으며, 뉴잉글랜드를 비롯한 미국의 개신교 사회 전체에 새로운 신앙 이해와 행동 원리를 제공하였다. 이러한 특징으로 인해 개신교가 새로운 현실에 적응하는데 기여했으며, 합리적 종교의 도전에 맞서 새롭게 신앙을 변증(辨證)할 수 있었다. 이러한 영향으로 인해 새로운 대학들이 건립되었고, 식민지 간의 긴밀한 관계 형성으로 미국혁명, 즉 독립전쟁을 위한 길을 예비해 주었다.[13]

대각성운동의 초기 움직임은 1720년대 뉴저지의 라리탄 계곡의 네덜란드 개혁교회에서 시작되었다. 형식주의와 무기력함에 있던 네덜란드인들의 교회에서 사역을 한 테오도레 프렐링하우젠(Theodore J. Frelinghuysen, 1691-1747) 목사는 교인들에게 보다 깊고 체험적인 신앙을 권면하면서 부흥운동이 일어났다. 이러한 대각성운동의 물결은 점점 장로교회, 회중교회, 침례교회, 감리교회 등의 비국교도 교회에 확산되어 교회 성장에 공헌하였다.

청교도 신앙을 갖고 있는 윌리엄 테넌트(William Tennent, 1673-1745)는 자신의 세 아들을 포함하여 많은 젊은이들에게 목회자 양성(養成) 훈련을 시켰는데, 1736년 북부 필라델피아에 로그대학(Log College)을 설립했다. 이 대학은 나중에 프린스턴대학이 되었다. 그의

---

13 Walker, 『기독교회사』, 673-674.

아들 길버트 테넌트(Gilbert Tennent, 1703-1764)는 뉴브런즈윅의 장로교회 목사로 있을 때, 부흥운동으로 장로교파 안에서 각성운동의 중심이 되었다. 장로교 안에는 영국 청교도처럼 체험적 신앙에 관심을 두는 흐름과 스코틀랜드-아일랜드 계통처럼 순수한 교리 정립에 치중한 흐름이 있었다. 테넌트파는 청교도적 성향이었으나, 반대 견해가 지배적인 지역에서 1738년 뉴브런즈윅 노회를 조직했다. "구파"(Old Side)는 이 "신파"(New Side) 노회를 총회(總會)에서 축출(逐出)하여, 1745년부터 장로교는 청교도와 부흥운동에 역점을 두는 뉴욕 총회와 교역자의 웨스트민스터 신앙고백 서명을 강력히 고수하는 스코틀랜드-아일랜드계의 필라델피아 총회로 분열(分裂)되었다.

하지만 시대 상황은 신파의 성장에 유리했다. 1758년 장로교가 재통합되었을 때, 각성운동파는 자신들의 극단적인 주장을 일부 철회했으나, 교권 내에서는 여전히 견고한 지위를 확보했다. 1740년대와 1750년대 장로교는 사무엘 데이비스(Samuel Davis, 1723-1765)의 설교로 버지니아와 남부로 급속히 확장되었다.[14]

1734년과 1735년에 부흥운동의 물결이 노샘프턴 마을에도 휩쓸어, 조나단 에드워즈를 비롯한 회중교회 지도자들은 윌리엄 테넌트와 조지 휫필드의 도움을 받았다. 하지만 제임스 데이븐포트(James Davenport, 1716-1757)는 장시간 동안 설교준비도 없이 야단치는 설교를 하거나 지도적인 교역자(敎役者)들을 지명하며 회심하지 않았다고 공격하여 부흥운동을 곤경에 빠뜨렸다. 그래서 분리파 회중교회가 형성되었고, 이에 맞서 보스턴의 찰스 촌시(Charles Chauncy,

---

14 W. Walker, 『기독교회사』, 674-675.

1705-1787)가 지도하는 옛 빛파(Old Light)가 새 빛파(New Light)를 공격했다.

1737년 8월, 아일랜드 출생의 장로교 목회자인 길버트 테넌트(Gilbert Tennent, 1703-1764)는 뉴저지의 뉴브런즈윅 회중교인들에게 대해, 상당히 많은 사람들이 다른 과학 연구에 상당한 호기심(好奇心)으로 그들 자신의 마음에 대한 성찰(省察)과 연구를 무시하고 있다고 불평했다. 솔로몬 스토다드(Solomon Stoddard)처럼, 길버트 테넌트도 신학의 목적이 의지와 감정을 포함하는 경험적(經驗的) 지식을 증진시키는 것이라고 믿었으며, 모든 종류의 교리적이고 사변적 지식은 단순히 이러한 실천적 지혜(智慧)를 위한 방법으로 준비되는 것이라고 믿었다. 길버트 테넌트의 신학은 이 세상에서 도덕의 통로가 아니라, 구원을 위한 하나님의 지식을 제공하기 때문에 실천적이라는 중세적 개념으로 되돌아가고 있었다.[15]

1740년에 영국의 부흥가 조지 휫필드(George Whitefield)가 델라웨어의 루이스타운(Lewistown)에 와서 조지아(Georgia)부터 메인(Maine)까지의 신앙적 열광을 가져온 두 번의 설교 집회 중 첫 번째를 시작했다. 이것이 바로 조나단 디킨슨(Jonathan Dickinson)이 "신앙 대각성"이라고 부른 것의 시작이었고, 자기 자신의 마음에 대한 연구로 돌아선 신학자들의 묘사에 의해 10여 년 이상 미국 신학을 특징 지웠다. 조나단 디킨슨이 언급한 부흥운동은 각 지방의 신앙적 각성의 연속이었으며, 뉴잉글랜드와 중부 식민지에 있는 주요 회중교회와 장로교회에 영향을 주었다. 그 지역에서 회심(悔心)의 본질, 평신도

---

15 Gilbert Tennent, *The Unsearchable Riches of Christ* (Boston: J. Draper, 1739), 137.

설교자의 예배, 사역자의 자질, 설교 방법, 극단적인 황홀경(惚境)에 빠진 초신자의 태도 등의 논쟁이 일어났다.

부흥운동의 신학적 의의(意義)는 보편적 칼빈주의가 보여 준 것처럼 방법에 있어서 사소한 차이가 칼빈주의 안에서도 상당한 분열(分裂)을 일으킬 수 있다는 것을 많이 보여주었다. 또한 부흥운동이 믿음과 덕(德) 사이의 관계에 대한 칼빈주의 신학자들의 분열된 마음을 보여주었다.[16] 18세기 중반을 넘으면서 이러한 각성에 대한 반동(反動)으로 인해 알미니안주의와 유니테리언 사상이 확산되었다.[17]

2) 대각성운동의 확산과 분열

대각성운동은 회중주의 성직자들의 부흥운동을 지지하는 새 빛파(New Lights)와 그들을 반대하는 옛 빛파(Old Lights) 그리고 이 둘에 치우치지 않은 중도 빛파(Regular Lights)로 분열되었다. 대각성운동은 또한 장로교인을 신파(New Side) 부흥주의자들과 부흥주의 경건의 구파(Old Side) 비평으로 나누었다. 1741년부터 1758년까지 두 개의 교회로 나뉘었다. 그러한 분열은 또한 성직자와 평신도 간의 갈등을 초래했다. 때로는 구파 또는 옛 빛 사역자들의 신학을 비판하는 평신도 설교자들에게 용기를 북돋아 주었고, 때로는 새 빛과 신파 설교자들을 비웃는 평신도 소책자 저자들을 화나게 했다. 평신도 비평(批評)의 일부는 18세기 미국의 경건한 농부의 이상(理想)과

---

16 Jonathan Dickinson, *A Display of God's Special Grace* (Boston: Rogers and Fowle, 1742), 2.

17 W. Walker, 『기독교회사』, 674-675.

설교(說敎)에서 이미 명백한 반성직주의(反聖職主義) 전통들로 퍼져 있었다.[18]

반면, 대각성운동으로 인한 대중주의 영성은 미국혁명 이후에 충만한 힘으로 나타났다. 18세기 초에 부흥운동은 지식인층 가운데서 끊임없이 일어났는데, 그들은 자기 스스로 교육받지 못했다고 이야기하는 신학자들의 뻔뻔함에 대해 언급했다. 찰스 촌시는 보스턴 제일교회 목사로서 부흥운동을 비판했으며, 심지어 가르치기에 적절한 상황이 아닌, 여성 권면자(勸勉者)들을 포함한 평신도 설교가들에 대해 곤혹스러워했다. 찰스 촌시는 자기들 스스로 부흥운동과 부흥신학을 진행시키며 위대한 복음의 교리들에 대해 교육을 받지 않고 개인적으로 가르치는 사람들과 저학력자들의 무분별한 자들을 다른 보스턴 비평가들과 함께 문제시했다.[19]

이들은 이해력에 있어서는 어린아이와 같은 경우도 있었고, 심지어 문맹인(文盲人)도 있었다. 그런데도 평신도 설교가들은 유능한 사역자들을 판단하며 비난하기도 했다. 결국, 평신도 설교가들의 비판적인 목소리는 일반 대중들 속에서 퍼져나가고 있었다.[20]

하지만 부흥가들은 그러한 비평에 항상 신학적 대중성을 강조하며 반박했다. '거의 배우지 못한 사람들'에 대한 불만에 대해 장로교 부흥가 사무엘 핀리(Samuel Finley, 1715-1766)는 예수님 자신도 무식

---

18 David Harlan, *The Clergy and the Great Awakening in New England* (Ann Arbor, Michigan: UMI Research Press, 1979), 4.

19 Charles Chauncy, *Enthusiasm Described and Cautioned Against* (1742), in David Harlan, *The Clergy and the Great Awakening in New England* (Ann Arbor, Michigan: UMI Research Press, 1979), 241.

20 Chauncy, *Enthusiasm Described and Cautioned Against* (1742), in David Harlan, *The Clergy and the Great Awakening in New England*, 241.

하고 천박하며 초라한 부류의 사람으로 불렸다는 것을 지적했다.[21] 평신도 설교가들을 지지하는 부흥가들은 교육을 받지 않은 사람들이 성경을 이해하고 가르칠 수 있다는 것을 고집해야만 했다. 하지만 찰스 촌시는 그들이 신학을 미숙하고 미약한 것으로 바꾸고 있다고 판단했고, 그들이 사역자들을 경멸하는 것이라고 생각했다.

이러한 갈등은 부흥회 설교가들이 기독교의 합리성을 나타내기 위해 노력하는 넓은 의미의 비평가(批評家)들로 보고자하는 시도였다. 그러나 길버트 테넌트와 다른 부흥회 설교가들은 하나님 존재에 대한 모든 권위 있는 증거들과 성경적 계시(啓示)의 진정성을 위한 모든 증거들을 제시할 수 있었다. 특히 도덕에 관해서 부흥가들은 자연법(自然法)과 본성의 조명(照明) 그리고 이성적(理性的)인 자기 사랑에 호소함에 있어서 완전하게 의로워져야 한다고 생각했다.[22] 아무튼 그들은 이성(理性)과 도덕에 대한 모든 논의가 뉴잉글랜드 교회들을 거듭남의 경건으로 이끌 수 없다고 확증했다.

3. 조나단 에드워즈의 생애와 저술

조나단 에드워즈의 선조들은 영국령(英國領) 미국 식민지의 첫 개척자들이었고, 그의 후손들은 미합중국의 초기 지도자들이었다. 조

---

21 Samuel Finley, *Christ Triumphing and Satan Raging* (1741) in David Harlan, *The Clergy and the Great Awakening in New England* (Ann Arbor, Michigan: UMI Research Press, 1979), 157.

22 Gilbert Tennent, *The Association for Defence Father Encouraged, or Defensive War Defended* (Philadelphia: B. Franklin and D. Hall, 1748), 22-27.

조나단 에드워즈의 생애는 미국 식민지 역사의 단면을, 그리고 18세기 초에 뉴잉글랜드에 살았던 사람들의 삶의 모습과 신앙을 읽어낼 수 있는 중요한 단서들을 제공한다.

55세라는 비교적 짧고도 아쉬운 생을 살다간 조나단 에드워즈의 그의 인생을 세 시기로 구분하여 살펴 볼 수 있다.

첫째, 그의 가정과 어린 시절, 특히 그의 교육환경과 신앙적 회심체험(悔心體驗)을 정리할 것이다.

둘째, 그의 외조부(外祖父)가 담임하고 있던 노샘프턴교회에서의 24년 동안의 목회사역(牧會使役)을 살펴볼 것이다.

셋째, 노샘프턴교회에서의 고별설교(告別說敎) 후 스톡브리지에서의 인디언 선교부터 1758년 프린스턴에서 생을 마감할 때까지를 살펴볼 것이다.

1) 교육환경과 회심 (1703-1725년)

조나단 에드워즈는 1703년 10월 5일에 코네티컷 주의 이스터 윈저(East Windsor)에서 티모시 에드워즈(Timothy Edwards)의 12자녀 중 다섯 번째인 외아들로 태어났다. 할아버지인 리처드 에드워즈(Richard Edwards)는 코네티컷의 하트포드의 부유한 상인(商人)이었고, 아버지 티모시는 1691년 하버드대학교를 졸업하여 1695년에 이스트 윈저 회중교회에서 안수를 받은 그 교회의 초대목사였고, 조나단 에드워즈의 어머니는 에스더 스토다드(Esther Stoddard)였다.

조나단 에드워즈는 대부분 아버지에게 교육의 영향을 받았는데, 아버지는 이미 6세에 조나단에게 라틴어를 가르쳤고, 어려서부터 글 쓰는데 정확성을 기하도록 했다. 결국, 그의 글 쓰는 습관이 어려서부터 몸에 배어 일생 동안 계속되었다. 아버지 티모시 에드워즈는 그 시대로 볼 때에는 상당히 깨어있는 사람으로서 자신의 외아들인 조나단 에드워즈는 물론, 11명의 모든 딸들도 보스턴으로 보내어 학교 공부를 마치게 하였다. 그래서 티모시 에드워즈는 1711년 인디언 전쟁에서 군목(軍牧)으로 있을 때에도, 자녀들이 라틴어 공부에 열심을 낼 것과 누나들이 조나단에게 라틴어를 계속해서 암기시켜 줄 것을 피력하는 편지를 보낼 정도였다.[23]

어머니 에스더 역시 항상 책을 좋아하고 대화 속에서도 유명한 신학자들의 책을 많이 언급할 정도였다. 그래서 조나단 에드워즈는 아버지와 어머니로부터 성경과 교리는 물론, 청교도(淸敎徒) 신앙의 풍부한 유산을 물려받을 수 있었다. 조나단은 특히 이스트 윈저 교회에서 61년간 사역(使役)을 한 아버지로부터 목회사역에 대한 많은 점을 배울 수가 있었다. 아버지의 목회뿐만 아니라 외조부인 솔로몬 스토다드의 목회를 통해서도 어린 조나단 에드워즈는 이미 신학생(神學生)으로서의 훈련을 받고 있었던 것이다. 아버지가 강대상에서 전하는 설교를 늘 접할 수 있었고, 성도들을 섬기며 돌보는 상황, 그리고 회중교회에서 직면한 여러 도전과 갈등을 포함한 여러 가지를 경험할 수 있었다.

이런 가운데 조나단 에드워즈는 어린 시절부터 자연의 아름다움에 취해 있었고, 자신의 영혼(靈魂)에 대해 어려서부터 유난히 관심이 많았다. 7-8세에는 아버지가 목회하던 교회에서 영적 각성에 이르는 성령의 놀라운 역사를 목격하였고, 그 경험은 어린 조나단 에

---

23 Stephen J. Nichols, *Jonathan Edwards: A Guided Tour of His Life and Thought* (Philipsburg, New Jersey: P & R Publishing, 2001), 30.

드워즈에게 깊은 영향을 미쳤다. 조나단 에드워즈는 13세인 1716년 5월 10일에 자신보다 2살 위인 누나, 메리 에드워즈(Mary Edwards)에게 이렇게 편지를 썼다.

> 하나님의 놀라운 자비와 선하심으로 이곳에 매우 주목할 만한 성령 하나님의 진동과 기름 부으심이 있었고, 지금도 그래요… 13살쯤에 교회의 완전한 성찬 자격으로 참여해 왔어요.[24]

조나단 에드워즈는 『자서전』(Personal Narrative)에서 자신의 어린 시절에 교회에서의 각성과 영혼 구원(救援)에 대한 관심, 특별한 기도 모임 등 자신의 영혼에 대한 다양한 관심과 체험을 했다고 기록한다.

> 나는 새로운 감각(感覺)인, 새로운 성향(性向)들이 생기는 변화가 있기 이전에, 2번 이상의 놀라운 각성을 경험했다. 첫 번째는 대학에 입학하기 전 소년이었을 때, 아버지의 교회에서 놀랄만한 각성(覺性)이 있었다. 수개월 동안 신앙적인 것과 나의 영혼의 구원에 대한 관심을 갖고, 큰 의무감으로 하루에 5번씩 은밀히 기도하곤 했으며, 다른 친구들과 신앙적인 이야기를 하며 많은 시간을 보냈으며 그들과 함께 기도하기 위해 모임을 갖곤 했다.[25]

---

24 Edwards, *Letters and Personal Writings*, ed. S. Claghorn George, *WJE*, 16:29.
25 Edwards, *Letters and Personal Writings*, ed. S. Claghorn George, *WJE*, 16:790.

하지만 조나단 에드워즈는 그때를 참된 신앙적 체험이 아닌 자신의 의무감과 자기 의(義)에 만족했던 것인데, 그것을 은혜로 착각했다고 고백을 하였다.

> 그러나 시간이 흘러가면서, 나의 확신과 감정은 사라졌다. 나의 모든 감정과 기쁨은 완전히 없어졌고, 적어도 그것을 지속시켜주던 모습인, 은밀한 기도도 하지 않았다. 그래서 개가 토해놓은 곳으로 돌아가듯, 죄(罪)의 길로 들어섰다.[26]

조나단이 대학을 준비하고 있을 때, 하버드대학교에 대해서 청교도(淸敎徒)와 개혁교회(改革敎會) 전통에 대한 의심이 생겨, 아버지 티모시는 하버드에 입학시키지 않았다. 그 대신 코네티컷에 새로 생긴 예일대학에 조나단 에드워즈를 1716년 13세에 등록시켰다. 학부 때에 조나단 에드워즈는 형이상학, 윤리학, 자연과학, 미문학(belles-lettres), 문법, 수사학, 논리학, 고대사, 수학, 지리학, 천문학을 공부했다. 그 당시의 학사(學士)일정은 대부분 영국의 옥스퍼드나 케임브리지의 학사일정을 본(本)으로 삼았다.

조나단은 문학과 철학의 고전(古典) 헬라어와 성경본문을 위한 헬라어와 히브리어를 비롯해 철저한 신학과정을 밟았다. 대학당국(大學當局)에서도 학생들의 영성(靈性)과 경건훈련을 위해 주일설교 노트에 대한 복사본 요구와 설교에 대한 주간 퀴즈를 보기도 했다.[27]

---

26 Jonathan Edwards, "Letters and Personal Writings," ed. S. Claghorn George, *WJE*, 16:791.

27 Stephen J. Nichols, *Jonathan Edwards: A Guided Tour of His Life and Thought*, 33-34.

예일대학에서 공부하면서 아이작 뉴턴과 존 로크의 사상을 습득하였고, 그 속에서 자기의 칼빈주의 신학 전통을 다시 해석하는 작업을 시작하였다.[28] 조나단 에드워즈는 뉴턴의 작품에서 이 세상에서의 하나님의 놀라운 임재와 적극적인 관여를 보았고, 창조된 세상을 적극적으로 유지하시는 하나님의 절대적인 필연성(必然性)을 깨닫게 했다. 조나단 에드워즈가 존 로크의 『인간 오성론』(*Essay Concerning Human Understanding*)을 읽은 것은 삶에 굉장한 변화의 계기가 되었다. 존 로크의 경험론(經驗論)은 오성(惡性)이 관념(觀念)을 형성한다는 것을 강조했는데, 그 오성은 감각(感覺)이나 경험(經驗)을 통해서 온다는 것이었다. 조나단 에드워즈 역시 '새로운 감각'(new sense)에 대한 이해가 경험론의 영향을 받은 것이다.

페리 밀러(Perry Miller)는 조나단 에드워즈가 존 로크의 작품을 읽은 것을 두고 그의 지적 생애 가운데 중심적이고도 결정적인 사건이었다고 보았으나, 이안 머레이(Iain H. Murray)는 페리 밀러가 이런 주장을 통해 에드워즈를 '로크주의 철학'으로 재구성하려는 시도였다고 비판하면서, 오히려 예일대에서 강사로 가르치면서 아이작 뉴턴과 윌리엄 휘스톤의 영향을 받은 '자연철학'을 형성했다고 본다. 한편, 스티븐 니콜스(Stephen J. Nichols)는 조나단 에드워즈가 이 책에서 존 로크의 사상을 철저히 읽고 살핌으로 경험론의 감각론(感覺論)을 에드워즈 사상의 중심에 두었다고 평가했다.[29]

---

[28] 이상현, 『삼위일체, 은혜 그리고 믿음: 조나단 에드워즈 신학 연구』 (서울: 대한기독교서회, 2003), 14.

[29] Miller, *Jonathan Edwards*, 52; Iain H. Murray, *Jonathan Edwards: A New Biography* (Edinburgh and Carlisle, Pennsylvania: Banner of Truth Trust, 1987), 64-65; Stephen J. Nichols, *Jonathan Edwards: A Guided Tour of His Life and Thought*, 33-34.

조나단 에드워즈는 예일대학에서 뉴턴과 존 로크의 사상뿐만 아니라, 존 칼빈(John Calvin), 존 오웬(John Owen), 윌리엄 에임스(William Ames) 등과 같은 칼빈주의와 청교도(淸敎徒) 전통의 유산을 탐구하였다. 그 당시 예일대학 학생들은 윌리엄 에임스의 『신학의 정수』(Marrow of Theology)를 암기해야 할 정도였다. 칼빈주의에 대한 연구는 조나단 에드워즈로 하여금 그 당시 뉴잉글랜드의 교회와 신학을 휩쓸었던 알미니안주의에 대한 경각심을 불러일으켜 주었다.

결국, 조나단 에드워즈는 최우수학생으로 1720년에 학사학위(B. A.)를 받았고, 1722년까지 석사학위과정을 위해 예일대학에 머물렀다. 조나단 에드워즈는 그의 대학원 시절 초기에 사물에 대한 새로운 인식(認識), 그리고 하나님의 영광과 탁월하심에 대한 새로운 깨달음과 확신을 경험했다고 기록했다. 1723년에 예일대학에서 문학석사(M. A.) 학위를 받고, 1724년에 강사로 임명되어 가르치기 시작하였다.

조나단 에드워즈는 예일대학에서 공부하는 동안 두 번 삶의 변화를 경험한다.

첫 번째는 회심(悔心)이었다. 그 당시 청교도들은 신앙에 있어서 자기기만과 위선을 경계했기에, 조나단 에드워즈의 어머니 역시 상당한 시간이 지나기까지 남편이 시무하는 교회에서 성찬을 받지 않았다. 이러한 분위기에서 조나단 에드워즈는 대학 4학년 때부터 대학원 1학년 때 내적 변화를 겪고 구원의 필요를 인식하게 된다. 조나단 에드워즈는 자신의 구원에 대한 관심을 아버지가 목회하는 회중교회에서의 각성 이후에 지속적으로 갖고 있었고, 대학에 입학한 후에도 마지막 4학년까지 계속되었다. 그래서 자신의 모습을 다음과 같이 서술했다.

> 정말로 나는 종종 상당히 힘들었는데, 특히 대학 후반기에 접어들수록 더 했다. 내가 대학 4학년 때, 늑막염(肋膜炎)에 걸려 내 영혼의 상태에 대해 많은 힘든 생각에 빠져 있을 때, 그분은 나를 죽음의 문턱까지 데리고 가셨고, 나를 지옥의 고통으로 뒤흔들어 놓으셨다.[30]

결국, 조나단 에드워즈는 대학원 2년차인 1721년에 이르러 회심(悔心)을 체험하며 하나님의 절대주권을 강조했다.[31] 1734년에 쓴 것으로 추정하는 『자서전』(Personal Narrative)에서 조나단 에드워즈는 자신의 회심을 "삼위일체 하나님께서 영광스러운 복음에 눈을 열게 하시고 거룩한 것에 새로운 의미를 부여해 주셨다"고 고백했다.[32]

두 번째 삶의 변화를 가져온 체험은 지적(知的)인 것이었다. 그는 존 로크의 『인간 오성론』을 읽고 나서 오성(悟性)이 삶과 분리된 것이 아니라 진리를 깨닫도록 돕는 인간의 감각이라는 결론에 도달한다. 이런 두 번의 체험을 통해 지성(知性)과 감정(感情)을 하나로 합치는 것이 중요하다는 것을 깨달았다.

조나단 에드워즈는 회심 이후 얼마 지나지 않아 자신의 평생(平

---

30 Jonathan Edwards, "Letters and Personal Writings," ed. S. Claghorn George, *WJE*, 16:791.
31 죽음의 문턱을 경험한 이후 더욱 더 철저한 하나님의 주권을 강조한 경우는 취리히의 츠빙글리(Zwingli)의 생애에서도 나타난다. 즉 츠빙글리는 1518년 12월 취리히의 그로스뮌스터교회의 담임목회자로 부임한 후, 1519년에 흑사병이 만연하게 되어 환자들을 돌보고 장례식을 치러주다가 그도 흑사병에 걸렸다. 결국, 그가 죽었다는 소문이 나돌 정도로 아주 심한 병고를 거치면서 1520년 여름에 회복되었다. 그래서 츠빙글리는 하나님의 주권을 더욱 철저히 강조하게 되었다.
32 Jonathan Edwards, "Letters and Personal Writings," ed. S. Claghorn George, *WJE*, 16:800.

生) 살아갈 70개의 결심문(Resolutions)을 작성했다. 70개의 결심문 중에서 35번까지는 자신의 일기(Diary)를 쓰기 시작했던, 1722년 12월 18일에 기록되었고, 나머지 70번까지는 1723년 8월 17일에 이르기까지 여러 날에 걸쳐 작성되었다. 그는 이 결심문을 매주 한 번씩 읽고 자신의 삶을 점검했다. 이 결심문은 조나단 에드워즈에게 있어서 확고한 결단을 나타내는 것으로서, 단순히 경건한 소망들이나 낭만적인 바램들, 율법적인 규범들이 아니었다.

오히려 그것들은 조나단 에드워즈에 있어서 일생의 교훈이자 모든 정성을 기울여 따라야 하는 좌우명이었다.[33] 그 결심문의 궁극적인 의도는 하나님과의 영원한 생명을 누리기에 합당한 영혼이 되는 것으로서, 그 목적을 이루기 위해 매일 매일의 실천적 지침을 주기 위함이었다.[34] 그래서 조나단 에드워즈는 그러한 결심들을 가능케 하시는 전능하신 하나님의 능력을 의지했다.[35] 조나단 에드워즈의 결심문은 다음과 같이 시작했다.

> 나는 하나님의 도우심이 없이는 아무 것도 할 수 없음을 인식하면서, 그리스도의 유익을 위해 그분의 뜻에 합당한 범위

---

33 Jonathan Edwards, "Letters and Personal Writings," ed. S. Claghorn George, *WJE*, 16:741.

34 Jonathan Edwards, "Letters and Personal Writings," *WJE*, 16:743.

35 조나단 에드워즈의 결심문에 대한 연구는 다음의 자료들을 참고하라. John Dewey, *Human Nature and Conduct* (New York, 1922), 14-88; Conrad Cherry, *The Theology of Jonathan Edwards: A Reappraisal* (Bloomington and Indianapolis: Indiana University Press, 1966, 1990), 34-43, 126-158; Lee, *The Philosophical Theology of Jonathan Edwards*; Stephen J. Stein, "'Like Apples of Gold in Pictures of Silver': The Portrait of Wisdom in Jonathan Edwards's Commentary on the Book of Proverbs," *Church History* 54 (1985), 324-337.

> 에서, 하나님께서 이러한 결심문을 지킬 수 있는 은혜를 주시기를 겸손히 간구한다. 이러한 결심문을 일주일에 한 번씩 읽는다는 것을 기억하라. 나는 결심했다. 하나님의 영광을 위해 최선이 되는 것과 내 자신의 선함, 유익과 기쁨이 되는 것이라면 무엇이든지 간에 지금이든 내 인생의 수많은 세월을 통해 할 수 없는 것일지라도 나의 전 생애를 통해 지체 없이 행할 것이다. 나의 의무로 생각되는 것과 일반적인 인류의 선과 유익이 되는 최고의 것이라면 무엇이든지 행할 것을 결심했다.[36]

이러한 조나단 에드워즈의 결심문은 18세기 당대의 학식이 있는 사람들의 삶의 표준이 되었을 뿐만 아니라, 후대의 학자들에 의해 벤자민 프랭클린(Benjamin Franklin)의 결심문과 비교되면서, 계몽주의의 서로 다른 대표적인 특징으로 여겨졌다.[37]

조나단 에드워즈는 석사학위과정 중에 뉴욕에 있는 장로교회에서 1722년 8월부터 1723년 4월까지 짧은 기간 목회를 했다. 특히 그가 섬기던 교회는 분열되어 형성된 교회였는데, 조나단 에드워즈의 설득으로 인해 원래 교회와 다시 결합했다.

또한 조나단 에드워즈는 1722년에 『문집』(Miscellanies)을 쓰기 시작해서 일생에 걸쳐 자신의 저술에 글을 계속해서 추가했다. 그는

---

[36] Jonathan Edwards, "Letters and Personal Writings," ed. S. Claghorn George, WJE, 16:753.

[37] Van Wyck Brooks, America's Coming-of-Age (New York: Huebsch, 1915); Carl Van Doren, Benjamin Franklin and Jonathan Edwards: Selections from Their Writings (New York: Charles Scribner's Sons, 1920).

말을 타고 가는 일상 속에서도 마음속의 생각들을 정리하였고, 화창한 날씨에는 초원이나 개울에 멈춰 서서 몇 줄의 스케치를 하기도 했다. 심지어 말을 타고 가면서도 옷이나 종이 조각을 가지고 다니다가 무슨 생각이 나면 적어 자기 코트 위에 핀으로 꽂아, 집에 오면 옷에 온통 종이가 붙어서 부인이 일일이 그것을 떼어 챙겨 주었다고 할 정도였다.[38] 이렇듯 조나단 에드워즈는 끊임없이 생각하며 저술하는 삶을 살았다.

1723년 4월에 코네티컷으로 돌아온 조나단 에드워즈는 뉴잉글랜드의 여러 교회에서 설교하며 석사학위논문을 썼다. 1723년 9월에 예일대학에서 라틴어 석사학위논문 제출과 논문답변을 하면서 석사학위(M. A.)를 받았다. 그의 석사학위논문은 "종교개혁의 전가교리로서 아담의 죄와 그리스도의 칭의(稱義)"에 관한 내용이었다. 1723년 말에 잠시 코네티컷 볼튼에 있는 회중교회에서 담임목사로 봉사하다가, 1724년 봄에 예일대학으로 돌아와 2년 동안 강사로 가르쳤다. 조나단 에드워즈의 초기문서들은 자연과학자로서의 능력과 철학과 신학의 전문가로서의 충분한 자질을 보여주었다.

2) 노샘프턴의 목회 (1726-1750년)

1726년 노샘프턴(Northampton)교회에서 외조부(外祖父)인 솔로몬 스토다드(Solomon Stoddard) 목사의 부교역자로 청빙되었다. 그 교회는 외조부가 1669년부터 담임목사로 시무해 오고 있었다. 조나단

---

38 이상현, 『삼위일체, 은혜 그리고 믿음: 조나단 에드워즈 신학 연구』, 14-15.

에드워즈는 1727년 2월에 목사 안수를 받았고, 그해 7월 28일에 사라 피어폰트(Sarah Pierpont, 17세)와 결혼하였다. 조나단 에드워즈가 학창시절부터 관심을 갖기 시작해서 4년간의 교제기간을 거쳐 결혼을 하였다. 이들은 아들 3명과 딸 8명을 낳아 모두 11명의 자녀를 키웠다. 조나단 에드워즈는 자녀들과의 아침 경건의 시간과 식사시간을 충실히 가짐으로써 아내와 자녀들에 대한 사랑과 관심을 보여 주었다. 이후에 그의 딸들은 변호사, 정치가, 대학총장이 된 목사와 결혼을 했으며, 아들들 역시 변호사, 정치가, 목사 겸 대학총장을 지냈다. 또한 72명의 손자손녀들도 대부분 미국 역사의 중요한 역할을 감당한 인물들로 자라났다.[39]

1729년 2월에 솔로몬 스토다드가 예기치 않게 사망하여 조나단 에드워즈가 노샘프턴 교구 전체의 담임을 맡게 되었다. 조나단 에드워즈는 초기 사역을 하는 동안에 설교 원고를 세심하게 준비하는 습관으로 정확한 원고를 얻을 때까지 한 설교에 수많은 시간을 들였다. 그 원고들을 제본하여 소책자로 내기도 했고, 공책에 원고를 쓰기 시작하여 『여백성경』(*Blank Bible*)에 성경에 관한 주석을 달기도 했다. 조나단 에드워즈는 이 『여백성경』을 『문집』과 함께 설교의 아이디어를 얻기 위한 자료로 사용하였다.

1731년에는 보스턴의 목사들에게 목요일 강의 초청을 받아 "구속의 사역에서 영광을 받으시는 하나님"(*God Glorified in the Work of Redemption*)이란 제목으로 설교를 하여 인정을 받기도 했다. 조나단 에드워즈는 그 교회에서 29년 동안 목회하면서, 미국 역사상 가장

---

[39] Stephen J. Nichols, *Jonathan Edwards: A Guided Tour of His Life and Thought*, 52-53.

큰 부흥운동이었던 대각성운동의 중요인물로 활약하였다.

조나단 에드워즈의 설교는 1730년대 노샘프턴의 "놀라운 회심운동"의 수단이었다. 특히 1740-1742년의 대각성의 선구적 역할을 하였다. 1740년대 초기에 그 도시는 대각성운동의 강한 영향을 받게 되었고, 영국의 순회(巡廻) 설교자인 조지 휫필드(George Whitefield)의 방문을 받았다. 코네티컷의 엔필드(Enfield)에서 있었던 "진노하신 하나님의 손 안에 있는 죄인들"(Sinners in the Hands of an Angry God, 1741년)이란 설교는 대각성의 분수령을 이루었고, 조지 휫필드의 사역은 그러한 대각성의 부흥을 확대시켰다.[40] 이 당시에 쓴 논문들, 즉 "신실한 이야기, 성령의 역사의 두드러진 특징들"(A Faithful Narrative, The Distinguished Marks of a Work of the Spirit of God, 1741년), "현재부흥에 관한 몇 가지 사상들"(Some Thoughts Concerning the Present Revival, 1742년) 등은 굉장한 영향력(影響力)을 끼쳤다.

목회하는 동안 부지런히 집필활동을 해서 수많은 주해(註解)와 강의록(講義錄), 그리고 설교문을 작성했다. 이러한 조나단 에드워즈의 저술활동으로 심방을 많이 하지 않는다는 성도들의 불평이 나올 정도였다. 1747년에 쓴 『특별한 기도 안에서 하나님의 백성들의 분명한 일치와 가시적 연합을 촉진하기 위한 작은 노력』이란 책은 18세기 동안 미국 곳곳에서 부흥을 사모하는 크고 작은 '기도 합주회'를 태동(胎動)시켰다.

또한 1730년대와 1740년대에 조나단 에드워즈의 집에는 어린 자녀들과 목회 후보생(候補生)들로 가득 찼는데, 그 중에 조셉 벨라

---

40 Stephen J. Nichols, *Jonathan Edwards: A Guided Tour of His Life and Thought*, 56.

미(Joseph Bellamy), 사무엘 부엘(Samuel Buell), 그리고 사무엘 홉킨스(Samuel Hopkins)가 있었다. 특히 뉴저지와 펜실베이니아 주에서 인디언 원주민(原住民)을 상대로 선교하고 있던 데이비드 브레이너드(David Brainerd, 1718-1747)는 29세의 젊은 나이에 폐결핵(肺結核)에 걸려 1747년 10월 9일 조나단 에드워즈의 집에서 죽었다. 또한 브레이너드를 간호하던 조나단 에드워즈의 딸인 제루샤(Jerusha)도 1748년 2월 15일 사망하였다.

조나단 에드워즈는 데이빗 브레이너드의 일기와 경건한 삶에 감탄하여 그의 책을 출판함으로 참된 성도(聖徒)의 모습을 보여 주려고 했다. 조나단 에드워즈는 그를 "설명할 수 없는 패배와 격렬한 고통 가운데 빠지지 아니하고, 때때로 구름에 가릴지라도 하늘의 견고한 빛과 그 빛의 영구적인 원리와 같기에" 그의 경건성과 신앙에 경탄하였다.[41] 그의 전기(傳記), 『데이빗 브레이너드의 생애』(*An Account of the Life of the Rev. David Brainerd*)를 1749년에 출간하여 베스트셀러가 되었다.

그 후 조나단 에드워즈는 사례비 문제와 "나쁜 책"을 읽은 아이들을 징계한 사건에 대한 논쟁으로 교회 안에 많은 긴장이 생겼다. 조나단 에드워즈는 성찬식(聖餐式)에 참여할 수 있는 자격으로 믿음의 고백을 요구하며 외조부인 솔로몬 스토다드의 방침인 중도언약(Halfway Covenant)을 포기하였다. 이로 인해 교인들의 감정대립으로 목사들과 평신도 대표들로 구성된 위원회가 열렸다. 솔로몬 스토다드는 중도언약을 승인하여, 세례(洗禮)를 받았을지라도 아직

---

41 Edwards, *The Life of David Brainerd*, WJE, 7.

그리스도를 고백하지 않은 사람들을 성찬(聖餐)에 참여할 수 있게 했다.

조나단 에드워즈는 자신의 사역 초기에는 이런 관행(慣行)을 유보상태에 두고 따라가다가, 1740년대 초반의 부흥에 뒤이은 그리스도인의 신앙과 헌신에 의문을 갖기 시작했다. 그래서 그는 유명한 『신앙감정론』(Treatise Concerning Religious Affections, 1746년)을 출간했던 것이다.

결국, 그는 중도언약의 잠재적인 부정적 영향을 숙고한 후에 그것을 폐지시켰다. 에드워즈는 1749년에 자신의 입장이 담긴 『성찬에 대한 겸허한 탐구』(Humble Inquiry into the Rules of the Word of God Concerning the Qualifications Requisite to a Compleat Standing and Full Communion in the Visible Christian Church)를 보스턴에서 출간하였다. 조나단 에드워즈는 성찬식에 참여하려면 교리 지식과 도덕적 선행(善行)만이 아니라 참된 신앙을 고백해야 한다고 하여, 1749년 이런 입장을 공식적으로 발표함으로 격렬한 논쟁을 불러일으킨 끝에 1750년, 투표 결과 230대 23으로 교회를 떠나게 되었다. 위원회는 1750년 6월 22일 조나단 에드워즈와 교인들에게 결별하라고 통보했고 열흘 후에 조나단 에드워즈는 고별 설교를 했다.

3) 스톡브리지의 인디언 선교(1751-1758)

그 후 거의 일 년 동안 노샘프턴에 머물러 있으면서 몇몇 교회들로부터 청빙을 받았으나 위원회로부터 받은 통보 때문에 매사추세츠 주 스톡브리지(Stockbridge)로 가기로 결정했다. 노샘프턴교회에서 성찬 논쟁으로 인해 해임(解任)당한 후, 매사추세츠 주 서부에 있는 인디언들과 같이 살면서 선교를 시작하였다. 그곳에서 모히칸과 모하크족에 대한 선교를 시작했다. 조나단 에드워즈는 그곳에서 인디언 학교를 위한 교육 제도를 정착시키고, 공공용지(公共用地)와 공금을 착취하는 사기꾼들과 싸우면서 사역을 하였다.

즉 조나단 에드워즈는 영국의 기부자들로부터 선교자금을 후원받아 교회 사역과 기숙학교 사역을 신실하게 감당함으로 우수한 교육을 제공했다. 그 당시 그곳은 프랑스와 아메리칸 원주민, 그리고 영국 간의 긴장(緊張)이 오랫동안 있었기에, 유럽의 정착민들과 원주민들 간에는 반목과 회의적(懷疑的)인 시각이 끊이질 않았다. 그러한 상황임에도 불구하고 조나단 에드워즈는 모하크족에 대한 사역을 지속했다.

이러한 인디언 선교 사역을 통해 조나단 에드워즈는 비교적 노샘프턴에 있을 때보다 개인 시간을 더 많이 가질 수 있었고, 많은 저술활동을 통해 굉장히 값진 시간을 보낼 수 있었다. 조나단 에드워즈는 그곳에서 『의지의 자유』(Freedom of the Will, 1754)와[42] 『원죄』(Original Sin, 1758)[43]를 저술했다.

조나단 에드워즈는 『의지의 자유』에서 알미니안들의 주장을 염두(念頭)하면서, 의지는 가장 강력한 동기들을 거스르면서까지 행동할 수 있는 힘을 지닌 독자적이고 자립적인 기능이 아니라고 했다. 오히려 의지는 감정이나 선호와 같은 것이라고 말했다. 결단은 영혼의 지배적인 경향이 행동으로 나타난 것에 불과하며, 따라서 의지는 명시적으로 드러나는 최대의 선으로서 나타난다고 했다. 사람들은

---

[42] Jonathan Edwards, "Freedom of the Will," *WJE*, 1.

[43] Jonathan Edwards, "Original Sin," *WJE*, 3.

자기가 좋아하는 것을 할 자유가 있으며, 하나님은 그들의 욕구와 의도의 표현인 결단의 내용에 대해서 도덕적 책임을 질 것을 당연히 요구한다고 했다.

조나단 에드워즈는 『원죄』에서 알미니안들이 하나님께서 아담의 죄책(罪責)을 그의 후손들에게 전가했다는 개념을 반박했는데, 조나단 에드워즈의 주장은 인류와 아담의 연합으로 아담이 범죄(犯罪)할 때 인류 전체가 아담 안에 있었으며, 모든 인류가 아담의 범죄적 성향을 공유하게 되었다는 것이다.

또한 조나단 에드워즈는 "하나님께서 세상을 창조한 목적"(Concerning the End for Which God Created the World, 1755년), "참된 덕의 본질"(The Nature of True Virtue, 1755년)이라는 두 편의 논문을 썼다.

1757년 뉴저지대학(현, 프린스턴대학)에서 아론 버(Aaron Burr)[44] 총장이 별세한 후 조나단 에드워즈는 총장으로 초빙되어, 1757년 12월에 출발하여 1758년 1월에 프린스턴에 도착하였다. 처음에는 새로 이사하는 것으로 인한 가족들의 혼란과 자신의 단점, 그리고 저술 계획이 많아서 거절했지만 결국에는 수락하였다.

그 당시 의학계에서 천연두(天然痘) 예방주사약을 처음으로 사용하고 있었는데, 다른 사람들이 의료 조치에 대해 두려워할 필요가 없다는 것을 보여주기 위해 솔선수범으로 자원하여 예방접종을 했다. 하지만 그해 3월에 그 주사를 맞고 그만 심한 부작용으로 고생하다가 열병으로 3월 22일, 55세의 나이에 별세하였다. 하지만 그의 아내 사라는 아직 프린스턴으로 오지 못한 상태였고, 그의 곁에는

---

44 아론 버는 조나단 에드워즈의 딸인 에스더의 남편이자 미국의 세 번째 부통령이었던 아론 버 2세의 아버지였다.

딸 루시와 에스더가 있었다. 그는 죽기 바로 전에 침대 곁에 있던 딸에게, "하나님을 의지하라. 그러면 두렵지 않을 것이다"라고 위로하였다. 에스더는 1757년에 남편을 잃은 슬픔을 채 잊기도 전에 아버지의 죽음을 맞이하였다. 에스더는 조나단 에드워즈와 같은 천연두(天然痘) 백신을 맞고 다음 달에 유사한 증상을 보이며 죽었다. 아내 사라도 같은 해에 이질(痢疾)에 걸려서 1758년 10월 2일에 사망했다.

가족들이 함께 죽는 안타까움과 함께 조나단 에드워즈의 비교적 짧은 인생은 그의 학문적인 업적에 있어서 더욱 더 아쉬움을 남긴다. 하지만 그러한 짧은 생애에도 불구하고 조나단 에드워즈는 굉장히 많은 저술과 업적을 남겨 놓았다. 특히 그의 신앙 유산은 그의 자녀들과 목회 후보생들, 그리고 지금까지 수많은 사람들의 심령에 설교와 저술을 통해 내려오고 있다. 하나님의 영광과 절대적 주권, 그리고 하나님의 아름다우심과 조화로우심에 사로잡힌 조나단 에드워즈의 삶은 그의 신학과 사상 전반에 면면히 흐르고 있다.[45]

4) 삼위일체론 관련 저술

조나단 에드워즈 전집은 우스터(Worcester) 판이 4권으로 1842년에 나왔고, 에딘버러의 배너(Banner) 판은 2권으로 나왔다. 1957년부

---

[45] 이러한 생을 산 조나단 에드워즈에 대해서 *Cambridge Companion*에서는 다각도로 그를 평가하고 있다. 즉 윌슨 킴낵(Wilson H. Kimnach)은 조나단 에드워즈를 설교가로, 해리 스타우트(Harry S. Stout)는 부흥가로, 브룩스 홀리필드(E. Brooks Holifield)는 신학자로, 스티븐 다니엘(Stephen H. Daniel)은 철학자로, 스티븐 슈타인(Stephen J. Stein)은 성경 주석가로, 그리고 레이첼 휠러(Rachel M. Wheeler)는 선교사로 부각하여 평가하였다. Stephen J. Stein, ed. *The Cambridge Companion to Jonathan Edwards* (Cambridge: Cambridge University Press, 2007).

터 페리 밀러에 의해서 예일대 판으로 『조나단 에드워즈 전집』(*The Works of Jonathan Edwards*) 출판이 착수된 이래, 총 27권을 출판할 계획으로 2016년 현재까지 전 권이 출간되었고, 온라인으로는 73권이 정리되었다. 삼위일체에 관한 조나단 에드워즈의 저술은 생애 전체에 걸쳐 기록된 전집 곳곳에서 여러 사상과 함께 나타난다. 그중에서도 평소 자신의 사상을 기록해 놓은 『문집』(*Miscellanies*)에 삼위일체나 하나님에 대한 사상을 통해 기록해 놓았다. 하지만 삼위일체에 관한 이러한 단편적인 저술과 달리, 1730년대 초부터 저술하기 시작한 『삼위일체론』(*Discourse on the Trinity*)을 통해 에드워즈의 사상을 정리했다.[46]

또한 1740년대 초에 저술한 『삼위일체 위격들의 동등성에 관하여』(*On the Equality of the Persons of the Trinity*)에서도 삼위일체론에 대한 조나단 에드워즈의 사상을 분명히 확인할 수 있다.[47] 조나단 에드워즈의 삼위일체에 관한 두 논문과 함께 조나단 에드워즈의 은혜와 믿음에 관한 사상을 이상현이 에드워즈 탄생 300주년인 2003년에 편집자의 주를 곁들여 예일대 판 21권으로 편집해 놓았다.[48]

토마스 셰이퍼(Thomas A. Schafer)에 따르면, 에드워즈는 자신이 『삼위일체론』(*Discourse on the Trinity*)이라고 칭한 원고를 1730년 초에 쓰기 시작했다. 그 해에 그는 『문집』 목록들을 이용해 짧은 시간 동

---

46 Jonathan Edwards, "Discourse on the Trinity," *WJE*, 21:113-144.

47 Jonathan Edwards, "On the Equality of the Persons of the Trinity," *WJE*, 21:146-148.

48 Jonathan Edwards, "Writings on the Trinity, Grace, and Faith," ed. Sang Hyun Lee, *WJE*, 21.

안 3절지 8장에 기록했다.⁴⁹ 1730년대 중후반에 그는 그 원고를 다시 연구했다.

조나단 에드워즈의 『삼위일체론』은 19세기 후반에 일부 논쟁의 주제였다. 호레이스 부쉬넬(Horace Bushnell)은 에드워즈가 삼위일체를 위한 선험적(*a priori*) 논증을 펼쳤다는 원고에 대해 들었다고 기록했다. 그래서 호레이스 부쉬넬은 그동안 이것이 알려지지 않았기 때문에 그것의 출판을 요구했다.⁵⁰ 일부에서는 조나단 에드워즈가 아리우스주의, 사벨리우스주의, 펠라기우스주의와 가깝다고 소문이 퍼졌다. 1880년에 올리버 홈즈(Oliver Wendell Holmes)는 그 문서를 출판해야 한다는 부쉬넬의 초기 도전을 반향시켰다. 같은 해에 매사추세츠에 있는 앤도버신학교(Andover Theological Seminary)의 에그버트 스미스(Egbert Smyth)는 『문집』 1062번: 『삼위일체의 성경적 경륜성과 구속의 언약에 관한 고찰』(*Observations Concerning the Scripture Economy of the Trinity and Covenant of Redemption*)을 출판했다. 하지만 그 자료는 문제가 있는 잘못된 개념이 있었다. 1881년에 에드워즈 파크(Edwards A. Park)는 에드워즈와 삼위일체에 관한 두 개의 논문을 출판해서 삼위일체에 관한 구분된 저술이 존재함을 지적했다.⁵¹

결국, 그 원고가 발견되어 1903년에 조지 피셔(George P. Fisher)가 『삼위일체에 관한 소론』(*Essay on the Trinity*)이란 제목으로 출판

---

49 『문집』(*Miscellanies*) 68, 81, 93, 94, 96, 97, 103, 104, 107b, 108, 117, 119를 보라. 1732-1733년경에 기록된 『문집』 621번은 『삼위일체론』(*Discourse on the Trinity*)에 관한 참조를 포함하고 있다. Jonathan Edwards, "Discourse on the Trinity," *WJE*, 21:109.

50 Horace Bushnell, *Christ in Theology* (Hartford, 1851), vi.

51 Edwards A. Park, "Remarks on Jonathan Edwards on the Trinity," *Bibliotheca Sacra* 38 (1881), 147-187.

했다.[52] 하지만 이상현은 『삼위일체론』(Discourse on the Trinity)이란 제목이 에드워즈 자신이 붙인 제목일 뿐만 아니라, 19세기에 불린 『소론』(Essay)과 대조되는 지적 훈련이라는 19세기 초의 개념을 더욱 잘 반영한다고 했다.[53] 피셔(Fisher) 판은 2절지 12장의 본문을 포함하고 있지만, 그때 이후에 예일대 모음집에서 발견된 5절지 크기의 『삼위일체론』으로 복원시켰다.

조나단 에드워즈는 자신의 삼위일체론을 통해 자신의 삼위일체론에 관한 사상들을 논의한 후에 정통 신학자들이 언급한 삼위일체론의 내용들을 다음과 같이 간략하게 고찰한다.[54]

첫째, 조나단 에드워즈는 어떻게 성부가 신성의 원천인지를 질문하며, 또한 그분이 성경 안에서 자주 언급될 때, 다른 어떤 부연이나 구별이 없이 왜 하나님으로 불렸는지의 이유를 살펴본다. 이에 대해 에드워즈는 그래야만 성부만이 참으로 독특하게 하나님이심을 가능케 한다고 서술한다.[55]

둘째, 에드워즈는 삼위일체 하나님의 세 위격의 경륜 안에서 성부가 신성의 위엄을 유지해야 하는 이유에 대해서, 성부가 신성의 권리들을 지지하며 유지하기 위한 사역을 가져야 하며, 본질뿐만 아니라 성부의 경륜적 사역에 의해서도 하나님이셔야 함을 주장한다.[56]

---

52 George P. Fisher, *An Unpublished Essay of Edwards on the Trinity with Remarks on Edwards and His Theology* (New York, 1903).
53 Jonathan Edwards, "Discourse on the Trinity," *WJE*, 21:111.
54 Jonathan Edwards, "Discourse on the Trinity," *WJE*, 21:134-135.
55 Jonathan Edwards, "Discourse on the Trinity," *WJE*, 21:135.
56 Jonathan Edwards, "Discourse on the Trinity," *WJE*, 21:135.

셋째, 성령께서 성부와 성자로부터의 이중발현 되셨음을 밝힘으로 '필리오케'(filioque) 논쟁에 대한 서방교회의 전통적 입장을 취한다.[57]

넷째, 어떻게 성자가 성부로부터 출생이 될 수 있으며, 성령이 성부와 성자로부터 발현될 수 있는지, 그리고 어떻게 세 위격 모두가 상호 영원할 수 있는지에 대해서 고찰한다.[58]

다섯째, 조나단 에드워즈는 세 위격들의 동등성을 더욱 명확하게 이해할 수 있으며, 세 위격들이 셋의 공동체나 가족 안에서 모든 면에서 동등함을 고찰한다.[59]

---

57 Jonathan Edwards, "Discourse on the Trinity," WJE, 21:135.
58 Jonathan Edwards, "Discourse on the Trinity," WJE, 21:135.
59 Jonathan Edwards, "Discourse on the Trinity," WJE, 21:135.

제2장

신학사상

1. 역동적 신학방법

조나단 에드워즈의 신학은 경향성(傾向性)을 통한 역동적(力動的) 신학방법을 지니고 있다. 조나단 에드워즈는 아리스토텔레스적인 스콜라주의의 세계관의 기계론적이고 경험적인 과학에 의해 제기되는 사상의 새로운 방법들과 범주들에 들어맞는 전망을 마련하였다.[1]

뉴턴과 존 로크가 현실성에 대한 정태적(情態的)이고 입자적(粒子的)인 견해에서 완전히 벗어나지 못한 반면, 조나단 에드워즈는 그것에서 완전히 벗어났다. 18세기 조나단 에드워즈의 동시대인들은 현실성을 실체(實體)가 아니라 힘의 관념으로 설명하기 시작했다. 조나단 에드워즈는 움직임의 법칙들과 관찰할 수 있는 현상들의 우선성에 대한 기계론적이며 경험적인 과학의 주장과, 케임브리지 플라톤

---

1 Lee, *The Philosophical Theology of Jonathan Edwards*, 10.

주의자들의 목적론에 대한 강조를 하나의 일관성 있는 관념으로 묶어 보려고 시도하였다.[2]

18세기에 심적 행위의 본성에 대한 재정의가 긴급한 문제로 출현하였다. 인식의 자료에 대한 새로운 원자론적인 개념이 아주 심각한 문제를 야기했기 때문이다. 즉 세계의 질서와 구조에 대한 경험의 가능성에 대한 질문이 그것이다. 마음 자체의 행위가 실재 안의 질서에 대한 인간 경험의 원천이라는 존 로크의 생각은 현대 사상의 상상력에 대한 많은 이론들을 야기했으나, 존 로크는 마음의 창조적인 행위에 대한 심리학을 분석하지 않았다.

그래서 조나단 에드워즈는 어떻게 하면 모든 정당한 지식을 세계와의 직접적 접촉을 기반으로 성립되어야 한다는 경험론적 강조를 무시하지 않고, 감각으로 들어온 자료들의 질서를 경험할 수 있도록 하는 마음 자체의 능동적인 상상력에 대한 이론을 정립할 수 있는가를 고민하게 되었다.

조나단 에드워즈는 케임브리지의 플라톤주의자들의 영향을 받아 상상력의 본질과 심미적 감각에 대한 이론을 정리하였다. 즉 하나의 행동의 힘으로서 마음의 경향성은 마음의 작용에 대한 성향적 이론형성을 가능하게 하였다. 관계적이며 조건적인 경향성은 적절한 경우에만 행동으로 변하게 된다. 즉 마음이 감각관념(感覺觀念)들을 외부 세계로부터 수동적으로 받아들였을 때에만 그렇게 되는 것이다. 또한 경향성은 전인격의 성격과 방향이기 때문에 마음의 수용과 상상력 있는 작용 및 정서적 반응이 모두 합쳐져서 객관적 사물

---

2 Lee, *The Philosophical Theology of Jonathan Edwards*, 10-11.

의 존재에 대한 직접적인 감각과 지시의 사건을 구성하게 된다고 주장한 것이다.[3]

　창조된 세계의 실존과 의미는 절대적이며 계속적으로 하나님에게 의존하고 있다. 하나님 존재의 본래적이며 역동적인 본성이 세계의 존재와 생성을 위한 기반이 된다. 조지 버클리(George Berkeley) 역시 현상과 법칙을 통해 이 세계의 존재 근거를 다루었다. 즉 이 세계는 세계를 처음 창조한 동일한 힘에 의한 존재 속에서 유지되고 보존된다는 것이다.[4]

　조나단 에드워즈는 아우구스티누스와 칼빈의 신학적인 전통을 재진술하였고, 로크의 경험론과 뉴턴의 과학을 대담하게 비평하는 동시에 창조적으로 사용하였다. 조나단 에드워즈는 실체(substance)와 형상(form)으로 실재(reality)를 설명하는 전통적인 서구의 형이상학으로부터 이탈(離脫)하여, 그것을 성향적 힘(dispositional forces)이나 경향성들(habits)과 같은 하나의 역동적(力動的)인 조직체로서의 실재(實在)라는 아주 현대적인 개념으로 대체하였다.[5]

　조나단 에드워즈에 있어서 하나님은 본질적으로 완전한 현실성일 뿐만 아니라, 계속적인 활동을 통하여 완성된 그 현실성 자체를 계속 재현(repetition)하는 성향, 즉 경향성(傾向性)이다. 하나님의 성향은 내적인(ad intra) 삼위일체 관계를 통하여 완전히 행사된다. 그러나 하나님의 본질은 하나의 성향으로 남을 뿐만 아니라, 세계를

3　Lee, *The Philosophical Theology of Jonathan Edwards*, 13-14.
4　George Berkeley, "Letter to Samuel Johnson, Nov. 25, 1729," *Career and Writings*, 272, vol. 2.
5　Lee, *The Philosophical Theology of Jonathan Edwards*, 4.

창조함으로써 시간과 공간 내에서 그 성향을 외적으로(*ad extra*) 실천한다. 그러므로 이 세계는 하나님 존재의 영속(永續)되는 자기 확대의 과정이다.

이러한 점에서 조나단 에드워즈는 신성(神性)의 전통적인 개념에 근본적인 수정을 가함으로써, 하나님 존재의 중심에 역동적인 운동의 요소를 도입하였다. 그러면서 하나님을 완전히 현실화된 분으로 보지 않는 현대 과정신학의 오류를 피하고 있다. 조나단 에드워즈의 신론은 존재와 생성의 균형인데, 그것을 가능하게 하는 단서가 하나님의 성향이다. 이러한 하나님의 성향적 존재론은 전체적으로 조나단 에드워즈의 철학적 신학의 독창성과 통일성을 해석하는 단서가 된다.[6]

조나단 에드워즈에 있어서 경향성(傾向性)은 단지 어떤 사건의 관습이나 규칙성만을 의미하는 것이 아니다. 경향성이란 능동적이며 존재론적인 의미를 가지는 힘으로 그것이 실천으로 나타나지 않을 때에도 실재성의 양태(樣態)를 계속 소유한다. 또한 현실적인 행동과 사건들의 방향과 성격을 다스리는 하나의 일반화된 규칙이다.[7] 조나단 에드워즈는 은총을 하나의 행동에 대한 경향성이 원리로서 말하면서 다음과 같이 쓰고 있다.

> 참된 은총이란 어떤 비운동적인 것이 아니다. 하늘과 땅에서 그것보다 더 능동적인 본성을 가지는 것이 없을 정도로 은총은 능동적이다… 마음속에 있는 신앙심은 실천과 직접적인

---

6 Lee, *The Philosophical Theology of Jonathan Edwards*, 5.
7 Lee, *The Philosophical Theology of Jonathan Edwards*, 5.

관계를 갖는다… 그 관계는 행동에 대한 하나의 경향성과 원리가 행동과 가지는 관계와 같다.[8]

능동적 경향성이 가지는 것은 단지 단순한 가능태(可能態)가 아니며, 실재적(實在的) 가능태라고 부를 수 있는 것이다. 그는 특별계시 없이 자연의 빛이 인류를 구원으로 인도할 수 있다는 주장을 하고 있다.

> 자연의 빛, 또는 모든 인간이 의무와 행복에의 길을 알기 위해서 순전한 본성에 의하여 가지고 있는 수단과 이점들이 다른 부가적인 수단이나 이점이 없이도 절대적으로 충분한 것이라면, 그것은 다음의 두 가지 가운데 한 가지를 의미하게 될 것이다.
> 첫째는 그것들이 이러한 중요한 관심에 있어서 모든 필수적이며 유용한 지식을 획득하게 되는 단순한 가능성을 위한 충분함을 의미하는 것이다.
> 둘째는 이러한 자연적인 수단들이 그러한 결과를 실제로 일으킴에 있어 보편적이거나, 일반적으로, 또는 인간의 상태에 있어 전반적으로, 하나의 충분한 경향을 가지고 있음을 의미하는 것이다. 그것은 이 두 가지 가운데 하나를 의미할 것이다.[9]

---

8 Jonathan Edwards, "Religious Affections," *WJE*, 2:398.
9 Jonathan Edwards, "Miscellanies," *WJE*, 23:342-345.

조나단 에드워즈는 필연성(必然性)이라는 말을 하나의 충분하고 고정되어 있는 특정된 연관이라고 정의한 후, 도덕적인 필연성을 자연적인 필연성과 구분하면서 경향성을 일종의 원인으로서 명백히 언급하고 있다.[10]

아리스토텔레스의 '헥시스'(hexis)와 토마스 아퀴나스의 '하비투스'(habitus)에서와 같이 에드워즈에게 있어서의 경향성(habit)은 능동적이고, 목적론적이며 원인적인 힘이며, 존재론적으로 실재하며 지속하는 원리다. 아리스토텔레스에게 경향성이란 일차적으로 하나의 이행의 원리이지 존재의 원리는 아니다. 그래서 그는 경향성을 주로 지성적이며 도덕적인 덕의 개념으로 사용하였다. 그는 hexis라는 용어를 하나의 부류 내의 모든 소속원들에게 동일하게 있는 본유적(本有的) 경향으로 설명하였다. 반면, 토마스 아퀴나스에게 habitus는 충분히 현실화된 상태와 순전한 잠재성 사이의 하나의 중간적 상태를 의미한다. 토마스 아퀴나스에게 있어 경향성은 인간 존재의 삶에 하나의 확장을 가져온다. 토마스에게 경향성이란 존재의 수준에서 기능하는 경향성을 말한다.

조나단 에드워즈에게 있어서 경향성은 순전한 잠재성과 충분한 현실성의 중간지점에 위치한 실질적인 원리다. 본질적으로 아리스토텔레스적인 개념이, 관계의 언어를 통하여 에드워즈에 의해 다시 표현되어졌다. 경향성은 아리스토텔레스와 스콜라주의에서와 같은 자폐적인 형태의 것이 아니라, 사건들과 행동들의 일반적 법칙이다. 조나단 에드워즈는 케임브리지 플라톤주의자들이 형성력의 성질에

---

10 Jonathan Edwards, "Freedom of the Will," *WJE*, 1:156.

대한 목적론적 원리를 가지고 토마스 홉스의 기계론적이고 능률적인 인과론을 대치한 것에 동의하였다. 그러나 에드워즈는 경향성의 원인적인 힘을 하나의 관계적인 법칙으로 정의함으로써 관계적이며 미학적(美學的)인 인과론(因果論)을 제시하였다.[11]

2. 영적 조화로서의 탁월성

조나단 에드워즈의 신앙적 중심은 하나님의 영광에 대한 감각이었다. 그 영광은 특별히 에드워즈가 탁월성의 개념으로 해석한, 신적 주권 속에서 명백히 드러났다. 어린 시절에 그는 선택과 유기 교리 속에서 실현되는 하나님의 주권에 대한 사상을 반대했지만,[12] 그에게 위엄과 은총을 통합시킨 신존재(Being)로서의 탁월성에 대한 새로운 감각을 얻게 되면서 점점 기쁘고, 명쾌하며, 달콤한 사상이 되었다.[13] 그는 다른 어떤 주제보다 탁월성에 대한 더 많은 관심으로 발견한 관찰을 가지고 원고를 기록했다.[14]

유럽의 스콜라주의자들, 청교도 신학자들, 그리고 영국의 철학자들은 오랫동안 탁월성이란 용어를 사용해 왔기에, 조나단 에드워즈는 그 용어가 조화(調和), 대칭(對稱), 또는 합리성(合理性)이라는 정의에 친숙했다. 합리성과 조화처럼 수학적 관계와 관련된 탁월성이

11　Lee, *The Philosophical Theology of Jonathan Edwards*, 13-14.
12　Jonathan Edwards, "Letters and Personal Writings," ed. S. Claghorn George, *WJE*, 16:790ff.
13　Jonathan Edwards, "The Mind," *WJE*, 6:332-338.
14　Thomas A. Schafer, "Editor's Introduction," *WJE*, 13:14-15.

기에, 그리고 미의 관념과 개념이 연관된 것이기에 그는 뉴잉글랜드 신학에 17세기 철학과 18세기 미학 및 윤리학 이론의 주류 속에 그 개념을 진행시켰다. 조나단 에드워즈가 예일대학에서 학생으로 있으면서 읽었던 케임브리지 플라톤주의자들의 사상으로부터 조화의 개념에 대한 영향을 받았다.

에즈워즈는 네덜란드 철학자이며 라이덴대학교(Leiden University)에서 플라톤 방식으로 도덕적 덕목(德目)의 조화를 강조한, 프랑코 부르게르스딕크(Franco Burgersdych, 1590-1635)의 서적에서 비슷한 개념을 발견했다. 또한 『다양한 철학』(Meletemata Philosophia, 1654)에서 모든 선(善)은 적절함으로 구성되었다는 라이덴대학교의 아드리안 헤레보르트(Adrian Heerebord, 1613-1661) 논쟁 속에도 비슷한 개념을 발견했다. 그는 18세기 영국 윤리학 논쟁에 참여함으로 탁월성 이해를 보다 세련되게 했다. 조나단 에드워즈의 신학 전반에 나타나는 이러한 탁월성 개념은 삼위일체 하나님의 조화(調和)와 균형(均衡)을 통해 활용을 했다.

이상현은 하나님의 상호교환적인 성향적 존재론이 에드워즈의 역동적 신론에 있어서 가장 근본적인 원리로 보았다. 하지만 에이미 포오는 탁월성의 이론이 에드워즈에게 있어서 가장 깊은 신적 존재론의 근본적 원리로 보았다.[15] 한편, 로버트 콜드웰(Robert W. Caldwell III)은 조나단 에드워즈의 신학 전반, 특히 삼위일체론에 영향을 준 기본적인 철학 원리로 상호교환적인 신적 존재론에 대한 이해, 관념

---

15 Pauw, "The Supreme Harmony of All": The Trinitarian Theology of Jonathan Edwards, 80-89.

론, 그리고 탁월성의 이론이라고 했다.[16]

18세기에 영국 도덕 사상은 감성주의자와 지성주의자로 분열되어 있었다. 한편은 덕행의 미(美)를 인정하는 도덕적 감각(感覺)에 윤리학의 기초를 두는 안토니 쿠퍼(Anthony A. Cooper), 샤프테스베리(Sharftesbury) 백작, 프란시스 허치슨(Francis Hutcheson)과 같은 감상주의자였다. 다른 한편은 인간 행동의 적합성, 존재의 합리성과 관계들을 분간하는 이성의 능력을 강조하는 랄프 컷워스와 사무엘 클라크(Samuel Clarke)와 같은 지성주의자였다.[17] 조나단 에드워즈는 이 둘을 모두 비판하였는데, 이러한 논쟁으로 자신만의 탁월성이란 개념을 도출해 낼 수 있었다. 즉 자연세계와 사회세계의 질서 속에 반영된 영적 조화(調和)로서의 탁월성(卓越性)이다.

탁월성, 일치, 조화, 균형, 대칭, 합리성, 적합성 등의 관념들은 조나단 에드워즈의 거의 모든 사상 속에 영향을 주었다.[18] 또한 비록 관념들은 그가 읽은 지적인 전통 속에서 기원을 갖지만, 그의 사상 속에 있는 현저함은 그 자신이 속한 지역 사회의 분위기 속에 그의 민감함을 반영해야만 했다. 조나단 에드워즈는 한때 노샘프턴과 근처 도시에서 마을에 가까운 좋은 토지와 자원들을 찾는 경쟁이 증가하는 대중성장의 시기에 발전시킨 신학자였다. 결국, 그의 성품과 사회적 지위 모두 그가 조화를 추구했음을 보여준다. 탁월함으로 준비

---

16 Caldwell III, *Communion in the Spirit: The Holy Spirit as the Bond of Union in the Theology of Jonathan Edwards*, 20-24.

17 Norman Fiering, *Jonathan Edwards's Moral Thought and Its British Context* (Chapel Hill: University of North Carolina Press, 1981), 70-86.

18 Jonathan Edwards, "Letters and Personal Writings," ed. S. Claghorn George, *WJE*, 16:38-564.

되었기에, 그 주제는 18세기 식민지 신학자들 속에서 조나단 에드워즈의 독특한 사상의 형태로 형성되었다.[19]

3. 신학적 전통

1) 청교도와 칼빈주의 신학자

조나단 에드워즈의 신학적 전통은 우선 17세기 청교도(淸敎徒) 전통과 칼빈주의였다. 페리 밀러는 조나단 에드워즈를 '원형적 로크주의적 경험론자'로 재구성하려고 했으나,[20] 콘라드 체리(Conrad Cherry)는 조나단 에드워즈를 '칼빈주의적 전통'에 굳게 서 있는 신학자로 평가했다.[21] 마크 놀(Mark A. Noll) 역시 조나단 에드워즈의 사상을 '역사적 칼빈주의'를 18세기의 철학적 언어로 다시 쓴 것이라고 말했다.[22]

이러한 조나단 에드워즈의 사상은 칼빈주의적 유산에 충실하여 그 사상의 중심적 원리가 하나님의 주권이었고, 그의 삶과 활동의 중심적 실천적 동기는 하나님과의 영원한 관계에 있었다. 이렇듯 조나단 에드워즈는 17세기 영국의 청교도주의와 그들이 따른 대륙의

---

19 Patricia J. Tracy, *Jonathan Edwards: Religion and Society in Eighteenth- Century Northampton* (New York: Hill and Wang, 1979), 147-170.

20 Miller, *Jonathan Edwards*.

21 Cherry, *The Theology of Jonathan Edwards: A Reappraisal*.

22 Mark A. Noll, *A History of Christianity in the United States and Canada* (Grand Rapids: William B. Eerdmans, 1992).

칼빈주의를 잇는 신학에 충실했다.

조나단 에드워즈의 이러한 신학적 전통은 결국 18세기 세계 복음주의 출현에 중추적 역할을 감당했다. 그것은 조나단 에드워즈가 중요한 기독교 및 사회운동의 중심에 서 있던 활동가로서 미국 사회에서 가장 영향력 있는 기독교실천운동의 모범이 된 한 지역의 부흥운동을 주도했기 때문이다.[23] 그는 미국과 세계적인 대각성운동을 시도하고 촉진시키는 일에도 매우 헌신적으로 사역했다. 또한 그는 청교도 유산에서부터 혁명의 시대로 전환하는 시대에 지역에서 교회가 감당해야 할 역할을 제시하기 위해서도 몸부림쳤다.[24] 게다가 그는 7년 동안 인디언 선교 사역을 감당했고, 개인 경건생활을 통한 탁월한 묵상과 저술 활동도 꾸준히 하였다. 그래서 로이드 존스(D. M. Lloyd-Jones)는 조나단 에드워즈에 대해 "청교도들을 알프스 산에 비교하고, 루터와 칼빈을 히말라야에 비교한다면, 조다단 에드워즈는 에베레스트 산에 비유하고 싶은 시험을 받곤 한다"고 할 정도였다.[25]

또한 로저 올슨(Roser E. Olson)은 조나단 에드워즈를 선배들의 어깨를 딛고 우뚝 솟은 '청교도의 왕자'라고 하기도 했다. 뉴잉글랜드의 설교가요, 철학자이며 신학자요, 다재다능한 학자인 조나단 에드워즈에 대해 로저 올슨은 '합리적인 열광주의자'이자 '열렬한 칼빈주의자'로 보았다.[26]

---

23 Marsden, *Jonathan Edwards: A Life*, 1.
24 Marsden, *Jonathan Edwards: A Life*, 1.
25 D. M. Lloyd-Jones, *The Puritans: Their Origins and Successors* (Pennsylvania: The Banner of Truth Trust, 1987), 355.
26 Olson & Hall, 『삼위일체』, 122-123.

조나단 에드워즈는 『의지의 자유』에서 스스로를 칼빈주의자로 불리길 원했다. 콘라드 체리(Conrad Cherry)는 조나단 에드워즈에 대해 지성과 감정을 겸비한 칼빈 신학의 계승자였으며, 칼빈주의 신학에 근거한 청교도들의 후예로서 진정한 목회자이자 목회신학자이며, 그 시대의 문제를 예리하게 인식하고 있었으며 동시에 나름대로 실천적 대안을 제시하고자 노력했다고 평가하였다.[27] 그러나 그 당시 야기된 미국 신앙 양심의 분열을 치유하려던 에드워즈의 시도는 실패했다고 보면서도, 인간이 죄에 깊이 연루되어 있다는 사실과 또 인간의 노력을 초월하는 참회(懺悔)의 은사의 특성에 대한 그의 통찰력을 이 시대에 전달해 주었다고 평가한다.[28]

조나단 에드워즈가 그의 사상을 청교도 선배의 사상으로 축소시키기를 거부했다 할지라도 그는 만약 어떤 사람이 자기에게 배우고도 청교도 사상에서 완전히 떠났다고 생각한다면 사실상 자기로부터 배운 것이 아무것도 없다고 주장했다. 페리 밀러는 뉴잉글랜드의 통합신학이 구원의 과정에 인간의 노력을 재도입했기 때문에 에드워즈가 청교도의 언약 신학의 언어와 개념들을 회피하여 구원 사역에 있어서 하나님의 주권을 재확인하려 했다고 주장했으나,[29] 콘라드 체리는 에드워즈가 언약에 크게 의존했다는 사실을 보여주면서 페리 밀러의 오해를 불식시키면서 초기 청교도적 전통과 관계된 언약 신학자라고 평가한다.[30]

27　Cherry, *The Theology of Jonathan Edwards: A Reappraisal*.
28　Cherry, *The Theology of Jonathan Edwards: A Reappraisal*, 216-217.
29　Miller, *Jonathan Edwards*.
30　Cherry, *The Theology of Jonathan Edwards: A Reappraisal*.

이상현은 청교도의 성격을 체험적 신앙과 성도의 실천이 가장 기본이라고 보면서, 체험과 실천이 구원의 필수적 증거이고 결과이기 때문에 청교도의 하나님의 주권과 섭리, 그리고 예정론과 연결된다고 보았다. 또한 실천은 역사 종말에 확실히 이루어질 하나님의 나라에서의 삶을 지금 현실화한다는 각도에서 종말론과 연결된다고 보았다. 성경의 권위는 바로 성도들의 권위였던 "신앙과 실천의 지침"에 있다는 것으로 청교도를 이해한다고 보았다. 결국, 에드워즈는 청교도 신학자이며, 동시에 청교도의 테두리를 넘어서는 기독교 서구신학의 중심적 흐름을 창조적으로 공헌한 신학자로 평가할 수 있다.

2) 계몽주의를 극복한 경험론 신학자

조나단 에드워즈는 계몽주의 시대에 이성을 오히려 계몽주의자보다 더욱 탁월하게 사용하여 기독교신앙을 향한 계몽주의의 도전을 극복했다. 그는 18세기 미국의 제1차 대각성운동을 신학적으로 구체화한 신학자로서 개혁주의와 청교도 전통에 이른바 경험적 신앙을 접목하여 새로운 지평을 열었다.

조나단 에드워즈는 이성의 가치와 신학의 이성에 대해서 즐겨 사색했다. 에드워즈는 도덕 철학, 형이상학, 원자이론, 광학, 빛의 미립자 이론, 그리고 중력의 특성 등에 대해 저술했다. 그가 1716-1720년 예일대학에서 학생으로 있는 동안 저술한 소논문들에는 뉴턴의 과학 지식을 보여주고 있으며, 아마도 그가 대학에서 교수로 있는 동안에 읽었을 존 로크의 사상은 그가 학부시절에 철학에 대한 관심을 가졌다는 것을 확인시켜 준다.[31] 1729년 그는 기독교 신앙의 주요 교리들 가운데 이성적 근거에 대한 작품을 생각하기 시작했고, 1740년대 중반에 그는 어떻게 모든 예술과 과학을 더욱 완전하게 볼 것인가, 신성 안에서 나오는 것으로 그것과 일치하면서, 그리고 그것의 부분으로서 나타나는지에 대한 저술을 계획했다. 조나단 에드워즈의 신학은 이성(理性)에 대한 최고의 표현으로 남는다. 그 역시 이것이 이성의 한계에 대해 가장 명확한 통찰력을 제공했다고 생각했다.[32]

시드니 알스트롬(Sydney E. Ahlstrom)은 "이성주의 시대의 사도"라고 했다. 특히 시드니 알스트롬은 조나단 에드워즈를 이성주의 시대의 사도라고 칭한 근거를 다섯 가지로 설명했다.

첫째, 뉴잉글랜드 청교도 전통의 유능한 교구목사(敎區牧師)였다.

둘째, 대각성 부흥운동을 방해하는 세력과 열광적 지지자들에 대항한 옹호자(擁護者)였다.

셋째, 새로운 계몽주의 사상 속에서 정통 개혁교회의 교리를 위한 변증가(辨證家)로서 활약을 했다.

넷째, 플라톤주의 틀 속에서의 이론 신학자(神學者)였기 때문이다.

다섯째, 세속 역사, 세계 역사, 심지어 자연 그 자체 속에 계시된, 하나님의 모든 구속 사역의 해설자(解說者)였다.[33]

---

31 Jonathan Edwards, "Scientific and Philosophical Wrights," *WJE*, 6:36.
32 Jonathan Edwards, "A Rational Account of the Main Doctrines of the Christian Religion Attempted," *Scientific and Philosophical Wrights*, *WJE*, 6:397.
33 Sydney E. Ahlstrom, *A Religious History of the American People* (New Haven: Yale University Press, 1972).

조나단 에드워즈는 청교도적 전통을 재해석하고, 그 자신의 어려운 역사적 상황에 집중함으로써 선구자적 과업을 수행했다. 그리고 종교적 믿음을 지금도 역사 속에서 언약을 이루시는 주권적이고도 초월적인 하나님과 마음이 연합하는 것으로 묘사하기 위하여 그와 같은 전통으로 다루었다.[34]

조나단 에드워즈는 당면한 시대의 사상적 도전과 종교적 침체에 대한 대안을 실제적이고 역동적인 모습으로 펼쳐놓았다. 그것은 전통에 대한 재해석이었으며 전인격적인 이상을 추구했다. 조나단 에드워즈가 칼빈주의의 교리들이 그의 사상 체계를 형성하는 주된 요인이었다. 이러한 점에 대해 콘라드 체리는 자연과 은혜, 말씀과 성령 등 전통적인 교리적 특징들을, 페리 밀러(Perry Miller)가 특징으로 파악한 계몽주의와 관련된 과학적·철학적 관심과 대비시켰다. 조나단 에드워즈는 그 시대의 새로운 철학을, 그 자체를 추구하기 위해서가 아니라 신학에 기여하기 위해서 사용했다.

조나단 에드워즈의 지적 관심은 철학, 과학, 수학, 그리고 문학 등 광범위하였고, 존 로크, 프란시스 허치슨(Francis Hutcheson), 케임브리지의 플라톤주의자 등과 같은 사상가들의 통찰력에 의존했다. 그런 에드워즈의 주된 관심사는 신학으로, 18세기 뉴잉글랜드가 직면한 신학적 이슈들이었다. 그의 철학적·과학적 관심은 신학적 목적을 위한 것이었다. 그는 칼빈주의 신학을 확장시키고 충만케 했으며, 때로는 그것을 초월한다기보다는 오히려 새롭게 하였다.[35]

34　Cherry, *The Theology of Jonathan Edwards: A Reappraisal*.
35　Cherry, *The Theology of Jonathan Edwards: A Reappraisal*, 4-5.

3) 성경주석가이자 부흥운동가

조나단 에드워즈는 계몽주의의 도전을 극복한 철학자이자 성경신학자로 평가된다. 그것은 최초의 전기 작가인 홉킨스처럼 존 로크, 말브랑슈(Malebranche), 케임브리지 플라톤주의자들, 또는 영국 도덕주의자들과의 대화에 몰두했기 때문이다. 또한 조나단 에드워즈에 관한 첫 번째 전기를 쓴 사무엘 홉킨스가 강조한 대로 다른 어떤 책보다도 성경을 연구하였다는 점이다.[36]

신학자로서 조나단 에드워즈가 가장 빈번하게 의지한 것이 매튜 풀(Matthew Poole)의 『공관복음서 비평』(*Synopsis Criticorum*, 1669-1679)과 매튜 헨리(Matthew Henry)의 『신구약 주석』(*Exposition of the Old and New Testaments*, 1708-1710)과 같은 성경 비평의 작품들이었다는 점도 이를 뒷받침해 준다.[37] 특히 이신론자들에 대한 답변에서 그는 스스로 영감으로 기록된 성경에 비평적 연구를 포함하였다. 정경의 범위, 모세오경의 모세 저작권에 대한 내용을 포함한 성경적 본문의 저작권, 그리고 성경적 기록의 역사적 확실성 등이다. 사실 그는 철학과 성경신학을 병행했으며, 그에게 이러한 신학의 두 가지 측면은 일치했다.[38]

---

36 Samuel Hopkins, *The Life of the Late Reverend, Learned and Pious Mr. Jonathan Edwards* (Boston: S. Kneeland, 1765), 40.

37 Stephen J. Stein, "The Spirit and the Word: Jonathan Edwards and Scriptural Exegesis," *Jonathan Edwards and the American Experience*, ed. Nathan O. Hatch and Harry S. Stout (New York: Oxford University Press, 1988), 120-123.

38 Roland Andre Delattre, *Beauty and Sensibility in the Thought of Jonathan Edwards: An Essay in Aesthetics and Theological Ethics* (New Haven: Yale University Press, 1968), 15-57.

철학자이자 성경주석가로서 에즈워즈는 이성과 계시 사이의 조화를 포함해서, 칼빈주의 정통을 지키고자 했다. 그럼에도 불구하고 그는 전통적인 범주를 재편했다.[39] 또한 그의 신적 탁월성에 대한 통찰력으로 이성, 윤리, 형이상학, 성경해석 그리고 신학의 실천적 의미 등 그의 예리한 견해를 담은 사상의 방법을 영감 넘치게 제시하였다.

한편, 조나단 에드워즈는 스토다드(Solomon Stoddard)의 손자로서 외조부의 좋은 신앙유산을 가지고 태어났기에, 스토다드의 부흥사 기질을 갖고 있었다. 비록 그가 분리주의자들의 극단에 개탄했지만, 옛 빛파(the Old Lights)에 반대하며 부흥운동을 옹호하였다. 특히 『신앙감정론』(Treatise on Religious Affections, 1746)이 식민시기 미국에서 출판된 부흥주의를 옹호하는 최고의 저작이 되었다.

어떤 이들은 부흥에 대한 그의 지지가 신학적 대중주의를 조장할 수 있다고 염려했으나, 조나단 에드워즈는 무식한 열광주의자(熱狂主義者)들이 임의로 추측해서 설교하고 가르칠 때면 이것을 개탄스럽게 여겼다. 조나단 에드워즈는 신학교에서 배운 신학자들이 "지식을 전하고자 자신을 헌신하고 있다"는 말을 믿었다.[40] 그들의 교인들은 지식을 얻기 위해 그들 스스로 적용하는 그리스도인의 의무를 가졌다. 노샘프턴 교인들이 스스로 적용하기를 꺼려하자, 에드워즈는 그의 가르침대로 교인들이 준수하기 위해 자신과 하나님께 서약

---

39 Robert E. Brown, *Jonathan Edwards and the Bible* (Bloomington: Indiana University Press, 2002), 88-128.

40 Gerald R. McDermott, *One Holy and Happy Society: The Public Theology of Jonathan Edwards* (University Park: The Pennsylvania State University Press, 1992), 155-160.

해야 한다고 했다.[41] 세상에서 가장 유명한 대학들과 대학교에서 배우는 모든 인간적인 지식보다 하나님의 영광에 대한 지식을 더욱 가치 있게 여기는 무지한 성도들이 오히려 경건하다고 했을 때, 그는 신앙적 대중주의자처럼 보였다. 그러나 그는 뉴잉글랜드에서 손꼽히는 신학자였으며, 공격자들에 대항해서 그런 특권을 가지고 옹호했다.[42]

이양호는 칼빈이 종교개혁 전통과 당시 새로운 인문주의(人文主義) 사상을 종합한 사상가인 반면, 조나단 에드워즈는 칼빈주의 전통과 당시 새로운 경험론 사상을 종합한 사상가로 평가했다.[43] 조나단 에드워즈는 하나님의 주권과 예정을 강조하는 고전적 칼빈주의에 확신을 가지는 한편, 이성의 시대의 발견들을 완전히 소화하여 분명한 신학적 입장을 정립한 인물이었다.[44]

이렇듯 조나단 에드워즈의 신학적 전통은 칼빈주의 신학과 청교도 신학을 이어받았음을 알 수 있다. 또한 그는 이러한 신학 전통을 가지고 있으면서도 당대의 철학적 사조(思潮)를 독창적으로 적용하여 탁월한 철학적 신학을 펼친 인물이다. 뿐만 아니라, 성경연구에도 심도 깊은 주석을 통해 성경주석가로서의 면모도 보여주었고, 감정과 이성에 치우치지 않은 부흥운동가였음을 알 수 있다.

41　Jonathan Edwards, "Ecclesiastical Writings," *WJE*, 12:565.
42　Jonathan Edwards, "Letters and Personal Writings," *WJE*, 16:102.
43　이양호, "조나단 에드워즈의 신앙론," 「신학논단」 39 (2005), 267.
44　Wiliston Walker, 『기독교회사』, 송인설 역 (고양: 크리스챤다이제스트, 2004), 676-677.

제3장

신학사상의 특징

1. 이성과 계시의 조화

2세기 기독교 변증가들처럼, 조나단 에드워즈는 모든 철학적 진리가 신적 계시의 잔존물(殘存物)을 구체화(具體化)한다는 것과 계시된 신앙의 교리들이 모든 유용하고 훌륭한 지식의 기초가 된다는 것을 믿었다. 그는 그리스 철학의 지혜가 고대 유대교의 계시로부터 왔다는 것을 입증한 알렉산드리아의 클레멘스(Clemens, 153-217), 오리게네스(Origen, 186-254), 유세비우스(Eusebius, 260-340) 같은 교부들에 의해 시작된 고대신학 전통을 따랐다.

르네상스 사상가들은 16세기에 기독교 진리와 신플라톤주의 철학과의 적합성을 증명하기 위해 그 전통을 적용하고 변경시켰다. 17-18세기 케임브리지의 랄프 컷워스, 아일랜드의 필립 스켈턴(Philip Skelton, 1707-1787), 프랑스의 슈발리에 램지(Chevalier Ramsey, 1686-1743) 같은 개신교도들은 이것을 비(非) 그리스도인들이 기독교의 하나님을 알 수 있도록 하기 위해 전통을 사용했다. 조나단 에드워즈는 이런 사상가들을 탐독하면서, 비 그리스도인의 신앙이 구속과 삼위일체와 같은 기독교 신비들에 대한 지식의 단편들을 포함할 수 있다고 확신했다.[1] 그에게 고대신학의 개념 속에 있는 주요 함의는 겉으로는 모두가 아담과 고대 유대인들에게 주어진 최초의 계시에 기초한 자연신학이었다. 이신론자들은 그들의 신학이 오직 이성(理性)으로부터 왔을 것이라고 했지만, 조나단 에드워즈는 그들이 문화적 전통들을 통해 물려받은 계시된 진리들을 무의식적으로 받아들였다고 생각했다.[2]

조나단 에드워즈는 이성과 계시의 조화(調和)에 대한 전통적인 견해를 보여주었다. 계시가 이성보다 우위에 있는 반면, 올바른 이성은 계시된 진리들과 대립되지 않는다. 반면, 에드워즈는 칼빈주의 전통을 따라 도움 받지 못하는 타락한 이성은 그 자체가 우상숭배를 결코 피할 수 없게 된다는 것을 믿었다. 신앙적 진리의 문제들 속에서, 이성은 성경적 계시와 성령의 조명(照明)을 필요로 한다. 그러므로 에드워즈는 신앙적 지식을 세 단계로 이야기했다.

첫째는 자연신학으로부터 오며,

둘째는 성경적 지식에 기초하며,

셋째는 성령께서 마음과 의지를 성경적 진리의 깊은 수준까지 열

---

1 Gerald R. McDermott, "A Possibility of Reconciliation: Jonathan Edwards and the Salvation of Non-Christians," *Edwards in Our Time: Jonathan Edwards and the Shaping of American Religion*, ed. Sang Hyun Lee and Allen C. Guelzo (Grand Rapids: Eerdmans, 1999), 179-182.

2 Gerald R. McDermott, *Jonathan Edwards Consults the Gods* (New York: Oxford University Press, 1999), 6-10.

어주실 때 신적 탁월성이 가능하다는 지각(知覺)에 의해 구성된 것이다.[3]

첫 번째 단계에서, 자연의 빛은 하나님에 대한 수많은 진리들을 발견할 수 있다. 에드워즈는 하나님의 존재보다 더 증명 가능한 존재는 없다고 생각했고, 그는 그 기준으로 하나님의 현존(現存)을 위한 이성적 논증으로 사용하였다. 세계의 질서는 명령자를 요구한다. 피조물들은 충분한 원인을 요구한다. 복잡한 인간의 영혼은 우연에 의해 생길 수가 없다. 그리고 탁월성에 대한 마음의 경향성뿐만 아니라, 마음속에 나타나는 천부적인 열망과 습관은 충만함을 위해 하나님을 필요로 한다.[4] 자아를 움직이는 첫 번째 원인이 있다는 가정은 질서정연한 세계에 어떤 대안보다 더 나은 설명을 제공했다. 조나단 에드워즈는 오랫동안 가톨릭교회와 개혁교회의 전통들의 기준을 삼았던 논증들을 채택했다.

그의 자연신학에서 가장 두드러진 논증은 아마도 케임브리지 플라톤주의자 헨리 모어(Henry More)의 글을 읽었다는 것에서 그 근원을 바로 찾을 수 있다.[5]

첫 번째 논증은 그가 1721년 예일대 대학원생 때 작성한, 에드워즈의 소논문 "신 존재에 관하여"(Of Being)에 나타났다. 그는 무(nothingness)를 이해하는 것은 그것을 존재의 어떤 형태를 할당하는 것을 함축하기 때문에, 마음이 완전한 무(無)의 상태를 이해한다는

---

[3] Jonathan Edwards, "Dissertation Concerning the End for which God Created the World," *WJE*, 8:465-527.
[4] Jonathan Edwards, "Miscellanies," no 91, 149, 199, 200, 268, *WJE*, 13:254-373.
[5] William S. Morris, *The Young Jonathan Edwards: A Reconstruction* (Eugene, Oregon: Wipf & Stock Publishers, 2005), 313-314.

것은 불가능하다는 것을 깨달았다. 그러므로 자기모순에서 벗어나기 위해, 우리는 어떤 존재는 영원히 존재해야 한다는 것을 필연적으로 인정해야 한다. 영원한 존재는 논리적으로 필연적이다. 에드워즈는 일찍이 모어와 뉴턴에 의해 진보된 공간에 대한 논쟁을 명쾌하게 했다. 빈 공간은 존재의 한 형태이기 때문에, 순수한 무(nothing)가 존재하는 곳에서는 공간을 이해할 수 없다. 그래서 우리는 이 필수적이고 영원한 존재는 무한하고 편재(遍在)해야 한다는 것을 알아야 한다.[6]

그러나 다른 방법으로, 에드워즈는 신앙적 진리의 통로로서 이성을 이야기했다. 이성은 인간 존재가 불완전하고 타락했다는 것을 보여줄 수 있는데, 그들은 그들의 창조주에게 채울 수 없는 의무와, 하나님과 인간 사이에 어떤 중보자가 필요하다는 의무를 졌다. 이성은 또한 중보의 방법을 지시해주는 신적 계시를 기대하며 찬양한다는 것을 보여줄 수 있다. 중보는 비록 그 논리가 예수 그리스도께서 논의에서 지적한 중보자라는 것을 보여줄 수는 없지만, "그리스도께서 순수하게 드러난 증명에 의해 필연적이고 절대적으로 입증되는 것과 같다"고 에드워즈는 말했다.[7]

그는 더 보수적인 개혁주의적 스콜라주의자들에게 낯선 방법으로 주장했다. 비록 이성이 기독교 삼위일체에 대한 완전한 지식을 알 수는 없다고 덧붙이면서, 그것은 "삼위의 하나님을 확실히 이해하기 위해서는 꾸밈없는(naked) 이성에 도달해야 한다"는 것이다.[8]

---

6 Thomas A. Schafer, "Editor's Introduction," *WJE*, 13:40-41.
7 Jonathan Edwards, "Miscellanies," no. 94: Trinity, *WJE*, 13:257.
8 Jonathan Edwards, "Miscellanies," no. 94: Trinity, *WJE*, 13:257.

조나단 에드워즈는 빈번히 자연신학의 서약에 의해 생긴 보편적 회중주의자처럼 주장했다.

동시에 조나단 에드워즈는 회중주의자들보다 더 많이 이성의 한계에 대해서 보편적인 것으로 썼다. 그는 풀리지 않는 역설들에 부딪히는, 하나님에 대한 진리를 고려하고자 할 때, 이성만으로는 문제가 있음을 반영했다. 어떤 다른 원인 없이 스스로 현존하는 존재의 개념은 그에게 순수이성(純粹理性)에서는 전적으로 이해할 수 없는 것이었다.[9] 전충성(extension) 없이 편재하는, 무한한 영적 존재의 개념은 신비스러울 뿐이다. 끝없는 연속으로서 이해하던, 연속성 없는 연장(連狀)으로 이해하던, 영원의 개념은 이성으로는 공허하고 모순일 뿐이다. 무한히 거룩하시고 선하신 하나님에 의한 이 세계 속의 불의와 고통은 이성을 당황스럽게 하는 것이었다. 조나단 에드워즈는 이러한 회의적인 사상들을 그의 개인적인 『문집』에 국한하여 주로 이신론자(理神論者)들의 비판으로 사용했다. 그러나 적절한 신학은 이성의 능력 위에 계시를 요구한다는 그의 신앙을 반영한 것이었다.

타락한 인류에게 필요한 것은 삼위의 두 번째로 성육신하셔서 복음 사역의 중보자가 되신 그리스도를 아는 지식이다. 그래서 조나단 에드워즈는 특별히 이성은 결코 계시와 동떨어진 이러한 신비들을 발견할 수 없다고 확신했다. 이러한 사상은 존 로크가 『기독교의 합리성』에서 주장한 기독교의 신비한 요소들을 이성적으로 받아들일 수 없을 때, 무의미하다는 사상을 반박한 것이기도 하다. 신앙적

---

9 Jonathan Edwards, "Miscellanies," no. 1340, *WJE*, 23:359-376.

진리들을 식별하는 능력이 어떠하든 간에, 꾸밈없는 이성은 또한 신앙적 대상들에 극단적이고 잔인한 무지에 대한 주제였다. 칼빈처럼 에드워즈는 발견된 신앙적 진리를 변함없이 왜곡하는, 피할 수 없는 이성을 포함했다. 칼빈처럼 그는 기독교 신성(神性)은 적절한 표현으로 자연의 빛에 의해 증명되지 않는다. 타락한 세상에서 구원의 진리는 자연적 이성의 빛 위에 있는, 순수한 계시의 문제였다.

이 신앙적 지식의 두 번째 단계인, 계시된 지식은 조나단 에드워즈가 하나님 자신의 말씀으로 이해한, 성경으로부터 온다. 그는 계시의 개념, 그 자체가 대단히 이성적임을 발견했다. 그것은 세상에 드러내시는 은혜로운 하나님의 통치와 의도가 적절하고 필수적인 것이기 때문이다. 증거가 되는 전통 속에서 그의 선조들처럼, 에드워즈는 기적적인 사건들과 수많은 예언들, 특히 예수 그리스도에 대한 신빙성(信憑性)에 대해 성경적 계시의 진정성의 증거를 발견하였다.[10] 그는 성경의 기적들을 영국의 이신론자 토마스 울스턴(Thomas Woolston)의 조롱에 대항하여 변증했고, 그가 후원 속에서 열정적인 관심으로 보여준 작품을 통해, 성경적 예언이 예수님이 메시아임을 증명한다는 논쟁으로, 앤서니 콜린스(Anthony Collins)와 같은 이신론자를 대항했다.

1757년 조나단 에드워즈는 뉴저지 대학의 이사들에게 그의 저작, 『내가 '구약과 신약의 조화'(*The Harmony of the Old and New Testaments*)로 부르는 위대한 작품』을 통해 말했다. 17세기 중반에 이르러 기독교 작가들은 사복음서의 차이점들을 극복하는데 관심을

---

10 Jonathan Edwards, "A History of the Work of Redemption," *WJE*, 9:306-318.

보였지만, 에드워즈의 작업은 더욱 야심찬 것이었다. 2세기 이후 기독교 사상의 큰 흐름은 구약과 신약의 통일성(統一性)을 강조하는 것이었다. 이 흐름이 칼빈을 통해 개혁주의 전통으로 흘러 들어온 것이기에, 에드워즈는 구약의 원형이 신약의 대형(antitype)에 나타났기에 두 언약은 교리와 인식에서 조화를 보여준다는, 구약 선지자들의 메시아 예언이 그리스도 안에서 충만히 성취되었다는 통일성을 자세히 나열한 칼빈을 본받았다.[11] 성경의 통일성에 대한 이신론자들의 공격에 대항하기 위해 500페이지 이상을 저술했지만, 조화의 주제는 이것이 성경의 '탁월성'을 보여주기에 논쟁의 목적과는 별개라 할 만큼 그에게 특별한 관심이었다.

그는 성경에서뿐만 아니라 자연 세계를 통해서도 유형을 발견했기에 유형론(類型論)에 상당히 매료되었다. 에드워즈는 성경적 범주를 벗어나는 유형론을 확장하는 것에 다수의 18세기 신학자들과 함께 참여했다. 모든 자연은 그에게 영적 진리의 유형론과 함께 불꽃으로 타올랐다. 그럼에도 불구하고, 그는 결코 자연을 계시의 권위와 동등한 수준으로 평가하지 않았다.

조나단 에드워즈의 주요 관심은 신앙적 지식의 더 깊은 단계인, 성경본문의 영적 감각을 파악하는 것이었다. 이 영적 이해는 독자들이 계시된 사물들의 탁월성에 대한 참된 감각을 갖게 하며 그것의 진리와 실재를 이해하게 해 주는, 참된 마음속에서 성령께서 역사하시는 것에 달려있다. 진리에 대한 그러한 이해는 하나님과 그리스도

---

11 Kenneth P. Minkema, "The Other Unfinished 'Great Work': Jonathan Edwards, Messianic Prophecy and 'The Harmony of the Old and New Testament,'" *Jonathan Edwards's Writings: Text, Context, Interpretation*, ed. Stephen J. Stein(Bloomington: Indiana University Press, 1996), 52-61.

의 탁월성에 대한 이해를 표현하는 것이었다. 이것은 하나님의 본질적인 미(美)를 이해한다. 이것은 단순히 개념적인 판단보다 더 심오한 미에 대한 감각으로 마음을 물들인다. 그리고 이것은 이성이 홀로 영적 사물의 미와 사랑스러움을 발견할 수 없기에, 자연적 이성이 결코 주어질 수 없다는 동의를 유도한다. 영적 동의를 성령에 의해 가능한, 진심으로 우러나오는 동의와 구분한다는 개신교 사상에 흔한 것이었다.[12]

청교도 선조들처럼, 조나단 에드워즈는 주로 오성뿐만 아니라 의지를 움직이는 지식의 형태에 관심을 가졌다. 유일하게 이러한 그의 개념적 오성(惡性)을 통해, 사람이 사물의 미를 파악할 수 있거나 그 것 안에서 기쁨을 느낄 수 있거나, 그것을 갈망하게 된다. 감각적 개념의 오성의 몇 가지 형태로는 풍경의 아름다움처럼, 단지 자연적 사물들을 파악할 수 있지만, 하나님의 아름다움을 이해하기 위해서는 실제적이고 감각적이며 영적인 개념의 이해가 요구된다.

여기에서 실제적인 것은 어휘에 찬성하는 것보다 더 많은 것으로 구성된 것을 의미하며, 감각적인 것은 오히려 사색적인 것을 의미하며, 영적인 것은 성령의 즉각적인 활동으로 창조되어진 것을 의미한다. 이런 방식으로 하나님을 안다는 것은 하나님의 탁월성이나 그 자체가 목적인 하나님의 아름다움의 감각을 소유하는 것이다. 이러한 신적 탁월성에 대한 직관적인 감각이 인류에게 유용한 신적 지식의 가장 심오한 형태였다.[13]

---

12 Jonathan Edwards, "A Divine and Supernatural Light," ed. Mark Valeri, *WJE*, 17:408-426.

13 Jonathan Edwards, "Miscellanies," no. 782, ed. Ava Chamberlain, *WJE*, 18:452-466.

2. 하나님의 탁월성과 영광

조나단 에드워즈는 하나님께서 세상을 그분의 마음속에서 단번에, 그리고 명료함에 있어서도 가능한 최고의 완전 속에서, 그리고 어떤 부분이든 일시성이나 소멸성 없이 완전하고도 변함없이 모든 것에 사물의 실제적 개념들을 소유하심으로 알고 계심을 믿었다.[14] 그에게 있어서 이것은 하나님의 편재성(遍在性)에 대한 묘사보다 더한 것이었다. 이것은 또한 하나님께 대한 신적 주권과 모든 신뢰에 대한 것을 지적했다. 예일대에서 대학원생으로 있는 동안, 에드워즈는 그가 철학적 관념론 형식의 함의들을 규명함으로 하나님의 영광과 주권을 표현할 수 있음을 발견했다.

조나단 에드워즈는 "신 존재에 관하여," "상상력의 편견에 관하여" 그리고 "원자들과 완전한 고체들에 관하여"라는 주제를 그가 1720년에서 1723년 사이에 예일대에서 저술하기 시작한 소논문들에서 다루기 시작했다.[15] 물론 이 논문들은 비록 한 세기가 지나서야 출판되었다. 그는 이것을 "정신"(Mind)에 관하여 그의 원고에 기록하기 시작했다.

원자들에 관한 소논문에서 그는 물질에 대한 헨리 모어(Henry More)의 고찰을 읽은 흔적이 나타났다. 그러나 헨리 모어와 달리, 에드워즈는 원자를 물질의 궁극적 단위가 아닌, 완전히 없어짐을 거부하는 무한정한 물체이자, 결국에는 무한한 능력의 끊임없는 실행을

---

14 Jonathan Edwards, "Miscellanies," no. 782, ed. Ava Chamberlain, *WJE*, 18:452-466.

15 Wallace E. Anderson, "Editor's Introduction," *Scientific and Philosophical Writings*, *WJE*, 6:53.

나타내는 것으로 정의했다. "신 존재에 관하여"에서 그는 창조된 혹은 창조되지 않은 의식 등 어떤 실존도 존재하지 않는다고 상상하는 것 자체가 불가능함을, 그리고 우주는 창조된 지성이 없이 오직 신적 의식만 존재할 수 있음을 강력히 주장함으로 더 깊은 관념론적 존재론을 제안했다. "정신"의 제27번에서 기록한 시기에 그는 모든 지식 있는 철학자가 동의하는, 지구 밖에서는 색은 없으며, 형상과 모양은 단지 색의 외형에 불과하다는 무(nothing)의 개념을 명확히 했다. 이것은 오직 창조된 정신으로부터 나온 저항력과 고체성만 남는다.

그러나 저항력은 하나님의 마음속에서 끊임없는 법칙 또는 방법에 따른 하나님의 능력의 실제적 행하심 그 이상 아무 것도 아니다. 또한 참된 비밀이 여기에 있다. 참된 것은 모든 물체의 실체가 무한히 정확하고 정밀하다는 것이며, 하나님의 정신 속에서 완전히 안정된 관념이 그분의 안정된 의지와 함께 있다는 것이다. 그 의지는 확실히 정해진, 그리고 정확히 세워진 방법들과 법칙들에 따라 점차적으로 우리와 다른 사람의 마음들 간에 동일하게 교제하게 한다. 가시적이며 감지할 수 있는 세상은 결국 관념적인 것으로, 절대적으로 하나님의 관념과 의지의 안정성에 의존한다.[16]

조나단 에드워즈가 예일대에서 학생일 때 사무엘 존슨이 교수로서 가르쳤기 때문에, 조나단 에드워즈의 관념론(觀念論)은 조지 버클리(George Berkeley)와 사무엘 존슨의 사상과 밀접한 관련이 있다. 그러나 에드워즈는 사무엘 존슨과 겨룬 버클리주의자들의 논쟁 형식

---

16 Jonathan Edwards, "The Mind," *WJE*, 6:332-393.

과는 의견을 달리했다.17 조지 버클리는 어떤 것에 적절하게 언급하는 존재와 같은 절대적 관념을 거부했다. 조지 버클리는 주로 감각적 경험에 대해서 논박했다. 조나단 에드워즈는 선험적(先驗的) 정의와 개념들에 대해 더 많이 논박했다. 조지 버클리는 공간이 관념들의 관계의 기능으로서 보이지 않는다면 이것은 무한한 것이 되며 하나님으로서 영원한 것으로 나타날지도 모른다는 두려움을 가지며, 공간의 절대성을 거부했다. 조나단 에드워즈는 그의 초기 사색에서, 공간은 비록 그가 후에 하나님의 관념들 중 하나로서 공간을 정의하긴 했지만, 엄밀하게는 무한하며 영원한 존재로 유일하게 존재할 수 있기 때문에 하나님이시라고 말했다.18

조지 버클리는 유한한 사물은 하나님께서 그것을 감지하기 때문에, 존재하기 위해 계속되는 인간의 마음으로는 감지할 수 없다고 믿었다. 에드워즈는 모든 존재를 감지할 수 있는 그분의 행하심의 시작과 끝은 모두 말할 수 있지만, 창조의 끊임없는 능력을 행하시는 하나님을 통해 정해진 법칙들을 나타내시는 신적 결정이 존재 안에서 그것들을 유지하기 때문에 사물들 또한 존재하기가 계속된다고 그의 원고에 덧붙였다.19

조지 버클리의 관념론은 신적 감지자(感知者)로서 전제되었다. 조나단 에드워즈는 신적 의지에 대해 조지 버클리보다 더 강조했다.

---

17 George Rupp, "The 'Idealism' of Jonathan Edwards," *Harvard Theological Review* 62 (1969), 214.

18 William S. Morris, *The Young Jonathan Edwards: A Reconstruction* (Eugene, Oregon: Wipf & Stock Publishers, 2005), 314-356.

19 Wallace E. Anderson, "Immaterialism in Jonathan Edwards' Early Philosophical Notes," *Journal of the History of Ideas* 25 (1964), 191.

두 사람은 존 로크, 말브랑슈, 그리고 케임브리지 플라톤주의자들의 글을 읽고, 동일한 문제로 고민했지만 그들은 각자 자신의 방법대로 연구했다.[20]

하지만 조나단 에드워즈는 세상이 매 순간 하나님의 창조적 능력에 의존한다는 것을 보여줌으로 신적 현존의 감각을 환기시키려는 갈망을 조지 버클리, 사무엘 존슨과 함께 공유했다. 그래서 그는 과거의 일정한 원인들로 현재를 설명할 수 있다는 자율적인 선조와의 연결이 없음을 논쟁했다. 그것은 대상이 과거 속에서 갑자기 사라져 이것의 원인적 효과를 잃어버리기 때문이다. 현존하지 않는 시간과 공간 속에서는 원인이 결과를 만들어낼 수 없다는 것이다. 세상이 순간에서 순간으로 계속된다는 것은 이것의 존재가 매 순간마다 하나님에 의해 계속되는 창조에 전적으로 의존하고 있기 때문이다.[21] 『문집』에서 그는 이것을 유한한 영들에게도 적용되는 끊임없는 창조로 생각했다. 우리는 매 순간 새롭게 창조된다는 것이다.[22]

하나님께서 세상과 관련된 성품에서처럼 율법은 하나님의 즉각적이고도 주권인 작용을 막지 않는다. 첫 번째 공간에 자연법을 세우신 것은 하나님의 주관적인 작용이셨고, 비록 자연법이 자연적 작용 지시를 계속할지라도, 하나님께서는 의지 안에서 그것들을 무시하실 수 있다. 대부분의 신적 작용은 자연적 작용과 주관적 작용이 함께 묶여 혼합된 것이지만, 지고(至高)의 존재는 창조의 단계에 올라와서, 피조물을 존중하는 신적 작용의 방법이 더욱 주관적인 것에

---

20 Lee, *The Philosophical Theology of Jonathan Edwards*, 62.
21 Jonathan Edwards, "Original Sin," ed. Clyde A. Holbrook, *WJE*, 3:400-401.
22 Jonathan Edwards, "Miscellanies," no. 18, *WJE*, 13:210.

접근한다. 예를 들어, 선택받은 성도들에게 은혜의 선물이 주관적이고 주권적이어야 한다는 것은 아주 아름답고 어느 면으로나 적합하고 적당한 것이라고 그는 주장했다.[23] 또한 사람이신 예수 그리스도에게 있어서 하나님의 관계는 자연법 이상으로 무한해야 한다고 주장했다.[24]

조나단 에드워즈에게 있어서 관념적 형이상학은 하나님께서 모든 존재하는 것의 절정이며, 존재했던 모든 것들의 실체임을 의미했다.[25] 신적 지각과 신적 의지가 함께 하는 덕에 의해, 하나님은 그의 모든 피조물들의 실재를 이해하시며, 피조물들이 오직 그분과 의사소통하기 때문에 실재 안에서 이해할 수 없는 것처럼, 그들의 실재는 그분에게 보탬이 되는 것이 아니다.[26] 또한 조나단 에드워즈는 관념적 형이상학을 통해, 질서 속의 존재는 모두 우리가 하나님이라고 부르는 것이며, 거기에는 그분 외에는 아무 것도 없다고 결론지었다. 조나단 에드워즈는 하나님께서 존재 일반(Being in General) 또는 존재들의 존재이며, 그분의 실존, 무한한 존재는 우주적 실존과 동등해야만 한다고 했다.

조나단 에드워즈가 하나님 외에는 다른 아무 것도 없음을 인정했을 때, 일부 학자들은 이에 대해 그가 범신론적 주장을 했다고 본다. 그러나 그는 범신론적인 주장을 한 것은 아니다. 즉 그의 후기 작품의 신플라톤주의적 용어 중 일부는 하나님께서 실체이신 세상에서

---

23   Jonathan Edwards, "Miscellanies," no. 1263, *WJE*, 23:201-212.
24   Jonathan Edwards, "Miscellanies," no. 64, *WJE*, 13:64.
25   Jonathan Edwards, "Miscellanies," no. 880, *WJE*, 20:121-139.
26   Jonathan Edwards, "The Nature of True Virtue," *WJE*, 8:550-560.

하나님의 외관상의 본질을 강화시킨 것이다. 『세상을 창조하신 하나님의 목적에 관한 논문』(Dissertation Concerning the End For Which God Created the World, 1755)에서 그는 하나님의 무한한 충만함의 소통으로서, 하나님의 발산(發散)으로서, 하나님의 영광을 외부로(ad extra) 확산하기 위해서 창조하셨다고 했다.

조나단 에드워즈에게 있어서 창조는 자기 소통을 통한 신적 존재의 확장이다. 그러나 에드워즈가 하나님께서 모든 사물을 포함하고 있다고 생각한 반면, 하나님과 세상과의 구별은 막았다. 비록 완전히 하나님께 의존하지만, 세상은 하나님과 분리되어 있다. 특별히 분리된 본성을 소유하고 있는 창조된 영들의 세상은, 심지어 영원히 하나님과 무한히 완전한 연합을 위해 선택받은 성도들일지라도 결코 완전한 일치를 이룰 수 없다. 더욱이 지옥에 유기(遺棄)된 자들은 영원토록 신적 존재와 분리된다.[27]

조나단 에드워즈 신학에서 하나님과 세상 사이의 구별을 가장 분명하게 나타낸 것은 바로 그의 삼위일체론이다. 그는 여기에서 하나님에 대한 탁월한 개념의 요점을 가장 분명하게 예시해 주었다. 에드워즈는 1730년대에 삼위일체 하나님의 특성을 하나님에 대한 묵상과 그분 자신의 탁월성 속의 기쁨을 통해 추론하기 시작했다.[28] 조나단 에드워즈는 자신의 『삼위일체론』과 긴 형식의 『문집』 두 군데에서, 그는 하나님의 삼위일체가 그에게는 가장 뛰어난 탁월성의 실증으로서 도움이 되었음을 분명히 했고, 창조된 세상의 탁월성은 아

---

27 E. Brooks Holifield, *Theology in America: Christian Thought from the Age of the Puritans to the Civil War* (New Haven: Yale University Press, 2003), 112-113.

28 Jonathan Edwards, "Discourse on the Trinity," *WJE*, 21:109.

버지와 아들, 성령의 관계 속에서 시대를 초월하는 신적 아름다움을 반영할 때에만 존재할 수 있음을 분명히 밝혔다.[29]

조나단 에드워즈는 오직 홀로 탁월해질 수 없음은 거기에는 아무런 동의도 없기 때문이라고 했다.[30] 결국, 신적 탁월성은 신적 복수성을 필요로 한다. 비록 에드워즈는 삼위일체 신학이 주로 성경적 계시로부터 연역(演繹)되어 구성되었다고 믿었지만, 그는 꾸밈없는 이성조차도 신적 삼위일체를 발견할 수 있다고 생각했다.[31] 모든 지식, 하나님의 명철까지도 관념에 의한 것임이 이성적인 듯 했다. 하나님은 스스로의 관념을 소유하셔야 한다. 그렇지 않다면 하나님은 자기 인식의 결여가 있는 것이다.

그러나 하나님의 관념은 완전하시다. 그리고 어떤 사물의 절대적으로 완전한 관념은 바로 그 사물이다. 왜냐하면 사물이 존재함으로 무를 결여시키기 때문이다. 이것은 하나님 스스로의 관념이 곧 하나님이심을 도출한다. 신적 자기 반영이 하나님의 본체적 형상인 아들을 출생하셨다. 또한 성부와 성자는 필수적으로 서로를 기뻐하셔서 성자의 출생이 서로 간의 완전한 사랑, 혹은 성령의 작용 가운데 이루어져 성부와 성자와는 서로 구별된다.[32] 조나단 에드워즈는 성령께서 주로 그리스도의 유익을 적용시키시는 행위자로서 초기 개혁주의 신학에서 토론하며 개선하여, 성부와 성자와 함께 정확한 동등성이라는 교리를 믿었다.

29　Jonathan Edwards, "Miscellanies," no. 94: Trinity, *WJE*, 13:256-263.
30　Jonathan Edwards, "Miscellanies," no. 94: Trinity, *WJE*, 13:283-284.
31　Thomas A. Schafer, "Editor's Introduction," *WJE*, 13:28.
32　Jonathan Edwards, "Miscellanies," no. 402: Work of Redemption. Wisdom of God in Redemption. Spirit of God, *WJE*, 13:466-467.

하나님께서는 신적 탁월성을 표현하고, 알리고, 찬양 받고자 세상을 창조하셨다.[33] 이것이 칼빈주의의 확신이었고, 이제 미적 감각의 형태로 표현한 것인데, 창조의 목적은 비로 하나님의 영광이었다. 신적 아름다움 그 자체를 표현하고 계시해야 하는 것은 본질적으로 적합하고 알맞으며 온화한 것이었다. 창조의 궁극적인 목적은 인간의 행복이 아니라 목적 자체를 위해 하나님의 탁월한 충만함을 확산하는 것이었다. 최고의 탁월성은 방법에 있어서 그 자체에 동의하는 범위를 확대하는 표현을 찾아야 하는 것은 본질적으로 선한 것이었다. 신적 아름다움의 확산 속에서, 그리고 피조물의 지식과 사랑, 아름다움을 기뻐함 속에서, 하나님은 자신의 목적을 이루셨다.[34]

기독론을 다룸에 있어서, 에드워즈는 종종 탁월함의 주제로 돌아가 적합성, 조화, 균형, 대칭의 관념들을 표현했다. 그리스도께서는 다양한 탁월함의 존경할만한 연결을 구체화하셨기 때문에 신적 아름다움을 육신으로 오셔서 계시하셨다. 그분은 사자이며 양이셨다. 그분은 영광과 비천함을, 위엄과 온유를, 순종과 지배를, 주권과 복종을, 공의와 은총을 조화시키셨다.

복음은 감화 받은 에드워즈를 어떻게 예수님께서 적대자들에게 조화로운 일치를 가져다주시는지를 이야기해 주는 사람으로 밝혀 준다. 그분은 미천한 처녀의 몸에서 태어나셨지만 또한 성령의 능력으로 태어나셨다. 그분은 말구유에 누우셨지만 지혜로운 자들의 경배를 받으셨다. 그분은 거룩함을 나타내 주셨지만 죄의 짐을 담당하

---

33 Jonathan Edwards, "Dissertation Concerning the End for which God Created the World," *WJE*, 8:419-420.

34 Jonathan Edwards, "Dissertation Concerning the End for which God Created the World," *WJE*, 8:419-463.

셨다. 그분은 하나님의 의를 위해서 사셨고 하나님의 의를 위해 고난을 받으셨다. 그분은 가장 심한 모욕을 당하셨지만 고난 가운데 그분의 영광을 보여주셨다.[35] 신자들 속에서의 감정들의 조화가 다스리도록 하는 것이 바로 그리스도의 아름다움이었다.

3. 하나님의 사랑에 기초한 거룩한 실천

조나단 에드워즈는 신학적 지식의 두 가지 종류의 일반적 차이를 도출했다.

첫째, 오성(惡性) 활동으로부터 얻어낸 이론이다.

둘째, 마음의 감각으로 구성되어서 오성과 의지 모두의 은혜로운 경향성인 실천이다.

신학의 목적은 이론적 오성만으로 간파할 수 있는 것보다 자신의 본성에 더 심오한 것을 가져다주는 신적인 것들에 감각을 기르는 것이며, 우리의 실천 속에 지침과 영향을 주는 것이다. 조직신학에서 조나단 에드워즈가 좋아하는 본문은 개혁주의 신학자인 피터 반 마스트리히트(Petrus van Mastricht, 1630-1706)가 지은 『이론적 실천신학』(*Theoretico-Practica Theologia*)이었다.[36]

---

35 Jonathan Edwards, "Justification by Faith Alone," *WJE*, 19:563-594.
36 마스트리히트는 1677년부터 죽을 때까지 화란의 우트레히트(Utrecht)에서 교사로서, 실천적 함의(含意)를 지닌 신학 속에서 모든 이론적 진리를 나타내고자 했다. 에드워즈가 의지와 이해와의 면밀한 차이점을 찾고자 했던 것처럼, 그 또한 이론과 실천 사이의 밀접한 연관을 확증하고자 했다. "이론적 지식"은 "실천적 지식" 없이는 아무 것도 할 수 없는 "무한한 가능성"이었다.

조나단 에드워즈는 칼빈주의 은총의 주권 교리를 아주 소중히 여겼다. 그는 그리스도께서 오직 선택받은 자만을 위해서 죽으셨다는 제한 속죄(Limited Atonement), 그들만이 초자연적인 경험을 하게 되며 구원의 덕(德)을 획득함으로 신적 영향과 작용의 통치를 받는다는 것에 동의했다.[37] 하나님의 뜻에 관한 교리에서, 그는 선택(選擇)에 대해 '타락 전 예정설'(supralapsarianism) 견해를, 유기(遺棄)에 대해선 '타락 후 예정설'(sublapsarianism) 견해를 취했다. 다시 말하면, 선택받은 자들을 구속하기 위한 하나님의 뜻은 논리적으로 그들을 창조할 뜻이나 그들의 타락을 허락할 뜻보다 선행되어야 하지만, 유기된 자들을 벌하기 위한 뜻은 죄와 형벌하고자 하는 하나님의 뜻 사이에 적합성을 전제하는 죄성을 감각 속에서 가정하는 것이었다.[38]

조나단 에드워즈는 원죄(原罪)에 관해서는 덜 양보했다. 그의 인생 마지막에 출간한 『수호된 위대한 기독교의 원죄 교리』(*The Great Christian Doctrine of Original Sin Defended*, 1758)에서 그는 영국 알미니안주의자 존 테일러(John Taylor)와 기독교는 선천적(先天的)으로 죄성을 가지고 태어난다는 교리를 전제하고 있다는 논쟁을 벌였다.[39] 존 테일러는 반(反) 성경적 입장에서 그 교리를 비판했기에, 에드워즈는 그와 논쟁하면서 책의 절반 이상을 성경적 구절들을 인용하였다. 조나단 에드워즈의 다른 주요 반박자인, 영국 철학자 조지 턴

---

37 Jonathan Edwards, "Miscellaneous Observations on Important Theological Subjects," *The Works of President Edwards in Eight Volumes*, ed. John Erskine (Leeds: Edward Baines, 1811), 8:416-418.

38 Jonathan Edwards, "Miscellaneous Observations on Important Theological Subjects," *The Works of President Edwards in Eight Volumes*, 427.

39 Jonathan Edwards, "Original Sins," ed. Clyde A. Holbrook, *WJE*, 3:103.

불(George Turnbull)은 이성의 경험적 방법을 요구했기 때문에, 에드워즈는 경험론 철학의 규칙을 따라 경험과 사실들로부터 논거를 제시하였다.[40]

조나단 에드워즈는 인간의 죄에 대한 성향을 보여주기 위해 비록 성경과 세속사에 호소했지만, 그는 흠 없는 행위들이 범죄보다 많다 할지라도 원죄 교리가 성립된다고 생각했다. 원죄를 이야기한다는 것은 마음에 관한 일반적으로 퍼진 경향을, 가정된 선행의 모든 효과들과 결과들을 능가하는 일반적으로 퍼진 책임을 가리키는 것이었다.[41]

비참한 점은 무한한 사랑을 받기에 합당한 하나님과 피조물들이 창조주에게 무한한 빚을 지고 서 있다는 것이었다. 그러므로 죄는 무한한 결점(缺點)을 만들었다. 죄악된 성향은 모든 선을 능가하는 죄를 가져다주었다. 더욱이 타락한 인간 존재는 결코 적절한 합리성 속에서 하나님을 사랑할 수 없었다.[42]

그분 스스로 무한히 탁월한 분으로서, 자신을 섬기기 위한 목적이 아닌 주님의 유익을 위해서는 사랑의 하나님을 필요로 하기 때문이다. 에드워즈는 모든 사물을 있는 그대로, 그것의 본성대로 인정한다는 도덕의 경향성을 주장함으로 영국 도덕 이성주의자들을 반영하면서 주장했다. 참된 덕은 하나님의 탁월함에 적당한 하나님의 사랑을 필요로 하지만, 하나님은 무한히 탁월하시기 때문에 은총이

---

40 Jonathan Edwards, "Original Sins," *WJE*, 3:167.
41 Jonathan Edwards, "Original Sins," *WJE*, 3:128.
42 Jonathan Edwards, "Original Sins," *WJE*, 3:130.

없이는 누구도 단순히 하나님을 사랑할 수 없다.[43]

어떻게 아담의 후손들이 원죄의 죄성을 가지고 태어나는지를 설명함에 있어서, 조나단 에드워즈는 개혁주의적 전통과는 약간의 차이점이 존재한다. 그의 관념적 존재론에서, 아무리 연속되는 주체라도 주관적인 신적 조성(造成)에 의존했다.[44]

아담과 함께 하는 인류의 정체성은 단순히 이러한 일반적 진리의 한 가지 실례였다. 아담은 하나님과의 언약을 파기했기에, 그는 자기 사랑과 같은 자연적 원리들만 남기면서, 그에게 적절한 합리성으로 하나님을 사랑하게 하는 초자연적인 원리를 잃어버렸다. 그러나 하나님은 모든 인류에게 아담과 같은 존재로 조성하셨기 때문에, 모든 인류는 서로 죄를 지으며 상실감으로 고통하게 되었다. 에드워즈는 하나님께서 사람들이 실제로 죄를 지었기 때문에 아담이 지은 죄를 남녀 모두에게 전가하셨다고 주장했다.[45]

조나단 에드워즈는 구원이 하나님의 성령의 초자연적이며 다스리는 작용을 필요로 한다면서 원죄의 교리를 확고히 했다. 구원하는 은총이 주입되어야 한다.[46] 이것을 언급하면서, 에드워즈는 스스로 개신교와 천주교를 구분하는 날카로운 선상에 서 있는 16세기 논쟁에 서 있다고 했다.[47] 예수회와 알미니안들은 은총이 지식있는 자들

---

43 Jonathan Edwards, "Original Sins," *WJE*, 3:143-144.

44 Jonathan Edwards, "Original Sins," *WJE*, 3:381.

45 Jonathan Edwards, "Original Sins," *WJE*, 3:397-399.

46 Jonathan Edwards, "Miscellaneous Observations on Important Theological Subjects," *The Works of President Edwards in Eight Volumes*, ed. John Erskine (Leeds: Edward Baines, 1811), 8:427.

47 Jonathan Edwards, "Miscellaneous Observations on Important Theological Subjects," *The Works of President Edwards in Eight Volumes*, 445.

이 지시하는 도덕적 권고를 통해 의지가 변한다고 했다. 토마스주의자들과 칼빈주의자들은 은총이 물리적으로 다시 말하면, 즉각적으로, 움직인다고 믿었다.[48] 그래서 그들은 이러한 믿음을 주입의 은유(隱喩)와 함께 표현했다. 마스트리히트는 그의 저작이자 에드워즈가 한때 성경을 제외하고는 세상에서 다른 어떤 책보다도 훌륭하다고 묘사한 책인, 『이론적 실천신학』에서 주입에 대해 논쟁하였다.[49]

어떤 경우에, 에드워즈는 주입(注入)이란 단어를 즉각적이며, 성령의 저항할 수 없는 은사로서 오는 신적인 것들의 새로운 감각이라는 것을 강조하기 위해 사용했다. 그것은 단순히 성령께서 도우시는 마음에 관한 자연적 질서들이 아닌, 변화된 의지와 이해의 삶과 행위에 있어서의 새롭고 초자연적인 원리를 분여(分與)하는 것이다.[50]

조나단 에드워즈가 보통 철학적으로 약간 다른 기독교적 플라톤주의로부터 도출했지만, 그는 17세기 개신교의 아리스토텔레스의 재발견에 기초한 주입된 은총의 개념을 설명했다. 그가 읽은 스콜라 저자들, 즉 부르게르스딕크(Burgersdyck), 헤레보르트(Heerebord), 마스트리히트(Mastricht), 윌리엄 에임스(William Ames), 그리고 프란시스 튜레틴(Francis Turretin, 1623-1687)은 은총의 작용을 묘사하기 위해 습관, 경향, 그리고 원리라는 아리스토텔레스주의 개념들을 사용

---

48 Anri Morimoto, *Jonathan Edwards and the Catholic Vision of Salvation* (University Park: Pennsylvania State University Press, 1995), 18-19.

49 Cherry, *The Theology of Jonathan Edwards: A Reappraisal*, 36.

50 Jonathan Edwards, "A Divine and Supernatural Light," ed. Mark Valeri, *WJE*, 17:408-426.

하고 수정했다.51

조나단 에드워즈는 하나님께서 창조하신 세상을 보존하시고 다스리시는 율법의 묘사에서뿐만 아니라, 종교적 회심과 그 열매에 대한 설명 속에서 아리스토텔레스주의 개념들을 추구했다. 조나단 에드워즈가 종종 인용한 토마스 쉐퍼드(Thomas Shepard)처럼, 그는 새로운 습관이나 경향의 형성이 비롯되면서, 영 안에서 성령의 내주하심과 활동하심으로서 구원하시는 은총을 생각했다. 선천적(先天的) 탁월성인, 이 새로운 경향은 은혜로운 실천들 안에서의 공적인 표현이 나타나기도 전에 인간행동의 원리를 변화시켰다. 에드워즈는 가끔 그 경향을 그가 어떤 아이들이 나중에 회심하기 전에 거듭난 성향을 가질 수 있다고 생각할 때처럼, 의식적 인식보다 선행하는 것이라고 말했다.52

새로운 경향은 모든 기독교 덕의 원천이었지만, 에드워즈에게 있어서 최고의 덕은 사랑이었다. 그는 사랑을 최고의 감정으로서만이 아니라 기독교의 다른 모든 감정들의 원천으로서 언급할 수 있었다.53 1738년에 에드워즈는 "사랑과 그 열매들"(*Charity and Its Fruits*)이라는 제목으로 여러 설교를 했다.

첫 번째 노샘프턴의 부흥이 끝나고 2년이 지나자, 그 설교들은 부흥운동과 그 결과들을 평가하기 위한 에드워즈의 노력의 표현으로서 읽혀졌다. 이 점은 그 중심 주제 속에서 입증되었다. 진실된 그리스도인들을 다른 사람들과 구별하며 구원케 하는 덕의 모든 것은

---

51 Lee, *The Philosophical Theology of Jonathan Edwards*, 4-36.
52 John E. Smith, "Editor's Introduction," *WJE*, 2:56.
53 Jonathan Edwards, "Religious Affections," *WJE*, 2:111.

기독교적 혹은 신적 사랑 속에서 요약된다.[54]

20년 후 그가 죽기 직전에 『원죄』(Original Sin)라는 저서를 출간했을 때, 그는 사랑 안에서 총체적(總體的)으로 이루어지는 신앙을 동일하게 주장했다.[55] 그의 사상 속에서 이러한 주장의 탁월함은 그가 조화의 중요성을 다시 한 번 예증했다. 그러나 이것은 또한 그에게 있어서 사랑과 기독교 실천이라는 주제들을 신학의 중심으로 이끌어 감으로 교리의 윤리적 전환을 추구하는 18세기 상황 속에서 더욱 폭넓은 자극이 되었다.[56]

이러한 자극은 모든 은총이 실천으로 인도한다는 조나단 에드워즈의 주장 속에서 더 깊이 표현된다.[57] 부흥운동 기간에 에드워즈는 하나님의 성령의 은혜로운 작용들을 분별하기 위한 기준을 제시하고자 의도했던 돌풍과 같은 저작들을 출간했다. 그 저작들은 『사랑과 그 열매들』뿐만 아니라, 『하나님의 성령의 사역의 구별되는 표지들』(The Distinguishing Marks of a Work of the Spirit of God, 1741), 『뉴잉글랜드의 최근 신앙 부흥운동에 관한 몇 가지 사상들』(Some Thoughts Concerning the Present Revival of Religion in New England, 1742), 그리고 『신앙감정론』(A Treatise Concerning Religious Affections, 1746)을 포함했다.

저작들의 주요 목적은 성령의 즉각적인 증거 위에서만 구원의 확

---

54 Jonathan Edwards, "Charity and Its Fruits," *Ethical Writings*, ed. Paul Ramsey, *WJE*, 8:129-131.
55 Jonathan Edwards, "Original Sins," ed. Clyde A. Holbrook, *WJE*, 3:169.
56 Jaroslav Pelikan, *Christian Doctrine and Modern Culture* in *The Christian Tradition: A History of the Development of Doctrine*. 5 vols (Chicago and London: The University of Chicago Press, 1989), 129-151.
57 Jonathan Edwards, "Ethical Writings," ed. Paul Ramsey, *WJE*, 8:294.

신을 둠으로 선행을 폄하하는 새 빛 분리주의자들로부터 그들을 분열시키는 시기에 부흥운동을 옹호하기 위해서였다. 특별히 그의 탁월성의 개념을 확장시킨, 감정에 관한 그의 논문은 은혜로운 감정이 그리스도인들에게 그들 자신뿐만 아니라, 하나님의 탁월하고 온화한 본성을 사랑할 수 있게 하며, 거룩한 삶을 통해 하나님의 영적 아름다움을 본받을 수 있게 한다고 주장했다.[58] 그는 수많은 은총의 표지들을 수록했지만, 모든 표지(標識)들 중 최고는 그리스도의 계명을 지키며, 내적 경건과 공적인 활동을 통한 선행을 나타내는 기독교적 실천, 또는 거룩한 삶이었다.[59]

1734년 노샘프턴에서의 부흥의 불길 중 하나가 그의 설교 "오직 믿음에 의한 칭의"(*Justification by Faith Alone*)였다. 그 설교에서 에드워즈는 로마서 4:5 말씀을 통해, 하나님은 불경건한 자들을 의롭게 하셨다고 강조했다. 칭의 가운데, 하나님은 죄인을 죄의 값과 그에 합당한 형벌로부터 자유로워진 것으로, 또한 경건치 못한 사람을 의의 면류관을 주는 영광에 이르는 자격을 소유한 자로 인정하셨다.[60]

그리스도께서는 그 관계를 주도하셨고, 그 칭의는 믿음의 탁월성이 아닌, 관계(關契)의 탁월성을 도출했다. 또한 비록 믿음이 없으면 사랑과 연합되지 않는다는 것은 사실이지만, 에드워즈는 여전히 오직 믿음만이 적절한 칭의를 만든다고 말할 수 있었다. 사무엘 오스본(Samuel Osborn)의 경우, 율법은 사람들이 분명한 구원에 이르기 위해 행해야 하는 것이었으며, 그 순종을 통해 칭의를 얻게

---

58 Jonathan Edwards, "Religious Affections," *WJE*, 2:240.
59 Jonathan Edwards, "Religious Affections," *WJE*, 2:421.
60 Jonathan Edwards, "Justification by Faith Alone," *WJE*, 19:235-236.

되는 것이었다.[61]

하지만 조나단 에드워즈는 믿음이 그 본질상 도덕적 순종을 포함하고 있기 때문에 순종이 칭의를 가져온다는 뉴잉글랜드 자유주의자들과 영국국교도들의 견해에 그는 항상 반대했다. 참으로 순종(順從)은 칭의(稱義)에 아무 상관이 없다고 했다.[62]

사랑에 대한 개념은 그의 작품을 통해서 계속해서 전념했고, 그가 노샘프턴에서 쫓겨난 후에 이것을 스톡브릿지의 인디언들에게 문답식으로 가르치면서 연구했다. 1753년쯤에 그는 서로 보완하고자 하는, 두 개의 논문들을 쓰기 시작했는데, 거기에서 그는 영국 계몽주의의 도덕 철학자들과 논쟁을 하였다. 비록 두 작품이 그가 죽을 때까지, 10년이 넘도록 출간되지 않았지만, 아마도 1755년에 그는 두 작품을 완성했을 것이다.

첫 번째 논문은 『하나님께서 세상을 창조하신 목적에 관한 논문』 (*Dissertation Concerning the End for Which God Created the World*)으로, 하나님의 궁극적인 창조 목적이 그분의 영광에 대한 지식과 존경을 위해 그분 자신의 무한한 선의 충만함과 교제하기 위한 것임을 이성과 성경을 통해 논쟁했다.[63] 그러므로 하나님의 창조 목적은 하나님 자신의 영광이었다. 이것은 가장 최고의 탁월성에 영광 돌리는 것이었다.

두 번째 논문은 『참된 덕의 본성』(*Nature of True Virtue*)으로, 참된 덕은 이러한 신적 탁월성에 그 마음의 일치가 생기는 것임을 이성적

---

61 Samuel Osborn, *The Case and Complaint of Mr. Samuel Osborn* (Boston: n.p., 1743), 4-25.

62 Jonathan Edwards, "Justification by Faith Alone," *WJE*, 19:241-303.

63 Jonathan Edwards, "Dissertation Concerning the End for which God Created the World," *WJE*, 8:419-463.

근거들 가운데 우선적으로 논쟁했다.[64] 존재 일반(Being in General)에 동의하는 것은 하나님과 이웃을 향해 표현하는 일반적 선의 의지를 가능케 한다. 두 논문에서 지고선과 도덕의 근거는 존재들의 존재(Being of beings)로서의 하나님에 대한 탁월성을 찬양하는 것이었다.

윤리학에 대한 에드워즈의 관심은 다른 것보다도 우선 그가 저술에 남겨 놓은 것으로, 19세기를 거치면서 영적인 반박과 교정을 일깨워주었다. 칼빈주의 신학이 도덕적 책망과 칭찬을 정하는 것을 불가능하게 만들었다고 믿는 비판들에 답변하기 위해서, 그는 1754년에 『현대 유행하는 자유의지 선과 악, 상과 벌, 칭찬과 책망 등 도덕적 작인에 본질적인 의 개념들 연구』(*Enquiry into the Modern Prevailing Notions of that Freedom of the Will, Which is Supposed to be Essential to Moral Agency, Vertue and Vice, Reward and Punishment, Praise and Blame*)를 출판하였다. 스톡브릿지의 개척자로부터 쓰여졌기에, 그 책은 칼빈주의의 신학과 모순 없이, 또한 도덕적 칭찬과 책망이라는 용어와 일관되게, 인간의 자유에 대한 이해를 옹호하고자 했다. 동기는 의지의 어떤 행동이 하나의 동기 혹은 다른 동기로의 성향인 감각 속에서 의지작용의 원인으로서 작용한다. 그러나 자신들이 좋을 대로, 혹은 자신들이 원하는 대로 행동을 하기 때문에, 인류는 여전히 자유로운 도덕적 작인들이다.[65]

조나단 에드워즈는 자연적 필연성과 도덕적 필연성을 구별했다. 자연적 능력과 도덕적 능력의 구분은 에드워즈주의 전통의 대표적인 것 중의 하나가 되었다. 다른 칼빈주의자들은 종종 이것을 개탄

---

64 Jonathan Edwards, "The Nature of True Virtue," *WJE*, 8.
65 Jonathan Edwards, "Freedom of the Will," *WJE*, 1:144-145.

한다. 에드워즈주의 부흥가들은 죄인들이 회개할 수 있는 자연적 능력을 가졌다고 말했다. 그러므로 그들이 회개를 못했다면 그들에게 책임이 있는 것이다. 그들의 타락으로 특별은총의 도움과 회개할 수 있는 도덕적 능력을 떠나면, 그들이 회개를 하지 않은 것은 단순히 그들이 그들의 탁월한 의지에 대항해서 선택하길 원치 않았거나 할 수 없었음을 의미한다. 에드워즈의 제자들은 그보다 더 많은 구분을 했지만, 그는 기초 작업을 했고, 이것이 19세기 칼빈주의자들이 그의 『의지의 자유』(Freedom of the Will)를 싫어했던 이유다.[66]

이러한 점은 개혁적 집단이었던, 제네바의 튜레틴이나 뉴잉글랜드의 코튼 매더(Cotton Mather)와 같은 전통주의자들과, 소뮈르(Saumur)의 모와제 아미로(Moise Amyraut, 1596-1664)[67]와 같은 수정주의자들 모두에게서 흔했던 구별이었다. 조나단 에드워즈는 자연적 필연성, 의지와는 외부적인 자연적 방해로 사람들이 자신이 원하는 대로 행동하기가 불가능할 때, 자유의 부재와 도덕적 책임의 부재를 인정했다.

그러나 도덕적 필연성은 오직 의지가 그 스스로의 성향이나 경향을 무시할 수 없음을 의미했다. 의지의 단독 행위 속에서 작인들은 그 행위에서 그들이 원하는 대로 행할 수 없다. 의지는 동시에 두 가지 상반되는 일을 행할 수 없다. 그러나 이 도덕적 필연성은 이것이 선택의 사실과 행동의 자연적 능력을 추정하기 때문에, 그것의 명백

66　E. Brooks Holifield, *Theology in America: Christian Thought from the Age of the Puritans to the Civil War* (New Haven: Yale University Press, 2003), 122.

67　17세기 프랑스의 칼빈주의자인 모와제 아미로는 칼빈처럼 예정을 하나님의 본성의 필연적인 결과가 아니라 신비한 연합을 통해 오는 구원의 체험에 대한 고백이라고 했다. 정승훈, 『종교개혁과 칼빈의 영성』(서울: 대한기독교서회, 2000), 304.

하고 분명한 감각 속에서 자유에 대한 아무런 방해도 받지 않는다.[68]

이처럼 조나단 에드워즈의 신학사상의 전반적인 특징은 이성과 계시의 조화를 추구했으며, 하나님의 탁월성을 통해 하나님의 영광을 강조했다. 또한 그의 신학사상은 삼위일체 하나님의 사랑에 근거한 거룩한 기독교적 실천으로 연결해 주었다. 이러한 신학사상은 그의 삼위일체론에서도 그대로 반영이 된다. 그래서 삼위일체론에서의 연속성과 조화, 그리고 사랑의 관계와 구체적인 실천으로의 균형이 나타난다.

68　Jonathan Edwards, "Freedom of the Will," *WJE*, 1:159.

제3부 삼위일체론의 형성과 조나단 에드워즈의 계승

제1장 삼위일체론의 성경적 토대와 형성

제2장 조나단 에드워즈의 전통적 삼위일체론 계승

제3장 조나단 에드워즈의 삼위일체론 계승에 관한 논쟁

제1장

삼위일체론의 성경적 토대와 형성

1. 삼위일체론의 성경적 토대

기독교의 삼위일체론은 구약성경에서부터 이러한 구조를 발견할 수 있다. 구약에서 하나님을 엘로힘(אֱלֹהִים)이라 칭하고 있는데, 이 단어 자체가 남성 복수형 어미로써 구약에서 2,500번이나 쓰였고, 신성의 복합적 일체의 성격을 지니고 있음을 엿볼 수 있다. 창세기 1:26에서도 "하나님이 가라사대 '우리'의 형상을 따라 '우리'의 모양대로 '우리'가 사람을 만들자"고 표현되어 있듯이 복합적인 일체로 기록되었다. 이러한 예는 이사야 6:8에서 "내가 누구를 보내며 누가 '우리'를 위하여 갈꼬"에서도 잘 나타나 있다.

구약에 나타나는 삼위일체론은 유대교인들의 가장 핵심적인 신앙고백인 '쉐마'인 신명기 6:4에서도 확인할 수 있다. 즉 "이스라엘아 들으라. 우리 하나님 여호와는 오직 하나인 여호와시니"에서 '하나'의 의미로 사용된 히브리어 에하드(אֶחָד)는 절대적 단일성이 아닌,

복합적 하나를 의미하는 단어다.[1] 히브리어에서 절대적 단일성을 의미하는 단어는 야히드(יָחִיד)다.[2] 이렇듯 여호와 하나님을 칭함에 있어서 야히드(יָחִיד) 대신, 에하드(אֶחָד)를 사용한 것은 '쉐마'에서도 신성의 복합적 일체성의 실재성을 증거 하는 것이다.[3]

또한 하나님에 대한 세 가지 형태의 위격화가 구약성경의 기록들 속에서 발견되는데, 이러한 면은 기독교 삼위일체론으로 자연스럽게 이끌어 준다.[4] 이에 대한 근거로 '지혜'(잠 1:20-23; 9:1-6; 욥 28장; 전 24장), '하나님의 말씀'(시 119:89; 147:15-20; 사 55:10-11), '하나님의 영'(사 42:1-3; 겔 36:26, 37:1-4)을 제시할 수 있다. 이러한 표현들은 하나님의 활동과 임재의 형태를 나타내기에, 하나님의 역동적인 활동 형태야말로 삼위일체론에 표현된 하나님의 모습이다.[5] '지혜,' '말씀,' 그리고 '영'이란 개념들은 종종 구약에서 같은 의미들로 사용되지만, 이들 세 개념은 하나님과 하나님의 활동과 동일시되면서 동시

---

[1] 창 2:24에서 "이러므로 남자가 부모를 떠나 그 아내와 연합하여 둘이 한(אֶחָד) 몸을 이룰지로다"에서도 두 몸으로 이루어진 복합적 일체를 의미하는 단어를 사용하였다. 또한 겔 37:17에서도 두 개의 막대기가 연합하여 하나(אֶחָד)가 된다는 말도 동일한 단어를 사용하였다.

[2] 창 22:2에서 여호와께서 아브라함에게 "네 독자(יָחִיד)를 데리고 가라"고 말씀하실 때와 슥 12:10에서도 "그를 위하여 애통하기를 독자(יָחִיד)를 위하여 애통하듯 한다"고 말씀하실 때에도 이 단어가 쓰였다.

[3] Arnold Fruchtenbaum, *Jewishness and the Trinity*(San Francisco: Jews for Jesus, 1987), 4-13. 이에 대한 구체적인 내용은 Jung Joo Kim, *The Spirit of God as Witness to the Redemption in Christ: A Tradition-Historical Analysis of Paul's Pneumatology in Romans 8* (Cambridge, Massachusetts: Harvard University, 1989)의 5장에서 자세히 다루고 있다.

[4] Alister E. McGrath, *Christian Theology: An Introduction* (Oxford: Blackwell, 1994), 248-249.

[5] Alister E. McGrath, *Christian Theology: An Introduction*, 248-249.

에 하나님과 구별되는 인격화된 개념들이다.[6]

신약성경에서는 하나님에 대한 삼중성뿐만 아니라 삼위성에 대한 증언이 마태복음 28:19; 고린도전서 12:3; 고린도후서 13:13; 빌립보서 2:1 등 곳곳에 나타나 있다. 삼위일체 하나님에 대한 교리는 고대 신조들의 기초를 형성하는 세례 문구(마 28:19)나 사도의 축복(고후 13:13)에도 들어 있다. 뿐만 아니라 살아 계신 하나님께서 세계의 창조와 통치, 화해와 구속, 성화와 완성으로 나타내시는 삼중 계시의 역사, 즉 기독교 세계의 경험에서 지속되는 역사에서도 삼위일체론이 나타난다.[7]

고린도전서 12:4-6에서처럼, 바울의 하나님에 관한 삼위일체적 이해는 하나의 사변적 고찰이나 이론에서 나온 것이 아니라, 그리스도 안에서 이루신 하나님의 구속 사역에 확고히 근거한 구원론적 고찰의 결과이기도 하다. 그래서 바울은 그리스도 사건과 그 이후에 나오는 성령의 사역들을 명백하게 삼위일체적 용어로써 묘사했다(롬 8:3-4, 9-11, 26-34). 바울에게 있어서 삼위일체로 존재하시는 하나님은 태초에 서로 협력하셨던 분이실 뿐만 아니라, 종말의 새로운 창조 안에서 온전한 협력을 통해 나타날 분이셨다(마 28:18-20).

또한 기독교 초기 공동체의 예배는 유대교의 회당 예배를 이어받은 것이라기보다는 성전 예배를 이어받은 것으로 예루살렘 성전 예배는 이사야 6:3의 삼성찬미(三聖讚美)가 확고한 자리를 차지하고 있

---

[6] Gerald. O'Collins, *The Tripersonal God: Understanding and Interpreting the Trinity*. (New York: Paulist Press, 1999), 34.

[7] Philip Schaff, *History of the Christian Church*, 8 vols (Grand Rapids: Eerdmans, 1950), 2:565.

었고, 이러한 삼중성이 교회의 삼성예전으로 발전되었다.[8] 초대교회에서는 정규적으로 되었던 것 같은 종류의 판에 박힌 신조가 없었으나 사도시대의 예배 시에 교회에서 증거하던 주요 주제는 하나님께서 그분의 아들인 메시아 예수를 보내셨는데 그분은 죽었다가 사흘 만에 다시 사시어 하늘에 오르시고 영광으로 다시 오시리라는 것이었다. 사도들에게서 물려받은 가르침이 요약되어 때때로 이원적인 형태로 나타나기도 했으나 우주를 창조하신 아버지와 그분의 아들 예수 그리스도와 성령을 믿는 신앙을 긍정하는 삼원적인 원형이 점차로 정상적으로 되었다.[9]

이렇듯 기독교의 삼위일체론[10]은 초대교회에서 갑자기 등장한 교리가 아니고, 성경에 계시되고, 그리스도인의 경험 속에서 계속되는 하나님의 활동 형태에 대한 한결같고도 중요한 반향의 과정을 통해 얻어진 결과이다. 이러한 점은 삼위일체론이 초대교회에서부터 거룩한 신앙고백이자 근본 교리로 간주되었다.[11]

이러한 삼위일체론은 유대교를 비롯한 성경적 배경, 헬레니즘을 비롯한 그 당시 로마 시대에 처한 초대교회의 여러 가지 사상적 조류들을 파악해야 그 의미를 정확히 이해할 수 있다. 초대교회의 사

---

8   김광식, 『고대 기독교 교리사』 (서울: 한들출판사, 1999), 66-67.
9   J. N. D. Kelly, 『고대기독교 교리사』, 김광식 역 (서울: 한글, 1991), 104.
10 삼위일체(三位一體)는 헬라어 트리아스(τριάς), 라틴어 트리니타스(trinitas), 영어 트리니티(trinity)로서, 동일본질이신 하나님께서 세 위격(位格)으로 존재하신다는 뜻이다. 테르툴리아누스(Tertullian, 160-240)가 '삼위일체'(trinitas)라는 말과 '세 위격으로 계신 한 실체'(una substantia et tres personae)를 처음 사용했다. 그 후, 381년 콘스탄티노플 공의회에서 '한 본질이며 세 위체'(μία οὐσία καὶ τρεῖς ὑπόστασις)라는 정의가 최종적으로 받아들여졌다.
11 Philip Schaff, *HCC*, 2:565.

도들로부터 예수 그리스도의 복음을 전수받은 사도적 교부들을 거쳐 삼위일체론을 체계화하는데 있어서 중요한 역할을 한 초대교부들을 중심으로 니케아 공의회를 전후로 살펴보는 것은 매우 중요하다.

초대교회의 기독교 사상을 문화사적으로 볼 때, 유대교와 헬레니즘, 그리고 로마 시대라는 세 가지 강력한 정신적 토양에서 자라면서, 하나의 독립된 종교로서 그 모습을 나타냈다. 그 중에서도 유대교의 신관은 유일신관이요 군주신론으로서 성령과 인격화된 지혜를 신앙의 대상으로 삼기도 했지만, 야웨 하나님과 동등한 신이라고는 믿지 않았기 때문에 군주신론적[12] 사고구조가 기저에 흐르고 있다.[13]

즉 아우구스티누스 이전의 초대교회 교부들의 삼위일체론을 간략히 살펴보면, 유대교의 영향을 받은 교부들은 유일신론을 고수하려는 나머지 군주신론으로 전락했으며, 다른 한편에서는 헬레니즘의 영향을 받은 교부들은 삼위일체 사상이 대체로 종속적 신관과 입양적 신관에 빠졌다. 그 가운데서 알렉산드리아의 클레멘스는 매우 조심성 있게 헬레니즘의 분위기 속에서도 정통적 삼위일체 신관을 유지했으나, 오리게네스와 아리우스에 이르러서는 그들이 부인할 수 없을 정도로 종속설에 빠지게 되었다.[14]

---

12 군주신론을 주장한 교부들은 유대교의 강한 유일신론과 예수 그리스도와의 관계를 정립하려는 시도에 있어서 합리적으로 설명하려고 성부와 성자와 성령 사이에 등급을 둘 수밖에 없었다. 그러나 초대교회의 전체적 경향은 성자의 신적 신성을 믿고 인정했기에 군주신론자들은 이단으로 정죄되었다. 이종성, 『삼위일체론』 (서울: 대한기독교출판사, 1991), 207.

13 Paul Heinisch, *Theology of the Old Testament* (Liturgical Press, 1955), 51-55.

14 이종성, 『삼위일체론』, 231.

초대교회의 삼위일체 교리의 중심적 의도가 로마제국의 황제 중심적 정치적인 의미로 단일군주신론적 뿌리가 깊이 지속되었음을 볼 수 있다. 즉 기독교의 하나님께서 단일군주신론의 하나님과 동일시됨으로써 기독교의 하나님을 최고의 지배자로 가진 단일군주신론 체제가 형성 및 유지될 수 있었고, 이런 하나님을 섬기는 기독교는 로마의 '세계종교'가 될 수 있었다는 것이다.[15]

하지만 기독교의 삼위일체론은 이러한 일신론 신관을 거부해왔다. 모든 종속론적 표상과 양태론적 표상은 삼위일체론과 함께 거부될 수밖에 없고, 일신론적 사고방식과 현실적 귀결도 거부될 수밖에 없다.[16] 오히려 기독교 신앙의 하나님은 성부와 성자와 성령의 사랑의 사귐 속에서 하나를 이루고 있는 하나님의 평등한 상호 관계 속에 있음을 선포했다. 초대교회의 역사에서 삼위일체론이 종속론이나 양태론을 거부하고 교회의 정통교리로 결정된 것은 단일군주신론적 구조를 뒷받침하고 있던 일신론에 대한 승리, 즉 신학의 정치적 오용에 대한 승리이기도 했다.[17]

'삼위일체'(τριάς)라는 용어는 안디옥의 테오필루스(Theophilus, 115-181년경)의 글에서 처음 사용되었는데, "하나님과 그분의 말씀, 그리고 그분의 지혜에 대한 삼위일체(τριάδος)의 유형들"이라고 언급했다.[18] 즉 문헌상으로 테오필루스의 글에서 처음 삼위일체라는

---

15 김균진, 『기독교조직신학 I』, 237-245.
16 F. Buri u.a, *Dogmatik im Dialog* 2, S. 205, 김균진, 『기독교조직신학 I』, 245에서 재인용함.
17 J. Ratzinger, *Einführung in das Christentum*, S. 132.
18 Theophilus of Antioch, *Theophilus to Autolycus*, II,15, in *The Anti-Nicene Fathers*, ed. Alexander Roberts & James Donaldson, A. Cleveland Coxe, vol. II (Grand Rapids: Eerdmans, 1983), 101.

용어가 발견된다. 삼위일체론은 니케아 시대 이전에는 확고한 정의를 얻지 못했지만, 니케아 이전의 신학을 직간접적으로 지배했다. 니케아 이전 시대에는 삼위일체 교리의 본질은 우선적으로는 실제적인 신앙에 있고, 사변적 본질은 부차적인 의미를 지녔다. 즉 삼위일체론이 추상적이고 고립된 교리가 아닌 경험과 예배를 통해, 그리고 그리스도와 성령에 대한 연구와 밀접하게 관련되면서 체계화가 되었다.[19]

2. 니케아 이전의 삼위일체론

1) 사도적 교부들: 클레멘스, 이그나티우스, 폴리카르포스, 유스티노스

로마 황제 도미티아누스(Domitian)의 재직기간(81-96)에 로마 교회의 4대 감독이었던 클레멘스(Clement, 30-100)가 96년경 고린도 교회에 보내는 첫 번째 서신에서 성부와 성자, 성령을 함께 여러 번 언급했다. 클레멘스는 아버지와 창조주를 연결시키며,[20] 클레멘스 1서 16:1-2에서 예수를 하나님 우리 주 예수 그리스도의 위대한 홀이라

---

19 Philip Schaff, *History of the Christian Church*, 8 vols (Grand Rapids: Eerdmans, 1950), 2:565-566.
20 Clement, ΚΛΗΜΕΝΤΟΣ ΠΡΟΣ ΚΟΡΙΝΘΙΟΥΣ Ā, XIX.2, *The Apostolic Fathers* I, tr. Kirsopp Lake, *The Loeb Classical Library*, ed. G. P. Goold (Cambridge, Massachusetts: Harvard Univ. Press, 1977), 42. "우주의 모든 만물의 창조주이신 아버지께 우리의 시선을 고정하여, 그분이 주신 찬란하고도 탁월한 평화의 선물들로 우리에게 베풀어 주신 선하심을 마음 깊이 간직하자."

고 표현했다.

> 그리스도께서는 겸손한 마음을 가진 분으로…하나님의 위엄의 홀이신 우리 주 예수 그리스도께서는…성령께서 그분에 대해 말씀하신 것처럼 오히려 자신을 낮추심으로 오셨다.[21]

또한 하나님의 택함 받은 자들의 다툼과 불화를 책망하면서 클레멘스 1서 46:6에서 다음과 같이 분명하게 삼위일체 하나님을 언급했다.

> 우리는 우리에게 임한 유일한 하나님, 유일한 그리스도, 유일한 은혜의 성령을 소유하지 않았는가? 그리고 그리스도 안에서 동일한 부르심을 받지 않았는가?[22]

클레멘스는 이처럼 성부와 성자와 성령을 한데 묶어서 표현하고 있다. 이외에도 클레멘스 1서 42:3과 58:2에서도 분명히 하나님과 예수 그리스도, 그리고 성령 삼위일체 하나님을 분명히 함께 기록했다. 나중에 바실레이오스는 클레멘스의 명확한 삼위일체 신앙의 흔적을 가지고 교회의 가장 오래된 전통으로 여겨지는 성령의 신성

---

21 Clement, ΚΛΗΜΕΝΤΟΣ ΠΡΟΣ ΚΟΡΙΝΘΙΟΥΣ Ᾱ, XVI.1-2, *The Apostolic Fathers* I, 34: Ταπεινοφρονούντων γάρ ἐστιν χριστός…τοῦ θεοῦ, κύριος Ἰησοῦς χριστός …τὸ πνεῦμα τὸ ἅγιον.

22 Clement, ΚΛΗΜΕΝΤΟΣ ΠΡΟΣ ΚΟΡΙΝΘΙΟΥΣ Ᾱ, XLVI.6, *The Apostolic Fathers* I, 88.

을 발전시킨다.[23] 클레멘스의 서신에서는 강조점은 주로 그리스도였고, 가끔 삼위를 함께 언급했다. 그것이 분명한 삼위일체론은 아니지만, 성부와 성자와 성령의 신성에 대한 확증을 배제하지는 않는다.[24]

안디옥의 3대 감독 이그나티우스(Ignatius, 30년경-110년경)는 로마에서 처형되기 위해 가는 여정 중에 서머나에서 에베소 교회에 보내는 서신 서문에 에베소 교인을 향해 "아버지와 예수 그리스도 우리 하나님의 뜻에 의해 참된 고난을 통해 연합되고 선택받은 자들"[25]이라고 표현했다. 또한 이그나티우스는 에베소 교회 서신 9:1에서 "너희들은 하나님 우리 아버지의 건축을 위해 이미 다듬어지고, 예수 그리스도의 십자가 기중기에 의해 높이 올려진, 아버지의 성전 돌들로 여겨지며, 성령의 끈으로 사용되고 있다"고 에베소 교회를 격려하면서 성부, 성자, 성령에 대한 언급을 분명히 했다.[26]

이처럼 이그나티우스는 종종 아버지, 아들, 성령을 함께 언급한다(마그네시아 교회에 보내는 서신 13:2). 이그나티우스 사상의 핵심은 우주 가운데 있는 신적 경륜이다. 즉 하나님께서 이 세상신의 폭정으로부터 세상과 인류를 구원하시고자 스스로 그분의 말씀을 침묵으로부터 나타내시며, 만물 가운데 그분을 보내신 분을 기쁘게 하시는 하나님의 아들 예수 그리스도를 보내주셨다(마그네시아 교회에 보내는 서신

---

23 Edmund J. Fortman, *The Triune God: A Historical Study of the Doctrine of the Trinity* (London: Hutchinson, 1972), 38.
24 Fortman, *The Triune God: A Historical Study of the Doctrine of the Trinity*, 38.
25 Ignatius, ΠΡΟΣ ΕΦΕΣΙΟΥΣ ΙΓΝΑΤΙΟΣ, *The Apostolic Fathers* I, tr. Kirsopp Lake, *LCL*, 172.
26 Ignatius, ΠΡΟΣ ΕΦΕΣΙΟΥΣ ΙΓΝΑΤΙΟΣ, IX.1, *The Apostolic Fathers* I, 182.

8:2).²⁷ 그분은 "다윗의 자손이자 성령으로 마리아에게 태어나신 우리의 하나님, 예수 그리스도"이시다(에베소 교회에 보내는 서신 18:2).²⁸

즉 이그나티우스에게 하나님은 아버지인데, 예수 그리스도의 아버지임을 의미한다. 유일하신 하나님은 그분의 아들이신 예수 그리스도에 의해서 자신을 나타내신다. 이그나티우스의 서신에서 14번 예수님을 하나님이라 불렀고, 아버지의 말씀이시며, 아버지의 의지이시고(에베소 교회에 보내는 서신 3:3),²⁹ 아버지께서 참으로 말씀하시는 입술이시다(로마 교회에 보내는 서신 8:2).³⁰ 이그나티우스는 예수님의 신적 아들됨이 성육신에서 기인한다고 하면서도 성령의 능력으로 마리아가 잉태했다는 사실로서 신적 아들됨이 기인된다고 서술한다.³¹ 즉 그리스도가 성부에 대면해서 독립적이라는 것은 그리스도의 지상체류에 국한되지 않았음을 암시한다는 것이다.³²

이렇듯 이그나티우스의 서신에서는 삼위일체론의 형태 중 성부

27　Ignatius, ΜΑΓΝΗΣΙΕΥΣΙΝ ΙΓΝΑΤΙΟΣ, VIII.2, *The Apostolic Fathers* I, 204.
28　Ignatius, ΠΡΟΣ ΕΦΕΣΙΟΥΣ ΙΓΝΑΤΙΟΣ, *The Apostolic Fathers* I, 190-192.
29　Ignatius, ΠΡΟΣ ΕΦΕΣΙΟΥΣ ΙΓΝΑΤΙΟΣ, III.2, *The Apostolic Fathers* I, 176.
30　Ignatius, ΡΩΜΑΙΟΙΣ ΙΓΝΑΤΙΟΣ, VIII.2, *The Apostolic Fathers* I, 236.
31　Fortman, *The Triune God: A Historical Study of the Doctrine of the Trinity*, 39.
32　이그나티우스의 사상은 요 1:1이하. 10:13; 14:9; 17:5 등의 본문에 반영되어 있는데, 그리스도의 신적인 성자 자격을 마리아의 수태로까지 추적하는 데서 그는 오리겐 이전에 있었던 평범한 신학을 그냥 재연시켰을 뿐이라고 켈리는 주장한다. 즉 그 관념은 그리스도의 선재를 부정하지도 않았고 부정할 의향도 없었다는 것이다. 또한 이그나티우스가 "그리스도는 시대 이전에 성부와 함께 계셨고 유일하신 성부에게서 나와서 성부와 함께 있었고 성부에게로 돌아가셨다"고 함으로(마그네시안 교회에 보내는 서신 6:1; 7:2), 이그나티우스를 '경륜적 삼위일체론자'라고 평가하는 루프(F. Loofs)의 주장과는 달리, 실질적인 구별을 함축하고 있기에 이그나티우스가 집사와 감독의 관계나 교회와 감독의 관계의 관계를 그리스도와 성부의 관계에다 비교한 문구들이 함축하고 있는 구별과 같다고 켈리는 주장한다. J. N. D. Kelly, 『고대기독교교리사』, 107-109.

와 성자가 명확히 하나님으로 묘사되어 있고, 성자의 탄생 이전에 선재하신 성령과 함께 삼위일체였음을 나타낸다. 즉 이그나티우스는 초기 영지주의에 접하였으나 영지주의의 소질을 체계화하거나 절대화하지 않았다. 즉 영지주의적 양태설에 따라 성부와 성자를 동일시하였으나 또한 그는 양자의 관계를 역설적으로 표현하여 그는 이미 니케아 신조의 동일본질론을 향하여 나가고 있었다.[33]

이그나티우스는 독자적이면서도 아람적 이방 기독교 사고에 입각하여 비유대적 특성을 가지면서도 요한과 바울의 신학을 형성하였다. 즉 교회를 '보편적'이라고 한 것이나, 성직의 세 계급을 성삼위의 천상 질서에 비유한 형상신학, 그리고 그리스도를 본받음이 금욕생활의 목표로 하는 것 등이 그러한 사상을 보여준다. 특히 이러한 점들은 무엇보다도 이그나티우스가 신학자로서 교회의 신조들을 옹호하기 위해서만이 아니라, 순교를 앞 둔 그가 여러 교회와 성도들을 향한 권면과 위로를 위한 목회적 차원에서 저술한 것임을 알 수 있다.

161년경 서머나의 감독 폴리카르포스(Polycarp)는 분명히 삼위일체적 고백으로 하나님을 고백하며 순교했다.

> 오 전능하신 주 하나님, 당신의 사랑하는 아들 예수 그리스도의 아버지시여, 당신은 천사들과 능력들, 모든 피조물과 당신 앞에 사는 모든 세대의 의로운 자들의 하나님이시나이다. 저에게 이 날과 이 시간을 허락하심으로 당신께 송축하오니, 저로 순교자들 가운데 기억되게 하시며, 당신의 기

---

[33] 김광식, 『고대 기독교 교리사』, 71.

름 부은 자의 잔에 참여케 하시고, 성령의 불멸 가운데 몸과 영혼이 영생으로 부활하게 하심이니이다.³⁴

또한 폴리카르포스는 폴리카르포스의 순교 14:3에서 삼위일체적 송영에서도 분명하게 삼위일체를 언급했다.

이 일과 그 외 다른 모든 것들을 인하여 당신께 송축하며, 영광을 돌리오니, 하늘에 계신 우리의 영원한 대제사장이시요 당신의 사랑받는 아들 예수 그리스도를 통하여 하오며, 그분을 인하여 그리고 그분과 함께 영광이 당신과 성령께 이제와 세세토록 있기를 원하나이다. 아멘.³⁵

순교의 결단과 함께 고백되어진 이러한 폴리카르포스의 기도와 송영은 점차 성경과 더불어 교회의 예배와 기도로 발전되었으며 교회신학의 기반으로 자리잡게 되었다. 또한 폴리카르포스는 그리스도는 우리가 하나님의 아들로서 예배하지만, 그리스도를 위한 순교자들은 주님의 제자들로 우리가 사랑해야 함을 구분하고 있다(폴리카르포스의 순교 17:3).

클레멘스, 이그나티우스, 폴리카르포스 등 초기 사도적 교부들의 저술 속에서 삼위일체론은 세련된 삼위일체적 성찰보다는 초대교회의 박해와 순교 상황에서 교회와 성도들을 향한 위로와 권면의 목회

---

34 Ignatius, ΜΑΡΤΥΡΙΟΝ ΤΟΥ ΑΓΙΟΥ ΠΟΛΥΚΑΡΠΟΥ ΕΠΙΣΚΟΠΟΥ ΣΜΥΡΝΗΣ, XIV.1-2, *The Apostolic Fathers* I, tr. Kirsopp Lake, *LCL*, 330.

35 Ignatius, ΜΑΡΤΥΡΙΟΝ ΤΟΥ ΑΓΙΟΥ ΠΟΛΥΚΑΡΠΟΥ ΕΠΙΣΚΟΠΟΥ ΣΜΥΡΝΗΣ, XIV.1-2, *The Apostolic Fathers* I, XIV. 3, 332.

적 차원에서 이루어졌음을 알 수 있다. 그래서 점차 100-150년경 초대교회에서 떠오르기 시작한 다양한 삼위일체적 질문들이 2세기 후반부에 접어들면서 새롭게 나타났다.

순교자 유스티노스(Justin, 110-165)는 예수의 메시아됨을 반대했던 유대인들에게 변증하고자 『트리포와의 대화』(*Dialogue with Trypho*)에서 그리스도의 신성, 그리스도와 아버지의 관계에 대한 그리스도 신성의 의미, 그리스도의 신성과 참된 인간이신 그리스도의 삶과의 관계를 다루며, 『제1 변증』에서도 유사한 논증과 분석을 했다.[36]

유스티노스는 성부와 성자의 관계에 대해 말씀이신 예수는 아버지에게서 사람들에게로 복된 소식을 가져오지만 말씀이 드러내는 능력은 아버지와 나누어지지도 않고 분리되지도 않는다고 했다. 그 예로 빛과 태양이 구별되지만, 나누어지지도 않고 분리되지 않음을 설명함으로 삼위일체적 사상을 보여주었다. 또한 하나의 불이 또 다른 불을 일으키는 원리로 성자의 탄생을 설명함으로[37] 4세기에 오랫동안 논의해야만 했던 동일본질의 질문을 예견한 것이다.[38]

유스티노스는 그리스도를 잠언 8:22에서 언급된 하나님의 지혜와 최초로 연결했다. 즉 하나님과 예수 그리스도와의 관계를 로고스 이론으로 설명하였으나 성자를 '제2의 하나님'이라고 칭함으로써 내재적 삼위일체의 관계에서 성자를 성부에 종속시키는 오류를 범

---

36 Olson & Hall, 『삼위일체』, 34-35.

37 Justin Martyr, *Dialogue with Trypho*, CXXVIII, ed. Alexander Roberts & James Donaldson, *The Anti-Nicene Fathers*. vol. 1 (Grand Rapids: Eerdmans, 1885), 264.

38 Gerald O'Collins, *The Tripersonal God: Understanding and Interpreting the Trinity*. (New York: Paulist Press, 1999), 89; Olson & Hall, 『삼위일체』, 2004), 36에서 인용함.

했다는 비판의 여지를 남겨 놓았다. 그럼에도 유스티노스는 교회가 아버지와 아들과 성령을 예배해야 함을 강조함으로 삼위일체적 인식을 하고 있었고,[39] 삼위일체적 모델을 구성하는데 있어서 중요한 발판을 제공했다.

2) 알렉산드리아학파의 삼위일체론: 클레멘스, 오리게네스

알렉산드리아의 클레멘스(Clemens, 153-217)는 철학도 참된 왕의 가르침을 위한 예비적인 것으로 단순한 신앙(πίστις)을 완전한 지식(γνῶσις)에 이르게 한다고 하면서 그리스 철학의 도움으로 교리를 만들게 된다. 클레멘스는 『교육자』(παιδαγωγός)와 『문집』(Στρωματεῖς)의 곳곳에서 삼위일체적인 고찰을 언급하고 있다. 특히 "어떤 부자가 구원을 받을 것인가?"(Who is the rich man that shall be saved?) 라는 설교에서 "하나님 아버지의 능력과 하나님 아들의 피와 성령의 이슬로서 보호를 받으라"고 언급함으로 삼위일체적 사상을 표현했다.[40]

클레멘스에게 있어서 하나님의 본질은 통일성보다도 더 숭고한 존재자(ὁ ὤν)이고 참으로 홀로 계신 하나님이시다. 신성의 본질은 불가형언이고 최고의 개념들은 단지 전능자를 지시할 뿐이다. 전능자에게서 나오는 하나님의 말씀만이 그분을 포촉(捕燭)하고 계시한다. 개별 신자는 정신 운동 속에서 로고스를 붙잡는다. 하나님의 계시

---

39 Justin Martyr, *The First Apology*, VI, ed. Alexander Roberts & James Donaldson, *The Anti-Nicene Fathers*. vol. 1(Grand Rapids: Eerdmans, 1885), 164.

40 Clement of Alexandria, "Who is the rich man that shall be saved?" XXXIV, ed. Alexander Roberts & James Donaldson, *The Anti-Nicene Fathers*. vol. 2 (Grand Rapids: Eerdmans, 1885), 601.

순서는 본질(οὐσία), 위체(ὑπόστασις), 품격(πρόσωπον)이고 이것은 다시 하나님, 말씀, 이성자로 이해된다. 하나님에게서 내려오는 권능인 지혜는 조명하는 인식과 성령으로서 개별 신자에게 도달한다. 클레멘스는 인간의 목표가 신적 근원으로의 회귀에 있다고 본다. 클레멘스에게 삼위일체는 삼중적으로 지배하는 신적 권능으로서 영적인 우주에 구조적으로 영향을 끼친다. 그는 기독교적 전통과 당시의 플라톤주의를 결합시킨 인식 영역 속에서 신앙을 전개한 첫 번째 대체계였다.[41]

오리게네스(Origen, 186-254)는 플로티누스의 스승인 암모니우스 사카스에게서 철학을 공부하였고, 성경주의를 강조하면서 철학을 단지 도구로만 이용하려 했다. 오리게네스는 신성의 등급이 있다고 주장하며 아버지와 아들(성령), 피조물을 그 등급에 비례하여 생각했다. 즉 "아들과 성령은 비교를 허용할 수 없을 정도로 모든 피조물들을 능가하고, 똑같은 정도로 혹은 그 이상의 정도로 아버지는 아들과 성령을 능가한다"고 했다.[42]

또한 유스티니아누스의 인용에 따르면 오리게네스는 "성부의 권능은 성자와 성령보다 우월한 반면에, 성자의 권능은 성령보다 크고, 성령의 권능은 다른 모든 거룩한 것들보다 뛰어나다"며 성자와 성령의 종속을 언급했다.[43] 오리게네스는 신플라톤주의의 영향을 받아

---

41 김광식, 『고대 기독교 교리사』, 92.
42 Origen, *In Ioannem Commentariorum Series*, XIII.25, ed. & tr. Henry Bettenson, *The Early Christian Fathers* (Oxford: Oxford University Press, 1956), 322.
43 Justinian, *Epistulae ad Mena*m, *Mansi,* IX.524, ed. & tr. Henry Bettenson, *The Early Christian Fathers*, 329.

성부, 성자, 성령의 관계를 종속적으로 설명한 것이다.[44]

오리게네스에게 세 위격의 삼중성은 하나의 자폐적 실재가 아니라 영원한 교제의 역동성, 영원한 현실화의 과정을 의미한다. 하나님은 한 분이지만 홀로가 아니다. 빛이 광채를 발산하듯이 하나님 아버지는 로고스-아들의 원천이다. 아버지와 로고스는 성령을 낳는다. 오리게네스는 신적 세 위격을 지칭하기 위해 '위체'(ὑπόστασις)란 단어를 처음 사용한 신학자이다. 위격 사이의 구분은 영원하다.

이러한 '역동적 삼위일체' 이해는 강한 종속론적 경향을 띠고 있었다. 아버지는 자신으로부터 아들을 발산하고 아들을 통해 성령을 존재케 하지만, 세 위격은 세 원리가 아니라 모든 신성과 행위의 유일한 원리인 성부로부터 나온 것이다. 서로 상이한 세 위격들 간의 관계와 전달의 구조로 생각한 이러한 삼위의 삼중성에 대한 사상은 이후의 삼위성에 대한 체계적 사유의 초석이 되었다.[45]

오리게네스에게서 성부로부터 성자의 영원한 출생을 받아들인 제자들은 성자는 성부와 동일 본체라고 주장했으나,[46] 성자는 성부보다 못한 제2의 하나님 혹은 피조물이라는 주장을 받아들인 제자

---

44 Origen, *On First Principles*, I.3.5, tr. G.W. Butterworth (Gloucester, Mass.: Peter Smith, 1973), 34.

45 심광섭, "어거스틴의 삼위일체론," 『어거스틴 사상 연구: 오늘의 어거스틴』 (서울: 대한기독교서회, 1997), 64-65.

46 대표적인 그레고리우스 타우마투르고스(Gregorius Thaumaturgos)로서 삼위 가운데 그 어떤 위격도 만들어진 것은 없으며, 다른 어떤 위격에 종속되지 않는다고 했다. 또한 성자는 성부보다 열등하지 않고, 성령은 성자보다 열등하지 않다고 했다. Tillich, *Systematic Theology*, vol. 3, 125.

들은[47] 성자는 하나님도 인간도 아닌 제3의 존재라고 보았다.[48]

3) 서방교회의 삼위일체론: 이레나이우스, 테르툴리아누스, 노바티아누스

리용의 감독 이레나이우스(Irenaeus, 140년경-202년)는 그 당시 마르시온(Marcion)이 구약의 하나님은 세상을 창조한 조물주로서 신약의 구원자 하나님과는 전적으로 다른 열등한 신이라고 주장하며 구약성경을 멀리하자, 이 사상을 단호히 배격했다. 즉 구원의 시작부터 끝까지의 전 과정은 성부와 성자, 성령에 대하여 증언한다고 주장했다. 그는 『사도들의 설교에 대한 해설』(Demonstration of the Preaching of the Apostles)에서 성부와 성자, 성령은 구원의 경륜 속에서 구별되면서 동시에 연관된 역할을 한다고 주장했다.[49]

이레나이우스는 『이단논박』(Against Heresies)에서도 마르시온과 2세기 영지주의자들의 사상에 반대하여 형성된 기독론적이며 삼위일체적인 통찰로 기록하였다. 마르시온에 반박해서 "유대의 창조주 하나님은 우리 주 예수 그리스도의 아버지와 동일하신 분"이라고 했고,[50] 아버지에 의한 아들의 영원한 출생에 대해 설명했다. 즉 심리

---

47 이러한 견해는 알렉산드리아의 디오니시우스(Dionysius)에 의해 다음과 같이 주장되었다. 성자는 본질상 성부와 다르다. 성자는 낳은 존재이기에 그가 낳기 전에는 존재하지 않았다. Tillich, *Systematic Theology*, 3:125.
48 이양호, "아우구스티누스의 삼위일체론," 「현대와 신학」13(1990), 78.
49 Alister E. McGrath, *Christian Theology: An Introduction* (Oxford: Blackwell, 1994), 251.
50 Irenaeus, *Against Heresies*, III.25.3, ed. Alexander Roberts & James Donaldson, *The Anti-Nicene Fathers*. vol. 1 (Grand Rapids: Eerdmans, 1885), 459.

학적 모델로 일컬어지는 모델을 차용하여 아들의 탄생을 우리의 생각에서부터 발현되는 사유 혹은 우리의 입술에서 나오는 말과 같이 묘사했다.[51] 이레나이우스는 『이단논박』에서 창조주와 피조물을 엄격히 구별하고 선재적 원물질의 창조라는 플라톤주의적 사상을 발전시켰고, '무로부터의 창조'(creatio ex nihilo)를 창안하였다. 또한 이레나이우스는 다른 교부들이 잠언 8장의 인격화된 지혜와 아들을 동일시하는 데 반해, 이레나이우스는 지혜를 성령과 동일시했다.

> 우리는 충분히 아들이신 말씀이 언제나 아버지와 함께 계셨음을 보았고, 아버지는 솔로몬의 입을 통해 성령이신 지혜의 말씀이 세계 창조 이전부터 아버지와 함께 계셨음을 우리에게 말씀하신다.[52]

또한 이레나이우스에 의하면 성령에서 아들에게로 나아감을 시작으로, 계속해서 아들을 통해 아버지에게로 올라가는 수직적인 삼위일체적 움직임으로 성령의 역할을 기술했다.[53]

> 성령은 인간으로 하여금 하나님의 아들을 맞을 준비를 하게 하고, 아들은 이들을 아버지께로 인도하며, 아버지는 인간에게 불멸성을 선물로 주신다… 그러므로 하나님께서 계시되

---

51 Irenaeus, *Against Heresies*, III.25.3-5, 459-460.
52 Irenaeus, *Against Heresies*, IV.20.3, 488.
53 Gerald O'Collins, *The Tripersonal God: Understanding and Interpreting the Trinity*. (New York: Paulist Press, 1999), 101; Olson & Hall, 『삼위일체』, 45에서 인용함.

었는데, 이 모든 과정에서 하나님 아버지께서 드러나시기 때문이다. 성령은 일하시고 아들은 자신의 사역을 완성하시며, 아버지는 승인하신다.[54]

이레나이우스의 사상은 신적 위격들을 신의 발생설화나 우주발생 신화에 따라 상상하는 영지주의자들에 반대하여 구속사적 맥락에서 구원의 차원을 강조하여 '경륜적 삼위일체론'이라 불린다. 즉 하나님의 동질성을 강조하면서 성부와 성령의 신적 위격이 하나님의 구원 행위 속에서 나타난다고 주장하였다. 그는 신적 세 위격을 명확하게 구분하였다. 즉 이레나이우스에게 있어서 삼중성이 분명히 드러나지만 동일본질이 망각되지는 않았다. 성자와 성령은 세계에 대해 신적인 자기 서술로서 내재적 측면으로 이해되었다.[55]

카르타고의 장로 테르툴리아누스(Tertullian, 160-240)는 라틴어를 처음 사용한 신학자로서 '삼위일체'(trinitas)[56]라는 말과 삼위일체 하나님에 대한 참된 신앙을 표현하는 '세 위격으로 계신 한 실체'(una

---

54 Irenaeus, *Against Heresies*, IV.20.4, ed. Alexander Roberts & James Donaldson, *The Anti-Nicene Fathers*. vol. 1 (Grand Rapids: Eerdmans, 1885), 488.
55 김광식, 『고대 기독교 교리사』, 82-83.
56 라틴어 *trinitas*는 헬라어 τριάς를 번역한 것이다. 실체(*substantia*)는 오리게네스가 하나님의 계시 순서에 사용한 본질(οὐσία), 위체(ὑπόστασις), 품격(πρόσωπον) 중에서 위체(ὑπόστασις)를 번역한 것으로 실존하는 사물이며, 이념의 실현 단계이다. 위에는 존재(*esse*)와 본질(*essentia*)과 이념이 있고, 아래에 있는 기층은 실체 즉 위체이다. 이것은 아래 있음(Daruntersein)이라고 불린다. 실체는 실현 형식으로 파악되며, 위체는 위격(*persona*)과 사물(*res*) 등의 형체를 갖는다. 상태(*status*)는 실존함이다. 실체는 독립적 실존으로, 상태는 사실적 실존함으로 번역할 수 있다. 김광식, 『고대 기독교 교리사』, 85.

substantia, tres personae)를 창안했다.⁵⁷ 테르툴리아누스는 철학을 배격하면서, 『프락세아스 논박』에서 단일신론을 비판하고 삼위일체론을 확립하는 데 공헌했다.

테르툴리아누스는 빛, 열매, 운하 등의 유비를 통해 삼위일체를 설명하는데, 이들 자체의 속성이 그 기원과 나누어지지 않는다는 점에서 삼위일체는 계속적이며 연결된 단계들을 통해 아버지로부터 나온다고 했다.⁵⁸

그러므로 테르툴리아누스의 삼위일체 안에 존재하는 구분은 다신론이나 삼신론으로 귀결되는 실체적인 구분이 아니고 위격적 구분이다. 테르툴리아누스는 동일성이 자신으로부터 삼중성을 파생시킨다는 논제를 '발생 야기'(*prolatio*)로 이해한다. 즉 성자와 성령의 위격은 하나님의 실체와 하나님 자신의 행위에 속하는 위격이지만, 성자와 성령의 위격은 성부의 위격과 구분되어 있으나 나누어져 있지 않으며(*distincti, non divisi*), 구별되어 있으나 분리되어 있지 않다(*discreti, non separati*). 성부는 항상 성자를 출생하며 성자는 성부로부터 야기되기 때문이다. 그래서 성부는 성자를 통해 성령의 영원한 원천이 된다. 이러한 테르툴리아누스의 사상은 니케아 공의회의 초석이 되었다.⁵⁹

로마의 장로 노바티아누스(Novatian, 210-280)는 테르툴리아누스와 비슷하게 "나와 아버지는 하나이니라"는 요한복음 10:30 말씀에

---

57 Tertullian, *Against Praxeas*, VII, ed. Alexander Roberts & James Donaldson, tr. Holmes, *The Ante-Nicene Fathers*, vol. 3(Grand Rapids: Eerdmans, 1986), 602.

58 Tertullian, *Against Praxeas*, VIII, 602-603.

59 심광섭, "어거스틴의 삼위일체론," 『어거스틴 사상 연구: 오늘의 어거스틴』 (서울: 대한기독교서회, 1997), 65-66.

서 "하나"라는 말이 '남성'이 아니라 '중성'임을 지적하면서 양태론적 단일신론을 반박했다. 즉 하나를 남성이 아닌 중성으로 표현한 것은 '숫자'가 아니라 다른 분과의 '연합'을 가리킨다는 것이다.[60]

노바티아누스의 『삼위일체론』(*De Trinitate*)은 257년경에 저술되었으며, 제1부(1-8장)에서는 영지주의에 맞서 성부와 세상의 창조주의 동일성을 변론하며, 제2부(9-28장)는 로고스에 관한 내용을 기록했다. 제29장에서는 성령에 대해 간략히 다루었고, 제30-31장에서는 성부와 성자의 신적 두 위격의 구별에서 하나님의 일치를 다루었다. 노바티아누스는 성령을 무엇보다도 성화, 깨달음, 불사의 원천으로 생각했고, 성령은 모든 덕의 원천으로 세례를 통해 인간 안에 내재하며 인간을 죄로부터 지킨다고 했다.[61]

노바티아누스의 삼위일체론은 초대 로마의 세례 신조의 기초가 되었다. 이 저작에서는 전체적으로 이레나이우스, 테르툴리아누스 및 히폴리투스에게 근거를 두면서 에비온주의, 양자설, 양태설 및 성부수난설을 상세히 논박하였다. 하지만 노바티아누스의 교리는 종속적이어서 성부와 로고스와 성령의 내적 관계는 단계적 서열 관계로 생각되었다. 그의 동일본질론은 실체의 교제에 기울었는데, 성부에게서 신성의 능력이 나와서 로고스와 성령 안에서 체현되었다가 구속사의 종말에 그 능력이 다시 하나님께로 돌아간다고 했다.[62]

결국, 초대 서방교회의 삼위일체론은 군주신론과 종속설의 영향

---

60 Novatian, *The Treatise of Novatian Concerning the Trinity*, 27, ed. Alexander Roberts & James Donaldson, *The Ante-Nicene Fathers*, vol. 5 (Grand Rapids: Eerdmans, 1986), 639.
61 Novatian, "The Treatise of Novatian Concerning the Trinity," 27, *ANF*, 611-644.
62 김광식, 『고대 기독교 교리사』, 88.

을 받았으나 테르툴리아누스와 히폴리투스의 영향을 받은 노바티아누스에 의해 어느 정도 정통적 삼위일체론을 받아들였다. 그러나 동방교회처럼 짜임새 있게 체계화된 삼위일체론을 가지지는 못한 한계점이 있었다.[63] 그럼에도 불구하고 이들의 삼위일체론은 각각의 위격이 구원의 경륜의 한 국면에 대해 책임을 지고 있다는 하나님의 본질에 대한 이해를 전달해 준다. 즉 삼위일체에 대한 이들의 이해는 그리스도 안에서 이루어지는 구원에 대한 인간의 경험에 직접적으로 근거하고 있으며, 그 경험의 설명과 깊은 관계를 맺고 있다.

3. 니케아와 그 이후의 삼위일체론

1) 니케아 공의회

알렉산드리아의 장로였으며 안디옥의 루키아누스의 제자였던 아리우스(Arius)는 니코메디아의 유세비우스(Eusebius)에게 보내는 서신에서 다음과 같은 주장 때문에 자신이 알렉산더 감독으로부터 박해를 받고 있다고 기록했다.

> 성자는 시작이 있으나 하나님은 시작이 없다.
> 성자는 존재하지 않은 것들로부터 만들어졌다.[64]

63　이종성, 『삼위일체론』, 249.
64　Arius, "The Letter of Arius to Eusebius of Nicomedia," *Christology of the Later Fathers*, ed. Edward R. Hardy, *The Library of Christian Classics*, vol. 3 (Philadelphia: Westminster Press, 1954), 330.

아리우스의 주저 『향연』(θάλεια)에 "성자가 존재하지 않은 때가 있었다"('Ην ποτε ὅτε οὐκ ἦν)고 주장했다. 아리우스는 아들이 만물 위에 뛰어나 높임을 받으신 분이었지만, 여전히 하나님의 피조물이라는 것이다.

반면, 알렉산더 감독은 성자는 성부처럼 영원하며, 무로부터 창조된 분이 아니라, 태어났으며 성부와 동등하다고 보았다.[65] 아타나시우스도 『아리우스주의자들에 논박하는 네 개의 논제들』이란 저작에서 아리우스에 대해서 로고스가 영원하기에 성자는 참된 하나님임을 전제하여 성자의 무시무종(無始無終)을 주장하였다. 결국, 이 논쟁은 325년 6월에 열린 니케아 공의회에서 아리우스주의는 배격되었고, 반아리우스적 신앙고백이 채택되었다. 즉 성자는 태어났으며, 창조되지 않았으며, 성부와 동일본질이라고 했다. 아타나시우스는 이 공의회를 가리켜 "모든 이단에 대해 승리를 거둔 진정한 기념비이자 증표"라고 했다.[66]

니케아 공의회 이후, 동일본질(ὁμοούσιος)이란 개념이 동방교회에서는 받아들이기 힘들었기에 381년 콘스탄티노플 공의회에서 받아들일 때까지 60년 동안 논쟁이 지속되었다. 아버지와 동질이라는 표현으로 니케아 신조의 중심이었던 아타나시우스와 마르켈루스는 사벨리우스주의자로 고발을 당하기도 했다. 결국, 니케아 신조와 동방교회의 주장을 조정하려는 시도로 유사본질(ὁμοιούσιος)이 나타났는

---

[65] Alexander, *The Epistle of Alexander Bishop of Alexandria*, ed. Philip Schaff, *A Select Library of the Nicene and Post-Nicene Fathers of the Christian Church*. 2nd series vol. 2 (Grand Rapids: Eerdmans, 1892), 10.

[66] Philip Schaff, *History of the Christian Church*, 8 vols (Grand Rapids: Eerdmans, 1950), vol. 2, 559.

데, 이들은 성자는 그 본질상 모든 점에서 성부와 닮았지만, 성부와 같은 실체는 아니라고 주장한 것이다.

2) 카파도키아의 세 교부들

신니케아파로 불리는 카파도키아의 위대한 세 교부인 카이사레이아의 바실레이오스, 닛사의 그레고리오스, 나지안주스의 그레고리오스의 등장과 본질(οὐσία)[67]과 위체(ὑπόστασις) 개념 사이의 분명한 구분으로 말미암아 니케아 공의회의 입장에 대한 381년 콘스탄티노플 공의회의 최종적인 승리가 가능했다. 즉 '한 본질이며 세 위체'(μία οὐσία, τρεῖς ὑπόστασις)라는 정의가 최종적으로 받아들여졌다. 또한 이들의 공헌으로 콘스탄티노플 공의회에서 그리스도의 신성 문제뿐만 아니라 성령의 신성 문제까지 해결했다. 즉 성령에 신적 위격을 동등하게 부여하여 성령의 동일본질로 공식화되었다. 결국, 이들의 삼위일체의 특징은 동일본질(ὁμοούσιος)을 동등본질로 이해한 것이다.

---

67 본질(οὐσία)은 성경적 개념이라기보다는 희랍철학에서 근원적 존재를 의미하는 말로, 유형적인 것을 있게 하는 근원적 존재, 또는 힘을 말한다. 초대교회의 교부들은 그리스도의 본성과 하나님의 존재와의 관계를 말할 때, 처음에는 οὐσία를 플라톤적인 뜻(플라톤은 οὐσία와 이데아를 동일한 것으로 해석하면서 실제로 존재하는 것은 현상계가 아니라, 이데아의 세계 혹은 οὐσία의 세계라고 했다)으로 사용했으나, AD 362년 알렉산드리아 회의부터는 아리스토텔레스적인 뜻(아리스토텔레스는 οὐσία를 구체적으로 존재하는 것으로 보면서 모든 실재에는 실체와 속성이 있다고 생각하면서 속성에 속하는 구체적이고 개별적인 것을 제1 οὐσία라고 부르고, 구체적인 것에 공통된 실체를 제2 οὐσία라고 불렀다. 이 두 οὐσία는 플라톤처럼 본성적인 것과 현상계를 의미하는 것이 아니라, 두 οὐσία가 다같이 실체적 존재, 즉 초물질계를 의미한다)으로 사용했다. 그러면서 아리스토텔레스가 말하는 제2 οὐσία를 전체적 실재를 의미하는 것으로 이해하고, 개별적이며 속성적인 것에 대해 위체(ὑπόστασις)라는 새로운 낱말을 사용하게 되었다. 이종성, 『삼위일체론』, 291-292.

카이사레이아의 바실레이오스(Basil, 330-379)는 아타나시우스가 그리스도와 성부 하나님 간의 동일본질임을 강조하면서 신적 위격들의 일체성을 한 신적 실체 혹은 본질에서 찾은 데 비해, 하나님 안의 일체성을 세 위격 혹은 위격 사이의 교제에서 찾았다. 바실레이오스는 본질(οὐσία)과 위체(ὑπόστασις) 두 낱말을 엄격하게 구분하여 보편과 특수가 다른 것처럼 똑같이 다르다고 설명했다. 바실레이오스는 특히 성령의 완전한 신성을 확립했다. 바실레이오스는 신성의 일체성과 단일성을 강조하다가 군주신론에 빠진 테오도투스나 사모사타의 바울을 경계했고, 세 위격의 고유성을 지나치게 강조하다가 삼신론에 빠질 위험성을 고려하면서 신성의 일체성과 위체의 고유성을 강조했다. 그럼으로써 아우구스티누스에 의해 형성될 정통적 삼위일체론을 위한 좋은 길잡이 역할을 했다.[68]

바실레이오스의 동생인 닛사의 그레고리오스(Gregory of Nyssa, 335-394) 역시 성부, 성자, 성령의 하나됨을 그들 사이의 교제에서 발견했다. 닛사의 그레고리오스는 "어떤 행위가 각각의 위격들에 의해서 개별적으로 성취되거나 혹은 그들의 연합된 관리로부터 따로 떨어져서 되어졌다 하더라도, 삼위일체 위격들 안에서는 어떤 행위도 구별되지 않는다"고 언급했다.[69] 삼위일체는 하나의 신적인 본질이 원인에 있어서는 다른 세 가지의 존재 양식(*modus*) 속에 자신을 표현하고 있음을 의미한다.[70] 즉 관계의 차이가 본성의 차이를 의

---

68 이종성, 『삼위일체론』, 251.

69 Gregory of Nyssa, On 'That there are not three Gods.'

70 Cyril C. Richardson, "The Enigma of the Trinity," *A Companion to the Study of St. Augustine,* ed. Roy W. Battenhouse (Grand Rapids, Michigan: Baker Book House, 1979), 237-239.

미하는 것은 아니고, 다만 존재 양식의 차이를 의미한다. 닛사의 그레고리오스가 강조하고자 한 것은 세 위격이 절대적으로 동등한 영원성과 동등한 능력 안에 있다는 것이다. 그가 인과관계라는 개념을 적용한 것은 존재의 세 양식을 지적하기 위해서이다. 아버지는 아들의 원인이 되고 아들은 그 원인의 결과다. 성령은 '아버지로부터'라는 관계와 '아들을 통해서'라는 관계의 결과로 존재한다. 그렇다고 해서 그 삼위 간에 시간적으로나 능력적으로 어떤 등급이나 차이가 있다는 것은 전적으로 부인한다.

나지안주스의 그레고리오스(Gregory of Nazianzus, 329-390)는 성령이 근원적 영원성과 동등성에 있어서 다른 두 위격과 동등하다고 주장한다. 성령이 없이는 신성은 완결되지 않는다. 그분은 틀림없는 하나님이시며 아버지와 같은 본질을 갖는다. 또한 성령은 아버지와 아들에게서 출생한 것이 아니라 발현된 것이다.

구약성경은 성부에 대해 분명하게 말한다. 그러나 성자에 대해서는 희미하게 언급한다. 신약성경에서는 성자를 분명하게 계시하나 성령의 신성에 대해서는 시사할 뿐이다. 그런데 성령은 지금 우리 사이에 살면서 자신을 우리에게 확실하게 나타내신다.[71]

카파도키아의 세 교부들은 삼위일체 하나님을 사회적 유비로 이해한 최초의 신학자들이다. 이들에게 삼위일체 하나님은 처음부터 성부, 성자, 성령의 사랑의 연합으로 계신다. 이 사랑의 연합은 영원부터 있었으며 그 위격들 사이의 관계를 통해 성부, 성자, 성령은 서로 구별되면서 또 통일된다. 즉 세 위격은 온전히 서로 구별되는 신

---

71 Gregory of Nazianzus, *Oratio*, 26-31, 이종성, 『삼위일체론』, 254에서 인용함.

적 위격들이나 영원부터 사랑의 연합 안에 있으며 이 연합 속에서 서로 구별되고 또 통일된다고 함으로써 사회적 삼위일체론을 말하고 있다.[72]

카파도키아의 세 교부들은 신적 본질의 일체성 속에 근거를 둔 하나의 다양성의 관점으로부터 신의 삼중적인 생명이라는 사상을 펼쳤다. 신성에 대해서 하나의 본질이 세 가지 존재의 양태로 스스로를 나타냈는데, 카파도키아의 세 교부들은 이 존재의 양태에 위체(ὑπόστασις)란 개념을 적용시켰다. 세 사람 안에서 하나의 유비(analogy)를 발견했다. 하지만 삼신론(tritheism)의 위험이 있기에 신에게는 적합하지 않음을 지적하면서 하나님의 위격들을 특징지어 주는 것은 상호 관계성임을 밝혔다.

이들은 테르툴리아누스에게 결여되었던 삼위일체 사이의 관계를 천착한 것이다. 즉 이들은 삼위일체론에 관한 대동소이한 견해를 가지고 니케아 공의회 이후의 많은 이견 속에서 정통적 교리형성을 위한 바른 방향과 방법을 제시해 주었다. 특히 성령의 신성 확립과 세 위격의 상호 관계성을 강조한 것은 큰 의의가 있다. 또한 이들의 삼위일체론은 힐라리우스와 노바티우스의 사상과 함께 아우구스티누스에게 많은 영향을 주었다.

카파도키아 세 교부들의 이러한 교리를 상속받은 아우구스티누스는 "세 하나님이 아니라 한 하나님이 계시며, 아버지와 아들과 성령은 나눌 수 없는 동등성 안에서 하나 곧 동일한 실체를 형성하고, 그 하나이고 동일한 실체의 나눌 수 없는 활동 때문에 삼위일체에

---

72 박만, 『현대 삼위일체론 연구』 (서울: 대한기독교서회, 2003), 145-147.

있어서 각자에 관한 언급은 또한 모두에 관한 언급이다"[73]라고 설명한다. 특히 힐라리우스(Hilarius)의 논문에서 삼위일체에 관한 도움을 받은 아우구스티누스는 카파도키아 세 교부들의 신학적 의미를 완전히 이해할 수 있을 만큼 헬라어를 유창하게 하지 못했음에도 불구하고, 신적 동질성에 관한 그들의 중심 사상에 도달했고, 그들보다 훨씬 더 명료하고 깊이 있게 그 주제를 풀었다.[74]

3) 힐라리우스

350년경 푸아티에의 감독이 된 힐라리우스(Hilarius of Poitiers, 315-367)는 355년경 아리우스파와 적대적인 관계를 맺게 된다. 그는 자신의 영성과 성경 이해에 감명을 준 오리게네스의 신학을 받아들이고 유사본질파와 접촉하였다. 또한 사벨리우스주의의 위험을 내포하고 있는 극단적 니케아주의와 성부와 성자의 동일본질을 완전히 부정하는 비유사파 사이에서 신학적 중도를 추구했다.

힐라리우스의 『삼위일체론』(*De Trinitate*)은 12권으로 된, 아리우스주의와 벌인 논쟁에서 동방과 서방의 신학을 결합한 서방교회 최초의 작품이다. 이 작품에서 힐라리우스는 아리우스파에 맞서 정통

---

[73] Augustini, *De Trinitate*, I.4.7, 124: *Pater et Filius et Spiritus sanctus, unius eiusdemque substantiae inseparabili aequalitate divinam insinuent unitatem*; *ideoque non sint tres dii, sed unus Deus*; *De Trinitate*, I.12.25, 155-6: *Trinitate per multos divinarum locutionum modos etiam de singulis dici quod omnium est, propter inseparabilem operationem unius eiusdemque substantiae*.

[74] Cyril C. Richardson, "The Enigma of the Trinity," *A Companion to the Study of St. Augustine*, ed. Roy W. Battenhouse (Grand Rapids, Michigan: Baker Book House, 1979), 239.

삼위일체론을 변론하고 더 나아가 삼위일체의 신앙 원칙도 전개했는데, 바로 세례신앙과 성경해석을 토대로 하였다. 1권은 인간의 철학에서 성경의 신앙으로 하나님의 진리를 찾는 방법을 다룬 서론으로 시작하면서, 사벨리우스주의와 아리우스주의를 배격한다. 또한 인간이 사용하는 개념으로 하나님께 적용하는 것을 늘 충분하지 않으며, 유비는 전혀 다른 개념을 불러일으킬 수 있다는 방법론적인 근본문제를 인식했다.

> 이런 까닭에 모든 비유는 하나님께 적합하기보다는 인간에게 더 유용한 것이다.[75]

2-3권에서는 정통적인 삼위일체 신앙을 구체적으로 서술하며, 4-12권에서는 아리우스파가 비판하는 삼위일체 신앙을 변론한다.

힐라리우스는 자신의 신학을 주로 테르툴리아누스와 노바티아누스의 삼위일체에 관한 작품 및 유사본질파 신학에 바탕을 두면서 자신의 독창적인 견해도 제시했다. 힐라리우스의 삼위일체론은 성경의 많은 부분이 성부와 성자의 일치와 동일성을 서술하지만, 적지 않은 구절에서는 종속적으로 해석될 수 있는 성경의 증언을 수준 높은 개념을 통해 설명했다.[76]

---

75 St. Hilary of Poitiers. *The Trinity*. tr. Stephen McKenna, *The Fathers of the Church*. vol. 25.; ed. Roy Joseph Deferrari (Washington, D.C.: The Catholic Univ. of America Press, 1954), 18-19.

76 Hubertus R. Drobner, 『교부학』, 하성수 역 (칠곡: 분도출판사, 2001), 364-367.

제2장

조나단 에드워즈의 전통적 삼위일체론 계승

1. 아우구스티누스의 삼위일체론

아우구스티누스의 삼위일체론은 동방교회의 신앙고백을 서방교회에 뿌리내리게 한 종합적인 결론이었다. 아우구스티누스가 심혈을 기울여 저술한 삼위일체론은 교부시대의 가장 유능한 저작 중 하나임은 분명하다.[1] 실제로 아우구스티누스의 삼위일체론은 기독

---

1 초대교회의 교부들은 삼위일체의 문제를 신적 본질의 중심점에 두고, 거기서 그 필연적인 근거를 밝히려고 노력했으며, 같은 방법으로 일체성이 위격성과 양립할 뿐 아니라 위격성을 위해서 필수적이라는 것을 증명하는 길을 준비했는데, 그중에서 아우구스티누스의 삼위일체론이 가장 독창적이며 함축적이고도 암시적이었기 때문이다. St. Augustin, *On the Holy Trinity*, tr. Arthur W. Haddan, rev. William G. T. Shedd, ed. Philip Schaff, *A Select Library of the Nicene and Post-Nicene Fathers of the Christian Church*. Series I, vol. 3 (Grand Rapids: Eerdmans, 1887), 3-10. 특히 미국 유니온 신학교의 윌리엄 셰드(William G. T. Shedd)는 아우구스티누스의 『삼위일체론』, 라틴어 원전(*De Trinitate contra Arianos libro quindecim*)을 처음 영역(英譯)한 영국의 아서 핫단(Arthur W. Haddan)의 번역본(the Oxford Library of the Fathers의 Benedictine판 8권)을 1887년 '니케아 및 니케아 교부 선집'(A

교 문헌에서 가장 훌륭한 교리서 중의 하나로서 지금까지 거의 경쟁자가 없을 만큼 예리한 철학적 정신과 신학적 이해를 가져왔다.[2] 라인홀드 제베르크(Reinhold Seeberg)도 서방의 삼위일체 개념[3]이 아우구스티누스의 『삼위일체론』에서 그 결정적인 진술에 이르렀다고 지적했다.[4] 무엇보다도 아우구스티누스의 『삼위일체론』은 신학사 상뿐만 아니라 하나님 사랑과 이웃 사랑과 같은 그리스도인의 경건에도 탁월한 신학적 근거를 제시해 주었다.[5]

이에 필자는 아우구스티누스의 삼위일체론의 특징들을 통해 경건의 근거들을 정리하고자 한다. 아우구스티누스는 그 이전의 교부들의 삼위일체론에서 나타나는 일체성이나 삼위성에 치우친 강조로 인한 난제들을 어떻게 극복했는지를 살펴보면서, 신앙의 실천적 근거를 제공하는 아우구스티누스의 삼위일체론의 특징들을 규명하여 에드워즈의 삼위일체론에 어떠한 영향을 주었는지를 살펴보고자 한다.

Select Library of the Nicene and Post-Nicene Fathers of the Christian Church, First Series) 3권에서 개정하면서 풍부한 각주와 함께 해설 논문을 실었다.

2 Cyril C. Richardson, "The Enigma of the Trinity," *A Companion to the Study of St. Augustine,* ed. Roy W. Battenhouse (Grand Rapids, Michigan: Baker Book House, 1979), 235-236.

3 한편, 이양호는 제베르크가 아우구스티누스의 삼위일체론을 내재적 삼위일체론에만 관심을 둔 피상적 연구라고 지적했다. 이양호, "아우구스티누스의 삼위일체론," 「현대와 신학」13(1990), 77.

4 Reinhold Seeberg, *The History of Doctrines*, tr. Charles E. Hay (Grand Rapids, Michigan: Baker Book House, 1983), vol. I, 237.

5 이양호는 아우구스티누스가 삼위일체론을 전개하면서 정신에 나타난 삼위일체의 이미지를 회복하여 하나님에 대한 완전한 지식과 사랑에 이르며, 하나님의 사랑으로 이웃을 사랑하는 사랑의 신학을 전개함으로 그리스도인의 경건과 삶으로 발전하고 있다고 평가했다. 이양호, "아우구스티누스의 삼위일체론," 「현대와 신학」13(1990), 77.

아우구스티누스는 『삼위일체론』을 외적 동기가 아니라 내적 동기에서 쓴 작품이기 때문에 충분한 시간을 갖고 철저히 준비했다.[6] 자기 스스로도 "나는 할 수 있는 한 삼위일체에 관한 이전의 모든 책을 읽었다"고 말하기 때문이다.[7] 이에 대해 윌리엄 셰드(William G. T. Shedd)는 형식보다 실질적인 내용을 추구함으로 형식에 있어서 산만하며 반복이 많고, 주제를 떠나 관계가 먼 문제들을 논할 때가 있음도 지적했다.[8]

또한 셰드는 아우구스티누스가 동방교회의 성경주석이나 실천 문제에 관한 헬라어 원문을 이해할 수 있었지만, "헬라어에 익숙하지 못해서, 이 (형이상학적) 문제들에 대한 헬라어 서적들을 읽고 이해할 수 없다"[9]는 한계도 지적하였다.[10] 리처드슨 역시, 아우구스티누스의 저작의 풍부하고 영감 있는 훌륭한 문장임에도 그의 문체는 어렵고 반복적이며 장황함을 지적했다.[11]

그럼에도 불구하고 셰드는 아우구스티누스가 설명한 삼위일체

---

6 Hubertus R. Drobner, 『교부학』, 하성수 역 (칠곡: 분도출판사, 2001), 553.

7 Augustini, *De Trinitate*, I.4.7, 124.

8 St. Augustin, "On the Holy Trinity," tr. Arthur W. Haddan, rev. William G. T. Shedd, ed. Philip Schaff, *A Select Library of the Nicene and Post-Nicene Fathers of the Christian Church*. Series I, vol. 3 (Grand Rapids: Eerdmans, 1887), 8-10.

9 Augustini, *De Trinitate*, III.Pro.1, 225: *graecae autem linguae non sit nobis tantus habitus, ut talium rerem libris legendis in intelligendis ullo modo reperiamur idonei.*

10 St. Augustin, "On the Holy Trinity," tr. Arthur W. Haddan, rev. William G. T. Shedd, ed. Philip Schaff, *A Select Library of the Nicene and Post-Nicene Fathers of the Christian Church*. Series I, vol. 3 (Grand Rapids: Eerdmans, 1887), 4.

11 Cyril C. Richardson, "The Enigma of the Trinity," *A Companion to the Study of St. Augustine,* ed. Roy W. Battenhouse (Grand Rapids, Michigan: Baker Book House, 1979), 236-237.

론의 방법론에 대한 이점들을 세 가지로 지적한다.[12]

첫째는 자연계와 인간의 정신에 있는 삼위일체의 흔적을 사용함으로써 성경에 있는 용어를 선명하게 해주며, 성경의 가르침을 철저하고도 분명하게 해석함으로 성경을 더 존중한다는 것이다.

둘째는 삼위일체 교리와 유일신 교리는 분리될 수 없음을 알리는 것이다. 즉 이신론적 유일성은 단일성에 불과하나, 기독교의 유일성은 삼위일체적이라는 것이다.

셋째는 하나님의 위격성이 하나님의 본질의 삼일성(trinality)에 의존한다는 것을 알리는데 도움이 된다는 것이다. 즉 자연계와 인간의 정신에 있는 삼일적 현상을 통해 삼위일체를 설명함으로써 그는 삼일성이 유일성과 모순되지 않는다는 것을 밝히려고 했다. 신적 일체성을 밝히고자 하나님의 위격성을 설명했다.

한편, 칼 야스퍼스(Karl Jaspers)는 아우구스티누스의 삼위일체 개념을 신앙이 철학적 사유에서 확인될 수 있고 철학과 신앙이 하나가 될 수 있도록 하기 위해 신앙을 이성적으로 만들려고 하는 하나의 단계로 시도된 것으로 평가하면서, 삼위일체론적 사유의 주제를 그리스도 안에서 하나님께서 인간이 되었다는 것과 하나님의 본질에 침투해 보려는 노력이라고 했다.[13]

---

12 St. Augustin, "On the Holy Trinity," tr. Arthur W. Haddan, rev. William G. T. Shedd, ed. Philip Schaff, *A Select Library of the Nicene and Post-Nicene Fathers of the Christian Church*. Series I, vol. 3 (Grand Rapids: Eerdmans, 1887), 6-8.

13 특히 야스퍼스는 플라톤의 '향연'(*Symposium*)에서 선의 존재를 진, 선, 미의 통일로 생각한 이후, 하나님을 삼중적으로 사유하는 것이 관례가 되어, 플라톤은 조물주-이데아들의 영원한 세계-형성 과정의 우주로, 플로티누스는 일자-이데아들의 영역-세계영혼으로, 기독교에서는 삼위일체로 아버지-아들-성령으로 나타났다는 것이다. Karl Jaspers, 『어거스틴의 생애와 사상』, 김쾌상 역 (서울: 희망사, 1981), 53-58.

1) 일체성에서 출발하는 심리학적 삼위일체론

서방교회는 아우구스티누스의 삼위일체론을 주로 하나님의 일체성에서 출발하여 삼위성을 질문하는 방식으로 이해해 왔다. 아우구스티누스의 삼위일체론에 대한 이러한 이해 방식을 쉬마우스(M. Schmaus)는 '심리학적 삼위일체론'(Psychologische Trinitätslehre)이라고 했다.[14] 아우구스티누스는 삼위일체에 대한 신앙을 다음과 같이 표현한다.

> 우리는 성부, 성자, 성령께서 한 하나님이시며, 모든 피조세계의 창조주이자 통치자이심을 믿는다. 성부는 성자가 아니시며, 성령은 성부나 성자가 아니시지만, 위격들은 상호 관련이 있는 삼위일체이며 동일한 본질의 일체이심을 믿는다.[15]

아우구스티누스는 하나님의 위격에 대한 구분을 상호관련을 통해 명확히 하면서도, 니케아 공의회의 핵심이었던 동일본질 사상을 분명히 나타낸다. 특히 삼위일체 하나님의 일체성에서 출발하고 있다. 그래서 셰드는 아우구스티누스의 입장이 대체로 니케아 신조와 일치하나, 위격들의 일체성을 더 강조하면서, 성령이 성부와 성자

---

14 M. Schmaus, *Die Psychologische Trinitätslehre des hl. Augustinus*(Münster, 1927).

15 Augustini, *De Trinitate*, IX.1.1, 438-439: *credamus Patrem et Filium et Spiritum sanctum esse unum Deum, universae creaturae conditorem atque rectorem: nec Patrem esse Filium, nec Spiritum sanctum vel Patrem esse vel Filium; sed trinitatem relatarum ad invicem personarum, et unitatem aequalis essentiae.*

에게서 나오심을 주장한다고 보았다.[16] 이것은 카파도키아 세 교부들이 삼위일체 하나님에 대한 삼위성에 강조점을 둔 것에 비해, 상대적으로 아우구스티누스는 삼위일체 하나님의 일체성에 강조점을 둔 것이다.

리처드슨은 아우구스티누스가 카이사레이아의 바실레이오스를 비롯한 카파도키아 세 교부들이 본질과 위격을 공통인 것과 특정한 것으로 정의함으로써 면할 수 없었던 삼신론의 위험을 피했다고 보았으나,[17] 아우구스티누스 자신도 경계한 사벨리우스적 경향이 남아 있음을 지적하였다.[18] 즉 아우구스티누스의 모든 유비들이 단일한 신적 위격 안에 있는 내적인 관계들로부터 취해졌다는 사실은 일자에 대한 관심을 가지고 있는 그의 사상에 있는 신플라톤주의의 요소를 반영하고 있다고 본 것이다. 그래서 리처드슨은 카파도키아 세 교부들의 경향과 아우구스티누스의 일체성에 대한 강조의 균형을 강조하였다.[19]

하지만 아우구스티누스에게 사벨리우스적 경향이 있다고 본 리처드슨의 평가에 대해 이양호는 잘못된 것임을 지적했다.[20] 즉 아우구스티누스는 자기 스스로 사벨리우스주의를 명백히 비판했으며,

---

16　St. Augustin, "On the Holy Trinity," tr. Arthur W. Haddan, rev. William G. T. Shedd, ed. Philip Schaff, *A Select Library of the Nicene and Post-Nicene Fathers of the Christian Church*, Series I, vol. 3 (Grand Rapids: Eerdmans, 1887), 4.

17　Cyril C. Richardson, "The Enigma of the Trinity," *A Companion to the Study of St. Augustine*, ed. Roy W. Battenhouse (Grand Rapids, Michigan: Baker Book House, 1979), 247.

18　.Richardson, "The Enigma of the Trinity," 247.

19　Richardson, "The Enigma of the Trinity," 247-248.

20　이양호, "아우구스티누스의 삼위일체론," 「현대와 신학」 13(1990), 86.

"나와 아버지는 하나이니라"는 말씀에서 예수님께서 사벨리우스주의자들처럼 단수로 하나이다(I and my Father *is* one)라고 말씀하시지 않고 복수로 하나이다(I and my Father *are* one)라고 말씀하신 것을 분명히 했기 때문이다. 폴 틸리히 역시 삼위일체론이 플라톤의 입장에서 파악되는 한에서는, 다시 말해 신성이 실재적인 존재의 힘으로 이해되고 단순히 세 가지 위격에 공통되는 것이 아니라고 이해되는 한에서는 삼신론의 위험성은 없다고 보았다.[21]

아우구스티누스 자신도 세 신이 하나님이 아니라 하나님의 삼위일체성이 한 하나님임을 강조한다. 아우구스티누스는 삼위일체의 일체성을 이렇게 표현하였다.

> 한 분이 세 분을 합한 것 만하며, 두 분을 합해도 한 분보다 더 크지 않다. 그리고 그 분들은 각각 자체가 무한하시다. 그래서 각각은 각각 안에 계시고, 모두는 각자 안에 계시며, 각각은 모두 안에, 모두는 모두 안에 계신다. 그리고 모두는 하나이시다.[22]

필립 캐리(Philip Cary)는 기존의 학자들이 카파도키아 세 교부들을 사회적 삼위일체론으로 보고, 아우구스티누스의 삼위일체론을 세 위격들의 구분보다는 하나님 본질의 연합으로 시작했다고 보는

---

21 Tillich, *Systematic Theology*, 3:139.
22 Augustini, *De Trinitate*, VI,10,12, 372: *ceterum in illa summa Trinitate tantum est una quantum tres simul, nec plus aliquid sunt duae quam una. Et in se infinita sunt. Ita et singula sunt in singulis, et omnia in singulis, et singula in omnibus, et unum omnia.*

연구가 잘못되었다고 비판하면서, 아우구스티누스가 카파도키아 교부들의 입장을 무시하거나 간과하기보다는 오히려 이들의 입장에 서서 세 교부들이 멈춘 그곳에서 시작했다고 했다.[23]

결국, 아우구스티누스의 삼위일체론이 카파도키아 세 교부들의 사상을 부정하거나 대립적으로 설정한 것이 아니라, 삼위일체 하나님의 삼위성과 일체성을 동시에 강조하기 위한 출발점의 차이라고 볼 수 있다. 그래서 아우구스티누스는 하나님은 한 분이나 그분 안에 성부, 성자, 성령의 세 위격으로 존재한다고 설명함으로써 일체성에서 삼위일체론을 출발하고 있음을 나타낸 것이다.

한편, 아우구스티누스의 삼위일체론을 일체성에 기초한 것에 대해 토마스 마쉬(Thomas Marsh)는 한 분이신 하나님께서 최초의 아버지라는 초기 라틴 전통의 신적 군주 개념을 아우구스티누스가 파기했다면서, 아우구스티누스가 삼자관계에 대한 전통적 이해의 중심적인 자리에서 질서의 개념을 제거하는 것으로 끝을 맺음으로 실체와 위격의 개념을 분리하고 실체에 우선권을 부여함으로써 비인격적 하나님 개념을 소개했다고 평가한다.[24]

그러나 아우구스티누스에 대한 마쉬의 평가는 지나친 해석임을 알 수 있다. 즉 아우구스티누스는 이전 교부들의 사상 속에서 나타난 유대교 전통의 군주신론의 문제점들과 그로 인해 초래되는 종속적 개념을 삼위의 본질이 아닌 관계로 설명함으로 해결했다. 또한 동방교회로부터 문제제기가 되었던 삼위일체 하나님의 '실체'

---

23 Philip Cary, "Historical Perspective on Trinitarian Doctrine," *Religious and Theological Studies Fellowship Bulletin* (Nov.-Dec. 1995), 9.

24 Thomas Marsh, *The Triune God: A Biblical, Historical and Theological Study* (Mystic, Connecticut.: Twenty-Third Publications, 1994), 131-132.

(substantia) 개념을 '본질'(essentia)로 표현함으로써 실체와 위격의 개념을 분리한 것이 아니라, 본질과 위격의 개념을 더욱 명확히 한 것이며, 실체 우선권을 부여한 것이 결코 하나님을 비인격적으로 전락시킨 것은 아니기 때문이다.

삼위일체 하나님의 일체성에 출발하는 아우구스티누스의 삼위일체론에서 알리스터 맥그라스(Alister E. McGrath)는 아우구스티누스의 접근법의 가장 독특한 특징들 가운데 하나로 그가 '심리학적 삼위일체'를 발전시켰다고 하면서, 아우구스티누스가 심리학적 비유로 인간 정신에 호소했던 근거를 제시했다.[25]

이렇게 아우구스티누스는 인간 안에 있는 하나님의 형상, 즉 하나님의 내재성을 강조함으로 심리학적 삼위일체론을 전개했다. 리처드슨은 아우구스티누스의 삼위일체론이 서방교회에 있어서 고전적인 체계들을 위한 기초들을 놓았고, 그 안에 담긴 심리학적인 식견과 삼위일체의 동질성에 대한 인식, 그리고 아버지와 아들 사이를 묶는 띠로서 성령을 파악한 통찰력 등에서 탁월하다고 평가했다.[26]

---

[25] 하나님께서 세상을 창조하실 때에 특별한 흔적을 남겼다는 사실을 기대하는 것이 비합리적인 것은 아니다. 그러나 어디서 그 흔적을 발견할 수 있을까? 하나님께서 이렇게 독특한 흔적을 최고의 피조물 위에 남겼을 것이라고 기대하는 것은 합리적이다. 창세기의 창조 사건을 통해서 우리는 인간이 하나님의 피조물 가운데서 가장 존귀한 존재임을 발견할 수 있다. 그러므로 하나님의 형상을 발견하기 위해 인성을 자세히 살펴보아야만 한다고 아우구스티누스는 주장한다: Alister E. McGrath, *Christian Theology: An Introduction* (Oxford: Blackwell, 1994), 259-260.

[26] Cyril C. Richardson, "The Enigma of the Trinity," *A Companion to the Study of St. Augustine*, ed. Roy W. Battenhouse (Grand Rapids, Michigan: Baker Book House, 1979), 255.

2) 사랑의 연합을 통한 사회적 삼위일체론

삼위일체론 연구에서 삼위일체 하나님 안의 삼위성과 일체성의 관계에 대한 두 번째 이해 방식은 하나님의 삼위성에서 출발하여 세 신적 위격 사이의 일체성을 설명하는 것이다.[27] 몰트만은 아우구스티누스의 삼위일체론이 서방교회에서는 '심리학적 삼위일체론'이 형성되었으나, 동방교회에서는 '사회적 삼위일체론'[28]을 위한 출발점이 되었다고 평가했다.[29] 즉 아우구스티누스의 삼위일체론이 하나님의 일체성에서 출발하는 심리학적 삼위일체론뿐만 아니라, 하나님의 삼위성을 중심으로 세 신적 위격의 사랑의 연합을 통한 '사회적 삼위일체론'도 강조했음을 알 수 있다.

(1) 하나님 안에서의 사랑의 교제

아우구스티누스에게 있어서 하나님은 신플라톤주의적 요소로 받아들여 이것을 윤리적, 인격적 사유와 결부시켰다. 그것을 결합시키는 힘이 사랑이다. 그에게 하나님은 시공을 포함한 일체의 범주의 제약을 초월한 지고의 존재(summa essentia)이다. 하나님은 모든 구별

---

[27] 박만, 『현대 삼위일체론 연구』 (서울: 대한기독교서회, 2003), 142-143.
[28] 최근의 대표적 사회적 삼위일체론자는 위르겐 몰트만(Jürgen Moltmann)과 볼프하르트 판넨베르크(Wolfhart Pannenberg)이며, 해방신학적 관점의 레오나르도 보프(Leonardo Boff), 과정신학적 세계 이해에 근거한 조셉 브라켄(Joseph Braken), 성령의 온전히 구별되는 인격성을 강조하는 헤리베르트 뮐렌(Heribert Mühlen) 등이 있다.
[29] J. Moltmann, 『창조 안에 계신 하느님』, 김균진 역 (서울: 한국신학연구소, 1999), 338-350, 그래서 몰트만은 사람들의 인격적인 사귐이 삼위일체의 형상이라고 주장하면서 사회적 삼위일체론을 발전시켰다.

을 초월하는 존재로서 주관-객관의 구별도 초월한다. 하나님의 사랑에 있어서 하나님은 스스로를 사랑하고 있다. 아우구스티누스에게 신적인 존재 근거가 사랑이며, 사랑에는 주체와 객체의 구별이 없다는 것을 의미한다. 그래서 우리가 자기 자신을 포함해서 사물을 올바로 사랑한다면 우리는 신적인 존재 근거를 사랑하는 것이다.

하나님 안에서의 사랑의 교제는 인간들 사이에서처럼 서로 상이한 본질 사이의 교제가 아니라 한 본질 안에서의 교제이다. 아우구스티누스의 삼위일체론은 심리학적 유비를 통한 심리학적 삼위일체론으로 평가되어왔지만, 아우구스티누스는 하나님의 신비를 설명함에 있어서 이러한 심리학적 유비의 한계를 인식하면서 이를 보완하기 위해 사회적 유비도 함께 사용한다. 사랑의 유비를 통한 설명이다. 즉 하나님께서 사랑이시라면 하나님은 하나의 위격으로 계실 수 없고 언제나 사랑하는 이, 사랑받는 이, 또 이들의 사랑의 연합으로 존재할 수밖에 없다. 그래서 아우구스티누스는 하나님을 사랑하는 이로서의 성부, 사랑받는 이로서의 성자, 그리고 그들 사이의 사랑의 연합 혹은 띠로서 성령으로 이해될 수 있다고 주장한다. 또한 아우구스티누스는 인간의 정신을 기억과 이해와 의지라고 하여 삼위일체론의 유비로서 설명한다.[30]

하나님은 한 분이며 신적 위격이기에 밖을 향하는 하나님의 모든 작용은 언제나 삼위일체 모두의 작용이며, 성육신 또한 동일하다. 어느 위격도 홀로 작용하지 않는다. 이러한 점들은 분명 성부, 성자, 성령의 삼위의 일체성보다 삼위성을 강조하는 사회적 삼위일체론의

---

30 Augustini, *De Trinitate*, IX.12.17-18, 460-464.

특성이 나타난 것이다.[31]

(2) 온전한 사랑의 연합과 교제

이러한 사회적 삼위일체론은 카파도키아의 세 교부들과 서방교회의 힐라리우스의 관계 개념에서 그 근원을 찾을 수 있고, 아우구스티누스 이후 12세기 파리의 빅토르 수도원 원장을 지낸 리처드(Richard of St. Victor)에 의해 논의되었다. 아우구스티누스를 동방교회의 사회적 삼위일체론의 출발로 본 몰트만은 삼위일체 하나님의 일체성은 숫자적인 하나가 아니라 세 신적 위격의 연합(Vereinigung)이며 그들 상호 관계 속의 교제(Gemeinshaft)에서 발견된다면서, 삼위의 연합은 단지 신학적인 것만이 아닌, 예수 그리스도의 삶과 죽음과의 연관해서 온 세계의 회복과 구원을 포함하는 구원론적이라 하는 사회적 삼위일체론을 주장했다.[32]

보프 역시 삼위일체 하나님의 영원한 사랑의 사귐과 일치에서 진정한 인간 해방과 평등을 위한 신학적 원리를 찾으면서, 세 신적 위격의 온전한 사랑의 연합과 교제로 이해하는 사회적 삼위일체론이 삼위 하나님의 신비를 가장 적절하게 설명하며 또한 우리 시대에 가장 적합한 삼위일체 모형이라고 주장했고, 삼위일체 하나님의 연합은 인간이 만든 모든 억압과 지배의 구조를 비판하며 그것을 극복하는 비전과 힘을 제공한다고 주장했다.[33] 이러한 면을 '내재적 삼위일체론'(Immanent Trinity)으로 부르기도 한다.

31　박만, 『현대 삼위일체론 연구』 (서울: 대한기독교서회, 2003), 147-148.
32　Jürgen Moltmann, *The Trinity and the Kingdom: The Doctrine of God*.
33　Leonardo Boff, *Trinity and Society*, tr. Paul Burns (Maryknoll: Orbis Books, 1988).

(3) 유비를 통한 삼위일체의 흔적

아우구스티누스는 "하나님의 본성과 관계된 것은 무엇이든지 거룩한 신앙을 가지고 받아들이며, 거룩한 존경심으로 대하라"고 촉구하면서,[34] 모든 삼위일체적 신학이 겸손 가운데 훈련된 마음과 생각에서 우러나온 것이어야 함을 강조한다. 이러한 태도로 아우구스티누스는 삼위일체의 삼위성 속에서의 일체성, 삼위일체의 일체성 속에서의 삼위성을 분명히 설명하고자 유비를 사용한다.[35]

아우구스티누스가 발전시킨 일련의 유비들은 삼위일체의 본성에 대한 연구에서 시작하는데, 이 유비들은 인간이 하나님의 형상, 즉 삼위일체의 형상으로 창조되었다는 사실 위에 기초하고 있다. 하나님의 형상인 인간의 정신 구조에서 삼위일체의 흔적(*vestigium trinitatis*)이 가능하다고 보나, 하나님의 형상의 전체가 아님을 강조한다. 하나님의 흔적을 가장 밀접히 반영하고 있는 인간의 최고의 능력의 능력인 정신은, 비록 그것이 어느 정도로는 형상이지만, 여전히 불충분한 형상으로 단지 흐릿하게만 보는 수수께끼(*in aenigmate*)로 이해한다.[36] 아우구스티누스는 하나님의 형상에서 일종의 특별한 삼위일체를 찾되, 우리를 자신의 형상대로 만드신 분의 도움을 구하지 않으면 이 문제를 건전하게 탐구하거나 그분에게서 오는 지혜에

---

34 St. Augustin, *Sermons on Selected Lessons of the New Testament*, Sermon 2, "Of the Words of St. Matthew's Gospel, chapter 3:13, 'Then Jesus cometh from Galilee to the Jordan unto John, to be baptized of Him.' Concerning the Trinity," tr. R. G. MacMullen, ed. Philip Schaff, *A Select Library of the Nicene and Post-Nicene Fathers of the Christian Church*, First Series vol. 6 (Grand Rapids: Eerdmans, 1887), 261.

35 심광섭, "어거스틴의 삼위일체론," 『어거스틴 사상 연구: 오늘의 어거스틴』 (서울: 대한기독교서회, 1997), 76-77.

36 Augustini, *De Trinitate*, XV.9.16, 686.

합당한 결과를 얻지 못할 것이라고 한다.[37]

아우구스티누스는 삼위일체의 흔적을 설명함에 있어서 인간의 내면적인 부분과 외부적인 부분을 구분한다. 즉 내면적으로 가지고 있는 인간의 정신을 통해 설명하고, 외부적으로는 감각을 통해 외부 대상에서 정신 속으로 끌어들인 현상을 통해 삼위일체를 설명한다.[38] 다르게 표현하면 삼위일체 하나님의 존재를 증명하기 위해 아우구스티누스는 자연에서 삼위일체의 유비를 발견하고, 인간의 외부적인 부분에서 흔적을 발견하며, 인간의 내면적인 부분에서 형상을 발견했다. 즉 자연계에서는 하나 됨, 종류, 질서를, 학문으로서는 물리학, 논리학, 윤리학을, 실천면에서는 자연, 교리, 실용을 가지고 있다.

우선 인간의 내면적인 부분으로 아우구스티누스는 인간의 정신(*mens*)과 사랑(*amor*)과 지식(*notitia*)을 통해 삼위일체의 흔적을 설명한다.

> 이 셋은 하나이며 서로 동등한 것으로 실체적으로 존재하며, 관계적으로 서술된다. 그래서 이 셋은 분리할 수 없으며, 부분들인 듯이 결합되거나 혼합되지 않으며, 하나의 본질적 존재이며, 서로 관계적인 존재이다.[39] 이 셋은 각각 따로 있으

---

37 Augustini, *De Trinitate*, XIV.4.6, 621.

38 Augustini, *De Trinitate*, XIV.8.11, 631.

39 Augustini, *De Trinitate*, IX.4.4, 443: *Tria unum et aequalia, mens ipsa, et amor, et notitia eius. Tria eadem substantialiter esse, ac relative dici. Tria eadem esse inseparabilia. Tria eadem non partium instar iuncta et commixta esse; sed esse unius essentiae, ac relativa.*

면서도, 서로 모든 것 안에 있다.⁴⁰

또한 아우구스티누스는 기억(*memoria*)과 이해(*intelligentia*)와 의지(*voluntas*)를 통해 삼위일체의 흔적을 설명한다.

> 기억과 이해와 의지라는 이 셋은 세 생명이 아니고 한 생명이며, 세 정신이 아니라 한 정신이다. 따라서 이것들은 세 실체가 아니라 하나의 실체이다.⁴¹

아우구스티누스는 자신의 이해의 전체와 자신의 의지 전체를 기억하며, 자신이 이해할 수 있는 것 가운데서 기억하며 원하는 것은 자신이 모두 이해한다는 것이다.⁴²

> 결국, 이 하나하나가 서로 완전한 전체들을 함께 포함하므로, 하나하나가 전체로서 서로 동등하며 동시에 셋 전체와 동등하며 셋이 하나의 생명이며 하나의 정신, 그리고 하나의 본질적 존재이다.⁴³

---

40 Augustini, *De Trinitate*, IX.5.8, 448: *Ea tria esse singula in se ipsis, et invicem tota in totis.*

41 Augustini, *De Trinitate*, X.11.18, 490: *Haec igitur tria, memoria, intelligentia, voluntas, quoniam non sunt tres vitae, sed una vita; nec tres mentes, sed una mens: consequenter utique nec tres substantiae sunt, sed una substantia.*

42 Augustini, *De Trinitate*, X.11.18, 490-491.

43 Augustini, *De Trinitate*, X.11.18, 491: *Quapropter quando invicem a singulis et tota omnia capiuntur, aequalia sunt tota singula totis singulis, et tota singula simul omnibus totis; et haec tria unum, una vita, una mens, una essentia.*

정신과 사랑과 지식을 통한 삼위일체 설명에서는 정신만이 하나의 실체가 되므로 삼일현상으로서는 결함이 있으나, 기억과 이해와 의지를 통한 설명에는 동등한 실체성이 있기에 훨씬 적합한 설명이다.[44]

아우구스티누스는 인간의 외부적인 감각을 통해서 외부 대상들에서 정신 속으로 끌어들인 삼위일체 현상들을 설명한다. 그중에서도 시각을 통해 설명한다. 즉 우리가 보는 대상 자체, 우리의 보는 행위, 그리고 정신의 집중이다.[45] 즉 보이는 대상의 형태가 있고, 그 형태가 감각 기관에 인상을 주어 보이게 하며, 영혼의 의지가 감각 기관을 대상으로 향하게 하여 거기에 집중하게 만든다.[46] 결국, 이 셋은 같은 의지의 의도가 기억에 있는 대상과 보인 것을 결합해서 본성이 서로 다른 이 셋에서 한 통일체가 나타나게 된다는 것이다.[47]

삼위일체 하나님은 정신이 그 자신을 기억하고 이해하고 사랑하고 있다는 사실에서 발견되지 않고, 정신이 하나님을 기억하고 이해하고 사랑할 때 참된 지혜를 발견하게 되고 자신을 이해하게 된다고 설명한다.[48]

아우구스티누스의 삼위일체론에서 인간의 내면적인 부분에서 하나님의 형상이 분명히 있다고 한 심리학적 분석은 탁월한 점이다.

44　St. Augustin, *On the Holy Trinity*, tr. Arthur W. Haddan, rev. William G. T. Shedd, ed. Philip Schaff, *A Select Library of the Nicene and Post-Nicene Fathers of the Christian Church*. Series I, vol. 3 (Grand Rapids: Eerdmans, 1887), 143.

45　Augustini, *De Trinitate*, XI.2.2, 495.

46　Augustini, *De Trinitate*, XI.2.5, 500-501.

47　Augustini, *De Trinitate*, XI.4.7, 506-507.

48　Augustini, *De Trinitate*, XIV.12.15, 639-640; XIV.14.18, 642-644.

아우구스티누스는 세 가지 측면을 하나로 묶어서 사람의 내면의 한 부분으로 이해하는 세 쌍으로 언급했다. 즉 존재(*esse*)와 지식(*nosse*)과 의욕(*velle*), 정신(*mens*)과 사랑(*amor*)과 지식(*notitia*), 기억(*memoria*)과 이해(*intelligentia*)와 의지(*voluntas*)이다. 그는 이렇게 분석하면서 세계의 모든 존재와 사고구조 안에서 삼위일체의 흔적과 형상이 있다고 강조하지만 그것이 곧 삼위일체 하나님을 말하는 것이 아니라 유사할 뿐이라고 했다.[49]

한편, 칼 야스퍼스는 아우구스티누스가 하나님과 하나님의 가장 깊은 생각들을 인간의 표현에 담으려고 하는 일체의 시도를 하나님에 대한 침투로, 하나의 억지라면서 비판하기도 했다.[50] 하지만 아우구스티누스는 삼위일체 하나님은 사유될 수 없고 언어로 표현될 수 없다는 점을 한 번도 잊어본 적이 없었고, 이 점을 되풀이해서 강조하고 있다. 즉 그는 삼위일체 하나님을 인식하려고 노력하고 사유하려고 갈망하나 이런 노력이 헛되다는 것을 의식하게 되는 긴장을 표현한 것이다.

3) 성자의 출생과 성령의 이중발현을 통한 관계적 삼위일체론

아우구스티누스의 삼위일체론은 그 이전 교부들에게서 나타나는 일체성이나 삼위성에 치우친 강조로 인한 난제들을 동시에 균형 있게 강조함으로 서방교회의 심리학적 삼위일체론과 동방교회의 사회적 삼위일체론을 모두 분명하게 제시했다. 또한 아우구스티누스

49　Augustini, *De Trinitate*, XV.28.51, 750-752.
50　Karl Jaspers, 『어거스틴의 생애와 사상』, 김쾌상 역 (서울: 희망사, 1981), 59-60.

는 성자의 출생과 성령의 이중발현이라는 개념을 통해 아우구스티누스 이전 교부들에게서 주장되던 군주신론이나 종속적 사상을 말끔히 해결해 주었다. 즉 아우구스디누스는 성부와 성자, 성령의 본질에 있어서의 구분이 아닌, 삼위일체 하나님의 관계적 구분임을 강조함으로 아우구스티누스의 독특한 관계적 삼위일체론을 형성했다. 아우구스티누스의 삼위일체론에서 발견되는 이러한 세 가지 특징들은 각각 단절된 특징들이 아니고 서로 연관된 특징들이다. 일체성과 삼위성을 사랑의 유비를 통한 관계적으로 동시에 균형 있게 강조한 삼위일체론이었다.

아우구스티누스는 플라톤 철학을 비롯해서 신플라톤주의와 회의주의, 그리고 기독교적 전통의 어머니와 암브로시우스의 신학적 도움, 그리고 초대교회의 여러 교부들의 저작들을 두루 섭렵함으로 자신의 사상적 체계를 세웠다. 특히 히포의 감독으로 지내면서 당시의 마니교도나 도나투스주의자, 그리고 펠라기우스주의자들과 첨예한 신학적 논쟁을 통해 위대한 저작들을 남기게 되었지만, 아우구스티누스의 삼위일체론은 이처럼 신학적 논쟁의 결과로서가 아니라 20년에 걸친 자신의 주된 관심사요 일생의 중대한 작업으로서 저술을 했다.

아우구스티누스에게 있어서 삼위일체론은 이단 사상에 대한 변증적 교리로서가 신앙의 대상이며 이유인 삼위일체 하나님에 대한 결과였다. 즉 이것은 단순히 사변적인 체계로서가 아니라 아우구스티누스 자신이 삼위일체 하나님을 이해하고 신앙하고자 했던 신학의 궁극적 관심사요 신앙의 본질이었기에 더욱 중요한 의미를 갖는다.

2. 종교개혁자들의 삼위일체론

1) 마틴 루터의 삼위일체론

종교개혁자들은 대체로 삼위일체론을 이미 정리된 교리로 생각하여 그 본질적인 내용을 재고하려 하지 않았고, 삼위일체론에 대해 너무 사변적으로 발전시키는 스콜라주의 사상을 비판하였다. 중세 스콜라 신학에 반대한 마틴 부처(Martin Bucer, 1491-1551)는 동일본질과 삼위일체 같은 비성경적 용어들을 피하려고 하였다. 하지만 마틴 루터(Martin Luther, 1483-1546), 울리히 츠빙글리(Ulrich Zwingli, 1484-1531), 존 칼빈(John Calvin, 1509-1564)과 같은 종교개혁자들은 성경적 가르침을 보호하기 위해, 성경 외의 용어가 필요하다고 인정하였고, 초대교회의 신조들의 상대적인 권위를 옹호하였다.[51]

스페인과 이탈리아를 비롯한 유럽의 여러 지역에서 온 "반(反)삼위일체론 합리주의자들"은 개신교 지역에서 은신처를 찾았고, 전통적인 가톨릭 구원론과 성례론 교리뿐만 아니라, 그리스도의 인격과 삼위일체에 관련된 교리들도 포기하도록 설득하고자 했다. 특히 미카엘 세르베투스(Michael Servetus, 1511-1553)나 파우스투스 소치누스(Faustus Socinus, 1539-1604)와 같은 이들의 도전은, 종교개혁자들로 하여금 삼위일체 신앙을 옹호하게 하였다.[52]

그럼에도 불구하고 루터의 삼위일체론에 대해서는 그동안 온당한 평가를 받지 못했다. 칼 홀(Karl Holl)은 종속설의 경향과 양태론

---

51 Olson & Hall, 『삼위일체』, 96-97.
52 Olson & Hall, 『삼위일체』, 97.

경향이 있다고 보았고, 알브레히트 페터스(Albrecht Peters)는 루터의 삼위일체론을 고지식한 삼신론(naive tritheism)이라고 했다.[53]

하지만 루터의 삼위일체론은 초대교회로부터 내려오는 전통적인 용어와 개념들을 사용하면서 교부들의 전통적인 삼위일체론을 계승했다. 루터에게 있어서 성부는 삼위의 근원이자 원천이다.[54] 세 위격의 신성과 능력과 위엄에 있어서는 동일하지만 순서에 있어서는 성부가 먼저라고 했기에, 종속설이나 양태설이라는 비판은 루터의 삼위일체론을 부분적으로 파악한 결과이다. 루터는 자신의 삼위일체론을 이렇게 주장했다.

> 한 분이신 참되고, 전능하시며, 영원한 하나님께서는 또한 하나의 신적 본질 안에서 구별되는 세 위격, 즉 성부(聖父) 하나님, 성자(聖子) 하나님, 성령(聖靈) 하나님으로 계신다. 성부는 영원 가운데서 성자를 낳으시고, 성령은 성부와 성자로부터 발현하신다. 구별되는 세 위격들이지만, 동일한 영광과 위엄을 가진 오직 하나의 신적 본질만이 있다.[55]

결국, 루터에게 있어서 동일본질과 세 위격, 특히 성자의 출생과 성령의 이중발현 전통이 그대로 나타나며, 세 위격의 영광과 위엄에

---

53 Christine Helmer, *The Trinity and Martin Luther: A Study on the Relationship between Genre, Language and the Trinity in Luther's Works (1523-1546)* (Mainz: Verlag Philipp Von Zabern, 1999), 12.

54 Helmer, *The Trinity and Martin Luther: A Study on the Relationship between Genre, Language and the Trinity in Luther's Works (1523-1546)*, 271.

55 Martin Luther, *What Luther Says: A Practical In-Home Anthology for the Active Christian*, ed. Ewald M. Plass (St. Louis: Concordia Publishing House, 1959), 1386.

있어서도 동등성을 언급하면서 동일본질에 대해 재차 강조한다. 루터 자신은 교부들의 전통뿐만 아니라, 성경적 근거와 역사적 연속성까지도 강조했다.[56] 마틴 루터의 삼위일체론은 초대교회와 아우구스티누스를 비롯한 교부들의 정통 가르침, 그리고 후대의 존 칼빈과 조나단 에드워즈에 이르기까지 그대로 이어지고 있음을 알 수 있다.

또한 루터는 삼위일체론을 단지 추상적인 사변이나 지적인 유희를 위한 것이 아닌, 각자의 삶과 구원에 직결되는 실존적인 문제로 다루었다. 루터는 요리문답, 찬송가, 설교, 성례 등 다양한 방식으로 삼위일체를 가르쳤던 것이다. 그래서 루터는 스콜라 형이상학을 매춘부라고 호되게 몰아붙였고, 하나님을 찾기 위한 모든 형이상학을 대담하게 십자가에 매달아야 한다고 주장했다.

> 어떻게 이러한 상호 삼위일체 관계가 수행되는지는 우리가 믿어야 하는 영역이다. 그것은 기쁨으로 쉬지 않고 이를 지켜본 천사들마저도 하나님의 불가해성을 넘어설 수 없기 때문이다. 하나님의 불가해성을 이해하고자 한 모든 사람들은 자신들의 목을 부러뜨리고자 노력한 것이다.[57]

루터는 삼위일체론에 대해서 태양과 빛의 관계처럼 성자는 성부에 의해서 영원히 출생한다고 했다. 성령은 성부와 성자로부터 나온다는 서방교회 전통을 따르고 있다. 하나님의 세 위격은 세 사람

56　박경수, "루터 신학에서 삼위일체론의 위치,"「한국교회사학회지」20 (2007), 67-93.

57　Luther, *What Luther Says: A Practical In-Home Anthology for the Active Christian*, 1385.

으로 나뉘어 있는 것이 아니라 하나님의 동일하고 영원한 불가분적 본질 안에 있다는 뜻으로 보았다. 삼위일체의 구별성에 있어서 루터는 성부는 주로 창조와 관계를, 성자는 주로 구원과 관계를, 성령은 주로 성화와 관계를 갖고 있다고 주장하였다.

마틴 루터에게 있어서 하나님은 계시된 하나님과 숨어계신 하나님으로 구별한다. 우리가 알 수 있는 하나님은 계시된 하나님이시고 우리가 알 수 없는 본질이 많이 있다.[58]

하나님을 아는 방법은 다음과 같다.

첫째, 일반적 하나님 지식, 즉 신의 존재, 창조, 하나님의 의, 신앙 등 보통 사람들도 알 수 있는 하나님에 대한 지식이 있다.

둘째, 특수한 하나님 지식으로 우리를 향한 하나님의 뜻, 즉 구원이 있다.

하나님의 의는 우리를 의롭게 하며, 하나님의 지혜는 우리를 지혜롭게 하며, 하나님의 힘은 우리를 힘 있게 한다. 여기서 루터의 윤리가 나온다. 그래서 루터에게 있어서 하나님의 본질에 대한 완전한 지식은 불가능하다.

하나님은 세상을 창조하시고 섭리하시는 분이시다. 창조는 무로부터의 창조이고 하나님은 이 세상 만물을 섭리하시는데 이에 대한 그리스도인의 태도는 감사다. 인간이 하나님에 대해서는 믿는 것으로는 부족하고 하나님 안에서 믿어야 된다고 루터는 주장한다. 그것은 하나님에 대한 믿음이 아니라 하나님 자체를 믿는 전적인 신뢰를 의미한다. 루터는 이중예정(二重豫定)과 제한속죄(制限贖罪)를

---

[58] Luther, "Lectures on Genesis," 1:2, *LW* 1:11.

주장하였다. 하나님의 전능과 인간의 의지는 상반된 것이기에, 인간은 필연적으로 죄를 짓지만 강제적으로 죄를 짓는 것이 아니기 때문이다. 유기(遺棄)는 그리스도의 유기에 의해서 대답되어야 한다고 보았다.

예수 그리스도의 위격에 대해서 성자는 완전한 하나님이시며 완전한 인간이시라고 했다. 루터는 양자설(養子說)과 성부수난설(聖父受難說), 그리고 마니교의 가현설(假現說)도 비판하였다. 그리스도의 사역으로 속죄를 이루었다고 보았다. 특히 루터는 형벌대상설(刑罰代償說)을 주장했다. 즉 속전설(贖錢說)이 변형된 것이 승리자 그리스도이고 이는 그리스도가 악마를 쳐부수고 악마의 노예된 인간을 구원했다는 것이다. 한편, 안셀무스의 보상설(報償說)은 인간이 하나님의 명예를 훼손했기에 그 명예에 대한 보상을 그리스도가 했다는 것이지만, 루터의 형벌대상설은 인간이 받아야 할 형벌을 그리스도가 대신 받았다는 것이다.

루터는 그리스도께서 인성에 있어서도 편재하다고 보았다. 즉 그리스도의 승천은 한 지역에 국한되어 있지 않고 모든 사람에게 보여주기 위한 것으로 온 세계에 다 계시다고 보았다. 반면, 츠빙글리는 승천해서 한 곳에 계시나 루터는 그리스도께서 안 계신 곳이 없다고 하였다. 이러한 사상은 루터가 고대 알렉산드리아학파처럼 그리스도의 신성과 인성의 일치를 강조한 반면, 츠빙글리는 고대 안디옥학파처럼 둘의 분리를 강조한 것이다.

루터는 성령 하나님에 대해서 교회 초기에는 성령이 가시적으로 나타났지만 지금은 믿는 자들의 마음속에 말씀에 의해서 오신다고 보았다. 성령의 내주하심의 증거는 말씀에 대한 사랑으로 성령은 그리스도의 공적을 우리에게 전달해준다고 보았다. 그래서 우리를 믿게 하고 거룩하게 한다.

루터는 전통적인 삼위일체론을 따라, "우리는 신적 위엄이 하나의 참된 본질 속에 셋의 구별되는 위격들임을 믿는다"고 고백했다.[59] 또한 "성령은 성부와 성자로부터 발현한다. 그러므로 그는 또한 성부와 성자의 영이라 불린다"고 했다.[60]

한편, 츠빙글리는 영원하며, 무한하며, 창조되지 않은 분으로 하나님의 일체성을 강조하였다. 창조물을 통해서는 예배할 수는 없으며, 하나님의 주권과 예정을 강조하였다. 츠빙글리는 그 당시에 행해지던 마리아 숭배, 성인 숭배, 성례에 대한 숭배를 다 비판하였다. 마리아가 하나님의 어머니라는 사상은 인정하나 신성을 가진 것은 아니라고 했다. 성인들은 예배의 대상이 아니고 다만 우리가 삶으로 모방할 대상이며, 성례는 상징에 불과하며 하나님의 은총을 기념하는 것이라고 했다. 하나님의 선은 사랑과 정의의 종합으로 보았다. 즉 사랑 없는 정의는 폭력으로, 정의 없는 사랑은 무질서로 떨어진다고 하였다.

루터는 자연 속에 비합리적이고 신비적인 요소가 있는 것으로 본 데 반해 츠빙글리는 하나님께서 이 자연 속에 계시지 않고 다만 자연에게 법칙을 주셨다고 폴 틸리히는 평가했다. 츠빙글리는 자연을 법칙적인 구조로 이루어진 것으로 보았다. 이러한 면은 츠빙글리의 사상에서 근대화된, 산업화된 사회의 단서가 발견된다. 즉 자연을 비(非)신성화함으로써 자연에 대한 연구개발을 가능하게 한 것이다.

---

59 Hugh Thomas Kerr, Jr. ed. *A Compend of Luther's Theology* (Philadelphia: The Westminster Press, 1943), 37.

60 Kerr, Jr. ed. *A Compend of Luther's Theology*, 41.

츠빙글리는 기독론에서 그리스도는 완전한 인간이며 완전한 신으로 신성과 인성의 관계는 영혼과 육체의 관계와 같다고 보았다. 또한 신은 수난당할 수 없기에, 예수님께서 수난 당하신 것은 인성으로 당하신 것이지 신성으로 당하신 것이 아니라고 했다. 이러한 사상은 553년 콘스탄티노플 총회의 결정을 이어받은 것이다. 즉 성부수난설(Patripassism)은 이단이었지만, 신수난설(Theopaschite)은 정통이었다. 한편, 츠빙글리는 루터에 비해 그리스도의 신성과 인성과의 구별을 강조했다.

2) 존 칼빈의 삼위일체론

존 칼빈의 삼위일체론에 대해 연구한 토마스 토런스(Thomas F. Torrance)는 아타나시우스와 나지안주스의 그레고리오스로부터 칼빈에게로 흐르는 영향을 지적하면서 긍정적인 평가를 했다.[61] 또한 벤저민 워필드(Benjamin B. Warfield)는 칼빈의 삼위일체론이야말로 기독교 교리사의 기념비적인 장을 열어놓았을 뿐만 아니라, 새로운 발전을 이루었다고 평가했다.[62] 하지만 매케이(J. P. Mackey)는 닛사의 그레고리오스와 칼빈 관계를 언급하면서, 부정적인 평가를 했다.[63]

프랑소와 방델(François Wendel) 역시 칼빈은 당대 여러 종교개혁

---

61 Thomas F. Torrance, "The Doctrine of the Trinity in Gregory of Nazianzus and John Calvin," (1990), *Trinitarian Perspectives* (Edinburgh: T. & T. Clark, 1994), 21-40.

62 Benjamin Breckinridge Warfield, "Calvin's Doctrine of Trinity," *Calvin and Augustine* (Philadelphia: Presbyterian and Reformed, 1974), 198.

63 J. P. Mackey, *The Christian Experience of God as Trinity* (London: SCM, 1981), 190-191.

자들의 삼위일체론에 관한 이론들을 모아놓은 것에 불과하다고 비평을 했다.64 반면, 필립 부틴(Philip W. Butin)은 토런스를 호의적으로 인용하면서도, 중간입장을 취했다.65

존 칼빈의 신학방법은 하나님의 절대주권에서 출발하여 예정론을 거쳐 오직 하나님께만 영광(*Soli Deo Gloria*)이 목표였다. 에른스트 트뢸취(Ernst Tröltsch)는 칼빈 신학의 중심주제는 하나님의 예정 또는 하나님의 영광이라고 주장하면서, 역사는 하나님의 계획에 의해서 일어나는 것이며 그 목적은 자신의 영광을 위한 것이라고 했다. 반면, 니젤(Niesel)은 성부 하나님 중심의 신학을 반대하고 성자 그리스도 중심으로 칼빈의 신학 전체는 그리스도가 강조되어 있다고 주장하였다. 워필드(Warfield)는 칼빈에게 가장 독특한 점은 성령을 강조한 것에서 찾을 수 있다고 하면서 칼빈을 '성령의 신학자'라고 평가했다. 이양호는 이 세 사람들은 모두 칼빈의 신학사상의 각 한 면만 본 것이고 '칼빈은 삼위일체의 삼위를 모두 강조한 삼위일체 신학자'라고 하였다. 이양호는 칼빈의 구원론을 아리스토텔레스의 4원인설을 토대로 설명하였다.

칼빈 신학의 결정체인 『기독교 강요』의 구조를 파악함에 있어서 칼 바르트의 제자인 제임스 파커(James I. Parker)는 『기독교 강요』가 사도신경에 따라 성부, 성자, 성령, 교회의 4권으로 되었다고 주장하였다. 반면, 에밀 브룬너의 제자인 듀이(Dowey)는 이를 반대하고 『기

---

64 François Wendel, *Calvin: Origin and Development of His Religious Thoughts*, tr. Phillip Mairet (New York: Harper and Row, 1963), 169.

65 Philip W. Butin, *Revelation, Redemption, and Response: Calvin's Trinitarian Understanding of the Divine-Human Relationship* (New York: Oxford University Press, 1995), 44-45.

독교 강요』는 크게 2부분으로 되어 있다고 주장하였다.[66] 즉 1부 I권은 창조주 하나님에 대한 지식으로, 2부 II, III, IV권은 구속주 하나님에 대한 지식으로 되어 있다고 하였다. 창조주 하나님에 대한 지식은 창조 가운데에 있고, 구속주 하나님에 대한 지식은 성경 가운데 있다고 본 것이다. 이러한 주장은 자연신학적인 가능성을 엿볼 수 있다.

이양호는 듀이의 견해를 지지하면서 칼빈에게 있어서 삼위일체의 하나님은 창조와 구원을 행하신다고 보았다. 하나님은 지금도 창조를 계속하실 뿐 아니라 동시에 교회 안에서는 한 인간을 거룩하게 중생하도록 도우시며, 구원에 이르게 하신다. 즉 삼위일체 하나님께서 하시는 넓고 큰 일은 창조의 일이고 중심적인 일은 구속의 일이다. 이것이 칼빈 신학을 지배하고 있다.

칼빈에게 있어서 그리스도도 마찬가지로, 그리스도는 육체 안에도 계시지만 밖에서도 계신다(extra Calvinisticum). 십자가에 달린 그 순간에도 영원한 성자는 이 세계를 지배하셨다. 성령에 대해서도 일반은총과 특별은총을 말한다. 예술이나 철학의 작품 등 모두 성령의 일반은총에 속하는 것이며, 우리 안에 뜨거운 마음을 일으켜서 그리스도를 믿게 하고 성화되게 하는 것은 성령의 특수은총에 속한다고 보았다.

칼빈의 신학사상 중『기독교 강요』 13장에 삼위일체론이 나온다. 칼빈은 삼위일체 신앙의 척도를 13장에서 "성경 안에서 창조 이후로 하나님은 그 안에서 세 위격 안에 존재하시는 하나의 본질이

---

66 E. A. Dowey, *The Knowledge of God in Calvin's Theology* (New York: Columbia University Press, 1952).

시다"는 제목으로 정리하였다.⁶⁷ 칼빈은 13장에서 먼저 삼위일체론을 초대교부들이 사용한 삼위일체 용어에 대한 비평적 논의에서 시작하여(1-6), 성자 하나님의 영원한 신성과 위격을 다룬다(7-13). 또한 성령 하나님의 영원한 신성과 위격을 다루며(14-15), 삼위의 구별성과 일체성을 다룬다(16-20). 마지막 부분에서 반(反) 삼위일체 이단에 대한 논박을 다룬다(21-29).⁶⁸

하나님께서는 인간에게 적응하신다고 보았다(accommodation theory). 하나님의 계시는 항상 하나님의 은폐를 동반한다. 예수 그리스도가 인간의 몸을 입은 것도 하나님의 계시인 동시에 은폐다. 특히 칼빈은 14-15장에 걸쳐 창조에 대해 설명하는데, 이신론을 비판하기 위해 하나님께서 한가하게 쉬고 계신 분이 아니라 지금도 계속적인 창조를 하신다고 주장하였다.

칼빈은 16-18장에서 하나님의 섭리를 다루었다. 세상의 모든 일은 하나님의 부성적 사랑이거나 심판의 표현으로서 우연이나 운명이 아닌 모두 하나님의 사랑의 표현으로 알고 감사해야 한다고 했다. 섭리는 스토아의 운명론과 다른 것으로서, 섭리의 삶은 감사하지만 스토아의 운명론적인 삶은 체념하고 사는 것이다. 자신이 남을 도와 준 것은 하나님의 심부름이고 잘못된 것은 인간의 잘못임을 주장했다. 하나님께서는 악을 이용하시기에 하나님의 계율과 하나님의 계획을 구분해야 한다. 하나님은 무엇을 했느냐 혹은 무엇을 할 수 있었느냐를 묻는 것이 아니라 무엇을 하려고 했었느냐는 의도를

---

67 "*Unicam Dei essentian ab ipsa creatione tradi in Scripturis, quae tres in se personas continet*": John Calvin, *OS*, I.xiii, 108.

68 Calvin, *OS*, I.xiii, 108-151.

물으신다고 하였다. 이러한 사상은 아우구스티누스로부터 인용한 것이기도 하다.

칼빈은 신약의 계시가 구약의 하나님과 일치한다는 사실을 고백하기 위해 은혜의 경륜에서 위격적으로 계시된 성자와 성령의 위격들로부터 출발하여 신성의 일체성을 설명한다.[69]

> 따라서 하나님의 한 본질에는 한 하나님께서 계시되는 삼위가 존재함이 명백하다.[70]

칼빈은 삼위에 관하여 언급함이 없이 하나님의 속성에 관해 나열하지만, 하나님의 본질을 성경의 특별계시와 그리스도와 성령 안에 나타난 경륜적인 삼위 하나님의 자기계시와 무관하게 말하는 것을 자제한다.[71]

칼빈은 에베소서 4:5과 마태복음 28:19로부터 삼위일체론을 논증한다. 칼빈은 속성의 점유(appropriatio)라는 용어보다는 속성의 구별이라는 용어를 사용한다.

> 성부께는 작용의 근원, 만물의 기초와 출발을, 성자께는 지혜와 모략 그리고 만물의 질서를, 성령께는 능력과 작용의 효력이 속한다.[72]

---

69 Calvin, *OS*, I.xiii.7-15, 116-129.
70 Calvin, *OS*, I.xiii.16, 129-130.
71 Calvin, *OS*, I.xiii.2, 109-111.
72 Calvin, *OS*, I.xiii.8, 118-119.

칼빈은 내재적 삼위일체론과 경륜적 삼위일체론을 분리시키지 않는다. 칼빈은 성부를 신성의 근원이요 원천으로 보는 아우구스티누스의 사상을 그대로 받아들였다. 또한 삼위 내의 상관직인 순서를 인정하지만 아주 신중하게 어떠한 형태의 존재론적 종속설이나 양태론도 거부한다.[73] 즉 칼빈의 삼위일체론은 아우구스티누스의 전통에 확고히 서 있으면서도, 삼위일체 각 위격은 카파도키아의 신학자들을 추적하여 그들의 문제점도 파악하고 이를 보완함으로 서방 신학의 양태론과 동방신학의 종속설을 극복했다.[74]

3. 개혁적 계몽주의자들의 삼위일체론

종교개혁 시기 이후 삼위일체론은 무관심과 퇴조의 시기로 접어들었다. 17-18세기에 이신론자들이 제기한 대부분의 반대는 소치누스나 세르베투스가 종교개혁 시기에 제기한 문제들을 그저 반복하는 수준이었다. 영국에서의 이신론자들의 삼위일체론에 대한 도전은 신비적이거나 합리적인 영역을 넘어서는 것으로 치부하였다. 이전에 삼위일체론을 부정했다는 이유로 많은 학자들이 이단으로 몰린 이유 때문에, 이신론자들은 합리적인 기독교를 내보이면서 내면적으로 삼위일체론을 부인하고 있었다.

이러한 주장은 존 로크, 존 톨랜드(John Toland, 1670-1722), 매튜 틴들(Matthew Tindal, 1656-1733) 등이었다. 이신론자들과 합리주의자

---

[73] Calvin, *OS*, I.xiii.5, 22, 28, 113-116, 137-139, 148-149.
[74] T. F. Torrance, "Calvin's Doctrine of Trinity," *CTJ* 25 (1990), 165-193.

들이 내면적인 반(反) 니케아적 태도를 지니면서 교회와 신학의 변화를 꾀하는 동안, 경건주의자들과 복음주의적 부흥운동가들은 대부분 니케아의 정통 삼위일체를 주어진 것으로 받아들이면서 신앙적 체험에 관심을 가졌다.[75]

존 로크는 『기독교의 합리성』(The Reasonableness of Christianity, 1695)에서 이성과 하나님의 계시의 일치를 논증하려 했다. 이 과정에서 존 로크는 신비적인 교리들을 부인하거나 거부하지 않았으나 그저 무관심하게 대했다. 삼위일체론은 합리적인 기독교의 본질에 속하지 않는 것으로, 옹호하지 않았다. 존 로크는 스스로는 의도하지 않았지만 기독교 이신론을 담은 반(反) 니케아적 자유사상의 운동의 길을 열어 놓았다. 즉 그는 참된 기독교란 언제나 이성이 논증할 수 있는 영역을 넘어서는 때조차도 이성과 일치해야 한다고 주장하였다.

계몽주의자들은 삼위일체론이 이성과 일치하지 않는다는 이유로 또한 도덕성에 아무런 기여를 하지 않는다는 전제에서 이 교리를 경시하였다. 존 로크, 톨랜드, 틴들, 존 밀턴과 같은 계몽주의자들이 삼위일체론의 합리성에 대한 의문 제기로 인해 영국과 미국의 지성인들에게 매우 깊게 파고들어 파급되었다.[76]

이러한 주장에 대해 조나단 에드워즈는 이성만이 하나님의 분화되지 않는 하나 됨 안에 있는 삼중적 구분을 충분히 할 수 있다고 주

---

75 Olson & Hall, 『삼위일체』, 112-114.
76 Pauw, "The Supreme Harmony of All": The Trinitarian Theology of Jonathan Edwards, 22.

장한다.[77] 만일 하나님께서 지적이고 인격적이며 자존하는 분이라면, 하나님 안에는 셋이 있어야 하고 오직 세 구별된 실재하는 존재들이 있어야 한다. 이것은 삼위일체 하나님에 대한 교리가 신비롭기에 비합리적이고 참된 종교의 본질에 속하지 않는다는 이신론자들의 주장을 파기하는 것이다. 조나단 에드워즈에게 있어서 참된 종교는 삼위일체적인 기독교를 의미한다.

조나단 에드워즈는 프란시스 튜레틴과 피터 반 마스트리히트와 같은 개혁주의 스콜라 철학자들, 그리고 윌리엄 에임스 같은 청교도 신학자들의 저술을 통해 나타난 삼위일체 가르침을 이어받았다.[78] 피터 반 마스트리히트는 윌리엄 에임스의 주장을 통해, 기독교 신학은 그리스도를 통한 하나님께 나아가는 교리이며, 교리는 경건의 길을 따르는 것이라고 강조했다.[79]

소치니우스주의자들의 반(反) 삼위일체론을 반대한 피터 반 마스트리히트는 교리의 근본인 삼위일체론과 같은 신학에서의 실천적 특성을 분명하게 강조하였다. 피터 반 마스트리히트의 신학을 존경했던 조나단 에드워즈는 피터 반 마스트리히트의 사상을 통해 개혁적 스콜라주의의 영향을 받았다. 피터 반 마스트리히트와 함께 조나단 에드워즈는 하나님과 신적인 일들에 대한 참된 지식이야말로 실천적 지식임을 확신했다.[80] 조나단 에드워즈 역시 삼위일체론이 경

---

77 Olson & Hall, 『삼위일체』, 124-125.

78 Francis Turretin, *Institutes of Elenctic Theology*, tr. George M. Giger, 3 vols.; (Phillipsburg, N.J.: P&R Pub., 1992), I, Third Topic, Question VII, i, 191; XXV, I, 265; Lee, *The Philosophical Theology of Jonathan Edwards*, 4-36.

79 Peter van Mastricht, *Theocretico-practica Theologia* (Utrecht, 1724), I.i.36.

80 Jonathan Edwards, "Charity and Its Fruits," *WJE*, 8:296: "That spiritual knowledge

건의 도를 따르기 위해 필요한 것이라고 했다.[81]

삼위일체론에 관한 저술에 있어서 조나단 에드워즈는 단순히 정통만을 고수하기 위해서 삼위일체론에 관심을 기울인 것이 아니라, 그리스도인의 신앙과 삶에 있어서 삼위일체론의 확신이 미치는 심오한 실천적 가치를 중요시했기 때문이다.[82]

결국, 조나단 에드워즈는 초대교회와 아우구스티누스를 정점으로 한 초대교부들의 삼위일체론, 종교개혁자들의 전통, 그리고 계몽주의자들의 사상을 창조적으로 수렴하여 자신만의 독창적인 삼위일체론의 토대를 마련하였다. 그것은 결코 삼위일체론의 전통을 고수하는데 그치지 않고 그리스도인의 신앙과 삶의 실천적 지침으로서 제시하고자 했다.

---

and understanding, which are the immediate foundation of all true grace in the heart, tends to practice. A true knowledge of God and divine things is a practical knowledge."

[81] Jonathan Edwards, "Miscellanies," no. 181, *WJE*, 13:328: "I used to think sometimes with myself, if such doctrines as those of the Trinity and decrees are true, yet what need was there of revealing of them in the gospel? What good do they do towards the advancing [of] holiness?... the knowledge of which I have experienced how much it contributes to the betterment of the heart... I know by experience, how useful theses doctrines be to lead to this knowledge."

[82] Pauw, *"The Supreme Harmony of All": The Trinitarian Theology of Jonathan Edwards*, 26.

제3장

조나단 에드워즈의 삼위일체론 계승에 관한 논쟁

1. 심리학적 유비와 사회적 유비 모두의 영향

1) 에이미 포오의 삼위성-일체성 방식

조나단 에드워즈의 삼위일체론 형성에 영향을 끼친 배경에 관해서 최근에는 두 가지 견해가 있다.

첫 번째로 에이미 포오(Amy Plantinga Pauw)[1]는 조나단 에드워즈가 심리학적 모델과 사회적인 모델 양자 모두의 삼위일체론을 사용했다고 주장한다.[2] 이것은 삼위일체론에 관한 조나단 에드워즈의 사

---

1 에이미 포오는 1990년 예일대학교(Yale University)에서 "'The Supreme Harmony of All': Jonathan Edwards and the Trinity"라는 논문 제목으로 박사학위(Ph. D.)를 받았다. 현재 켄터키 주의 루이빌장로교신학교(Louisville Presbyterian Theological Seminary)에서 교의학 교수로 재직 중이다. 특히 그녀는 조나단 에드워즈 전집의 편집위원으로 전집의 20권, 『문집』을 편집하였다.

2 Pauw, "*The Supreme Harmony of All*": *The Trinitarian Theology of Jonathan Edwards*.

상이 동방교회와 서방교회의 전통을 모두 수용하였음을 의미한다. 에이미 포오는 조나단 에드워즈가 내재적 삼위일체론과 경륜적 삼위일체론을 명확히 표현하기 위해서, 그리고 창조와 구속을 연결하고자 두 가지 전통의 모델을 수용했다고 주장한다.[3]

에이미 포오는 그녀의 박사학위논문을 바탕으로 출간된 책『"만물의 최고 조화": 조나단 에드워즈의 삼위일체 신학』("The Supreme Harmony of All": The Trinitarian Theology of Jonathan Edwards)을 통해 조나단 에드워즈의 삼위일체론에 대해서 구체적인 설명을 한다.

2002년에 출간한『만물의 최고 조화: 조나단 에드워즈의 삼위일체 신학』1장에서 에이미 포오는 내재적 삼위일체론을 위해서 에드워즈가 사용한 성경적 근거를 토대로 그 모델의 발전과정을 설명한다. 즉 포오는 심리학적인 모델과 사회적인 모델 양자 모두를 설명한다.[4] 종교개혁자들은 삼위일체론을 논함에 있어서 로마 가톨릭 신학자들이 비성경적 유비들을 사용하는 것에 대해 신중한 자세를 취함으로,[5] 삼위일체론의 근거를 그리스도와 사도들의 가르침에 한정하였다.[6]

하지만 청교도들과 개혁적 스콜라주의자들은 삼위일체론을 위한 성경적 범주를 벗어나는 자연적 개념들을 사용하는 것에 대해서 신중함을 취하면서도, 신학적 어휘와 개념들을 확장시켰다. 그러한

---

[3] Pauw, *"The Supreme Harmony of All": The Trinitarian Theology of Jonathan Edwards*.

[4] Pauw, *"The Supreme Harmony of All": The Trinitarian Theology of Jonathan Edwards*, 19-56.

[5] Calvin, *OS*, I.xiii.21, 135-137.

[6] Pauw, *"The Supreme Harmony of All": The Trinitarian Theology of Jonathan Edwards*, 30.

삼위일체 하나님을 위한 비성경적 유비들의 두 가지 주요한 흐름이 바로 사회적 유비와 심리학적 유비다.[7]

삼위일체 하나님의 사회적 개념은 청교도들과 개혁적 스콜라주의자들이 주장하는 언약신학의 형태에 매우 적합하기에, 개신교 스콜라주의자들은 종종 구속의 언약을 다룸에 있어서 삼위일체 하나님의 사회적 관점을 주장했다.[8] 에드워즈 역시 구속 사역이야말로 삼위일체 하나님의 세 위격들의 일치로 영생에 이르게 하는 상호 간의 의논이자 언약이라고 보았다.[9]

또한 조나단 에드워즈는 존 오웬(John Owen)과 토마스 굿윈(Thomas Goodwin)처럼 성령을 삼위일체 하나님의 완전한 구성원으로 보면서도, 구별되는 신적 위격으로 강조했다.[10] 삼위일체 하나님의 심리학적 모델은 17세기 개혁적 스콜라주의자, 바톨로메우스 케커만(Bartholomaeus Keckermann)의 문헌에서 발견된다.[11] 또한 윌리엄 에임스, 리처드 백스터(Richard Baxter), 코튼 매더(Cotton Mather)와 같

---

7 Pauw, *"The Supreme Harmony of All": The Trinitarian Theology of Jonathan Edwards*, 30.

8 David Dickson, *The Sum of Saving Knowledge* (Edinburgh: T. & T. Clark, n.d.), 54.

9 Jonathan Edwards, "Miscellanies," no. 993, *WJE*, 20:323: "Therefore it is that God's decrees are commonly in Scripture called his 'counsels,' because they belong to that agreement which the persons of the Trinity came into from eternity as it were by mutual consultation and covenant."

10 Pauw, *"The Supreme Harmony of All": The Trinitarian Theology of Jonathan Edwards*, 43.

11 Bartholomaeus Keckermann, *Systema Sacrosanctae Theologiae*, in *Opera Omnia*, 2 vols. (Geneva, 1611), vol. 2, 72; Quoted in Pauw, *"The Supreme Harmony of All": The Trinitarian Theology of Jonathan Edwards*, 46-47.

은 청교도들과 개혁적 스콜라주의자들의 문헌에서도 발견된다.[12] 특히 에드워즈가 성자를 성부의 관념으로 설명한 개념과 성령을 하나님 스스로의 사랑과 기쁨으로 표현한 개념도 에임스와 백스터 그리고 매더의 견해를 계승한 것이다.[13]

에드워즈는 성령을 신적 사랑(love)으로 표현하기보다는 오히려 신적 사랑의 행위자(lover)로 강조했다. 에드워즈의 심리학적 모델에서 성령은 삼위일체적 사회의 사랑하는 구성원이나 사랑받은 구성원이 아니라, 신적 사랑 그 자체를 의미한다. 에드워즈는 성령 하나님에 대한 설명에서 성부와 성자 간의 사랑의 띠라는 아우구스티누스의 개념과 청교도들과 개혁적 스콜라주의자들의 심리학적 개념을 계승 및 발전시킨 것이다. 에드워즈는 자신의 저술 곳곳에서 성령에 대한 이해를 삼위일체 하나님의 사회적 개념을 통해 설명했다.[14]

2) 내재적 삼위일체와 경륜적 삼위일체 각각에서의 두 가지 유비

에이미 포오는 자신의 저서 2장과 3장에서 조나단 에드워즈가 심리학적 모델과 사회적 모델을 내재적 삼위일체 속에서 설명한 것

---

12 William Ames, *The Marrow of Theology*, tr. John Dykstra Eusden (Durham, N.C.: The Labyrinth Press, 1968), 89; Richard Baxter, *The Reasons of the Christian Religion* (London, 1667), 24; Cotton Mather, *Bledded Unions* (Boston, 1692), 47-48. Quoted in Pauw, *"The Supreme Harmony of All": The Trinitarian Theology of Jonathan Edwards*, 46-47.

13 Pauw, *"The Supreme Harmony of All": The Trinitarian Theology of Jonathan Edwards*, 43.

14 Jonathan Edwards, "Nature of True Virtue," *WJE*, 8:557; Jonathan Edwards, "Charity and Its Fruits," *WJE*, 8:373.

을 밝힌다.[15] 또한 조나단 에드워즈 전집 13권에 있는 『문집』 117번을 근거로 조나단 에드워즈의 사회적 삼위일체론의 근거가 되는 일치와 탁월성 개념을 설명한다.[16] 조나단 에드워즈는 하나의 개념에서는 탁월성도 일치도 존재할 수 없음을 강조하면서, 하나님께서 탁월하시다면 분명히 하나님 안에는 복수성이 존재함을 논증했다.[17]

에드워즈는 존 코튼과 피터 반 마스트리히트의 사상처럼 하나님의 탁월성을 통해 삼위일체적 일치와 교제를 설명했다.[18] 그래서 포오는 조나단 에드워즈가 개혁적 스콜라주의와 청교도 신학자들의 뛰어난 부분에 영향을 받았지만, 하나님의 탁월성이나 완전성을 신적 통일성이나 단일성과 동일시하기 위해 전반적으로 거부했음을 주장한다.[19] 실제로 에드워즈는 케임브리지 플라톤주의자인 랄프 컷워스가 주장한 신적 단일성에 대한 견해와는 달랐다.[20] 그러면서 포

15　Pauw, *"The Supreme Harmony of All": The Trinitarian Theology of Jonathan Edwards*, 57-118.

16　Pauw, *"The Supreme Harmony of All": The Trinitarian Theology of Jonathan Edwards*, 54-55, 84-85. '일치'와 '탁월성'에 대한 자료는 다음과 같다. Jonathan Edwards, "The Mind," *WJE*, 6:336-338, 362.

17　Jonathan Edwards, "Miscellanies," no. 117, *WJE*, 13:283-284: "One alone cannot be excellent, inasmuch as, in such case, there can be no consent. Therefore, if God is excellent, there must be a plurality in God; otherwise, there can be no consent in him."

18　John Cotton, *A Practical Commentary upon the First Epistle General of John*(London, 1656), 367; Peter van Mastricht, *Theoretico-practica Theologia*(Utrecht, 1724), II.xxiv.28; Jonathan Edwards, "Miscellanies," no. 482, *WJE*, 13:524.

19　Pauw, *"The Supreme Harmony of All": The Trinitarian Theology of Jonathan Edwards*, 69.

20　이에 대해 존슨과 에밀리 왓츠는 에드워즈가 실제로 랄프 컷워스의 글을 읽었지만 동의하지 않았다고 보고, 월리스 앤더슨은 에드워즈가 1756년이나 1757년까지 랄프 컷워스의 글을 읽지 않았을 것이라고 본다. Pauw, *"The Supreme Harmony of*

오는 조나단 에드워즈가 하나님의 탁월성과 완전성을 관계적 존재론과 사회적 삼위일체론으로 대체했다는 것이다.[21]

하나님의 무한한 아름다움은 그분 자신의 무한한 상호사랑이다.[22] 인간 피조물 가운데 하나님의 아름다움은 일차적으로 육체적 아름다움이라기보다는 오히려 사회적 아름다움을 의미한다.[23] 그것은 삼위일체 하나님의 신적 아름다움이 흘러나온 것이기 때문이다. 그래서 에드워즈는 세상의 아름다움을 하나님의 아름다움과의 교제로 본 것이다.[24]

에이미 포오는 3장에서 구속의 언약 속에서 성부와 성자의 확고한 사회적 상호작용이 내재적 삼위일체에 대한 조나단 에드워즈의 고찰을 통해 사회적 모델을 사용했음을 밝힌다.[25] 에이미 포오는 조나단 에드워즈 전집 18권에 있는 『문집』 571번을 중심으로 조나단 에드워즈의 삼위일체론의 사회적 모델을 제시한다.[26]

에이미 포오는 4장과 5장에서 경륜적 삼위일체 속에서 상충하는 심리학적 모델과 사회적 모델을 조나단 에드워즈가 통합시켰음을

  All": The Trinitarian Theology of Jonathan Edwards, 69.
21　Pauw, *"The Supreme Harmony of All": The Trinitarian Theology of Jonathan Edwards*, 80-89.
22　Jonathan Edwards, "The Mind," *WJE*, 6:363.
23　Jonathan Edwards, "The Mind," *WJE*, 6:365.
24　Jonathan Edwards, "Miscellanies," no. 293, *WJE*, 13:384.
25　Pauw, *"The Supreme Harmony of All": The Trinitarian Theology of Jonathan Edwards*, 91-118.
26　Pauw, *"The Supreme Harmony of All": The Trinitarian Theology of Jonathan Edwards*, 14, 142, 47-48, 313-314, 325-326.

주장한다.[27] 삼위일체 하나님의 세 위격의 연합이 연합된 평범한 그리스도인들과 어떻게 직접적인 관련이 있는지를 설명하기 위해 에이미 포오는 에드워즈의 삼위일체 하나님의 경륜적 사역을 부각시킨다. 즉 포오는 그리스도의 죄악된 인성과의 연합, 선택받은 자들의 하나님과의 구속적 연합, 그리고 급변하는 사회 속에 사는 성도들의 연합을 통해 설명한다.[28]

에이미 포오는 마지막 6장에서 조나단 에드워즈의 내재적 삼위일체론과 경륜적 삼위일체론 속에서 심리학적 모델과 사회적 모델의 역할을 요약하고 현대 신학을 위해 활력을 주는 조나단 에드워즈의 삼위일체론을 기술한다.[29]

결국, 에이미 포오는 조나단 에드워즈의 삼위일체론 형성에 있어서 심리학적 유비와 사회적 유비 양자 모두의 영향을 받았음을 주장했다. 이러한 개념은 아우구스티누스의 사상뿐만 아니라, 청교도들과 개혁적 스콜라주의자들의 사상을 창조적으로 이어받은 것임을 살펴보았다. 또한 에이미 포오가 주장한 이 두 가지 유비는 내재적 삼위일체론과 경륜적 삼위일체론 속에서 연속성과 조화를 이루고 있다.

27　Pauw, *"The Supreme Harmony of All": The Trinitarian Theology of Jonathan Edwards*, 119-182.

28　Pauw, *"The Supreme Harmony of All": The Trinitarian Theology of Jonathan Edwards*, 124-150.

29　Pauw, *"The Supreme Harmony of All": The Trinitarian Theology of Jonathan Edwards*, 183-192.

2. 아우구스티누스의 상호 간의 사랑 전통

1) 스티븐 스튜드베이커의 역사적-신학적 방법론

조나단 에드워즈의 삼위일체론에 영향을 끼친 배경에 대한 최근의 두 번째 견해는 스티븐 스튜드베이커(Steven M. Studebaker)[30]의 주장이다. 에이미 포오의 주장과 달리, 스티븐 스튜드베이커는 삼위성-일체성 방식이 삼위일체 전통을 너무 일반화했다는 주장을 하면서, 조나단 에드워즈의 삼위일체가 동방교회와 서방교회 양자의 영향을 받은 것이 아니라, 아우구스티누스의 상호 간의 사랑 모델과 초기 계몽주의 변증가들의 영향을 받았다고 주장한다.[31] 스티븐 스튜드베이커의 주장은 에이미 포오의 주장과는 달리 서방교회, 그 중에서도 특히 아우구스티누스의 사상에만 영향을 받았음을 강조하면서, 전통적인 삼위일체론을 주장하는 초기 계몽주의 변증가들의 영향을 받았다는 것이다.[32]

스티븐 스튜드베이커는 에이미 포오가 사용한 삼위성-일체성 방

---

[30] 스티븐 스튜드베이커는 위스콘신 주의 마케트대학교(Marquette University)에서 2003년에 "Jonathan Edwards' Social Augustinian Trinitarianism: A Criticism of and an Alternative to Recent Interpretations"라는 논문제목으로 박사학위를 받고, 2006년부터 온타리오 주의 맥마스터신학교(McMaster Divinity College)에서 조직신학과 역사신학 교수로 재직 중이다. 조나단 에드워즈의 삼위일체론 영향에 관한 최근의 저술은 아래와 같다. Steven M. Studebaker, *Jonathan Edwards' Social Augustinian Trinitarianism in Historical and Contemporary Perspectives* (Piscataway, NJ: Gorgias Press, 2008).

[31] Steven M. Studebaker, "Jonathan Edwards's Social Augustinian Trinitarianism: An Alternative to a Recent Trend," *SJT* 56/3 (2003).

[32] Studebaker, "Jonathan Edwards's Social Augustinian Trinitarianism: An Alternative to a Recent Trend," *SJT* 56/3 (2003), 268-285.

식은 아우구스티누스의 전통을 사회적 모델로 귀결시키는 한계가 있음을 지적하면서, 조나단 에드워즈의 삼위일체론을 이해함에 있어서 삼위성-일체성 방식으로 접근하지 말아야 함을 강조한다.[33] 오히려 18세기 초 영국과 뉴잉글랜드에서의 이신론 발흥과 '삼위일체론 논쟁'이라는 역사적 상황을 파악하는 것이 조나단 에드워즈의 삼위일체론을 파악하는데 타당하다.[34]

스튜드베이커는 삼위성-일체성 방식을 통한 삼위일체론을 해석하는 신학은 19세기 후반의 방법론이기에, 현대적 적용에 있어서는 유용하지 않다는 것이다.[35] 에드워즈의 삼위일체론을 설명하는 해석학적 틀인 삼위성-일체성 방식에 대한 스튜드베이커의 자신의 비판은 기존의 전통에 대한 폭넓은 일반화를 통해 얻어지는 유용성을 격하시키지 않는다고 보지만, 오히려 그러한 개념을 통한 일반화가 종종 조나단 에드워즈와 같은 특별한 신학자의 삼위일체론을 오해하게 만드는 문제가 생긴다는 것이다.[36]

반면에 스튜드베이커는 에드워즈의 삼위일체론의 배경은 역사적이며 신학적인 두 가지 정황에서 해석해야 함을 강조한다.

첫째, 아우구스티누스에서 코튼 매더에 이르는 서방교회의 삼위

---

33 Studebaker, "Jonathan Edwards's Social Augustinian Trinitarianism: An Alternative to a Recent Trend," *SJT* 56/3 (2003), 281.

34 그 당시의 삼위일체론 논쟁에 대해서는 다음 자료를 참고하라. Thomas C. Pfizenmaier, *The Trinitarian Theology of Dr Samuel Clarke (1675-1729): Context, Sources, and Controversy*, Studies in the History of Christian Thought, ed. Heiko A. Oberman (New York: Brill, 1997).

35 Studebaker, "Jonathan Edwards' Social Augustinian Trinitarianism: A Criticism of and an Alternative to Recent Interpretations," Ph.D. Dissertation, 3.

36 Studebaker, "Jonathan Edwards' Social Augustinian Trinitarianism: A Criticism of and an Alternative to Recent Interpretations," Ph.D. Dissertation, 3.

일체 신학의 긴 역사를 파악해야 한다.

둘째, 삼위일체론 논쟁과 이신론이 발흥하던 초기 계몽주의를 심도 깊게 이해해야 한다.[37]

에드워즈의 삼위일체론에 대한 역사적-신학적 방법론적 해석이야말로 아우구스티누스의 상호 간의 사랑이라는 전통이 연속적으로 유지되며, 현대적 삼위일체 신학과 기독교 영성의 요구에 답변할 수 있는 근거를 제시한다고[38] 스튜드베이커는 주장한다.[39]

스튜드베이커는 삼위일체론에 대한 자신의 이러한 해석이 포스트모더니즘의 상대적 진리에 대한 인식론적 불확실성 주장, 실체에 근거한 존재론을 관계적 존재론으로 대체하려는 주장, 그리고 인간 본성과 자연 세계의 관계적 관점에서 보는 개별화에 대한 주장 등에 대해서 관계적 신학[40]을 위한 근거를 제공한다고 제시한다.[41]

하지만 스튜드베이커는 현대의 포스트모더니즘의 상황 때문에 에드워즈의 삼위일체론을 연구하는 최근의 학자들이 기독교적 영성

---

37 Studebaker, "Jonathan Edwards' Social Augustinian Trinitarianism: A Criticism of and an Alternative to Recent Interpretations," Ph.D. Dissertation, 4.

38 Mary A. Fatula, *The Holy Spirit: Unbounded Gift of Joy* (Collegeville, Minn.: Liturgical, 1998), 53-69.

39 Studebaker, "Jonathan Edwards' Social Augustinian Trinitarianism: A Criticism of and an Alternative to Recent Interpretations," Ph.D. Dissertation, 5.

40 Thomas Guarino, "Postmodernity and Five Fundamental Theological Issues," *Theological Studies* 57 (1996), 654-689; John Macquarrie, "Postmodernism in Philosophy of Religion and Theology," in *Issues in Contemporary Philosophy of Religion*, ed. Eugene T. Long, *Studies in Philosophy and Religion* 23 (Boston: Kluwer, 2001), 9-27; Wolfhart Pannenberg, tr. Philip Clayton, "Father, Son, Spirit: Problems of a Trinitarian Doctrine of God," *Dialog* 26 (1987), 250-251.

41 Studebaker, "Jonathan Edwards' Social Augustinian Trinitarianism: A Criticism of and an Alternative to Recent Interpretations," Ph.D. Dissertation, 6-8.

의 요구에 따라 자연스럽게 사회적이며 관계적인 삼위일체론을 제시하고자 서방교회의 아우구스티누스 전통을 부적절하게 묘사했음을 지적한다.42

2) 포오의 해석에 대한 스튜드베이커의 분석과 비판

에이미 포오는 자신의 논문과 저술을 통해 허버트 리처드슨(Herbert W. Richardson)43과 크리스터 세어링(Krister Sairsingh)이 사용한 해석 방법, 즉 에드워즈의 삼위일체론에 대한 관계적이며 사회적인 면을 강조한다. 하지만 스튜드베이커는 포오가 삼위일체 하나님의 전혀 다른 이질적인 심리학적인 모델과 사회적 모델 사이에서 에드워즈의 삼위일체론 사상에 대해서 갈피를 잡지 못하고 있다고 지적한다.44

스튜드베이커는 삼위성-일체성 방식을 통한 에드워즈의 삼위일체론에 관한 포오의 해석은 두 개의 독특한 삼위일체 모델들을 사용함으로 잘못 해석했다고 본다. 스튜드베이커는 에드워즈가 비록 성부와 성자 그리고 성도들 간의 사랑의 연합이라는 사회적 주제를 강조하긴 했지만, 그것은 독특한 사회적 모델이라기보다는 오히려 상

---

42 Studebaker, "Jonathan Edwards' Social Augustinian Trinitarianism: A Criticism of and an Alternative to Recent Interpretations," Ph.D. Dissertation, 9.

43 Herbert W. Richardson, "The Glory of God in the Theology of Jonathan Edwards: A Study in the Doctrine of the Trinity," Ph.D. Dissertation (Cambridge, Massachusetts: Harvard University, 1962).

44 Studebaker, "Jonathan Edwards' Social Augustinian Trinitarianism: A Criticism of and an Alternative to Recent Interpretations," Ph.D. Dissertation, 72-73.

호 간의 사랑 모델의 상황에서 강조한 것으로 본다.[45] 그래서 스튜드베이커는 에드워즈의 삼위일체론을 해석함에 있어서 삼위성-일체성 방식을 사용하는 것에 대한 문제점들을 네 가지로 지적한다.[46]

첫째, 삼위성-일체성 방식을 사용하는 학자들은 종종 역사적 기원을 간과한다. 에이미 포오의 경우, 아우구스티누스의 삼위일체 전통을 대표하는 심리학적 모델을 아우구스티누스의 『삼위일체론』(*De Trinitate*) 9권 8장에서 하나의 단순한 인용을 통해 묘사하며, 사회적 모델을 성 빅토르의 리처드의 『삼위일체론』 3권 18장에 대한 간략한 언급을 통해 묘사한다.[47] 스튜드베이커는 구체적인 학문적 확증을 거치지 않고 단순 인용을 문제 삼은 것이다.

둘째, 삼위성-일체성 방식은 아우구스티누스의 삼위일체론 관련 저술들 가운데 학문적이며 역사적인 정황과 무관한 작품에 의해 지지된다. 에이미 포오가 묘사한 아우구스티누스의 『삼위일체론』 9권에 사용된 정신, 이해, 그리고 의지와 같은 심리학적 유비는 학문적 탈상황화(decontextualization)의 경우에서 쓰인 것이기 때문이다.[48]

셋째, 삼위성-일체성 방식은 아우구스티누스의 역사적-신학적 정황을 무시한다. 이 개념은 아우구스티누스의 삼위일체론이 자신의 철학적 배경인 신플라톤주의를 이해하기 위한 열쇠로 여기게

---

45 Studebaker, "Jonathan Edwards' Social Augustinian Trinitarianism: A Criticism of and an Alternative to Recent Interpretations," Ph.D. Dissertation, 75, 77-122.

46 Studebaker, "Jonathan Edwards' Social Augustinian Trinitarianism: A Criticism of and an Alternative to Recent Interpretations," Ph.D. Dissertation, 87-99.

47 Pauw, "*The Supreme Harmony of All*": *The Trinitarian Theology of Jonathan Edwards*, 12-15.

48 Studebaker, "Jonathan Edwards' Social Augustinian Trinitarianism: A Criticism of and an Alternative to Recent Interpretations," Ph.D. Dissertation, 90-91.

한다. 하지만 아우구스티누스의 신적 단일성과 통일성 개념은 신플라톤주의의 영향이라기보다는 오히려 아우구스티누스의 이전의 프와띠에의 힐라리우스의 저술에서[49] 발견된다고 스튜드베이커는 주장한다.[50] 스튜드베이커는 신플라톤주의가 아우구스티누스의 신적 통일성의 교리를 형성한 것이 아니라, 신적 통일성에 대한 결정적 상황이 곧 불가분의 외부 작용들에 의한 4세기 니케아 이전 신학이라고 본다.[51]

넷째, 포오가 언급한 1215년 제4차 라테란 공의회를 통해 형성된 삼위일체 교리는 단순성의 교리 영향만을 과장한 확실한 예라고 스튜드베이커는 논증한다. 포오가 의도적으로 제4차 라테란 공의회의 한 면만을 인용했다면서,[52] 성부와 성자와 성령의 삼위일체 하나님은 단순화할 수 없는 신이심을 밝힌다.[53]

이렇게 스튜드베이커는 포오가 주장한 삼위성-일체성 방식을 통한 에드워즈의 삼위일체론 곳곳에서 아우구스티누스의 삼위일체론

---

49 St. Hilary of Poitiers, *The Trinity*, tr. Stephen McKenna, *The Fathers of the Church*, vol. 25.; ed. Roy Joseph Deferrari (Washington, D.C.: The Catholic University of America Press, 1954), 66-67.

50 Studebaker, "Jonathan Edwards' Social Augustinian Trinitarianism: A Criticism of and an Alternative to Recent Interpretations," Ph.D. Dissertation, 91-92.

51 스튜드베이커는 이에 대한 근거로 아우구스티누스의 389년에 기록한 *Epistle 11*, 410-412년에 기록한 *Sermon 52*, 417에 쓴 *Letter 187*, 418-419년의 *Tractate 20*, 그리고 *De Trinitate* 1.7-8, 4.30, 15.5, 15.20 등 여러 곳을 제시한다. Studebaker, "Jonathan Edwards' Social Augustinian Trinitarianism: A Criticism of and an Alternative to Recent Interpretations," Ph.D. Dissertation, 92-93.

52 Pauw, *"The Supreme Harmony of All": The Trinitarian Theology of Jonathan Edwards*, 26.

53 Studebaker, "Jonathan Edwards' Social Augustinian Trinitarianism: A Criticism of and an Alternative to Recent Interpretations," Ph.D. Dissertation, 97-98.

전통이 과장되었고, 역사적이며 신학적인 정황이 제대로 반영되지 않았음을 강조한다.

스튜드베이커는 포오가 에드워즈의 반대자들인 아우구스티누스적 스콜라주의자들을 아우구스티누스적 삼위일체 전통에 놓음으로 반대자들과 동일시한 문제가 있음을 지적하고, 에드워즈와 개혁적 스콜라주의 신학을 충분한 근거도 없이 비교해 놓으면서 서로 간의 연속성을 주장했다고 비판한다.[54] 실례로 스튜드베이커는 조나단 에드워즈를 성 빅토르의 리처드와의 비교를 통해 차이점을 드러낸다. 성 빅토르와 같이 에드워즈는 신성의 복수성을 위해 하나님은 사랑이라는 원칙으로부터 논증했다.[55]

하지만 성 빅토르와 달리, 에드워즈는 사랑이 성부와 성자의 상호 간의 사랑 안에서 완전히 표현된 것으로 여겼지, 성부와 성자의 상호 간의 사랑이 삼위인 성령에게 공유된 것으로 규정하지 않았다. 성 빅토르는 사랑을 주고받는 세 번째 주체로 전제한 독특한 모델을 발전시켰다.[56] 스튜드베이커는 또한 에드워즈가 개혁적 청교도 삼위일체 전통을 전적으로 수용하지 않았다는 포오의 주장을 받아들이면서도, 에드워즈가 그들의 전통을 에드워즈의 관계성에 맞게끔 수정했음을 주장한다.[57]

---

54 Studebaker, "Jonathan Edwards' Social Augustinian Trinitarianism: A Criticism of and an Alternative to Recent Interpretations," Ph.D. Dissertation, 101-102.

55 Jonathan Edwards, "Miscellanies," no. 96, *WJE*, 13:263-264.

56 Studebaker, "Jonathan Edwards' Social Augustinian Trinitarianism: A Criticism of and an Alternative to Recent Interpretations," Ph.D. Dissertation, 102-103.

57 Studebaker, "Jonathan Edwards' Social Augustinian Trinitarianism: A Criticism of and an Alternative to Recent Interpretations," Ph.D. Dissertation, 107-108.

스티븐 스튜드베이커는 에이미 포오가 조나단 에드워즈의 사회적 삼위일체론에 대한 근거로 인용한 『문집』(Miscellanies) 571번과 117번은 아우구스티누스의 상호 간의 사랑 모델인 심리학적 유비를 의미한다고 반박한다.[58] 스티븐 스튜드베이커는 인간의 사회적 관계의 형태로 여겨지는 상호 간의 사랑의 모델을 조나단 에드워즈가 삼위일체의 사회적 개념으로 사용하지 않았다는 것이다.[59] 『문집』 117번에서 에드워즈가 타자와의 사랑스런 일치에 의한 덕을 통해 하나님의 탁월성이 논증되며, 하나님은 필연적으로 복수성임을 주장했다.[60]

스튜드베이커는 이 부분을 사회적 모델로 보지 않고 상호 간의 사랑의 모델로 본다. 에드워즈가 성령은 성부와 성자의 상호 간의 사랑의 일치로서, 하나님의 탁월성임을 주장했기 때문이다.[61] 메리 클락(Mary T. Clark)은 아우구스티누스의 상호 간의 사랑의 모델을 '공동체의 원형'으로 본다.[62] 스튜드베이커는 에드워즈가 상호 간의 사랑의 모델의 형태에서 사회적 모티브(motifs)를 전개한 것이지, 삼위일체 하나님의 독특한 사회적 모델(model)을 전개한 것이 아니라는 것이다.[63]

---

58 Studebaker, "Jonathan Edwards's Social Augustinian Trinitarianism: An Alternative to a Recent Trend," *SJT* 56/3 (2003), 278-281.
59 Studebaker, "Jonathan Edwards's Social Augustinian Trinitarianism: An Alternative to a Recent Trend," *SJT* 56/3 (2003), 281.
60 Jonathan Edwards, "Miscellanies," no. 117, *WJE*, 13:284.
61 Jonathan Edwards, "Discourse on the Trinity," *WJE*, 21:129-130.
62 Mary T. Clark, *Augustinian Personalism*, ed. Robert P. Russell, The Saint Augustine Lecture Series 1969 (Villanova, PA: Villanova University Press, 1970), 13.
63 Steven M. Studebaker, "Jonathan Edwards' Social Augustinian Trinitarianism:

결국, 스티븐 스튜드베이커는 에이미 포오가 사회적 모델을 증명함에 있어서 상호 간의 사랑의 모델을 사용함으로 삼위성-일체성 방식을 무색케 했다는 것이다. 그래서 삼위성-일체성 방식을 거부하고 에드워즈가 상호 간의 사랑의 모델의 상황에서 사용한 사회적 용어로 전개했음을 인식해야 한다는 것이다.

3) 로버트 콜드웰의 성령론적 관점

한편, 이러한 견해는 로버트 콜드웰에게서도 발견된다. 로버트 콜드웰은 에드워즈의 삼위일체론은 아우구스티누스의 삼위일체론에서 심리학적 유비들을 뚜렷이 기억나게 한다면서, 그러한 근거로 필리오케(filioque)와 외부로의 신적 활동의 통일성 등을 거론한다.[64]

콜드웰은 에드워즈의 삼위일체론에서 탁월성이라는 아우구스티누스의 삼위일체 주제가 담겨 있기 때문에, 삼위일체의 사회적 모델은 별로 비중을 차지하고 있지 않다고 본다.[65] 이에 대해 콜드웰은 사회적 은유나 언어를 사용함으로 신성의 "사회"에 대한 요구를 채운다고 한다. 즉 에드워즈가 '가족'이나 '사회'로서 내재적 삼위일체에 대해 언급할 때, 그는 항상 성령 안에서 교제하시는 성부와 성자

A Criticism of and an Alternative to Recent Interpretations," Ph.D. Dissertation (Milwaukee, Wisconsin: Marquette University, 2003), 4.

64 Caldwell III, *Communion in the Spirit: The Holy Spirit as the Bond of Union in the Theology of Jonathan Edwards*, 36.

65 Caldwell III, *Communion in the Spirit: The Holy Spirit as the Bond of Union in the Theology of Jonathan Edwards*, 37.

의 사회를 떠올린 것으로 본다.⁶⁶

성령은 엄격히 말해서 성부와 성자에 따르는 일치하는 위격이 아니라, 성부와 성자 간의 위격적 일치이다. 『문집』 571번에서 에드워즈는 천국에 있는 하나님의 가정 안에서 선택받은 자들의 놀라운 상호교제를 기록하는데, 성부와 성자, 선택받은 자들은 상호교제하는 존재로 언급되지만, 성령은 그들 모두의 상호교제 자체를 의미한다.⁶⁷ 그러면서 콜드웰은 스티븐 스튜드베이커의 주장대로 에드워즈는 폭넓은 아우구스티누스의 삼위일체 틀의 정황 안에서 사회적 주제들의 언어를 사용했다고 본다.⁶⁸

콜드웰은 에드워즈가 자신의 삼위일체에 대한 논의에서 사회적 언어를 사용한 것은 삼위일체론보다는 성령론을 다루었기 때문이라고 밝힌다.⁶⁹ 콜드웰은 스튜드베이커와는 달리, 삼위일체 하나님의 두 가지 다른 모델을 다룬 것이 아니라, 오히려 성령에 관한 두 가지 다른 방식을 다룬 것이다. 콜드웰이 스튜드베이커의 주장을 지지한 것은 역사적-신학적 방법론에 의해서라기보다는 자신의 성령론에 입각한 삼위일체론 해석을 통한 것임을 알 수 있다. 그럼에도 불구하고, 콜드웰의 해석은 스튜드베이커와 마찬가지로 에드워즈의 삼위일체론에 영향을 준 배경으로 아우구스티누스의 상호 간의 사랑 전통은 동일하다.

---

66 Caldwell III, *Communion in the Spirit: The Holy Spirit as the Bond of Union in the Theology of Jonathan Edwards*, 38-39.

67 Jonathan Edwards, "Miscellanies," no. 571, *WJE*, 18:110.

68 Caldwell III, *Communion in the Spirit: The Holy Spirit as the Bond of Union in the Theology of Jonathan Edwards*, 39-40.

69 Caldwell III, *Communion in the Spirit: The Holy Spirit as the Bond of Union in the Theology of Jonathan Edwards*, 40.

3. 삼위일체적 전망을 통한 두 방식의 통합

1) 포오와 스튜드베이커에 대한 평가

　에이미 포오를 비롯하여 에드워즈의 삼위일체론을 연구한 학자들은 대부분 삼위성-일체성 방식을 통해 삼위일체론을 논증하였다. 포오의 그러한 견해는 하나님의 아름다우심과 탁월하심을 통해 삼위일체 하나님의 관계적이며 사회적인 존재론을 강조했다. 또한 삼위일체 하나님의 내재성과 경륜성을 설명하기 위해 심리학적 모델과 사회적 모델의 전통을 수용하였다. 특히 삼위성-일체성 방식을 통해 두 가지 유비뿐만 아니라, 내재적 삼위일체론과 경륜적 삼위일체론의 연속성과 조화를 도출하였다. 또한 실천적 삼위일체론을 제시함으로 삼위일체론이 구원을 위한 기독교적 소망의 토대가 됨을 보여주었다.

　에이미 포오의 이러한 연구는 아우구스티누스를 중심으로 하는 서방교회 전통과 카파도키아 교부들을 비롯한 동방교회의 전통을 균형 있게 제시해 주었다. 또한 스티븐 스튜드베이커가 주장하는 역사적이며 신학적인 정황에 대한 연구도 충실히 논증하였다. 실례로 개혁적 스콜라주의자들과 청교도들의 영향을 통해 하나님과 신적인 일들에 대한 참된 지식을 통한 실천적 지식을 제공했다. 이러한 삼위일체론은 그리스도인의 경건의 길을 제시해주는 실천적 삼위일체론을 표현한 것이다.

　한편, 스티븐 스튜드베이커는 조나단 에드워즈의 삼위일체론을 아우구스티누스에서 청교도에 이르는 서방교회의 전통, 그리고 18세기 초 영국과 뉴잉글랜드의 삼위일체론 논쟁과 이신론의 역사적 맥락에서 파악한다. 즉 '역사적-신학적 방법론'(historical-theological methodology)을 사용한 것이다.[70] 이러한 방법론은 삼위성과 일체성에서 출발하는 삼위성-일체성 방식에서 간과하는 구체적인 역사적 정황을 포착하는 장점이 분명히 있다.

하지만 기존의 심리학적 개념과 사회적 개념에서 출발하는 삼위성-일체성 방식의 접근을 거부한 점은 그러한 접근법의 많은 장점을 놓치고 있다. 그렇기에 그의 반박에 대한 근거와 내용을 자세히 살펴볼 필요가 있다.

스티븐 스튜드베이커는 조나단 에드워즈가 영향을 받은 아우구스티누스의 삼위일체론을 이해함에 있어서 성부와 성자와의 상호 간의 사랑 관계를 사회적 공동체로서 받아들이지 않은 점은 문제의 소지가 있다. 즉 스티븐 스튜드베이커는 그 상호 간의 사랑의 관계는 신적인 관계에 해당한다며 제한하면서, 인간 사회의 관계를 의미하는 것이 아니라고 주장한 것은 무리가 있다. 메리 클락의 표현처럼 삼위일체 하나님의 상호 간의 사랑이 '공동체의 원형'이라는 것은 인간의 사회적 공동체를 설명하는 근거가 되기 때문이다.[71]

즉 아우구스티누스의 의도가 신적 공동체의 원형을 의미한 것은 분명하지만, 그 원형에서 인간의 사회적 공동체성을 도출하는 것까지 거부할 필요는 없다. 아우구스티누스의 표현대로 이 피조 세계 속에서 삼위일체의 흔적들(vestigia trinitatis)을 발견할 수 있듯이, 삼위일체 하나님의 속성과 관계를 통해 인간의 사회적 관계를 얼마든지

---

70 Studebaker, "Jonathan Edwards' Social Augustinian Trinitarianism: A Criticism of and an Alternative to Recent Interpretations," Ph.D. Dissertation, 4.

71 Mary T. Clark, *Augustinian Personalism*, ed. Robert P. Russell, The Saint Augustine Lecture Series 1969 (Villanova, PA: Villanova University Press, 1970), 13.

유추할 수 있다. 특히 스튜드베이커는 아우구스티누스의 사상이 신플라톤주의의 영향을 받지 않았다고 하는 것 역시 아우구스티누스의 삼위일체론을 충분히 고찰하지 못했기 때문이라고 판단된다.[72]

또한 윌리엄 대너허는 아우구스티누스의 심리학적 유비 안의 본래 불충분성 때문에 에드워즈는 신성의 사랑과 사회의 관점으로부터 삼위일체를 연구하기 시작했다고 본다.[73] 대너허는 심리학적 유비는 삼위일체 하나님의 세 위격들 중의 사랑의 상호 관계를 떠맡을 수 없다고 논증한다. 또한 대너허는 심리학적 유비는 성자와 성령의 사명을 통해 세상에 행하시는 삼위일체 하나님의 창조와 구속의 질서와 선포를 감당할 수도 없다고 주장한다.[74]

포스트모더니즘이 만연한 시대에 요구되는 관계적 신학의 범주를 왜 하필 아우구스티누스의 상호 간의 사랑 전통, 그것도 심리학적 모델에서만 찾으려고 하는지 스튜드베이커는 상당히 편향된 사고를 하고 있음을 지적하지 않을 수 없다. 스튜드베이커는 에드워즈의 삼위일체론의 영향에 대한 논쟁에서 사회적 유비에 대한 거부 반응을 보여준다. 사회적 삼위일체론에 대한 논쟁은 결국 삼위일체 하나님을 필연적으로 양태론으로 몰아넣는다고 평가하는 대목에서 그 이유를 발견할 수 있다.[75]

삼위일체 하나님의 사회적 유비에 대한 강조가 양태론을 유발

---

72 아우구스티누스의 삼위일체론에 관한 내용은 이 저서의 제3부 2장 1절에 자세히 밝혔기에 그 부분을 참조하라.
73 Danaher Jr., *The Trinitarian Ethics of Jonathan Edwards*, 67-68.
74 Danaher Jr., *The Trinitarian Ethics of Jonathan Edwards*, 67-68.
75 Studebaker, "Jonathan Edwards' Social Augustinian Trinitarianism: A Criticism of and an Alternative to Recent Interpretations," Ph.D. Dissertation, 97.

할 수 있다는 전제로 인해 에드워즈의 삼위일체론의 영향에서 사회적 모델을 제외시키고자 했던 것이다. 그러한 거부감은 에드워즈의 삼위일체론뿐만 아니라, 아우구스티누스의 영향을 받은 사회적 모델의 학자들, 심지어 아우구스티누스에게 나타나는 사회적 유비마저도 삼위일체 하나님에 대한 것이 아닌 인간과 사회 공동체에 대한 것으로 제한하고 있다.

그러한 입장은 단순히 에드워즈의 삼위일체론에 나타난 사회적 삼위일체론의 여부를 떠나서 현대에 논의된 사회적 삼위일체론마저도 양태론으로 오해할 가능성을 지니고 있다. 또한 에이미 포오의 주장에 대해서 에드워즈의 원문에 근거한 충분한 논증 없이 피상적인 반론이 여러 곳에서 발견된다. 그렇기에 스튜드베이커가 거부감을 갖는 삼위일체 하나님의 사회적 모델 혹은 사회적 삼위일체론에 대한 편견으로 치밀하지 않게 논의된 부분이 수정되어야 한다. 스튜드베이커는 삼위일체 하나님의 사회적 모델 혹은 사회적 삼위일체론이 초래할 수 있는 양태론에 대한 염려보다는 사회적 삼위일체론이 그러한 위험성을 어떻게 극복했는지에 대한 충분한 고찰이 요구된다.

스튜드베이커와 콜드웰 모두 아우구스티누스의 삼위일체론을 사회적 모델이나 사회적 유비로서가 아닌 사회적 모티브나 은유로 받아들인 것은 현학적인 트집에 불과하다. 일체성 혹은 통일성에 고착되어 있는 이들의 판단은 동방교회를 비롯한 삼위성 혹은 구별성이라는 삼위일체론 전통의 절반을 놓치고 있는 것이다. 특히 콜드웰이 논증한 『문집』 571번에서의 성령의 이해는 아우구스티누스가 규정한 사랑의 띠라는 비인격적 성격을 그대로 답습하는 것에 불과하다. 오히려 조나단 에드워즈는 자신의 『삼위일체론』에서는 성령을 성부와 성자의 상호 간의 적극적인 사랑의 '행위자'로 묘사함으로 아우구스티누스의 비인격화를 분명하게 극복할 수 있게 했다.[76]

2) 삼위성-일체성 방식과 역사적-신학적 방법론의 통합

필자는 구별성과 통일성, 삼위성과 일체성의 조화를 추구하는 삼위일체적 전망을 통해 에이미 포오와 스티븐 스튜드베이커의 견해를 통합해 보고자 한다. 그것은 에드워즈의 삼위일체론을 토대 삼아 삼위성-일체성 방식으로 요약되는 에이미 포오의 해석과 역사적-신학적 방법론으로 분석한 스티븐 스튜드베이커의 해석의 통합이다.

조나단 에드워즈는 하나님의 덕성을 자신을 향한 사랑이나 영원히 필연적으로 존재하는 상호 간의 사랑과 우정으로 보았으며,[77] 삼위는 모든 면에서 동등(同等)한 셋으로 된 공동체이거나 가족이며, 이 세 위격이 모두 하나님으로서 각각의 독특한 영예를 그 공동체나 가족 안에서 지니고 있다고 했다.[78]

이러한 점은 하나님의 관계성뿐만 아니라, 인간과 하나님, 그리고 인간과 인간 간의 관계, 즉 공동체와 가족의 올바른 모습과 방향을 제시해 주는 신앙의 출발점이 된다. 즉 성령을 성부와 성자의 사랑의 띠로 언급한 아우구스티누스의 삼위일체론은 삼위의 일체성에서 출발하는 심리학적 삼위일체론을 의미할 뿐만 아니라, 인간관

---

76 Jonathan Edwards, "Discourse on the Trinity," *WJE*, 21:121.
77 Jonathan Edwards, "Nature of True Virtue," *WJE*, 8:557.
78 Jonathan Edwards, "Discourse on the Trinity," *WJE*, 21:135.

계의 공동체성의 근간이 되는 사회적 삼위일체론의 근거도 제시해 준다. 이러한 아우구스티누스의 사상에 영향을 받은 조나단 에드워즈는 본질적으로 아름답거나 탁월한 하나님과 존재에 대한 에드워즈의 관계론적 개념을 통해 사회적 유비를 사용한 것이다.

조나단 에드워즈는 프란시스 튜레틴과 피터 반 마스트리히트와 같은 개혁주의 스콜라 철학자들, 그리고 윌리엄 에임스 같은 청교도 신학자들의 저술을 통해 나타난 서방교회의 삼위일체 가르침을 이어받았다.[79] 에드워즈는 또한 케임브리지의 플라톤주의자 랄프 컷워스의 저술들, 그리고 카파도키아의 교부였던 닛사의 그레고리오스를 통해 동방교회의 전통도 이어 받았다.

이처럼 조나단 에드워즈의 삼위일체론은 에이미 포오가 논증한 삼위성-일체성 방식을 통한 심리학적 모델과 사회적 모델이 동서방교회의 전통 속에서 연속성을 유지했다. 에드워즈는 성령에 대한 이해를 성부와 성자 상호 간의 사랑으로 이해하는 아우구스티누스의 심리학적이며 사회적인 삼위일체론을 한층 더 발전시켰다. 아우구스티누스가 정의한 성부와 성자의 '사랑의 띠'로서의 성령은 비인격적인 의미로 오해될 소지가 있었지만, 에드워즈는 성부와 성자의 '적극적인 사랑의 행위자'로 성령을 표현함으로 신적 위격에 합당한 자리매김을 해 놓았다. 특히 에드워즈는 구속 사역에서 영예의 동등성을 나타냄으로 성령의 동등한 영예를 강조했다.[80]

또한 관계적이며 사회적인 삼위일체 하나님의 존재론을 통해 조

---

[79] Francis Turretin, *Institutes of Elenctic Theology*, tr. George M. Giger, 3 vols (Phillipsburg, N.J.: P&R Pub., 1992), I, Third Topic, Question VII, i, 191; XXV, I, 265; Lee, *The Philosophical Theology of Jonathan Edwards*, 4-36.

[80] Jonathan Edwards, "Discourse on the Trinity," *WJE*, 21:135-136.

나단 에드워즈의 삼위일체론이 그리스도인의 신앙과 삶의 구체적인 경건의 도를 제시하는 실천적인 교리로서 자리매김하게 되었다. 이러한 사상은 동서방교회의 전통 속에서 개혁적 스콜라주의자들과 청교도들을 통해 계승되었음을 포오는 논증하였다. 조나단 에드워즈의 삼위일체론은 삼위일체 하나님의 내적 충만과 사랑으로 인한 내재성과, 창조와 구원 그리고 성화의 사역을 통한 경륜성으로 말미암아 하나님의 피조 세계와 인간 공동체 속에서 최고의 조화와 균형을 보여준다.

한편, 스튜드베이커의 역사적-신학적 방법론은 자칫 사변적이고 추상적인 개념으로 치우치기 쉬운 에드워즈의 삼위일체론을 구체적인 역사와 삶의 자리에 실천적이고도 구체적인 지침으로 마련해 준다. 초기 계몽주의 시대에 나타난 이신론자들의 논쟁과 삼위일체론 논쟁이라는 정황에서 에드워즈의 삼위일체론을 파악해야 그 당시의 생생한 현장감이 나타난다. 에드워즈의 삼위일체 신학은 초기 계몽주의의 삼위일체론 논쟁과 함께 폭넓은 인식과 상호작용이 반영되어 있기 때문이다.[81]

결국, 포오의 삼위성-일체성 방식은 아우구스티누스의 심리학적 모델과 사회적 모델 양자 모두의 영향에 대한 언급과 달리, 스튜드베이커의 역사적-신학적 방법론은 사회적 모델을 배제한 심리학적

---

81 스튜드베이커는 에드워즈의 삼위일체 신학에 영향을 준 초기 계몽주의자로 John Locke, Edward Stillingfleet, William Sherlock, Robert South, Samuel Clarke, Daniel Waterland 등을 거론하면서, 신적 위격에 관한 에드워즈의 이론은 초기 계몽주의 삼위일체 신학의 South-Waterland 흐름에 따른다고 보았다. Studebaker, "Jonathan Edwards' Social Augustinian Trinitarianism: A Criticism of and an Alternative to Recent Interpretations," Ph.D. Dissertation, 316-317.

모델의 영향만을 강조한다. 포오는 이 두 모델의 조화와 더불어 개혁적 스콜라주의자들과 청교도들의 영향을 포함한 에드워즈의 삼위일체론을 설명한다. 그러면서 이 두 모델이 내재적 삼위일체론과 경륜적 삼위일체론에서의 연속성을 통해 그리스도인의 관계적이며 사회적인 신앙과 삶의 근거로 제시한다.

스튜드베이커는 사회적 삼위일체론에 대한 언급이 양태론에 치우칠 수 있음을 경계하면서 아우구스티누스의 신학적 정황과 초기 계몽주의의 역사적 정황의 영향에 초점을 둔다. 두 입장 차이 속에서도 이들은 공통적으로 에드워즈의 삼위일체론이 그리스도인의 삶의 구체적인 실천적 지침과 깊은 관련이 있음을 강조하고 있다.

3) 성경적 계시와 이성적 추론

조나단 에드워즈의 『삼위일체론』에 대한 포오와 스튜드베이커의 연구는 비교적 성경적 계시보다는 이성적 추론에 중점을 둔 면이 있다.

첫째, 조나단 에드워즈가 『삼위일체론』을 저술함에 있어서 무엇보다도 성경(聖經)에 있는 하나님의 계시(啓示)를 기반으로 하였다. 삼위일체에 대한 논의는 거룩한 진리인 하나님의 말씀이 제시해 준 것이기에, 에드워즈는 삼위일체와 관련하여 광범위한 성경 구절들을 주목하여 근거로 삼았다. 그래서 조나단 에드워즈는 삼위일체에 대해서 "하나님의 말씀을 통해 이 위대한 신비를 우리 마음에 계시해 준 것만"을 주장했다.[82] 이것은 조나단 에드워즈의 삼위일체론이 사변적이고 이론적인 고찰에서가 아니라, 하나님의 말씀인 성경의 계시에 근거하고 있음을 보여준다. 그러면서도 조나단 에드워즈는 인간의 이성을 통해 신비롭고 불가해(不可解)한 삼위일체 하나님을 이해할수록 더욱 어려운 요소들이 증가함을 인정하였다.[83]

이러한 자세는 일찍이 아우구스티누스가 스스로 삼위일체를 논하는 방법에 대해서 하나님의 도움을 받아 전심으로 설명하며, 성경의 권위에 호소하는 신앙의 힘으로 할 것임을 밝힌 것과 같은 자세임을 알 수 있다.[84] 이것은 아우구스티누스가 삼위일체 하나님을 자연종교나 이방인들의 신과는 구분한, 계시의 하나님으로 보았기 때문이다. 인간의 이성에 의한 탐구와 경험에 대한 출발점은 인정하면서도, 하나님의 본성을 파악함에 있어서는 직접적으로 접근할 수 없는 한계가 있기에, 아우구스티누스는 계시된 진리로 삼위일체론을 연구해야 함을 강조했던 것이다.[85]

아우구스티누스와 마찬가지로 조나단 에드워즈에게 있어서 삼위일체론은 성경적 계시에 의해서 알려진 것만을 알 수 있기에, 신비하고 불가해한 것이었다. 그래서 조나단 에드워즈는 인간의 이성을 통해 신비롭고 불가해한 삼위일체 하나님을 이해할수록 더욱 어려운 요소들이 증가함을 인정하였다.[86]

---

82 Jonathan Edwards, "Discourse on the Trinity," *WJE*, 21:139.
83 Jonathan Edwards, "Discourse on the Trinity," *WJE*, 21:139.
84 Augustini, *De Trinitate*, I.2.4, 120.
85 Augustini, *De Trinitate*, I.1.1; I.2.4, 115-120.
86 Jonathan Edwards, "Discourse on the Trinity," *WJE*, 21:139.

둘째, 조나단 에드워즈는 『삼위일체론』을 저술함에 있어서 하나님의 말씀인 성경의 권위와 함께, 성경과 합치되는 범위 안의 그리스도인의 경험(經驗)도 그 근거로 삼았다. 이러한 배경은 존 로크의 경험론이 18세기 유럽을 휩쓴 사상 속에 있었기 때문이다. 즉 조나단 에드워즈는 신앙을 예수 그리스도를 통해서, 자연을 통해서 초월적으로 말로 표현할 수 없는 그 하나님의 아름다움을 실제로 경험하는 것으로 보았고, 그럴 때 하나님을 아는 것이라고 주장했다. 조나단 에드워즈는 경험 그 자체가 하나님께서 인간 마음속에서 역사하심에 의존한다고 주장한 것이다.

셋째, 조나단 에드워즈는 이렇게 성경과 그리스도인의 경험을 근거로 삼위일체를 저술하였고, 성경의 가르침 안에서 철학적, 신학적 조명을 병행했다. 조나단 에드워즈는 삼위일체론에 대해서 이성(理性)을 통한 추론에 대한 가능성을 열어 놓았다.[87] 에드워즈는 삼위일체론에 대해서 성경에서 이미 가르치고 있는 것을 설명하기 위해서는 '꾸밈없는 이성'으로 발견할 수 있는 것을 과감히 이용하였다.[88]

---

[87] Jonathan Edwards, "Discourse on the Trinity," *WJE*, 21:256-257.

[88] "I think that it is within the reach of naked reason to perceive certainly that there are three distinct in God, each of which is the same [God], three that must be distinct": Jonathan Edwards, "Miscellanies," no. 94: Trinity, *WJE*, 13:257.

제4부 조나단 에드워즈의 삼위일체 하나님에 대한 정의와 속성

제1장 최초의 신성, 하나님의 관념, 사랑의 행위자
제2장 삼위일체 하나님의 속성과 동등성
제3장 경향성과 조화를 통한 삼위일체 하나님 이해

제1장

최초의 신성, 하나님의 관념, 사랑의 행위자

1. 성부: 자존하시는 최초의 신성

1) 성부에 대한 정의 및 양태론과 유출설 배격

조나단 에드워즈는 삼위일체론을 펼쳐가면서 이 교리가 그리스도인의 삶과는 무관한 단순한 사변적인 이론이 아니라, 그리스도인의 신앙과 삶의 기초이자 기준인 성경에서 나왔음을 제시했다. 즉 성부와 성자, 그리고 성령 삼위 각각에 대한 성경적 근거와 이에 대한 논의를 조나단 에드워즈의 독특한 사상적 체계를 통해 논증했다. 그래서 조나단 에드워즈는 우리가 성경을 읽을 때, 복된 삼위일체가 계심을 알게 된다면서 삼위일체 하나님의 세 위격의 성경적 근거를 제시하며, 삼위일체 하나님에 대한 정의를 내린다.

성부는 발생하지 않으시고 가장 절대적인 방식으로 자존하시는 최초의 신성이다. 또한 성부는 신성의 가장 직접적인 존재다. 성자는 하나님의 명철 혹은 하나님 자신에 대한 관념에 의해 출생된 신성이다. 또한 성자는 그 관념 안에서 자존하신다. 성령은 작용 가운데 자존하시는 신성이다. 또한 자신에 대한 하나님의 무한한 사랑과 기쁨으로 흘러넘치며 퍼지는 신적 본질이다.[1]

조나단 에드워즈는 모든 신적 본질이 신적 관념과 신적 사랑 안에서 모두 참으로 독특하게 자존하시며, 그래서 삼위 간에는 서로 당연히 독특한 위격들이 존재한다고 믿는다. 조나단 에드워즈는 신성 안에서 하나님, 하나님의 관념, 그리고 사랑과 기쁨이라는 이러한 구별이 존재함을 통해 하나님께서 참으로 삼위일체이심을 확인한다는 것이다. 여기에서 그는 하나님에 대한 또 다른 실제적 구별이 생각될 수 없음을 강조한다. 그래서 하나님 안에서 이러한 세 가지 실제적 구별만 있다는 것이다. 하나님에 대해서 언급할 수 있는 다른 모든 것들은 단지 존재의 양식이나 관계에 지나지 않는다는 것이다.[2]

이러한 주장은 조나단 에드워즈의 삼위일체론이 양태론과는 다르다는 것을 주장한 것이다. 또한 영지주의나 신플라톤주의의 이론처럼 계속적인 신적 존재의 단계적 유출에 대한 가능성 자체를 거부한 것이다. 여기에서 유출설(流出說)은 신플라톤주의자인 플로티누스(Plotinus, 204-269)의 근본사상으로 범신론(汎神論)이다. 그것은 세계를 신적 생명의 범람이요 유출이라고 보며, 다시 신께 흡수된다는 사상이다. 이러한 유출설에 입각한 하나님은 단순하고 완전하고 절대적인 존재다. 그는 한 분이시며, 그 안에는 복수성(複數性)이나 다양성(多樣性)이 없다. 그러나 그가 만물의 근원이지만, 그것을 창조

---

1 Jonathan Edwards, "Discourse on the Trinity," *WJE*, 21:131.

2 Jonathan Edwards, "Discourse on the Trinity," *WJE*, 21:131.

하지는 않았다. 다만 이 세계는 하나님으로부터 유출된 것에 지나지 않는다. 이러한 유출의 과정은 정신, 영혼 그리고 물질의 세 단계가 있다.[3]

조나단 에드워즈는 삼위일체론에서 범하기 쉬운 양태론과 유출설의 가능성을 차단하기 위해 삼위일체 하나님의 세 위격의 독특성을 통해 그 삼위의 구별을 강조하면서 동시에 삼위의 공유된 속성에 대해서도 균형 있게 강조한다. 곧 조나단 에드워즈는 삼위일체 하나님 안에 무한성, 영원성, 불변성의 속성이 있는데, 그것들은 단순히 존재 양식에 불과하다는 것이다. 반면, 하나님의 명철, 지혜와 전능하심 등은 하나님의 관념과 동일하다는 것이다. 하나님의 의지도 하나님의 사랑과 실제로는 구별되지 않기에 동일하다고 본다.

즉 하나님의 명철의 절정이 그분 자신에 대한 관념을 갖는 것으로 이루어진 것처럼, 하나님의 의지나 경향의 절정도 그분 자신에 대한 사랑으로 이루어진다는 것이다. 하나님의 힘과 능력도 실제로는 하나님의 명철과 의지와 구별되지 않는다는 것이다. 하나님의 거룩함은 그분 자신에 대한 사랑과 동일하다고 본다. 하나님의 공의 역시 그분의 거룩함과 실제로는 구별되지 않는다는 것이다. 하나님의 속성인 선, 자비, 은혜는 하나님의 무한한 사랑의 흘러넘침이라는 것이다. 하나님의 모든 사랑의 절정이 그분 자신에 대한 사랑이기 때문이다.[4]

---

3 Lloyd P. Gerson, *Plotinus* (London: Routledge, 1994), 3.
4 Jonathan Edwards, "Discourse on the Trinity," *WJE*, 21:131.

2) 하나님의 완전하심

조나단 에드워즈는 『삼위일체론』 집필을 시작하면서 하나님의 행복을 언급한다. 하나님께서는 그분 자신의 즐거움 속에서 무한히 행복해 하시는 분이시다. 그분 자신의 본질과 완전하심 가운데에서, 완전한 사랑과 기쁨 속에서 무한히 행복해 하신다. 그래서 하나님께서는 자신에 관한 정확한 형상과 재현이시기에, 그분 자신에 관한 가장 완전한 관념을 영원토록 지닌 분으로 조나단 에드워즈는 추론한다.[5] 하나님에 관한 이러한 관념으로부터 신성 속에서 가장 순수하고 완전한 에너지가 발생하는데, 이것이 바로 신적 사랑과 만족, 그리고 신적 기쁨이다.

조나단 에드워즈는 삼위일체 하나님에 대해 논하기 위해 하나님과 인간과의 차이점과 접촉점을 설명한다. 즉 조나단 에드워즈는 삼위일체 하나님에 대해서 우리가 비록 신적 지식의 방법으로 인식할 수는 없지만, 관념과 인간의 말을 통해 이해하고 알 수 있다고 보았다. 신적 본성을 창조된 영들과는 비교할 수 없을 만큼 차이가 나지만, 우리의 영혼은 하나님의 형상으로 지음을 받았기에, 하나님처럼 우리도 지식과 의지, 관념과 사랑을 지니고 있다는 것이다. 그렇지만 하나님과 인간과의 차이점은 오직 그 정도와 방식의 완전함에 있다고 본다.[6]

이렇듯 조나단 에드워즈는 인간이 하나님의 형상대로 지음을 받았기에 완전하지는 않지만 어느 정도의 지식과 의지, 관념과 사랑을

---

5   Jonathan Edwards, "Discourse on the Trinity," *WJE*, 21:113.
6   Jonathan Edwards, "Discourse on the Trinity," *WJE*, 21:113.

통해 하나님을 인식해 갈 수 있음을 보여주고 있다.

하나님의 방식의 완전하심에 대해서 조나단 에드워즈는 하나님의 경향성과 작용 사이에는 차이가 없다고 본다. 하나님의 명철[7]에 있어서도 인간처럼 인식과 판단 사이의 차이가 있을 수 없다는 것이다. 신적 명철이나 신적 지혜의 절정은 그분의 무한히 완전한 관념에 관한 순전한 인식이나 변함없는 현존으로 구성되어 있다. 또한 하나님의 능력, 경향성, 작용, 의지, 경향, 사랑 사이에 어떤 차이도 없고, 그것은 모두 하나의 단순 작용이라는 것이다.[8]

조나단 에드워즈에 따르면, 직접적 실존인 하나님은 하나님의 성향적 본질과 일치하며, 성부 하나님은 참된 아름다움의 원초적 신적 활동이며 자신을 실현하는 신적 성향이다. 결국, 성부에게서 신적 현실성은 신적 성향이고, 신적 성향은 신적 현실성이기에, 현실성과 성향은 일치한다.[9]

---

[7] 조나단 에드워즈가 사용한 'understanding'을 삼위일체 하나님에 대한 설명으로 사용할 때는 '명철'(明哲)로 번역했다. 이 단어는 조나단 에드워즈가 성부와 성자의 관계에 대해서 설명할 때 "하나님 자신에 대한 관념"(觀念)이나 "하나님의 명철," 혹은 "하나님의 자신에 대한 재귀적 명철" 등으로 자주 사용한 용어다. 이것은 에드워즈의 표현과 저서 곳곳에서 자주 등장하는 '지식'(knowledge)과의 혼동을 줄이기 위함이다. 실제로 조나단 에드워즈가 "하나님의 명철이나 지식"이란 표현을 『삼위일체론』에서 자주 사용하고 있기에, 이에 대한 구분을 위함이다. 반면, 저서 전체에서 'understanding'을 하나님이 아닌 인간 측면에서 사용할 때에는 '오성'(悟性)으로 번역을 하였다. '오성'은 이미 철학적 개념으로 잘 알려져 있는 용어다. 하지만 종종 'understand'와 같이 동사로 쓰일 때는 '이해'로 번역했음을 일러둔다.

[8] Jonathan Edwards, "Discourse on the Trinity," *WJE*, 21:113.

[9] Lee, "Editor's Introduction," *WJE*, 21:14.

3) 하나님의 신적 성향

그렇기에 조나단 에드워즈가 언급한 하나님의 정도와 방식에서의 완전하심은 하나님의 신적 성향으로 설명될 수 있다.

첫째, 조나단 에드워즈는 성향의 범주를 하나님께 적용할 때에는 하나님의 우연적인 현실성을 깨뜨리지 않는 방식으로 적용한다. 하나님의 성향은 언제나 원초적이고 영원한 신적인 현실성이 없이는 존재하지 않는다. 즉 피조물들의 현실성은 성향을 실천함으로 성취되지만, 하나님의 현실성은 원초적인 것이기에 성취되는 것이 아니기에 우연적인 현실성을 가지고 계신다. 시공간의 유한한 조건에 구애받지 않기에, 하나님 안에서의 성향과 현실성 사이의 관계는 영원한 움직임이다.[10]

둘째, 하나님의 완전하심은 일반 피조물의 성향과는 달리 후천적으로 주어진 것이 아니라 영원한 것이다. 조나단 에드워즈는 하나님의 자기 전달적인 성향이 곧 완전성이며 하나님의 본성의 본래적인 속성임을 강조한다.[11]

셋째, 조나단 에드워즈는 하나님의 신적 성향이 참되고 궁극적인 아름다움의 성향이라는 면에서 하나님의 완전하심을 언급한 것이다. 롤랑 들라트르(Roland A. Delattre)는 아름다움이 존재의 제일원리이며 존재 그 자체의 내적이며 구조적인 원리라고 했으며, 아름다움이 존재의 완전성을 가늠하는 척도인 동시에 객관적인 기초라고

---

10 Lee, *The Philosophical Theology of Jonathan Edwards*, 178.

11 Jonathan Edwards, "Dissertation Concerning the End for which God Created the World," *WJE*, 8:433.

했다.[12] 조나단 에드워즈는 하나님께서 최고의 무한한 아름다움으로 뛰어난 존재이시며, 모든 존재의 모든 아름다움의 토대이자 원천이라고 했다.[13] 아름다움의 신적 성향만이 참으로 존재론적인 생산력을 갖는데, 그것은 오직 하나님의 성향만이 모든 존재의 본질적 운명을 다스리는 법칙이며 참된 아름다움의 성향이기 때문이다.

조나단 에드워즈는 성부와 성자, 그리고 성령의 관계를 도출하기 위해 신적 명철과 신적 사랑의 개념을 활용하여 설명한다. 먼저 조나단 에드워즈는 "하나님은 사랑이시다"는 요한일서 4:8과 16의 말씀을 통해, 신성에 한 위격이 아닌 더 많은 위격이 존재함을 논증한다. 요한일서의 말씀은 신성에 있어서 사랑이 본질적이고 필연적인 것임을 보여준다는 것이다. 모든 사랑은 사랑받는 자를 존중하기에 영원하고도 필연적인 대상을 전제하게 된다는 것이다.[14]

신적 명철과 지혜의 절정은 자신에 관한 그분의 완전한 관념을 지니고 있는 것으로 구성되어 있다. 그분은 진실로 모든 것을 이해하는 존재로 계신다. 즉 그분이 곧 존재이시며 거기에는 다른 어떤 것도 존재하지 않는다. 그래서 그분의 경향, 사랑과 기쁨의 절정은 스스로에 대한 그분의 사랑과 그분 안에서의 즐거움이다. 스스로에 대한 하나님의 사랑과 만족과 기쁨 사이에는 어떤 구별도 있지 않고

---

12 Roland André Delattre, *Beauty and Sensibility in the Thought of Jonathan Edwards: An Essay in Aesthetics and Theological Ethics* (New Haven and London: Yale University Press, 1968), 1-2.

13 Jonathan Edwards, "Dissertation Concerning the End for which God Created the World," *WJE*, 8:432-433.

14 Jonathan Edwards, "Discourse on the Trinity," *WJE*, 21:113-114.

그것들은 모두 하나님 안에서 동일한 것들이다.[15]

조나단 에드워즈는 성향적 존재론의 논리를 통해 동일한 하나님의 삼위를 신적 존재의 원초적 실현과 이 원초적 실현의 지적 정서적인 반복이라고 설명한다. 하나님이 지닌 성향의 영속성 때문에 신성의 자기 반복이 이루어진다고 본다. 토마스 아퀴나스는 하나님의 본질이 하나님의 존재라고 주장함으로 하나님의 자존성을 확증했다면,[16] 조나단 에드워즈는 하나님의 성향적(dispositional) 본질이 하나님의 존재라고 했다.

그래서 성부는 본질적으로 성향들을 실현하고 반복적으로 자기를 전달하려는 경향을 갖는다고 본 것이다. 이렇게 하나님을 최대로 실현된 것인 동시에 본질적으로 자신의 선험적 실현을 이 세상의 창조를 통해 반복하는 경향을 가진다고 보았다.[17] 조나단 에드워즈의 이러한 자기반복(self-repetition)은 '자기의식'의 개념을 통해 삼위일체론을 입증하고자 했던 바톨로메우스 케커만의 사상에서 영향을 받은 것이다.[18] 칼 바르트가 언급한 하나님의 자기 재천명(self-reiteration)과 유사하다.[19]

---

15 Jonathan Edwards, "Discourse on the Trinity," *WJE*, 21:114.
16 Thomas Aquinas, *Summa Contra Gentiles* (Garden City, New York: Doubleday, 1955), I.22, 118-120.
17 Lee, "Editor's Introduction," *WJE*, 21:13-16.
18 Keckermann, *Systema Sacrosanctae Theologiae*, vol. 2, 72: "Thus God's knowledge returns and bend back from eternity upon itself, i.e., upon God. Just as the soul thinks of itself... and this thought or intellection is called reflex."
19 Eberhard Jengel, *The Doctrine of the Trinity: God's Being Is in Becoming* (Grand Rapids: Eerdmans, 1970).

2. 성자: 하나님 자신의 관념

1) 하나님의 자기 전달을 통한 창조성과 하나님 자신의 관념인 성자

조나단 에드워즈는 하나님 자신의 본성과 본질에 대해 그분이 갖는 하나님의 가장 완전한 관념이 곧 '순수 작용'라고 했다.[20] 조나단 에드워즈는 이러한 순수 작용을 통한 관념의 재현 혹은 재귀를 통한 신성의 반복을 통해 전통적인 성자의 출생을 설명한다.

> 완전한 명백함, 충만함 그리고 능력을 지닌 하나님께서 자신의 본질을 보는 것이다. 곧 하나님께서 자신에 대한 관념은 완전히 그분 자신이시다. 이러한 신적 본성과 본질의 재현 또한 신적 본성과 본질이다. 그래서 신성에 대한 하나님의 생각이 확실히 신성으로 출생되는 것이다. 결국, 또 다른 위격을 낳게 되는 것이다. 그 위격 역시 무한하고 영원하며, 전능하고 가장 거룩하며 동일한, 아주 동일한 신적 본성의 하나님이시다. 그래서 이 위격이 삼위일체에서 두 번째 위격이시며, 독생자이자 친밀한 사랑을 받는 하나님의 아들이시다. 그분은 하나님께서 자신에 대해 갖는 영원하며, 필연적이며, 완전하며, 본질적이며 인격적인 관념이시다.[21]

---

20 조나단 에드워즈는 이러한 내용을 원고에서는 처음에는 선을 그어 지웠다가 다시 심화시켰다. Jonathan Edwards, "Discourse on the Trinity," *WJE*, 21:115.
21 Jonathan Edwards, "Discourse on the Trinity," *WJE*, 21:116-117.

조나단 에드워즈는 위의 본문 사이에 하나님 자신의 본질에 대해서는 실체와 작용 사이에 구별이 없지만, 완전한 실체이자 완전한 작용임을 덧붙이고 있다.[22] 그러면서 조나단 에드워즈는 성자의 출생을 도출하기 위해서 "하나님께서 자신의 본질을 보는 것"(view), "하나님 자신에 대한 관념"(idea), "신적 본성과 본질의 재현"(representation), 그리고 "신성에 대한 하나님의 생각"(thinking) 등의 표현을 사용했다. 이것은 그의 『문집』에서 하나님께서 "자기 자신을 전달하고자 하는"(self-communication) 하나님의 본질과도 일맥상통하는 표현이다.[23] 조나단 에드워즈의 이러한 표현은 하나님께서 전적으로 완전한 분이면서도 동시에 자신을 확장하는 분임을 의미한다.

이러한 하나님의 자기 전달의 창조성은 받는 작용이 아닌 주는 작용이기에 이미 완성되어 있는 완전한 존재의 작용임을 알 수 있다.[24] 즉 하나님의 자기 관념이나 재현, 혹은 생각과 자기 전달을 통한 창조성은 결코 하나님의 완전성을 전혀 훼손하지 않음을 알 수 있다.

한편, 조나단 에드워즈는 하나님의 자기 전달 작용에 의한 '확대'(enlarged)나 '증대'(increased)를 종종 '분출'(overflowing), '확산'(diffusing), '빛남'(shining forth) 등과 같은 은유적 용어로 설명하기에

---

22 Jonathan Edwards, "Discourse on the Trinity," *WJE*, 21:116.
23 Jonathan Edwards, "Miscellanies," no. 107[b]: Grace, *WJE*, 13:277.
24 롤랑 들라트르는 조나단 에드워즈에게 있어서 하나님은 단순히 아름다운(beautiful) 존재에 불과한 분이 아니라, 본질적으로 아름답게(beautifying) 만드는 존재라고 설명한다. Roland Andre Delattre, *Beauty and Sensibility in the Thought of Jonathan Edwards: An Essay in Aesthetics and Theological Ethics* (New Haven and London: Yale University Press, 1968), 168-184.

신플라톤주의로 해석될 수 있다.[25] 하지만 조나단 에드워즈의 자기 전달은 신플라톤주의자들의 유출설과는 다르다. 특히 대표적인 신플라톤주의자인 플로티누스(Plotinus, 204-269)는 '위체'(ὑπόστασις)라고 부른 세 가지 세계 원리에 '일자'(τὸ ἕν)와 '지성'(νοῦς)과 '세계영혼'(ψυχή)을 구분했다. 세 위체는 세계 실현의 단계를 표시하는데, 플로티누스는 세계 원리의 세 단계 밑에도 계속해서 유출 단계가 이어진다고 보았다.[26]

한편, 플로티누스의 영향으로 이원론적 사고로 발생한 영지주의는 '충만'(πλήρωμα)이라는 신적 세계와 '공허'(κενός)라는 물질적 세계 사이의 대립을 강조하면서 실재하는 모든 것을 충만에서 유출된 것으로 보았다.[27] 그래서 흑암의 세계인 우주는 빛의 영역에서 가장 낮고 연약한 '지혜'(σοφία)라는 '에온'(αἰών)으로부터 떨어진 부차적인 것으로 본다.[28]

하지만 조나단 에드워즈가 하나님에 대해 사용한 용어들은 플라톤의 무시간적인 '관념'(Idea)이나 아리스토텔레스의 '부동의 동자'(Unmoved Mover), 혹은 플로티누스의 '일자'(the One) 개념과는 다르다.[29] 조나단 에드워즈에게 있어서 하나님은 절대 주권적인 성향으로서 영원히 완성된 실현 가운데서 진정한 아름다움으로 존재하

---

25 Lee, *The Philosophical Theology of Jonathan Edwards*, 172.
26 Lloyd P. Gerson, *Plotinus* (London: Routledge, 1994), 3.
27 Kurt Rudolph, *Gnosis: The Nature and History of Gnosticism*, tr. & ed. Robert McLachlan Wilson (San Francisco: Harper & Raw, 1987).
28 Irenaeus, "Against Heresies," ed. Alexander Roberts & James Donaldson, *ANF*, 1:315-317.
29 Lee, *The Philosophical Theology of Jonathan Edwards*, 174.

는 분이다. 이러한 성향은 그 실재가 실현에 의해 완전히 고갈되지 않는 지속적인 원리로서, 하나님은 완전한 현실성인 동시에 영원한 성향으로서 존재하는 분이다. 그래서 조나단 에드워즈의 출생 개념은 플로티누스의 유출설처럼 계속되는 유출 개념도 아니며, 영지주의에서 주장하듯 영적 존재의 단계적 유출을 통한 이원론적인 개념도 아니다.

조나단 에드워즈는 하나님 자신에 대한 명철이 그분의 순전한 직접적 존재와는 구별되는 어떤 것임을 필연적으로 생각해야만 한다고 한다. 그러면서 조나단 에드워즈는 우리의 정신에서 반추하는 것은 불완전함을 언급하면서 하나님과 인간의 지식의 차이점을 부각시킨다.[30]

특히 조나단 에드워즈는 하나님께서 자신에 대해서 즐거워하고 기뻐하신다면, 분명 그분 자신에 대한 대상이 되기에 이중성(duplicity)임에 틀림없다고 논증한다. 즉 순수한 영적 관념이라고 부를 수 있는 하나님의 관념과 하나님 자신이 존재한다는 것이다. 그래서 조나단 에드워즈는 결국 신성이 반복된다고 강조한다. 하나님께서 자신에 대한 관념을 가지심으로 신성이 반복된다는 것이다. 에드워즈가 주장한 하나님에 대한 관념은 본질적 관념이자 바로 하나님의 본질로서, 모든 의도와 목적을 지니신 참된 하나님이시다. 이러한 방식으로 신성은 실제로 출생되고 반복된다는 것이다.[31]

조나단 에드워즈는 하나님에 대한 관념으로 인한 신성의 반복을 다음과 같이 설명한다.

---

30 Jonathan Edwards, "Discourse on the Trinity," *WJE*, 21:114.
31 Jonathan Edwards, "Discourse on the Trinity," *WJE*, 21:114.

하나님의 자신에 대한 관념은 절대적으로 완전하기에, 모든 면에서 정확히 그분처럼, 그분에 대한 표현이자 완전한 형상이다. 즉 실체, 생명, 능력과 다른 어떤 것도 다르지 않은 재현이며, 모습에 있어서도 가장 절대적인 완전함을 지니고 있다. 모든 면에 있어서 그분과 같은 하나님의 완전한 형상의 표현이다. 부족함이 없으시기에 모든 의도와 목적에 있어서도 하나님과 동일하시다.[32]

조나단 에드워즈는 우리가 영적인 관념들의 본성을 생각해본다면 이러한 것을 더욱 분명하게 드러날 것이라고 주장한다. 사상, 사랑, 두려움 같은 관념들을 우리가 숙고한다면, 그것들이 더 확실히 혹은 희미하게 재현된다는 것이다. 그래서 우리가 어떤 사상에 대한 관념이 있다면 동일한 사상을 재현함으로 쉽게 감지할 수 있다는 것이다. 우리가 사랑에 대해서도 생각해 본다면 우리의 상상력 속에서 그러한 사랑을 생각할 수 있다는 것이다. 조나단 에드워즈는 이러한 것들 이외에도 경험에 의해 습득된 것이나 우리의 판단 등을 통해서도 가능함을 논증했다. 그러면서 그는 영적 작용을 통한 분명하고 생생한 관념들이 우리의 정신을 통해서 동일하게 반복된다고 했다.[33]

조나단 에드워즈는 우리의 정신에서 이미 스쳐 지나간 것에 대한 재귀적 혹은 관조적 관념을 갖는다는 것이 단지 의식만을 의미하지 않는다고 했다. 인간 자신에 대한 아름다움과 탁월함에 관한 조망은

---

32 Jonathan Edwards, "Discourse on the Trinity," *WJE*, 21:114.
33 Jonathan Edwards, "Discourse on the Trinity," *WJE*, 21:115.

단순한 직접적 의식과는 큰 차이점이 있다는 것이다. 인간이 갖는 모든 관념들과 사상들은 완전히 두 배가 된다는 것이다.[34]

우리가 먼저 인식해야 하는 하나님 안의 지식이나 명철은 하나님의 가능한 한 모든 지식이다. 하나님 자신을 보며 아는, 지식의 재귀적(再歸的) 작용으로 성자가 태어나는 것이다. 하나님 안에서 지식에 대한 지식이며, 관념에 대한 관념으로 오직 관념이나 지식으로만 반복될 수 있는 것이라고 설명한다.[35]

2) 천지창조의 목적과 신적 지혜 혹은 명철

조나단 에드워즈는 성자에 대한 설명을 위해 천지창조의 목적과 신적 지혜를 사용한다. 즉 하나님의 사랑이 외부로(ad extra) 흘러가는 것은 전적으로 신적 지혜에 의해 결정되고 지시된 것이다. 세상을 창조한 것은 신적 지혜, 곧 그리스도에 의해 실행된 신적 사랑을 기쁘게 하기 위함이다. 이것은 그리스도의 마음 안에 있는 사랑을 기쁘게 하기 위함이기도 하며, 그리스도를 위한 신부를 제공하기 위함이다. 신적 사랑의 대상으로 지혜가 선택한 피조물들은 그리스도의 선택된 신부이며, 특별히 선택된 피조물이라는 것이다.[36]

이렇게 조나단 에드워즈는 세상을 창조한 목적이 하나님의 사랑과 지혜가 외부로 흘러넘치기 위함인데, 그것은 곧 그리스도의 선택된 신부를 제공하기 위함이라는 것이다. 또한 조나단 에드워즈는 성

---

[34] Jonathan Edwards, "Discourse on the Trinity," *WJE*, 21:116.
[35] Jonathan Edwards, "Discourse on the Trinity," *WJE*, 21:141-142.
[36] Jonathan Edwards, "Discourse on the Trinity," *WJE*, 21:142.

자에 대해서 신성의 반복이라는 자신만의 독특한 방법을 사용하는데, 1730년대 초반에 성자와 관련된 용어가 '명철'(understanding)이었다. 하지만 1750년대 초반에서 중반으로 추정하는 원고에서는 '명철'보다는 '지식'(knowledge)이라는 용어를 주로 사용하고 있음을 알 수 있다.

조나단 에드워즈는 세상이 특별히 하나님의 아들을 위해 만들어졌다고 한다. 그것은 하나님께서 자신을 위해 세상을 자신을 위한 사랑으로부터 만드셨기 때문이다. 그러나 하나님은 그분이 자신을 바라보시는 재귀적 작용 안에서만 자신을 사랑하시기에, 자신을 사랑하신다. 그래서 그분은 자신을 위해 세상을 만드신 것이다. 그래서 그분 자신과 동일한 자신의 관념 안에서 반복되거나 태어난 것이다. 그분이 그의 아들이시다. 결국, 조망하며 이해하는 신성을 위해 세상을 만든 것은 곧 태어난 신성을 위해 세상을 만든 것이다. 즉 하나님의 아들을 위해 세상을 만들었다는 것이다.[37]

조나단 에드워즈는 성경적 근거를 통해 성자에 대한 자신의 논제를 재확인한다. 즉 성자는 하나님의 '지혜'(智慧) 혹은 '명철'(明哲)이라는 것이다.

> 내가 여호수아 앞에 돌 한 개를 놓는다. 그것은 일곱 눈을 가진 돌이다(슥 3:9).

이 말씀을 통해 돌이 곧 메시아임을 밝힌다.[38] 여기의 일곱 눈은

---

37 Jonathan Edwards, "Discourse on the Trinity," *WJE*, 21:142.
38 Jonathan Edwards, "Miscellanies," no. 891, 922, 1067, *WJE*, 20.

스가랴 4장에서 볼 수 있듯이, 하나님 자신에 대한 설명에 의해, 하나님의 명철로 표현된 것이다.

> 이 일곱 눈은 온 세상을 두루 살피는 여호와의 눈이다
> (슥 4:10).

돌에 새겨진 일곱 눈은 하나님의 놀라운 사역으로 인해, 하나님의 로고스 혹은 하나님의 지혜와의 연합 속에 있는 그리스도의 성육신을 의미한다고 설명한다.[39]

조나단 에드워즈는 구약성경의 스가랴 선지자를 통해 돌이 곧 메시아임을 입증하고, 신약성경의 요한계시록에서 나타난 일곱 눈이 성령임을 밝힌다.

> 나는 또 보좌와 네 생물과 장로들 가운데 어린 양이 하나 서 있는 것을 보았는데, 그 어린 양은 죽임을 당한 것과 같았다. 그에게는 일곱 뿔과 일곱 눈이 있었는데, 그 눈들은 온 땅에 보내심을 받은 하나님의 일곱 영이시다(계 5:6).

조나단 에드워즈는 여기에서 스가랴서에 살핀 일곱 눈을 가진 돌이 메시야며, 일곱 눈이 바로 하나님의 일곱 영이라는 것이다. 왜냐하면 성령에 의해서 신적 본성과 신적 로고스, 혹은 명철이나 지혜가 인간 본성과 연합되는 것이기 때문이라고 설명한다.[40]

---

[39] Jonathan Edwards, "Discourse on the Trinity," *WJE*, 21:140-141.
[40] Jonathan Edwards, "Discourse on the Trinity," *WJE*, 21:141.

3) 완전한 관념인 성자의 성경적 근거

조나단 에드워즈의 『삼위일체론』의 첫 번째 부분은 삼위일체의 위격들, 특히 성자와 성령에 대해 서술하고 있다. 하나님께서 그분의 완전한 관념을 발생시키는, 그분 자신의 기쁨과 묵상 가운데서 무한히 행복해 하신다고 에드워즈는 서술한다. 그래서 신성은 반복된다. 하나님 자신의 관념은 그분 자신의 표현이자 완전한 형상이며, 하나의 영적인 관념이다. 또는 하나님의 모든 기억들과 행사들, 그리고 능력들의 재현이다. 즉 하나님, 혹은 하나님 자신의 반복적인 반향이다. 이것은 두 번째 위격인 성자에 대한 성경적 설명들에 의해 확인된다. 성경에서 성자는 하나님의 형상이자 얼굴이고, 하나님의 영광을 나타내는 밝음과 광채이자 빛나는 표출이다. 또한 하나님의 지혜, 하나님의 말씀, 그리고 하나님의 아멘이다.

조나단 에드워즈는 삼위일체의 두 번째 위격인 독생자가 하나님 자신에 대한 영원하고도 필연적이며 완전한 관념이라는 것이 하나님의 말씀에서 풍성하게 확인될 수 있다고 하면서, 다섯 가지의 근거 즉 하나님의 형상, 기쁨, 얼굴, 영광, 지혜(로고스, 아멘)를 통해 자세히 제시한다.[41]

첫째, 조나단 에드워즈는 하나님의 모습이신 하나님의 아들이 곧 하나님 자신의 표현이며 완전한 형상이자 재현이라며 성경적 근거를 제시한다. 곧 성자는 "하나님의 형상이신 그리스도"(고후 4:4), "그는 하나님의 모습"(빌 2:6), "그 아들은 보이지 않는 하나님의 형상"

---

[41] Jonathan Edwards, "Discourse on the Trinity," *WJE*, 21:116-121.

(골 1:15), "하나님의 영광의 광채, 하나님 본체의 형상"(히 1:3)이라는 것이다. 특히 히브리서 1:3의 "하나님의 본체의 형상"(χαρακτὴρ τῆς ὑποστάσεως αὐτοῦ)에서 또 다른 위격(person)이 존재함을 존 허리온(John Hurrion, 1675-1731)의 저술을 인용하면서 주장한다.[42]

조나단 에드워즈는 관념과 사물의 형상과의 차이점을 부각시키면서 성자가 하나님 자신에 대한 '관념'(idea)임을 논증한다. 즉 다른 형상들의 목적은 그것들이 우리 안에 재현하는 사물의 관념을 낳는 것이지만, 관념은 가장 직접적인 재현이기에, 형상에 관한 가장 본래적이라는 것이다. 어떤 영적 형상들이나 사물들도 관념 자체는 아니라는 것이다. 한 사람의 몸처럼 한 존재는 다른 존재와 비슷하다. 하지만 한 사람은 다른 사람의 형상의 가장 고유한 감각 안에 존재하는 것이 아니라, 다른 사람의 형상 안에서 더 고유하게 존재한다. 예를 들면, 아담이 자신의 고유한 형상인 아들을 낳은 게 아니라, 자신의 형상 안에서 낳은 것이다.[43]

그러나 성자는 성부의 형상 안에서 존재할 뿐만 아니라, 가장 고유한 감각 안에 있는 스스로의 형상 안에서도 존재하신다고 주장한다. 관념의 의도는 재현하는 것이며, 관념의 바로 그 존재는 유사함과 재현으로 구성된다. 관념이 실제로 재현되지 않는다면, 그것은 존재하지 않는 것이다. 그래서 관념의 존재는 곧바로 그것의 원형에 의존한다. 그래서 이러한 그리스도가 신성의 가장 직접적인 재현, 곧 하나님의 관념이다. 조나단 에드워즈는 이러한 주장의 근거로 "나를 보는 사람은 나를 보내신 분을 보는 것"(요 12:45)과 빌립과의 대화에

---

42 Jonathan Edwards, "Discourse on the Trinity," *WJE*, 21:117.
43 Jonathan Edwards, "Discourse on the Trinity," *WJE*, 21:117.

서 예수님께서 하신 말씀 "나를 본 사람은 아버지를 본 것"(요 14:7-9)을 제시한다. 조나단 에드워즈는 "내가 한 일을 보고 나서도, 나와 내 아버지를 미워했다"(요 15:22-44)는 말씀도 근거로 제시한다.44

둘째, 조나단 에드워즈는 성자에 대한 하나님의 사랑과 즐거움에 관한 성경 말씀이 자신의 생각을 더 명확히 뒷받침해 준다고 설명한다. 하나님의 관념은 하나님의 형상, 곧 하나님의 영원하고 무한한 사랑의 대상이며, 그분 안에서 완전한 기쁨과 행복을 갖는다는 것이다. 의심의 여지없이 하나님께서는 자신 안에서 무한히 사랑하시며 기뻐하신다. 또한 자신의 영광스러운 본질에 대한 명철과 조망 가운데 무한히 행복해 하신다. 성경은 하나님의 형상이 곧 성자임을 가르친다고 주장한다. "성부는 성자를 사랑하신다"(요 3:35, 5:20)는 말씀을 통해 성자가 참으로 사랑받는 분임을 설명한다. 그것은 그리스도의 세례(마 3:17)와 영광스러운 모습으로의 변화(막 9:7)에서도 선언된 것임을 상기시켜준다. "그는 내가 택한 사람, 내가 마음으로 기뻐하는 사람"(사 42:1)이라는 말씀을 통해 성부의 무한한 행복은 자신의 아들에 대한 기쁨 속에 있다는 것이다. 세상이 존재하기 전부터 "날마다 그를 기뻐했다"(잠 8:30)는 것이다.45

결국, 조나단 에드워즈는 하나님께서 자신의 무한한 행복을 오직 한 가지 방법, 즉 하나님 자신의 관념 안에서 갖는 무한한 기쁨으로 본다. 그래서 그것이 바로 하나님 자신의 아들 안에서 갖는 기쁨과 행복이라고 주장한다.

셋째, 조나단 에드워즈는 그리스도께서 '하나님의 얼굴'(출 33:14)

---

44 Jonathan Edwards, "Discourse on the Trinity," *WJE*, 21:117-118.

45 Jonathan Edwards, "Discourse on the Trinity," *WJE*, 21:118.

로 불린다고 하면서, 그 말씀은 원래 얼굴, 모습, 외관 등을 의미한다는 것이다. 하나님께서 보시는 하나님의 얼굴이 곧 하나님 자신의 완전한 관념이라는 것이다. 그래서 그리스도께서 하나님 앞에 뛰어난 분으로 하나님 앞의 천사로 불렸다는 것이다(사 63:9).

한편, "하나님 앞의 천사"에 대해서 존 칼빈은 "하나님 앞의 증인," "하나님의 명령을 수행하는 사자"로 우리의 필요나 요청에 의한 것이 아닌 전적으로 하나님의 주권 가운데 보내셨음을 강조한다. 그러면서 칼빈은 이 구절을 생기가 넘치는 하나님의 형상으로 해석하는 것이 가장 적합하다고 하였다. 즉 백성들의 지도자이자 인도자인 천사는 거울에서처럼 하나님의 얼굴을 보여주기 때문이라는 것이다. 칼빈은 또한 그리스도께서 진정한 구원자로서 우리와 교회를 인도하시며 보호하시며 지켜주시는 최고의 천사이기 때문이라고 했다.[46]

이렇듯 존 칼빈과 조나단 에드워즈는 모두 "하나님 앞의 사자"를 동일하게 그리스도로 해석하였는데, 존 칼빈은 하나님의 형상이신 그리스도께서 우리와 교회를 구원하시는 최고의 천사이기 때문이라고 했고, 조나단 에드워즈는 하나님 자신에 대한 가장 뛰어난 완전한 관념이기 때문이라고 했다.

조나단 에드워즈는 성자에 대한 성경적 근거들, 곧 하나님의 형상, 하나님의 기쁨, 그리고 하나님의 얼굴 외에 두 가지를 더 언급하고 있다. 즉 하나님의 영광, 하나님의 지혜, 로고스, 아멘 등이다.

넷째, 조나단 에드워즈는 그리스도를 하나님의 영광에 대한 밝음,

---

46 John Calvin, *Commentary on the Book of the Prophet Isaiah*, vol. 4, *Calvin's Commentaries*, 47 vols. (Edinburgh, 1853), 63:9.

광채, 빛남으로 부르는 것은 두 가지 이유 때문이라고 주장한다.[47]

첫 번째 이유는 하나님의 영광이 그분 자신에게 빛나고 나타나는 것이 바로 하나님의 관념 때문이다. 하나님을 자신에 대한 관념에 선행하는 영광스러운 분으로 생각할 수 있을지 모르나, 그분의 영광은 잠재해 있다는 것이다.

두 번째 이유는 하나님께서 광명체로 잘 묘사되고 그분의 관념도 빛으로 묘사되기 때문이다. 하나님의 명철 혹은 지식이 창조된 정신의 오성보다 광명 가운데 빛으로 더 많이 묘사된다는 것이다. 신적 정신의 명철은 본래 그 자체의 정신으로부터 나오는 것이지, 다른 어떤 것으로부터 파생된 것이 아니다.[48]

다섯째, 조나단 에드워즈는 하나님의 아들이 하나님 자신의 영원하고 완전한 관념이라는 사실이 하나님의 말씀 속에 여전히 무수히 많이 계시되어 있다고 주장한다. 그러면서 그는 세 가지로 제시한다.

(1) 첫 번째로 그리스도가 하나님의 '지혜'(wisdom)로 불린 것이다.

그리스도가 하나님의 지혜이나 지식과 동일하다면, 그분은 하나님의 완전하고도 영원한 관념과도 동일함을 가르친다는 것이다. 조나단 에드워즈는 그리스도께서 하나님의 지혜로 불린 성경 구절들로 고린도전서 1:24, 누가복음 11:49, 마태복음 23:34을 제시한다. 또한 잠언에서 그리스도께서 지혜로 얼마나 많이 불렸는지를 강조하면서 특별히 잠언 8:22-31을 인용한다. 즉 하나님께서 날마다 기뻐하신 분이 바로 하나님의 인격적 지혜이기에, 그분은 또한 하나님

---

47 Jonathan Edwards, "Discourse on the Trinity," *WJE*, 21:119.
48 Jonathan Edwards, "Discourse on the Trinity," *WJE*, 21:119.

자신에 대한 인격적 관념이라는 것이다.49

(2) 두 번째로 조나단 에드워즈는 성경이 우리에게 그리스도를 하나님의 '로고스'(logos)로 가르친다고 주장한다.

하나님의 로고스는 하나님의 관념과 동일하기에, 그것을 하나님의 이성이나 하나님의 말씀으로 해석한다는 것이다. 또한 하나님의 이성이나 명철은 하나님의 관념과 동일하다는 것이다. 여기서 그는 하나님의 말씀을 내적 말씀과 외적 말씀으로 설명하면서, 외적 말씀이 언어이기에 관념도 외부로 표현된다는 것이다. 내적 말씀이 사상이나 관념 자체이기에 성경은 그 자체의 해석자가 존재한다는 것이다. 하나님께서 자신을 계시하심으로 모방된 외적 말씀의 근원이 바로 내적 말씀이라는 것이다. 하나님께서 자신을 밝히 드러내실 때, 그분 자신에 대한 관념으로 나타내신다는 것이다.50

(3) 세 번째로 조나단 에드워즈는 그리스도께서 '아멘'(amen)으로 불린 것을 통해 동일한 목적임을 주장한다.

히브리어로 아멘은 '진리'(truth)를 의미한다. 최초의 근원적이며 보편적인 진리가 바로 신적 정신이자 그분의 영원하고도 무한한 지식이나 관념이 아니겠냐는 것이다.51

조나단 에드워즈는 성자를 하나님께서 영원토록 기뻐하시는 하나님의 모습, 얼굴, 표현, 완전한 형상, 곧 하나님의 지혜, 지식, 로고

---

49 Jonathan Edwards, "Discourse on the Trinity," *WJE*, 21:119-120.
50 Jonathan Edwards, "Discourse on the Trinity," *WJE*, 21:120.
51 Jonathan Edwards, "Discourse on the Trinity," *WJE*, 21:120.

스, 진리라는 것이다. 이러한 하나님의 완전한 형상이자 재현이 바로 하나님 자신에 대한 관념이라는 것이다.[52] 또한 조나단 에드워즈는 인류의 위대한 선지자이자 선생, 세상의 빛(요 8:12), 하나님의 계시자(마 11:27; 요 1:18), 그리고 하나님의 영광을 피조물에게 비추는 분(빌 2:6; 요 12:45-46)이 바로 하나님 자신의 완전한 관념 혹은 자신의 명철이라는 것이다.[53]

지금까지 살펴본 대로 조나단 에드워즈는 성자에 대한 설명을 교회사에서 전통적으로 가르치는 '출생'이나 '낳으심'으로 표현하기보다는 자신만의 독특한 방법을 사용하였다. 즉 그는 하나님 자신에 대한 '관념' 혹은 '명철'로 표현하여 성부와 성자와의 관계에서 종종 제기되는, 성부가 성자의 근원이라는 소위 '종속적인' 개념을 탈피하여 성부와 성자의 더욱 긴밀하면서도 대등한 내재적 관계로 표현하는 치밀함을 엿볼 수 있다. 무엇보다도 철저히 성경적 본문을 토대로 그 용어의 개념을 확인하면서 자신의 논리를 주도면밀하게 전개했음을 알 수 있다.

그렇다고 해서 조나단 에드워즈가 전통적인 용어 사용을 하지 않은 것은 아니다. 조나단 에드워즈 역시 성자의 출생과 낳으심의 개념을 사용하고 있다.[54] 성자의 출생에 대해서는 아우구스티누스의 사상과 밀접히 연결되어 있다. 즉 아우구스티누스는 성자의 신성에 대한 설명을 위해 아리우스주의자들이 성부와 성자의 동등성을 부인하기 위해 사용한 성경 본문들에 대해 고찰한다. 그는 성자가 아

---

[52] Jonathan Edwards, "Discourse on the Trinity," *WJE*, 21:120.
[53] Jonathan Edwards, "Discourse on the Trinity," *WJE*, 21:120-121.
[54] Jonathan Edwards, "Discourse on the Trinity," *WJE*, 21:121.

버지와 동일한 의미에서의 하나님의 형체와 아버지보다 못하다는 의미에서의 종의 형체를 구분해야 할 것을 단호히 주장함으로써 "내 아버지는 나보다 더 크시다"(요 14:28)와 "나와 아버지는 하나다"(요 10:30)의 모순 제기를 해결한다.[55]

즉 전자는 아들의 본질적인 본성이 아니라 성육신에 대한 언급으로 본다. 위의 본문을 성자를 성부보다 못하거나 성부와 동일한 분으로 언급하지 않고 성자가 성부에 속해 있다는 것만 암시하기에, 아우구스티누스는 아버지로부터 그 아들의 출생과 그 아들이 보냄을 받았다는 의미를 숙고하게 된다.[56] 보냄을 받았다는 것이 아리우스주의자들의 주장처럼 아버지에 대한 아들의 종속 상태를 함축하는 것이 아님을 보여주면서, 파송은 그 안에서 삼위일체의 세 위격들이 모두 관련된 단일한 작용임을 보여준다.[57]

그러나 아버지 역시 신의 현현 속에서 나타나지만 성부는 보냄을 받았다고 표현되지 않는다. 그래서 아리우스주의의 주장은 구약의 족장들에게 나타난 분은 아버지가 아니라 로고스이기에, 아들인 아버지보다 하급한 존재이며 본성적으로 보일 수 있다는 결론을 낸 것이다. 이에 대해 아우구스티누스는 창세기 18장에서 아브라함에 나타난 세 사람이 "한 분이시면서 세 위격 안에 있는 동일한 실체이신 삼위일체의 동등성을 보이는 피조물로 가시적으로 암시했다"고 주장한다.[58]

---

[55] Augustini, *De Trinitate*, I.11.22, 151-152.

[56] Augustini, *De Trinitate*, II.1.2-3, 173-175.

[57] Augustini, *De Trinitate*, II.5.9-10, 182-185.

[58] Augustini, *De Trinitate*, II.11.20, 201-202: *cur non hic accipiamus visibiliter insinuatam per creaturam visibilem Trinitatis aequalitatem, atque in tribus personis*

하나님의 본성을 인간이 볼 수 없기에 신의 현현 사건이 천사들의 대리를 통해 일어났다고 했는데, 그것은 본질에 있어서 하나님은 변할 수 없으시기 때문이다.[59] 아들의 파송은 아들의 존재가 인간의 눈에 보이기 위함을 말함으로 아들의 출생이 종속을 뜻하지 않음을 주장한다. 아들은 영원한 빛의 광채이며, 전능자로부터의 유출이기에 스스로 전능한 존재이다.[60]

아우구스티누스는 성자가 성부에게서 시간과 관계없이 출생하신 것을 강조한다.[61] 즉 성부께서 자기 속에 생명이 있음 같이, 성자에게도 생명을 주신 것으로 생각할 것이 아니라, 성부는 성자를 시간과 관계없이 출생하시고, 성부가 출생하심으로써 성자에게 주신 생명은 성부와 함께 동등하게 영원한 것임을 이해해야 한다는 것이다.[62] 우리의 말은 형성되기 전에 형식화할 수 있는 반면에, 그분의 말씀은 하나님의 형식 속에서 있기에 형성되기 이전에는 형식화할 수 없다. 즉 우리의 말은 순환하고 망각되어질 수 있는 사상이지만, 그분의 말씀은 그렇지 않다.[63]

조나단 에드워즈의 개념은 아우구스티누스를 중심으로 이어지는 초대교회에서 논의되었던 개념을 분명히 계승하면서도 그 강조점에 있어서 분명 차이가 있다. 즉 초대교부들에 의해 주로 논의되었던 삼위일체 하나님 중에서 성자의 위격 개념은 성부와 성자의 동

---

unam eamdemque substantiam?

59 Augustini, *De Trinitate*, III.11.21-22, 202-204.
60 Augustini, *De Trinitate*, IV.20.27, 211-212.
61 Augustini, *De Trinitate*, XV.26.47, 743.
62 Augustini, *De Trinitate*, XV.26.47, 743.
63 Augustini, *De Trinitate*, XV.16.25, 708-709.

일본질에 초점이 맞추어져 있었다. 초대교부들에게 있어서 성부와 성자의 관계 설정에 있어서 동방교회와 서방교회의 용어 사용의 혼선으로 '동일본질'(ὁμοούσιος)에 대한 문제제기가 있었기에, 이에 대한 사상 체계와 확립에 초점이 맞추어져 있었다.

특히 아리우스와 같이 성자가 '피조되었거나'(created) '만들어졌기에'(made) 성부와 동등한 능력이나 신성을 지니고 있지 않다는 군주신론적 사상에 대한 반박으로 성자의 영원한 출생 개념이 강조된 것이다. 초대교회의 니케아 신조는 신성의 통일성도 주장했지만, 그 주된 목적은 성자의 신성을 주장하려는 것이었다. 하지만 조나단 에드워즈는 초대교회에서 정리된 이러한 논의를 토대로 성부와 성자의 관계에 있어서 성자의 신성뿐만 아니라, 성자의 출생에 대한 구체적 내용과 방법을 위에서 살펴본 대로 자세히 논증하였다. 이러한 점에서 조나단 에드워즈의 『삼위일체론』이 성부와 성자의 관계에 대한 전통적인 가르침에서 독창적으로 계승함으로 진일보했음을 보여준다.

3. 성령: 성부와 성자의 신적인 사랑의 행위자

1) 성부와 성자의 상호 간의 사랑인 성령의 발현

성부와 성자 사이에는 상호 간의 사랑, 기쁨, 그리고 즐거움이 존재하는데, 그것이 순전하고 본질적인 작용, 곧 활동하시는 하나님으로서의 성령을 의미한다.⁶⁴ 성령은 성부와 성자 상호 간의 사랑이시다. 그 사랑은 창조물과 창조된 영들에게 생명을 부여하며 하나님의 백성들을 안위하신다. 성령도 역시 성자와 마찬가지로, 성령을 비둘기, 사랑의 상징으로 묘사하고 있는 성경을 통해 그 의미가 명확해진다. 성령에 대한 성경적 유형과 비유는 기름, 물, 불, 호흡, 그리고 바람과 같이 모두 흘러넘치는 것을 의미한다. 그래서 하나님과 교제하는 성도들은 성령 혹은 하나님의 사랑에 참여하는 것이다. 이러한 이유에서 바울은 인사말로 늘 성부와 성자의 사랑과 은혜, 그리고 성령의 교제를 언급한 것이다.⁶⁵

조나단 에드워즈는 하나님 자신에 대한 관념을 갖게 됨으로써, 또한 그 관념 안에서 독특한 실체나 위격으로 계심으로써 신성이 태어나신 것이라고 한다. 그러면서 거기에 최고의 순수 작용이 나오고 (發現), 성부와 성자 사이에 무한히 거룩하고 감미로운 에너지가 발생한다는 것이다.⁶⁶ 그것은 성부와 성자 서로 사랑하며 기뻐하는 가운데, 성부와 성자의 사랑과 기쁨이 상호적인 것이기 때문이다. "나는 그분 앞에서 항상 기뻐하면서, 날마다 그의 즐거움이었다"(잠 8:30)는 말씀을 인용한 조나단 에드워즈는 이것이 바로 신적 본성의 영원하고도 가장 완전하며 본질적인 작용이라고 주장한다.⁶⁷

그래서 신성은 무한한 정도와 가능한 한 가장 완전한 방식으로 활동하신다는 것이다. 신성은 모든 작용이 된다. 신적 본질은 그 자

---

64 Jonathan Edwards, "Discourse on the Trinity," *WJE*, 21:121.
65 Jonathan Edwards, "Discourse on the Trinity," *WJE*, 21:110.
66 Jonathan Edwards, "Discourse on the Trinity," *WJE*, 21:121.
67 Jonathan Edwards, "Discourse on the Trinity," *WJE*, 21:121.

체가 흘러넘치며 사랑과 기쁨 안에서 발산된다. 그래서 신성은 또 다른 실체의 방식으로 표현되는데, 그것이 곧 삼위일체의 세 번째 위격이자 활동하는 신성인, 성령이 나오는(proceed) 것이다. 이것을 성령의 발현이라 부른다. 거기에는 의지의 작용 외에는 다른 어떤 작용도 없다는 것이다.[68]

이렇게 조나단 에드워즈는 성부와 성자의 상호 간의 사랑이 곧 성령이라고 하였다. 이것은 성령의 이중발현이라는 삼위일체론의 전통을 지키면서도 성령에 대한 인격성을 부각시켜 준 것이다.

성령의 발현에 대해서는 아우구스티누스를 비롯한 마틴 루터 등 종교개혁자들에게서도 동일하게 나타난다. 조나단 에드워즈는 성령의 이중발현에 대한 이러한 전통적인 사상을 이어 받았다. 아우구스티누스는 세 위격이 본질상 완전히 일치한다는 견해를 통해 성경 구절(요 15:26; 20:22)을 근거로 제시하였다.

마틴 루터 역시 다음과 같이 성자의 영원출생과 성령의 이중발현을 논증했다. "성부는 영원 가운데서 성자를 낳으시고, 성령은 성부와 성자로부터 발현하신다."[69] 그러면서 루터는 "구별되는 세 위격들이지만, 동일한 영광과 위엄을 가진 오직 하나의 신적 본질만이 있음"을 언급함으로 세 위격의 동등성을 강조하면서 동일본질을 피력하였다.[70]

---

68 Jonathan Edwards, "Discourse on the Trinity," *WJE*, 21:121.
69 Martin Luther, *What Luther Says: A Practical In-Home Anthology for the Active Christian*, ed. Ewald M. Plass (St. Louis: Concordia Publishing House, 1959), 1386.
70 Luther, *What Luther Says: A Practical In-Home Anthology for the Active Christian*, 1386.

특히 아우구스티누스는 성령이 성부뿐만 아니라 성자에게서도 발현한다고 생각함으로 성령의 이중발현을 강조했다.[71] 이 견해는 세 위격이 본질상 완전히 일치한다는 견해에서 나온 것이며, 성자가 성령을 보낸다고 말하는 몇몇 성구들로 뒷받침되었다(요 15:26; 요 20:22). 또한 성령에 대한 설명에서 성령이 무슨 까닭에 출생하지 않으며, 어떻게 성부와 성자에게서 발현하는가의 문제는 우리가 천국에 이르렀을 때에 이해할 수 있다고 전제한다.[72] 특히 성령이 출생한 분이라면 성부의 아들과 성자의 아들로 불리는 모순이 생기기에 두 분에게서 발현한다고 설명한다. 또한 이것은 성자의 유일한 출생(독생자)에도 모순이 되기 때문이다.

> 그러므로 성령을 두 분의 아들이라고 부르는 것은 가장 어리석은 것이 아니겠는가? 성자는 성부에게서 출생하심으로 성부의 본성에 아무 변함도 없이 또 시간적 출발점도 없이 본질적 존재를 받는 것 같이, 성령은 두 분에게서 발현하심으로써 두 분의 본성에 아무 변화도 없이 또 시간적인 시초도

---

[71] 동방교회는 삼위일체 내부에서 일어나는 영원하고 내면적인 과정인 발현과, 시간 안에서 이루어진 계시 행위인 성령의 보냄 받으심을 예리하게 구분한다. 즉 성령은 성부에게서만 영원히 발현하시지만, 오순절에 성부와 성자에 의해서 보냄을 받으셨다. 따라서 전자의 경우에는 현재 시제가 사용되지만(요 15:26), 후자의 경우에는 미래 시제가 사용된다(요 14:26; 15:26). 즉 동방교회는 성부의 위엄과 주권을 신성의 유일한 근원과 뿌리로 간주한다. 반면, 서방교회는 성부와 동일한 본질을 지닌 성자의 위엄에 관심을 가지며, 이중의 보냄 받으심으로부터 이중발현을 추론한다. Philip Schaff, *History of the Christian Church*, 8 vols (Grand Rapids: Eerdmans, 1950), 2:601.

[72] Augustini, *De Trinitate*, XV.25.44, 737.

없이 본질적 존재를 받으신다.[73]

아우구스티누스에게 있어서 성령은 사랑이 기억과 그것의 출생된 단어를 결합시키는 것처럼, 아버지와 아들의 일종의 동질적 교제이며, 아버지와 아들 양자로부터 나온다. 생각이 바라보는 바와 욕망하는 바가 같지 않듯이, 그 발현은 출생이나 태어남과는 다르다. 셋은 관계를 의미한다. 즉 출생하는 자, 출생된 자, 발현된 자로서 하나님의 신성은 영원 전부터 그러한 관계를 가지고 존재했다. 이와 같이 아버지와 아들과 영은 언제든지 다른 두 위와의 관계 하에 존재한다.

성령도 본질적인 본성을 지녔기에, 삼위일체의 위격들 사이의 관계는 정도나 순서의 관계가 아니라 인과성의 관계이다.[74] 성령의 이중발현 역시 아버지와 아들의 동등성을 표현하는 하나의 방법이었으며, 아버지와 아들을 하나 되게 한 연합의 띠를 표현하는 방법이었다. 아우구스티누스는 성령을 성부와 성자 간의 사랑의 결속으로 이해한다. 아우구스티누스는 삼위일체 하나님 내에서의 관계에 대한 개념을 발전시키고, 삼위일체의 신적 위격은 삼위의 상호 간의 관계에 의해 정의된다고 주장한다. 그리하여 아우구스티누스는 성령은 성부와 성자 간의 사랑과 교제의 관계로 보아야 하며, 요한복음이 성부와 성자의 의지와 목적의 연합에 관해 제시하는 것들의 기

---

73 Augustini, *De Trinitate*, XV.26.47, 743: *Quomodo ergo non absurdissime filius diceretur amborum, cum sicut Filio praestat essentiam sine initio temporis, sine ulla mutabilitate naturae de Patre generatio; ita Spiritui sancto praestet essentiam sine ullo initio temporis, sine ulla mutabilitate naturae de utroque processio?*

74 Augustini, *De Trinitate*, IV.20.29, 215-216.

초가 되는 것이 바로 이 관계라고 믿었다.[75]

한편, 조나단 에드워즈는 하나님께서 성자를 사랑한다고는 수많은 곳에서 묘사되었지만, 성령을 사랑한다고는 전혀 말씀하시지 않았고, 어디에서도 성령을 사랑하신다는 의미의 형용사도 사용하지 않으셨음을 지적한다. 성자는 하나님의 선택으로 사랑을 받은 분이시며, 하나님의 영혼 안에서 기쁨과 즐거움이 되신 분이시다. 성자만이 사랑의 대상이시기에, 성부의 사랑을 다른 위격이 아닌 오직 성자와 함께 나누신 것이다. 이러한 목적을 위해 성자가 바로 하나님의 독생자로 불린 것이다. 그래서 조나단 에드워즈는 성경에서 성부와 성자에 대한 존경에 대해서는 그렇게 자주 명령하고 있지만, 성령에 대한 편애나 보상, 혹은 성령과 다른 위격들 간의 어떤 상호사귐, 또한 성령을 사랑해야한다는 명령을 언급한 곳이 없음을 지적한다.[76]

결국, 조나단 에드워즈는 세 번째 위격인 성령에 대해 경시하는 그 당시의 만연된 경향을 수정하면서, 성령의 동등한 중요성과 영광을 강조하고자 성령의 역할을 확장한다.[77]

2) 성령에 대한 성경적 근거와 내용

조나단 에드워즈는 1740년대 중반에 작성한 원고에 1740년대

---

75 Alister E. McGrath, *Christian Theology: An Introduction* (Oxford: Blackwell, 1994), 269.
76 Jonathan Edwards, "Discourse on the Trinity," *WJE*, 21:140.
77 Jonathan Edwards, "On the Equality of the Persons of the Trinity," *WJE*, 21:147.

후반이나 1750년대 초반에 성령에 대한 성경적 근거를 덧붙인다. 즉 "우리에게 주신 성령으로 말미암아 우리 마음 안에 하나님의 사랑이 널리 퍼졌다"는 말씀을 원문에 기초해서 "하나님의 사랑이 성령으로 말미암아 우리 마음 안에 부은바 되었는데, 그 성령이 우리에게 주어졌다"로 로마서 5:5을 설명한다. 하나님의 성령 자신을 전달하는 방식을 의미하는, 시간 속에 이루어진 동일한 반복(反復)이라는 것이다. 조나단 에드워즈는 로마서 본문을 통해 하나님의 사랑인 성령이 우리 마음에 부어지는 것이 가장 타당하다고 강조한다.[78]

조나단 에드워즈는 또한 1750년대 초반에서 중반에 걸쳐 성령에 대해 새로운 내용을 첨가한다. 여기에서 그는 성령에 대한 성경 본문 두 곳을 인용한다.[79]

첫째, "우리는 포도주보다 당신의 사랑을 더 기억합니다"(아 1:4).

둘째, "술 취하지 말라 너희는 오직 성령으로 충만하라"(엡 5:18).

조나단 에드워즈는 삼위일체 하나님 가운데 성령 하나님에 대해서 성경 말씀을 근거로 여덟 가지로 나누어 설명한다.[80]

첫째, 조나단 에드워즈는 신성 혹은 신적 본성과 본질은 사랑을 내재하고 있음을 성경을 통해 배울 수 있다고 논증한다. 즉,

> 사랑하지 않는 사람은 하나님을 알지 못하는데, 하나님은 사랑이시기 때문이다(요일 4:8).

---

78 Jonathan Edwards, "Discourse on the Trinity," *WJE*, 21:141.
79 Jonathan Edwards, "Discourse on the Trinity," *WJE*, 21:141-142.
80 Jonathan Edwards, "Discourse on the Trinity," *WJE*, 21:121-130.

> 우리가 서로 사랑하면, 하나님께서 우리 가운데 계시고, 또 하나님의 사랑이 우리 가운데서 완성된 것이다. 하나님께서 우리에게 그분의 성령을 주셨기 때문에, 이것으로 우리가 하나님 안에 있다는 것을 안다(요일 4:12-13)

이들 말씀을 근거로 성령께서 그 사랑이심을 암시한다고 설명한다.[81]

우리 안에 하나님의 성령이 거하시면, 우리 안에 하나님께서 거하신다는 말씀은 곧 하나님의 성령이 하나님이시라는 것이다.

> 하나님은 사랑이시다. 사랑 안에 있는 사람은 하나님 안에 있고 하나님도 그 사람 안에 계신다(요일 4:16).

이 말씀에서 조나단 에드워즈는 신적 본성이 사랑을 내재하고 있을 뿐만 아니라, 이 사랑이 바로 성령임을 확증한다고 설명한다.[82]

둘째, 삼위일체의 세 번째 위격의 이름이 곧 성령임을 성경이 확증한다고 조나단 에드워즈는 주장한다. 성령은 순수 작용이자 완전한 에너지로 내재하면서 신적 본성을 표현한다. 또한 성령은 무한히 감미롭고 활발한 '감정'(affection) 가운데 흘러 넘쳐 나오신다.[83]

하나님의 존재는 하나님의 성령으로 불린다. 성경에서 '영'이란 단어는 정신에 관해서 사용되는 것이지, 영적 실체나 정신 그 자체

---

81 Jonathan Edwards, "Discourse on the Trinity," *WJE*, 21:121.
82 Jonathan Edwards, "Discourse on the Trinity," *WJE*, 21:122.
83 Jonathan Edwards, "Discourse on the Trinity," *WJE*, 21:122.

를 의미하지는 않는다. 그래서 영은 그 정신의 성향, 경향, 기질이라는 것이다. 조나단 에드워즈는 이에 대한 근거로 성경 본문을 통해 입증한다.

> 또 다른 영(민 14:24).

> 정직한 영으로 나를 새롭게 하소서(시 51:10).

> 너희는 어떤 영의 방식으로 속해 있는 줄을 모른다(눅 9:55).

> 하나님께서 여러분의 영과 혼과 몸을 완전하게 지켜 주시기를 빕니다(살전 5:23).

> 온유하고 정숙한 영의 단장(벧전 3:4).

> 너의 마음의 영을 새롭게 하여(엡 4:23).

결국, 조나단 에드워즈는 하나님의 영을 표현할 때, 그 영은 신적 정신의 성향, 기질, 감정으로 이해될 수 있다고 본다. 그것은 마치 어떤 사람에 대해서 온유한 영의 사람, 친절한 영의 사람, 경건하고 거룩한 영의 사람 등으로 말할 때에는 그 사람의 기질로 이해될 수 있는 것과 같다. 그래서 하나님의 거룩한 영은 하나님의 기질로 이해된다.[84]

---

[84] Jonathan Edwards, "Discourse on the Trinity," *WJE*, 21:122.

여기서 하나님의 기질이나 성향의 절정이 바로 사랑인데, 그것은 그분이 무한한 사랑이시기 때문이다. 조나단 에드워즈는 특별히 경향성과 작용 사이에, 기질 혹은 성향과 행사 사이에 어떤 구별이 없음을 강조한다. 이것이 바로 우리가 참여하는 신적 성향이나 본성인데, 우리의 참여나 하나님과의 사귐은 성령의 사귐이나 참여로 이루어지기 때문이다.[85]

조나단 에드워즈에 따르면 하나님 자신에 대한 거룩함이 자신에 대한 무한한 사랑으로 이루어졌으며, 하나님의 거룩함은 그분 본성의 무한한 아름다움과 탁월함이다. 그래서 하나님의 탁월함은 그분 자신에 대한 사랑으로 이루어졌다.[86] 또한 하나님의 영이라는 말이 하나님의 거룩함과 동일하다. "육신에서 난 것은 육신이요, 영에서 난 것은 영이다"(요 3:6). 이 말씀에서 육신과 영은 상반된 것으로 육신에 따르면 죄와 타락이지만, 영에 따르면 거룩함을 논증한다.[87]

셋째, 조나단 에드워즈는 성령께서 만물을 소생케 하시고, 생명을 부여하시고, 아름답게 하시는 사역, 지성적 피조물을 거룩하게 하시는 사역, 그리고 그들을 안위하시고 기뻐하시는 사역 이 세 가지와 아주 조화를 이룬다고 주장한다.[88] 조나단 에드워즈는 성령께서 만물을 소생케 하시고 아름답게 하시는 사역의 근거로 "하나님의 영이 수면 위에 운행하신다"(창 1:2)는 말씀을 통해 설명한다. 즉 성령께서 무질서와 혼돈에 조화와 아름다움을 가져다 주셨다. 또한 "그

---

85 Jonathan Edwards, "Discourse on the Trinity," *WJE*, 21:122.
86 Jonathan Edwards, "The Mind, no. 45: Excellence," *WJE*, 6:364-365.
87 Jonathan Edwards, "Discourse on the Trinity," *WJE*, 21:123.
88 Jonathan Edwards, "Discourse on the Trinity," *WJE*, 21:123-126.

분의 영으로 하늘을 단장하셨다"(욥 26:13). 조나단 에드워즈는 하나님의 영원하며 본질적인 작용과 에너지가 아니라면 어느 누가 만물을 그렇게 적절하게 움직이며 생명을 부여하겠는가?라고 강조한다. 또한 창조주의 아름다움과 기쁨을 지닌 분만이 만물에 감미로움과 아름다움을 부여하신다고 강조한다.[89]

조나단 에드워즈는 성령께서 창조된 영들을 거룩하게 하시며 그들에게 신적 사랑을 부여하시는 사역에 대해서 계속 설명한다. 성령께서 하나님의 관념과 명철을 세상의 빛이 되게 하신다고 한다. 또한 피조물에게 신적 사랑을 전달하기 위한 하나님의 사랑이 곧 성령의 역할이라는 것이다. 이렇게 하나님의 영이나 사랑이 저절로 전달된다는 것이다. 하나님의 영 혹은 하나님의 사랑이 생명의 원리로서 우리의 마음과 작용에 오셔서 거하시면 우리는 성령의 살아있는 성전들이 되는 것이다. 또한 사람들이 중생하고 성화되면, 하나님께서 그분의 영을 그들에게 부어주시고, 성부와 성자와 함께 사랑과 기쁨 그리고 아름다움에 참여하게 된다(요일 4:12-13).[90]

조나단 에드워즈는 그리스도께서 성부에 대해서 언급할 때, "아버지께서 나를 사랑하신 그 사랑이 그들 안에 있게 하고, 나도 그들 안에 있게 하려는 것"(요 17:26)이라고 하신 말씀처럼, 성부께서 성자를 사랑하시는 사랑이 바로 성령이라고 주장한다. 그리스도께서 자신의 제자들을 위해 기도를 마치면서 성령이 자신의 제자들 안에 거하심을 간구하셨다. 그것은 그리스도께서 우리를 모든 진리로 인도하시는 그의 성령을 통해 자신의 제자들에게 거하시기 때문이다

---

89 Jonathan Edwards, "Discourse on the Trinity," *WJE*, 21:123.
90 Jonathan Edwards, "Discourse on the Trinity," *WJE*, 21:123-124.

(요 14:16-18; 롬 8:9-10). 조나단 에드워즈는 1726년에 존 에반스(John Evans)에 의해 출판된 존 하우(John Howe)의 설교를 인용하면서,[91] 그리스도인의 자유는 육신의 욕망을 따라 살지 않고, 성령 안에서 동행하는 삶으로 이웃 사랑을 실천하는 삶임을 강조한다.[92] 그러면서 조나단 에드워즈는 우리의 마음에 느끼는 하나님의 사랑과 하나님 안에서의 기쁨은 우리 마음에 거하시는 성령의 감각이라는 것이다. 왜냐하면 성령의 본성이 사랑과 기쁨으로 이루어졌기 때문이라는 것이다.[93]

조나단 에드워즈는 성령의 사역에 대해서 또한 하나님의 백성들을 안위하시고 기뻐하신다는 것을 "성령 안에서의 기쁨"(살전 1:6; 롬 14:17; 행 9:31, 13:52)이라는 성경적 근거를 통해 설명한다. 즉 성령께서 제자들을 영적 기쁨으로 충만케 하신다는 것이다.[94]

넷째, 조나단 에드워즈는 성령에 대한 성경적 이해를 위해서 성경에서 성령의 상징인 '비둘기'(dove)를 통해 성령께서 사랑의 상징 혹은 사랑하는 분으로 확증한다고 본다. 특히 솔로몬의 노래인, 아가에서 그러한 예가 많다고 논증한다(아 1:15; 2:14; 4:1; 5:2, 12; 6:9). 조나단 에드워즈는 모든 새 중에서 유일하게 비둘기만이 정결하며 사랑의 상징이기에 제물로 드려진다는 점을 지적한다.[95] 그래서 하나

---

91 John Howe, *The Prosperous State of the Christian Interest Before the End of Time, by a Plentiful Effusion of the Holy Spirit; Considered in Fifteen Sermons on Ezek. 39:29*, John Evans (London, 1726), 185.
92 Jonathan Edwards, "Discourse on the Trinity," *WJE*, 21:124-125.
93 Jonathan Edwards, *The Blank Bible*: note on Rome 5:5, *WJE*, 24.
94 Jonathan Edwards, "Discourse on the Trinity," *WJE*, 21:126.
95 물론 조나단 에드워즈는 레위기 14:4-5에서 악성 피부병 환자를 정결하게 하는 예식에서 정한 새 두 마리의 예외를 언급한다. Jonathan Edwards, "Discourse on the

님께서 받으시기에 가장 합당한 제물이라는 것이다. 또한 그리스도께서 세례를 받으실 때, 성부로부터 성령이 비둘기처럼 내려오심을 통해서도 확증된다. 여기에서 성부는 성자에게 무한한 사랑을 표시한다(마 3:17).

조나단 에드워즈는 창세기에서 "하나님의 성령이 수면 위에 운행하셨다"(창 1:2)는 말씀에서 '운행하셨다'의 원어는 '메라헤페트'(מְרַחֶפֶת)로서 "비둘기가 알을 품고 있음"을 의미한다고 요하네스 북스토르프(Johannes Buxtorf)와 휴고 그로티우스(Hugo Grotius)의 저술을 인용하면서 설명한다.96 또한 요하네스 북스토르프가 설명한 그 단어의 어근, '라하프'(רחף)와 그로티우스가 설명한 '메라헤페트'가 모두 '사랑'을 의미한다고 덧붙인다.97 이에 대해서 조나단 에드워즈는 자신의 『여백성경』(Blank Bible)에서 창세기 1:2에 대한 기록을 테오필루스 게일(Theophilus Gale)의 저술을 통해,98 또한 레위기 1:14에 대해서는 매튜 풀(Matthew Poole)의 자료를99 참조할 것을 언급함으로 자신의 주장을 뒷받침한다.

다섯째, 조나단 에드워즈는 성령의 여러 유형들(types)로부터 성령이 사랑이심이 확증된다고 한다. 특히 성령의 유형으로 종종 사용되는 기름은 그것의 부드럽고 매끄러운 흐름, 그리고 확산되는 본성으로부터 신적 사랑을 잘 표현해 준다는 것이다. 기름은 감람나무로

Trinity," *WJE*, 21:126.
96　Johannes Buxtorf, *Lexicon Hebraicum et Chaldaicum* (Basel, 1646), 695-696.
97　Hugo Grotius, *Truth of the Christian Religion*, tr. John Clark (London, 1729), I, 16.
98　Theophilus Gale, *Court of the Gentiles* (London, 1647), Pt. 1, Bk. 3, ch. 3, 42-44.
99　Matthew Poole, *Synopsis Criticorum, I*, on Lev. 1:14.

부터 얻는데, 감람나무 가지는 노아에게 돌아온 비둘기가 물고 온 잎이라는 사실을 통해 예로부터 사랑과 평화, 그리고 우정을 나타낼 때 사용되었다. 그것은 끔찍한 대홍수 이후에 베풀어 주신 하나님의 사랑과 호의의 표시였다. 감람나무 가지와 비둘기는 모두 하나님의 사랑의 상징이었다. 하지만 특별히 거룩한 기름을 부으시는, 성령의 가장 중요한 유형은 그것의 탁월한 달콤함과 향기로 신적 사랑과 기쁨을 통해 잘 재현된다고 조나단 에드워즈는 성경 본문을 통해 확증한다(시 133:1-2).[100]

조나단 에드워즈는 계속해서 성경 본문들을 인용하면서 하나님의 사랑이 성령과 동일하다고 논증한다.

> 주님의 한결같은 사랑이 어찌 그리 값집니까? 오 하나님! 그러므로 사람들의 자녀들이 주님의 날개 그늘 아래로 피하여 숨습니다. 그들은 주님의 집에 있는 기름진 것으로 배불리 마시고, 주님이 그들에게 주님의 기쁨의 강에서 마시게 합니다. 생명의 샘이 주님께 있습니다. 우리는 주님의 빛으로 환히 볼 것입니다(시 36:7-9).

조나단 에드워즈는 이 본문에서 고귀한 한결같은 사랑, 하나님의 집의 기름진 것, 주님의 기쁨의 강, 생명의 샘에서의 물, 그리고 하나님의 빛 등은 모두 동일하게 하나님의 사랑을 표현했음을 언급한다.[101]

---

100 Jonathan Edwards, "Discourse on the Trinity," *WJE*, 21:127-128.
101 Jonathan Edwards, "Discourse on the Trinity," *WJE*, 21:128.

요한계시록 22장에서 하나님과 어린양의 보좌로부터 흘러나오는(proceed) 생수의 강은 하나님의 한결같은 사랑이다. 그것은 에스겔 47장에서 생명수와 생명을 주는 물로서 생명의 샘이자 하나님의 기쁨의 강으로 불린 것이다. 그리스도께서 영적 샘물들과 생명수의 강들을 통해 우리에게 친히 가르쳐 주신 것은 성령을 의미한 것임을 주장한다(요 4:14; 7:38-39). 하나님의 기쁨의 강은 여기에서 생명수의 순수한 강과 동일함을 의미한다(계 22:1, 5; 21:23-24). 조나단 에드워즈는 여기에 자신의 『여백성경』의 요한계시록 21:23-24에 대한 기록을 통해 하나님의 임재의 영광을 표현한다.[102]

여섯째, 조나단 에드워즈는 성경에서 성령에 대해 물, 불, 호흡, 바람, 기름, 술, 샘, 강과 같이 흘러넘치는 것에 비유되었다고 기술한다. 감정(affection), 사랑, 기쁨은 물처럼 흘러가며, 호흡이나 바람처럼 퍼진다. 그러나 그것이 관념이나 판단이 흘러가거나 퍼진다고 말하는 것은 그리 자연스럽지 않을 것이다. 따스한 것을 감정이라고 말하거나 사랑을 불에 비유하는 것 말고는 다른 방법이 없기 때문이다. 영혼이 감정 안에서 흘러넘친다고 말하는 것, 사랑이나 기쁨이 풍성히 부은바 되었다고 표현하는 것이 가장 자연스럽기 때문이다(딛 3:5-6; 롬 5:5).[103]

요한계시록 22장에서 생수의 강이 성부와 성자의 보좌로부터 흘러나온다고 했는데, 조나단 에드워즈는 그 생수의 강 혹은 생명수가 성령이라고 한다. 그것은 동일한 사도 요한이 기록한 요한복음

---

102 Jonathan Edwards, "Discourse on the Trinity," *WJE*, 21:128-129; Moses Lowman, *Paraphrase and Notes on the Revelation* (London, 1737, 1745), 266.

103 Jonathan Edwards, "Discourse on the Trinity," *WJE*, 21:129.

7:38-39의 해석을 통해 알 수 있다는 것이다. 또한 성령은 하나님의 무한한 기쁨이며 즐거움이다. 그 강은 하나님의 기쁨의 강이라는 것이다(시 36:8).[104]

일곱째, 하나님과 교제하는 성도들은 성령에 참여하는 것이기에, 성령은 하나님의 사랑이며 기쁨이라는 것이다. 성도의 교제는 하나님과의 교제이며 하나님의 아들 예수 그리스도와의 교제다(요일 1:3). 교제는 탁월함과 행복과 같은 선을 공동으로 참여하는 것이다. 그래서 성도들이 성부와 성자와의 교제를 한다고 할 때, 그것의 의미는 그들이 성부와 성자의 탁월함과 영광, 기쁨과 행복과 같은 선에 참여하는 것이다(벧후 1:4; 히 12:10; 요 17:12, 22-23). 하나님의 사랑이며 기쁨이신 성령은 하나님의 아름다움이며 행복이다. 우리가 하나님과 교제하는 것은 동일한 성령에 참여하는 것이다(고후 13:13). 우리가 성부와 성자와 함께 성령에 참여함 가운데, 우리는 성부와 성자의 사랑과 은혜를 소유하며 즐거워한다. 성령께서 그 사랑이며 은혜이기 때문이다.

이러한 근거로 조나단 에드워즈는 성부와 성자가 함께 하는 우리와의 교제이기 때문에, 요한일서 1:3에서 성자와의 교제라고 했지, 성령과의 교제라고 하지 않았음을 밝힌다.[105] 성도들과의 교제를 통해 우리는 동일한 성령을 마시며, 모두가 연합되어 동일한 탁월함과 기쁨, 그리고 행복을 맛본다는 것이다. 성부가 성자 안에 있고 성자가 성부 안에 있는 것처럼, 성도들도 성부와 성자 안에 하나가 되는

---

104 Jonathan Edwards, "Discourse on the Trinity," *WJE*, 21:129.
105 Jonathan Edwards, "Discourse on the Trinity," *WJE*, 21:129-130.

완전함의 띠(bond)다.[106]

조나단 에드워즈가 성도들의 교제를 성부와 성자 안에서 하나 되는 완전함의 띠로 본 것은 일찍이 아우구스티누스가 자신의 삼위일체론을 펼치면서 성령을 성부와 성자 상호 간의 사랑의 띠(viculum caritatis)로 보았던 것과 일맥상통한 것이다. 즉 조나단 에드워즈는 위에서 언급한대로 성부의 사랑일 뿐만 아니라, 성부와 성자와의 사랑으로 표현했다. 이러한 점은 조나단 에드워즈가 전통적인 삼위일체론에 충실했음을 보여주는 대목이다. 하지만 조나단 에드워즈는 성령에 대한 이해를 아우구스티누스처럼 '사랑의 띠'라는 비인격적인 개념에서 머물지 않고 적극적인 사랑의 행위자로 묘사한다.

여덟째, 조나단 에드워즈는 사도 바울이 자신의 서신 첫 부분을 통해 가장 좋은 이유가 있다고 제시한다. 즉 13권의 바울 서신들의 인사말에서 한 번도 성령에 대한 언급이 없이, 하나님 아버지와 주 예수 그리스도의 은혜와 평강을 간구하였지만, 하나님 아버지와 주 예수 그리스도의 사랑과 은혜 그 자체가 성령이라는 것이다. 고린도후서 마지막에서 바울은 축복을 통해 하나님의 세 위격을 모두 언급했는데, 성자와 성부로부터는 은혜와 사랑을 간구하지만, 성령으로부터는 교제 혹은 참여를 간구한다는 것이다.

성부와 성자의 축복이 곧 성령이며, 성령으로부터의 축복이 곧 자신이며, 자신에 대한 전달이라는 것이다. 그리스도와 성부께서 신자들을 사랑할 것이라고 약속하시지만, 성령에 대한 언급은 없다 (요 14:21, 23). 그리스도의 사랑과 성부의 사랑은 종종 구별해서 언급

---

106 Jonathan Edwards, "Discourse on the Trinity," *WJE*, 21:130.

되지만, 성령의 사랑에 대한 언급은 전혀 없다는 것이다.[107] 이렇기에 성령이 성부나 성자를 사랑한다거나, 성자나 성부가 성령을 사랑한다는 것, 혹은 성령이 성도들을 사랑한다고 표현되지 않았다고 조나단 에드워즈는 밝힌다.[108] 조나단 에드워즈의 이러한 사상은 삼위일체 하나님 가운데 성령의 독특성을 부각시켜 주었다.

3) 성령과 그리스도의 의

조나단 에드워즈는 성령을 신적 아름다움, 사랑과 기쁨으로 본다. 성령 혹은 보혜사는 그리스도께서 승천하시기 전에 약속하신 가장 위대한 복이라는 것이다. 성령은 아버지의 약속이라는 뛰어난 방법으로 불리며, 모든 선의 절정으로 불린다(눅 24:49). 그러므로 그리스도는 성령을 획득하게 위해 죽으신 것이다. 기도로 구하는 가장 중요한 복이 성령이시며, 그 복은 그리스도에 의한 것이며, 그리스도의 중보를 통해 얻게 되는 것이다. 그래서 그리스도께서 이렇게 말씀하신 것이다.

> 내가 아버지께 구하겠다. 그리하면 아버지께서 다른 보혜사를 너희에게 보내셔서, 영원히 너희와 함께 계시게 하실 것이다(요 14:16).

예수님의 교회를 위한 자신의 중보의 견본으로 남겨진, 요한복음

---

107 Jonathan Edwards, "Discourse on the Trinity," *WJE*, 21:130.
108 Jonathan Edwards, "Discourse on the Trinity," *WJE*, 21:130-131.

17장에 그리스도께서 자신의 제자들과 교회를 위해서 드린 엄중한 기도에 이러한 보혜사 혹은 성령을 구하고 있음을 조나단 에드워즈는 세 군데의 성경 본문을 통해 강조하면서『삼위일체론』을 마무리한다.[109]

> 내 기쁨이 그들 속에 차고 넘치게 하려는 것입니다
> (요 17:13).

> 나는 아버지께서 내게 주신 영광을 그들에게 주었습니다. 그것은 우리가 하나인 것과 같이, 그들도 하나가 되게 하려는 것입니다. 내가 그들 안에 있고, 아버지가 내 안에 계십니다
> (요 17:22-23).

조나단 에드워즈는 이러한 것이 가능한 것은 성령께서 연합의 끈이기 때문이며, 성도들 안에 계신 그리스도에 의한 것이며, 성자 안에 계신 성부로 인해 가능한 것임을 밝힌다. 그래서 그리스도의 기도와 모든 것의 절정의 마지막 목적이 곧 "아버지께서 나를 사랑하신 그 사랑이 그들 안에 있게 하고, 나도 그들 안에 있게 하려는 것"(요 17:26)임을 밝힌다.[110]

조나단 에드워즈는 칭의(justification) 안에서 주어진 것, 곧 그리스도의 의(righteousness)는 일부에서는 그리스도 안의 성령과 관계된다고 본다. 곧 성령의 영향력이자 그분 안에서 활동하는 표현이

---

109 Jonathan Edwards, "Discourse on the Trinity," *WJE*, 21:144.
110 Jonathan Edwards, "Discourse on the Trinity," *WJE*, 21:144.

며 열매라는 것이다.[111] 조나단 에드워즈는 그리스도의 의가 곧 성령이라는 것이다. 이러한 해석은 기존 학자들의 그리스도의 의에 대한 굉장히 새로운 접근이다. 즉 종교개혁 이후 개신교에서 논란이 되고 있는 '의'에 대한 새로운 해석의 지평을 열어주는 것이다. 종교개혁 당시 마틴 루터의 칭의론 혹은 득의론이 아우구스티누스 전통과 어떤 차이점이 있는 지를 간략하게 살펴보면 다음과 같다.[112]

아우구스티누스 수도회의 수도사인 루터가 "아우구스티누스는 모든 스콜라 학자들보다 바울의 의미에 더 접근하였으나 바울에는 접근하지 못하였다. 처음에 나는 아우구스티누스를 그대로 받아들였으나, 바울을 향한 문이 활짝 열렸고 내가 이신득의가 사실상 무엇인지 알았을 때 그것은 아우구스티누스와 불일치하였다"[113]며 아우구스티누스의 전가론에 문제점을 지적하였다.

루터의 득의가 율법의 행위에 의한 것이 아니라 신앙에 의한 것이며, 득의된 사람은 여전히 죄인이지만 용서하고 자비를 베푸는 하나님에 의해 충만히 그리고 완전히 의롭다고 여겨진다는 루터의 글을 통해 점진적으로 의롭게 된다는 사상도 나타남을 증명하고 있다.[114] 즉 후기의 루터 사상에 있어서도 득의는 전가의 면과 분여의 면을 가지며, 전체적인 면과 부분적인 면을 가진 것으로 보았다.

결국, 이신득의에 관한 루터의 사상은 점진적으로 발전했는데, 그 첫 번째 계기가 1514-1515년 우리를 의롭게 하는 하나님의 의를

111　Jonathan Edwards, "Discourse on the Trinity," *WJE*, 21:144.
112　김유준, "루터의 경제 사상,"「연세학술논집」41(2005), 124-126.
113　Timothy George, *Theology of the Reformers* (Nashville, Tennessee: Broadman Press, 1988), 68.
114　Luther, "The Disputation Concerning Justification," *LW*, 34:152-153.

발견하는 것이며, 두 번째 계기는 1518-1519년 외래적 의와 고유적 의를 구별함으로써 전가로서의 의의 관념을 발견한 것이라고 보았다.[115]

조나단 에드워즈에게 있어서 의의 개념은 먼저 그리스도의 속죄에 대한 이해에서 비롯된다. 즉 조나단 에드워즈는 그리스도 안에서 신적 아름다움의 결정적인 표현을 발견했다. 유일하게 하나님이시자 인간이신, 멀어진 둘을 연합한 중보자이시기 때문에 예수 안에 성육신하신 삼위일체의 두 번째 위격께서 하나님의 무한한 탁월성에 대항하여 범한 죄에 타당한 심판을 감내할 수 있었다. 성육신과 속죄는 적합하고 타당한 것이었다. 조나단 에드워즈에게 있어서 그리스도의 죽음은 하나님의 진노를 만족시키는 것이었으며 죄악의 인류가 진 무한한 죄값을 지불하는 것이었다.

칼빈주의자들은 속죄의 결과가 그리스도의 능동적이고 수동적인 의가 신자들에게 전가되는 것으로 보았다. 그리스도의 능동적 의는 하나님의 율법에 대한 그분의 완전한 순종이었다. 수동적인 의는 십자가상에서의 죽으심이라는 그분의 완전한 복종이었다. 조나단 에드워즈가 그 당시 "오직 믿음에 의한 칭의"(*Justification by Faith Alone*, 1734)라는 설교를 출간하자, 영국의 알미니안들이 전가의 개념을 비난했다. 에드워즈는 균형과 적합성이라는 개념으로 돌아가 이것의 정당성을 옹호했다. 변호사와 의뢰인 사이의 연합된 관계로 한 사람의 완전한 공로가 다른 사람에게 전가되기에 적합한 것으로 만들기 때문에 하나님께서 그리스도의 의를 신자들에게 전가한다는

115　Luther, "Two Kinds of Righteousness," *LW*, 31:55-56.

것은 사물의 이성과 본성에 적당한 것이었다.[116]

칼빈과 같이 조나단 에드워즈도 전가는 신자들이 그리스도와 연합한 결과라고 했다. 이것이 바로 그리스도와 그의 사람들 사이의 연합 속에 실재하는 것은 적법한 것의 기초라는 에드워즈 금언의 의미였다. 그리스도와의 연합은 그리스도를 죽게 한 범죄자들을 기꺼이 사면해 주시는 하나님의 의지의 초석이었다.[117]

이러한 맥락에서 조나단 에드워즈는 칭의 개념의 중요한 그리스도의 의를 그리스도 안에 있는 성령으로 표현한 것은 그리스도인에게 있어서 그리스도와의 연합뿐만 아니라, 성령과의 직접적인 연합을 의미한다고 볼 수 있다. 그리스도의 의를 성령과 그리스도인의 연합으로 이해한 점은 조나단 에드워즈가 그리스도의 의를 '삼위일체적 전망'으로 해석하고 있음을 보여 주는 것이다.

116　Jonathan Edwards, "Justification by Faith Alone," *WJE*, 19:147-242.
117　Alister E. McGrath, *Justitia Dei* (Cambridge: Cambridge University Press, 1986), 37.

제2장

삼위일체 하나님의 속성과 동등성

1. 삼위일체 하나님의 공유된 속성

조나단 에드워즈는 『삼위일체론』의 두 번째 부분에서 삼위 각각에 대한 논의에서 삼위의 공유된 속성들을 다룬다. 조나단 에드워즈는 신성이 하나님, 명철, 그리고 사랑으로 이해될 수 있음을 다시 강조한다. 여기에서 사랑은 존재의 양식이나 존재의 관계인 다른 모든 것들이다. 삼위는 모두 협동하는 본질과 협동하는 영원성을 가지고 있지만, 각각은 독특한 사역을 가지고 있다. 삼위는 모두 동등한 영광을 가지고 있고, 구속의 사역에서도 동등하게 관련되어 있으며, 그것으로부터 동등한 영광을 누린다. 모든 성도들은 구속에 있어서 삼위일체 삼위 모두 동등하게 의존한다.

1) 성부와 성자와 성령의 관계

조나단 에드워즈는 하나님, 하나님의 관념, 하나님의 경향이나 감정이나 사랑은 실제로 구별되게 인식된다고 본다. 하지만 이러한 세 위격에 관련된 다른 것들, 즉 확장, 존속, 불변, 능력 등은 실제로 구별되지 않지만, 단지 그 양식과 관계에 있어서는 구별된다는 것이다. 그래서 우리의 자연스런 이성은 하나님 안에 세 위격이 존재하시고, 더 이상은 생각할 수 없음을 충분히 알려준다는 것이다.[1]

조나단 에드워즈는 삼위일체를 설명함에 있어서 태양에서 독특한 신적 아름다움이 독특한 이점을 지닌 인간들과 모든 피조물들에게 선포된다고 한다. 그래서 신성 그 자체 안에서 그것이 어떻게 나타는지는 1733년 6월에 보스턴에서 한 자신의 설교, "그리스도의 탁월함"에서 보여준다. 그는 "그의 이름은 쏟아지는 향기름과 같다"(아 1:3)라는 아가 본문으로 설교를 하였다.[2]

조나단 에드워즈는 『삼위일체론』 마지막 부분에서 삼위일체 하나님에 관한 신학자들의 전통적 교리를 기초로 삼위일체를 정리한다. 그중에서 먼저 세 위격의 관계를 통해 내재적 삼위일체론을 설명한다. 즉 조나단 에드워즈는 성부의 영광이 주로 그분 안에서, 그의 얼굴에 나타나며, 성부의 사랑스러움과 사랑인 성령께서 그로부터 사람들에게 흘러간다고 한다. 성부가 신성의 원천인, 질서 상 첫 번째로 신성의 위엄을 유지하며, 다른 두 위격을 내보내신다고 한다.

---

1 Jonathan Edwards, "Discourse on the Trinity," *WJE*, 21:131-132.

2 Jonathan Edwards, "Discourse on the Trinity," *WJE*, 21:142.

만물은 그분으로 말미암고, 만물은 본래 그분 안에 있다는 것이다.³

조나단 에드워즈는 비록 만물이 성부로부터 우선적으로 말미암지만, 만물은 그 다음으로 성자로부터 말미암는다고 본다. 즉 만물이 성부로부터 우선적으로 말미암음으로 독특한 영광이 있는 것처럼, 만물이 성자로부터 즉시로 말미암음 가운데 독특한 영광이 있다는 것이다. 또한 조나단 에드워즈는 성령에 대해서는 이렇게 정리한다.

> 성령은 내적으로(ad intra) 성부와 성자로부터 함께 나오지만, 성자의 전달로 성부로부터 나오신다. 곧 성부가 성자 안에서 자신을 바라보심으로 성령이 성부로부터 나오신다. 성령은 자신 안에서 성부를 바라봄으로 자신에 의해 성자로부터 즉시로 나오신다. 신적 본성의 아름다움과 탁월함과 사랑스러움은 비록 성부로부터 첫 번째로 본래적으로 말미암지만, 성자에 의한 것이며 다음으로 성령으로 말미암은 것이다. 신적 본성의 기쁨과 즐거움은 성자에 의해 성부 안에 있지만, 다음으로는 즉시로 성자 안에 있다.⁴

에드워즈는 성령의 이중발현이라는 전통적인 견해를 따르면서 성부와 성자와 성령의 질서적 관계를 설명한다. 이러한 관계는 결코 서열이나 위계적 관계가 아닌 삼위일체 하나님의 내재적 관계성에서 비롯된 것이다. 에드워즈를 이러한 점을 감안하여 성령의 이중발현에 있어서 성자로부터 '즉시로'(immediately) 나오신다고 논증한다.

---

3 Jonathan Edwards, "Discourse on the Trinity," *WJE*, 21:143.
4 Jonathan Edwards, "Discourse on the Trinity," *WJE*, 21:143.

또한 신적 본성의 기쁨과 즐거움 역시 성부 안에 있지만 '즉시로' 성자 안에도 있다고 한다. 이러한 설명은 세 위격의 관계가 결코 위계적이지 않고 동등한 관계임을 반증하는 것이다.

또한 조나단 에드워즈는 성부가 성자와 성령의 원천으로서 누리는 독특한 영광이 있지만, 성자는 자신으로부터 직접적으로 말미암는 성령을 통해 성부가 누리지 못하는 성자만의 독특한 영광이 있음을 논증한다. 신성의 아름다움이자 사랑스러움이며 기쁨인 성령은 원래 우선적으로 성부로부터 말미암으며 두 번째는 성자로부터 말미암는다는 것이다.

성자는 성부가 가지지 못한 영광을 가지고 있는데, 그것은 성자 자신에 의해 즉시로 말미암은 성령이라는 것이다. 성령은 성부 자신에 의해 즉시로 말미암지 않고, 성자 안에서 자신을 바라보심으로, 즉 성자에 의해서 말미암는다고 한다. 성자는 성부의 관념인 자신 안에서 자신을 바라본다. 그래서 그 관념의 바라봄이 곧 관념의 존재라는 것이다.[5]

2) 삼위일체 하나님의 속성과 세 위격의 상호포괄

조나단 에드워즈는 하나님 안에 존재하는 모든 것은 하나님이시라는 금언을 언급하면서, 그것은 실제적 속성들로 이해되어야지 단순한 양태들로 이해되어서는 안 된다고 주장한다. 누군가가 하나님의 불변성이 하나님이시라고 하거나 하나님의 무소부재와 하나

---

5 Jonathan Edwards, "Discourse on the Trinity," WJE, 21:143.

님의 권위가 곧 하나님이시라고 말한다면, 그것은 이성적이라고 할 수 없다는 것이다. 신성은 그 안에 독특하게 자존하시기에, 신적 위격들로 구별이 된다는 것이다. 조나단 에드워즈는 하나님의 '말씀'(λόγος)[6]과 '사랑'(ἀγάπη) 외에(요 1:1; 요일 4:8, 16), 성경 어디에서도 하나님의 속성들이 곧 하나님이시라고 언급한 곳은 없다고 밝힌다.[7]

"하나님은 빛이시다"(요일 1:5)는 말씀에 대해서도 조나단 에드워즈는 신적 빛에 의해 이해하는 것이 어떻게 신적 이성이나 신적 명철을 통한 것과 다를 수 있는가?라고 반문한다. 그것은 사도 요한이 그리스도야 말로 참된 빛임(요 1:9)을 말한 것이며, 사도 바울 역시 그분이 바로 하나님의 영광의 광채이심(히 1:3)을 말한 것이라고 언급한다.[8]

조나단 에드워즈는 다니엘서에서 하나님과 함께 거하는 성령을 빛으로 표현한다(단 2:22). 또한 사도 요한이 요한복음 1장에서 하나님과 함께 하신 말씀이 곧 하나님이시며, 그분이 참 빛이라는 것이다(요 1:1, 4-5, 7-9). 조나단 에드워즈는 잠언 8:30 인용을 통해 하나님 아버지도 빛들의 아버지로 불릴 수 있음을 언급한다. 결국, 조나단 에드워즈는 빛이라는 하나님의 속성을 통해 성부, 성자, 성령

---

6 조나단 에드워즈는 로고스(λόγος)를 이성(reason)으로 번역하여 부연한다.
7 Jonathan Edwards, "Discourse on the Trinity," *WJE*, 21:132.
8 지금까지 정리한 조나단 에드워즈의 『삼위일체론』 원고는 1730년 초에 쓰기 시작하여 2절지 8장에 기록한 내용을 중심으로 한 것이었다. 조나단 에드워즈는 1730년대 후반이나 1740년대 초반에 그 원고를 다시 보완 수정하여, 이전에 기록한 원고에 내용을 첨가하였고, 쪽 번호(9-12쪽)를 매긴 또 다른 2절지를 첨부하여 모두 12쪽을 작성했다. Jonathan Edwards, "Discourse on the Trinity," *WJE*, 21:132.

삼위 모두가 공유하고 있는 속성임을 논증한다.[9]

조나단 에드워즈는 자신의 견해에 대해 반박할 수 있는 의견 중 하나가 명철과 의지를 지닌 성령의 인격성(personality)에 관한 것으로 예상한다.[10] 신성 안에 위격들이 셋이라면, 위격들도 각각의 독특한 명철을 갖게 될 것이라고 생각하겠지만, 그것은 모두 하나의 동일한 명철이라는 것이다.[11]

완전한 신적 본질은 하나님과 그분의 명철, 그리고 사랑 세 위격이 각각 독특하게 자존한다는 것이다. 특별히 위격 사이에는 인간의 말로는 형언할 수 없으며 인식할 수 없는 놀라운 연합이 있어, 삼위는 서로 안에서 공유(communion)한다는 것이다.[12] 그래서 그리스도께서 자신과 성부에 대해서 "내가 아버지 안에, 아버지가 내 안에 계신다"(요 10:38)고 하신 것이며, 이것이 바로 삼위일체의 모든 위격들에 대해 언급한 것이라고 한다.[13]

> 성부는 성자 안에 계시고, 성자는 성부 안에 계신다. 성령은 성부 안에 계시고, 성부는 성령 안에 계신다. 성령은 성자 안에 계시고, 성자는 성령 안에 계신다.[14]

이처럼 조나단 에드워즈가 설명한 삼위일체 하나님의 각 위격들

---

9 Jonathan Edwards, "Discourse on the Trinity," *WJE*, 21:132.
10 Jonathan Edwards, "Discourse on the Trinity," *WJE*, 21:132-133.
11 Jonathan Edwards, "Discourse on the Trinity," *WJE*, 21:132-133.
12 Jonathan Edwards, "Discourse on the Trinity," *WJE*, 21:132-133.
13 Jonathan Edwards, "Discourse on the Trinity," *WJE*, 21:132-133.
14 Jonathan Edwards, "Discourse on the Trinity," *WJE*, 21:133.

은 우선 상호포괄 관계임을 알 수 있다. 수학의 집합관계에 있어서 "A와 B가 상등하다"고 할 때는 A가 B에 포함되고(A⊂B) B가 A에 포함되면(A⊃B) A와 B는 완전히 일치하는 상등(相等)관계(A=B)가 된다. 조나단 에드워즈가 요한복음 10장의 말씀을 근거로 하여 성부, 성자, 성령 각각의 위격의 상호포괄 관계를 수학적으로 표현하면 다음과 같다.

성부⊂성자, 성자⊂성부, 성령⊂성부, 성부⊂성령, 성령⊂성자, 성자⊂성령 ⇔ 성부=성자=성령

즉 세 위격의 관계는 어느 한 위격에 포함되는 부분집합 관계가 아니라, 세 위격이 완전한 동일한 상등관계임을 알 수 있다. 이것은 세 위격이 '상호포괄' 관계임을 알게 해 준다. 이것을 도식화하면 아래와 같다.

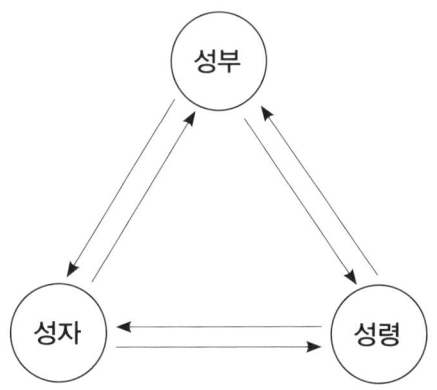

〈그림 1〉 삼위일체 하나님의 세 위격의 상호포괄 관계

그림 1에서 표현한 화살표는 수학적인 포함관계를 나타내는 것이다. 조나단 에드워즈는 삼위일체 하나님의 세 위격 간의 상호포괄 관계를 통해 세 위격의 완전한 동등성을 보여준다. 이러한 상호포괄을 통한 동등성은 삼위일체 하나님의 세 위격의 공유된 속성을 보여주는 것이다.

3) 세 위격의 공유된 속성

조나단 에드워즈는 이렇게 삼위일체의 세 위격의 상호포괄 관계를 전제한 후에 계속해서 삼위일체 하나님의 각각의 위격의 관계를 하나님의 공유된 속성을 통해 다음과 같이 표현한다.

> 신적 명철이신 성자가 성부 안에 계시기 때문에 성부가 이해하신다.[15] 성령이 성부 안에 계시기 때문에 성부가 사랑하신다. 성령이 성자 안에 계시며 성자로부터 나왔기(proceed) 때문에 성자가 사랑하신다. 신적 관념인 성자가 성령 안에 계시기 때문에 성령-혹은 신적 사랑 안에서 자존하시는 신적 본질-은 이해하신다.[16]

---

15 조나단 에드워즈는 성자, 곧 하나님의 명철을 의미한 'understanding'이 동사형인 'understand'를 사용한다. 조나단 에드워즈는 주로 '지적 이해'에 한정되거나, '결론적 이해'라기보다는 '현상 또는 사실의 인식'인 경우가 많은 'comprehend' 단어를 쓰지 않았고, 문제의 실체를 이해하는 'comprehend' 단어도 사용하지 않았다. 또한 표면상으로는 일견 보이지 않는 가치·실체 따위를 올바르게 인식하는 'appreciate' 단어도 사용하지 않았다. 오히려 그는 이해에 관련된 가장 일반적인 말로서 지적 이해뿐만 아니라 감정적 이해, 경험적 이해 따위도 포함하는 'understand' 단어를 사용하여 하나님의 명철의 의미를 더욱 부각시켰다.

16 Jonathan Edwards, "Discourse on the Trinity," *WJE*, 21:133.

조나단 에드워즈가 설명한 이러한 삼위일체 하나님의 각각의 위격 관계를 도식화하면 다음과 같다.

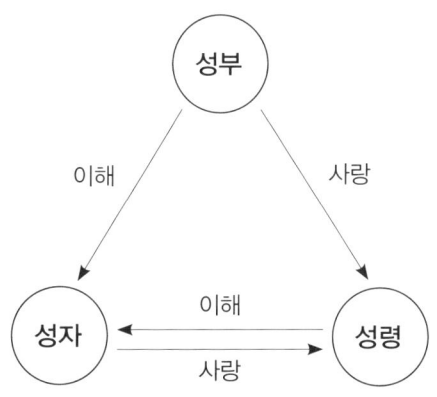

〈그림 2〉 이해와 사랑을 통한 삼위일체 세 위격의 관계

조나단 에드워즈는 삼위일체 하나님의 세 위격의 관계를 이해와 사랑의 개념을 통해 설명한다. 〈그림 2〉에서의 화살표는 〈그림 1〉의 수학적인 포함 관계와는 다른, 삼위일체 하나님의 세 위격 중에서 이해하고, 사랑하는 행위 주체와 방향을 의미한다. 예를 들어, 성부는 그 안에 있는 성자 자체가 하나님의 명철이기 때문에 자연히 그 속성 자체가 이해하는 속성을 지녔다는 것이다. 이것은 단순히 성부가 성자를 이해한다는 것만을 의미하는 것이 아니라, 성자가 지니고 있는 명철의 속성을 함께 공유하고 있음을 보여주는 것이다. 하지만 성자 안에는 성부에 대한 명철이나 관념을 지닌 것이 아니기에, 성자로부터 성부를 향한 이해의 화살표는 표시하지 않은 것이다.

이러한 식으로 성부와 성령 간의 사랑도 동일하게 파악할 수 있다. 즉 성부 안에 사랑의 속성을 지니고 있는 성령이 계시기에 성부도 역시 사랑의 속성을 지니고 있음을 표현한 것이다. 하지만 성령은 자신 안에 있는 관념, 즉 성자의 속성인 관념을 통해 성자를 이해하지만, 성부를 향해서는 사랑하거나 이해하지는 않음을 표현한 것이다. 여기에서 조나단 에드워즈는 성령이 성자로부터 나왔음을 언급하여 이중발현의 서방교회 전통을 보여주고 있다.

조나단 에드워즈는 명철이 신적 사랑을 함축할 수 있다고 보는데, 그것은 그 명철의 사랑이 모두 객관적이며 주관적이기 때문이라고 본다.[17] 하나님께서 명철을 사랑하시며 그 명철 또한 사랑 안에서 흘러나오기에, 신적 명철은 사랑 안에서 자존하는 신성 안에 계신다는 것이다.[18] 또한 그 사랑은 맹목적인 사랑이 아니라는 것이다. 조나단 에드워즈는 삼위일체 하나님께서 이렇게 성자와 성령 안에 명철과 사랑의 공유된 속성으로 계심을 논증한다.[19]

조나단 에드워즈는 계속해서 성자와 성령의 관계와 속성을 펼쳐 나간다. 즉 피조물들 안에서조차도 영혼의 의지나 작용의 바로 그 본성 안에 포함된 의식이 있다는 것이다.[20] 그래서 아마도 의식이 그렇게 독특할 수는 없겠지만 그것은 보거나 이해하는 의지라고 불릴 수 있다는 것이다.[21]

하지만 이성적으로 보면 그 의식은 하나님의 무한히 더 완전한 행위의 방식이라는 하나님 안에서 매우 독특하게 여겨질 수 있다.

---

17 Jonathan Edwards, "Discourse on the Trinity," *WJE*, 21:133.

18 Jonathan Edwards, "Discourse on the Trinity," *WJE*, 21:133.

19 Jonathan Edwards, "Discourse on the Trinity," *WJE*, 21:133.

20 Jonathan Edwards, "Discourse on the Trinity," *WJE*, 21:133-134.

21 Jonathan Edwards, "Discourse on the Trinity," *WJE*, 21:133-134.

그래서 완전한 신적 본질은 이러한 작용 안에서 흘러나오고 자존한다. "성자는 비록 성령으로부터 나오지 않으셨지만, 성령 안에 계신다."22

이성적인 관점에서 보면 그 명철은 분명히 피조물과 창조주 안에서 모두 의지나 사랑 혹은 작용을 위한 본성의 질서 안에서 우선적인 것으로 여겨진다. 명철은 성령 안에서 그렇게 거하는데, 그 성령은 하나님의 성령으로 파악될 수 있다. 하나님의 성령은 진실로 독특하게 모든 것, 곧 하나님의 깊은 것이라도 살피시는 분이다(고전 2:10).23

조나단 에드워즈는 모두가 명철과 의지를 가지고 있기 때문에, 셋 모두가 위격들이라는 것이다.

> 성자와 성령이 성부 안에 계시며 성부로부터 나오듯이, 성부 안에는 명철과 의지가 있다. 성자가 이해하며 성령이 그 안에 계시면서 성자로부터 나오듯이, 성자 안에 명철과 의지가 있다. 성자가 신적 의지이며 성자가 성령 안에 있는 것처럼, 성령 안에 명철과 의지가 있다.24

조나단 에드워즈는 명철과 의지가 삼위일체 세 위격 안에 공유하고 있음을 표현한다. 그러면서 그 세 위격의 관계에 있어서 성자와 성령의 나오심에 대해서도 언급한다. 아래의 〈그림 3〉은 엄밀하게는

---

22 Jonathan Edwards, "Discourse on the Trinity," *WJE*, 21:133-134.
23 Jonathan Edwards, "Discourse on the Trinity," *WJE*, 21:133-134.
24 Jonathan Edwards, "Discourse on the Trinity," *WJE*, 21:134.

성부, 성자, 성령 각 위격 속에 명철과 의지가 공유되고 있음을 의미하는 것이지만, 표현상으로는 중앙에 명철과 의지를 공유한 것으로 도식화하였다. 특히 화살표는 각 위격의 '나오심'을 표현한 것이다.

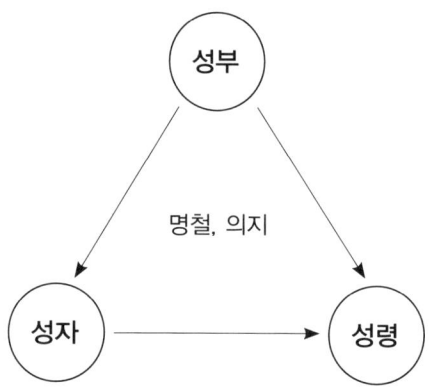

〈그림 3〉 삼위일체 세 위격 안에 공유된 명철과 의지

조나단 에드워즈는 삼위일체 하나님의 세 위격 안에 공유된 명철과 의지를 설명한 후에, 또한 세 위격 안에 공유된 지혜와 명철에 대한 설명을 동일한 방법으로 펼친다.[25] 하지만 조나단 에드워즈는 이러한 속성들에 대한 설명을 완벽하게 해낼 수 없을 뿐만 아니라, 민감하게 제기되는 수많은 반박들에 대해서도 다 해결할 수 없음을 인정한다. 조나단 에드워즈는 단지 삼위일체론이 더 이상 신비로운 것으로만 취급되어 설명조차 하지 않는 것에 대해서 문제시한 것이다. 조나단 에드워즈는 삼위일체론이 모든 신적 신비들 가운데 의연히 가장 최고의 심오한 것이기에 여전히 불가해한 것들이 많음을 인정

---

25 Jonathan Edwards, "Discourse on the Trinity," *WJE*, 21:134.

하지만, 그럼에도 불구하고 그는 삼위일체에 대해서 시간 안에서, 이성을 가지고 언급하며 인식하려는 것임을 밝힌다. 조나단 에드워즈는 삼위일체론이 복음의 개요와 탁월하게 유사한 것이며, 신약성경 전체의 논조와 동일한 것, 그리고 복음의 교리들에서 풍부하게 묘사된 것으로 여긴다.[26]

2. 삼위일체 하나님의 비공유적 속성과 동등성

조나단 에드워즈는 『삼위일체론』(Discourse on the Trinity)을 1730년대 초부터 저술을 시작했고, 1740년대 초에 『삼위일체 위격들의 동등성에 관하여』(On the Equality of the Persons of the Trinity)를 저술했다.[27]

1) 세 위격의 독특한 영광과 비공유적 속성

조나단 에드워즈는 『삼위일체 위격들의 동등성에 관하여』에서 동일한 동등성을 독특한 영광과 경륜적 영광에도 적용한다.[28] 또한

---

26 Jonathan Edwards, "Discourse on the Trinity," *WJE*, 21:134.
27 "삼위일체 위격들의 동등성에 관하여"는 보스턴 공립 도서관의 모음집과 폐지를 이용한 편지 겉장에 써 놓은 제목 없는 단편이었는데, 예일대 판 조나단 에드워즈 전집 21권으로 이상현에 의해 편집되어 출판되었다. Jonathan Edwards, "On the Equality of the Persons of the Trinity," *WJE*, 21:146-148.
28 조나단 에드워즈의 저술, 『삼위일체 위격들의 동등성에 관하여』는 자신의 『문집』 1062번에서 다룬 '삼위일체의 경륜과 구속의 언약'의 주제와 관련이 있지만, 문집 1062번보다 앞선 1740-1742년 사이에 기록된 것으로 추정된다. 이 글은 자신의 『삼위일체론』 마지막 부분에 4절지 크기의 단편으로 거칠게 손으로 쓴 것이다. Jonathan Edwards, "On the Equality of the Persons of the Trinity," *WJE*, 21:145.

신적 본질은 존재 가운데 또한 그 의지의 자율성 안에서 나누어지지 않고 독립적이라고 했다.[29] 조나단 에드워즈는 삼위일체 하나님의 경륜 속에서 각 위격의 독특한 역할을 보여준다. 삼위일체 하나님의 일체성 속에 있는 세 위격의 독특성은 세 위격의 구별성으로 표현할 수 있다. 이러한 구별성은 '점유'(appropriatio) 개념을 통해 이해할 수 있다.[30]

조나단 에드워즈는 삼위일체 하나님의 세 위격의 관계를 규명함으로 내재적 삼위일체론을 정리한 후에, 세 위격의 사역을 통한 경륜적 삼위일체론을 설명한다.[31] 즉 삼위일체 하나님의 세 위격의 경륜에서 성부는 특별히 주님, 주관자, 입법자, 심판자, 감독자로서, 우리가 드리는 기도는 특별하게 그분께 직접 전달된다는 것이다. 특히 성부는 주님으로서 기도의 대상이시다. 기도는 오직 주님께만 드리기 때문이다. 주권과 통치권과 심판은 성부의 이름 안에서 두 번째로 성자에게 속한 것이다. 성부의 대표자로서 성자에게 두 번째로 기도가 전달되는 것이다. 성령은 다른 위격들 모두의 대표자이자 전달자로서 주님이시며 감독자, 그리고 명령자(행 16:7)시다. 그래서 그들의 대표자로서 그분께 기도가 전달되는 것이다.[32]

조나단 에드워즈는 삼위일체 하나님께서 동등한 영광 가운데 계시며 모두에게 공통된 영광도 가지고 계신다고 본다. 곧 삼위는 모두 하나님이시며, 각각은 삼위일체 하나님의 공동체나 가족 안에서

---

29 Jonathan Edwards, "On the Equality of the Persons of the Trinity," *WJE*, 21:145.
30 김균진, 『기독교조직신학 I』, 259-260.
31 Jonathan Edwards, "Discourse on the Trinity," *WJE*, 21:143.
32 Jonathan Edwards, "Discourse on the Trinity," *WJE*, 21:143.

자신의 독특한 영광을 지니고 계시며, 그들은 본질에 있어서도 동등하시다는 것이다. 그래서 조나단 에드워즈는 삼위 각각의 영광에 대해서 설명을 한 다음, 두 위격 사이의 영광에 대해서 다음과 같이 설명을 한다.

> 성부의 영광은 완전하고 무한한 지혜의 권위를 지닌 것이다. 성자의 영광은 완전하고 신적인 지혜 그 자체이며, 그것의 탁월성은 그것의 권위자 혹은 출생자의 영광에서 발생되는 것이다. 성부와 성자의 영광은 무한히 탁월한 것이며, 또는 그들로부터 무한한 탁월성이 나온다. 성령의 영광도 동등하다. 그것은 그분이 곧 신적 탁월성과 아름다움 그 자체이기 때문이다.[33]

조나단 에드워즈는 성부와 성자와 성령의 동등성을 강조하면서도 세 위격 각각의 독특한 영광을 묘사한다. 즉 성부는 지혜의 권위를 지닌 원천으로서, 성자는 출생자로서, 성령은 아름다움으로 각각의 영광을 지녔다는 것이다. 이러한 점은 삼위일체 하나님의 세 위격 각각의 고유한 영광임을 알 수 있다. 하지만 그러한 영광이 차등이 있는 것이 아닌 동등한 영광임을 강조하고 있다. 이러한 면이 바로 에드워즈의 삼위일체론에서 발견되는 일체성 속에서의 구별성이다.

조나단 에드워즈는 삼위일체 안에서 세 위격들 각각의 개별적 영

---

[33] Jonathan Edwards, "Discourse on the Trinity," *WJE*, 21:135.

광이 어떻게 동등한지를 서술한다. 서로가 비록 하나이지만, 독특한 성격과 독특한 영광을 가지고 있다는 것이다. 그래서 각각의 위격은 다른 위격이 가지지 못한 독특한 영광을 지녔다는 것이다. 개별적 영광은 오직 관계적 영광, 혹은 관계의 영광이다. 그러므로 전적으로 독특할 수 있다. 이러한 의미에서 성부, 성자, 성령의 독특한 영광을 적용한다고 해서 결코 독특한 완전함이나 속성들, 그리고 독특한 본질을 추론하지는 않는다. 용어 사용에 있어서 임의로 이러한 속성 관계들을 언급한다면, 독특한 본질을 적용한다는 것이 현명하지 못하다는 의미에서 독특한 속성들을 적용하는 것이다.

왜냐하면 개별적 관계들은 신적 본질이 아니기 때문이다. 삼위의 개별적 영광은 전적으로 독특한 것이다. 그래서 한 위격이 지닌 독특하고 개별적인 위엄은 다른 위격이 가지지 못한 것이라고 설명한다.[34] 조나단 에드워즈는 한 위격이 다른 위격은 지니지 못한 존경 속에서 개별적 위엄을 지니고 있다고 본다. 하지만 다른 위격들도 다른 존경 가운데 개별적 위엄을 지니고 있다. 그래서 삼위의 개별적 위엄 안에서 삼위는 동등하게 나타난다는 것이다.[35]

조나단 에드워즈는 삼위일체 하나님의 각 위격의 독특한 영광과 위엄을 설명한 후에, 그 영광과 위엄은 삼위에게 있어서 동등하다는 것이다. 그것에 대한 근거로 다음과 같이 성부, 성자, 성령 세 위격 모두가 다른 위격이 누리지 못하는 영예와 위엄을 설명한다.

> 그래서 하나님 아버지는 다른 위격들을 내보내시는 첫 번째

---

34 Jonathan Edwards, "On the Equality of the Persons of the Trinity," *WJE*, 21:146.
35 Jonathan Edwards, "On the Equality of the Persons of the Trinity," *WJE*, 21:146.

위격이 되신다. 여기에서 독특하고 개별적인 영예를 지닌다. 성령은 다른 두 위격으로부터 나온 마지막 위격이지만, 이러한 독특한 위엄을 지닌다. 즉 성령은 다른 두 위격의 목적이며, 그분들이 기뻐하는 선이며, 모든 발현의 목적이다.[36]

이처럼 조나단 에드워즈는 성부가 첫 번째 위격으로서의 영예를, 성령은 모든 발현의 목적으로서의 영예를 누린다는 것이다. 성자의 영광에 대해서는 성부가 성령을 주실 때, 성자를 통해서 주시기에 성자만의 독특한 영광이 있다는 것이다. 즉 성자는 비록 성부에 의존하지만 다른 면에서는 성부가 성자에 의존한다는 것이다. 성부는 성자를 통해 무한한 선이신 성령을 기뻐하신다는 것이다. 성자는 그분들의 '내적'(ad intra) 활동 안에서, 그리고 '외적'(ad extra) 활동에서, 그분들의 독특한 경륜적 관심과 구속에 있어서 다른 두 위격의 목적이시다.[37]

조나단 에드워즈는 성령에 대해서 완전히 독창적인 개념을 펼친다. 세 위격의 독특한 영광과 함께 그 동등성을 강조하면서, 상대적으로 마지막 위격이신 성령을 굉장히 부각시킨다. 다른 두 위격의 모든 영예를 동시에 누리는 독특한 영예임을 강조한다. 택하심에 있어서 성부의 목적은 성령이라는 것이다. 성부는 이러한 은혜의 소유를 위해 선택하신다. 성자를 주시는 성부의 목적은 성령을 획득하기 위함이다. 성자의 모든 고난의 목적은 이분을 얻기 위함이며, 이분을 획득하기 위함인 것이다.

---

36 Jonathan Edwards, "On the Equality of the Persons of the Trinity," *WJE*, 21:146.
37 Jonathan Edwards, "On the Equality of the Persons of the Trinity," *WJE*, 21:146.

성령은 비록 다른 두 위격에 의해 보냄을 받은 전달자인, 마지막 위격이시지만, 이러한 면에서 최고의 영광을 누리심을 강조한다. 성령은 다른 두 위격 모두의 전달자이시다. 그분은 다른 두 위격 모두의 이름 가운데 재현하시고 활동하시지만, 다른 두 위격이 활동하시는 모든 특징과 영예를 맡는, 독특한 영예를 누리신다는 것이다. 반면, 성부는 오직 자신의 이름으로 활동하시고, 성자도 자신의 이름과 성부의 이름으로 활동하시지만, 성령은 둘 모두의 이름으로 활동하신다. 그래서 그를 모욕하는 것은 용서받지 못하는 죄로서, 완전한 삼위일체를 모욕하는 것으로 간주된다. 하지만 다른 두 위격에 대한 모욕은 그렇지 않다는 것이다.[38]

조나단 에드워즈는 성령의 독특한 영예에 대해서도 설명한다. 즉 성부와 성자는 원천적으로 주님의 자리에 서 계시고, 성령은 주로 그분들에게 속한 명령을 행하는, 그분들 모두의 종이라는 것이다. 하지만 그 명령에 거역하는 죄가 성령을 거스르는 수준에 해당하는 가장 극악하고도 용서받지 못하는 죄라는 것이다. 그래서 이러한 독특한 영예를 가지고 있다는 것이다.[39]

『삼위일체 위격들의 동등성에 관하여』에서 조나단 에드워즈는 『삼위일체론』과 같은 방식으로 삼위일체 하나님의 각 위격의 '독특한 영광'을 주장하였지만, 독특한 본질(本質)을 주장하지는 않았다. 또한 각각의 위격은 다른 위격이 지니지 않은 '개별적 위엄'을 지니고 있으면서 이러한 위엄들의 복합이 세 위격을 동등하게 만든다고

38　Jonathan Edwards, "On the Equality of the Persons of the Trinity," *WJE*, 21:146-147.

39　Jonathan Edwards, "On the Equality of the Persons of the Trinity," *WJE*, 21:147.

주장했다.⁴⁰ 즉 성부와 성자는 원천적으로 주님의 자리에 서 계시지만, 성령은 자신을 모욕하는 것이 곧 용서받지 못할 죄임을 나타내는 유일한 위격이심을 주장한다.

이렇듯 에드워즈는 삼위일체 하나님의 세 위격의 독특한 영광을 통한 구별성을 강조하면서, 이와 함께 동등한 영광을 통한 일체성을 균형 있게 강조하고 있음을 보여준 것이다.

2) 구속 사역에서 세 위격의 동등성

조나단 에드워즈는 삼위일체론에서 "하나님, 하나님의 관념이나 명철, 그리고 하나님의 사랑"이라는 자신의 주요 논점을 통해 세 위격의 관계를 설명하면서 전통적인 삼위일체론과 접목을 시킨다. 즉 성부와 성자, 그리고 성령의 영광의 동등성을 성자의 출생 개념과 접목시킨다. 또한 조나단 에드워즈는 이러한 방식으로 성부와 성자의 영광은 그들이 무한히 거룩하시며 거룩함의 원천인 영광임을 논증한다.⁴¹ 그래서 자연히 성령의 영광도 거룩함 그 자체라는 것이다. 성부와 성자의 영광은 그들이 무한히 행복하시며, 행복의 근원이며 원천이시며, 성령의 영광도 동등하다는 것이다. 왜냐하면 성령은 무한한 행복과 기쁨 그 자체이기 때문이라는 것이다.⁴²

조나단 에드워즈는 이러한 방식으로 성부, 성자, 성령 각각의 영광의 동등성을 논증함에 있어서 탁월성과 행복, 그리고 아름다움 개

---

40 Jonathan Edwards, "On the Equality of the Persons of the Trinity," *WJE*, 21:145.

41 Jonathan Edwards, "Discourse on the Trinity," *WJE*, 21:135.

42 Jonathan Edwards, "Discourse on the Trinity," *WJE*, 21:135.

념으로 설명한다. 즉 성부의 영광은 신성의 원천이거나, 그분으로부터 신적 지혜와 탁월성과 행복이 모두 나온다는 것이다. 성자의 영광도 동등한데, 그것은 그분이 자신이 신적 지혜이시며, 그분으로부터 신적 탁월성과 행복이 나오기 때문이다. 성령의 영광도 동등하다고 본 조나단 에드워즈는 그분이 다른 위격들 모두의 아름다움과 행복이시기 때문이라고 논증한다.[43]

조나단 에드워즈는 세 위격의 동등한 영광을 논의하면서 동시에 구속 사역에서의 세 위격의 동등성을 언급한다.[44] 즉 구속 사역에서의 각 위격의 동등성을 언급하면서, 구속받은 자들도 세 위격에 동등하게 의존한다. 그 동등성과 영광과 찬양은 삼위 각각에 기인한다. 영광은 성부와 성자에게 속한 것이며, 성부와 성자가 세상을 아주 위대하게 사랑하셨다. 성부는 자신의 독생자를 주실 만큼 사랑하셨고, 성자는 자신을 세상에 내어주실 만큼 사랑하셨다. 하지만 거기에는 성령으로 말미암는 동등한 영광이 있는데, 그것은 성령께서 세상을 향한 성부와 성자의 사랑이시기 때문이다.

성부와 성자가 사랑과 은혜의 놀라운 위대함을 친히 보여주심으로 영화롭게 하신 것처럼, 성령도 놀라운 사랑과 은혜로 영화롭게 되신 것이다. 그것은 성부의 무한한 위엄과 탁월성을 보여준 것이며, 성자는 인간의 구원을 위해 무한히 낮은 자리에 섬으로 자신의 존귀와 영광을 누리신 것이다. 그것이 바로 성자의 무한한 탁월성을 보여준 것이다. 성령도 성부와 성자 모두가 누리는 기쁨과 탁월성을 보여준 것이다. 또한 이러한 기쁨과 즐거움 안에 있는 자들에게도

---

43 Jonathan Edwards, "Discourse on the Trinity," *WJE*, 21:135.
44 Jonathan Edwards, "Discourse on the Trinity," *WJE*, 21:135-136.

누리게 하신 것임을 밝힌다.[45]

조나단 에드워즈는 삼위일체 하나님의 세 위격의 동등성을 구속 사역을 통한 사랑과 은혜의 맥락에서 설명할 뿐만 아니라, 구원받은 인간에게 있어서도 어느 한 쪽에 치우치지 않은 동등한 의존임을 설명한다.

> 성부는 구속자를 지명하시고 제공하시고, 자신이 획득한 것의 대가를 감수하신 것이다. 성자는 자신을 제물로 드리심으로 구속자가 되신 그 대가(price)시다. 성령은 자신을 전달함으로 획득한 것을 우리에게 곧바로 상호 전달하시어, 그분이 그 획득한 분이시다. 그리스도께서 인간을 위해 획득하신 모든 것의 절정이 바로 성령이셨다.[46]

조나단 에드워즈는 이러한 근거로 갈라디아서 3:13-14을 통해 "그가 우리를 위해 저주를 받아… 우리로 하여금 믿음으로 약속하신 성령을 받게 하시려는 것"임을 설명한다. 그리스도께서 우리를 위해 추구하신 것이 바로 그분의 선함 가운데 하나님과의 친밀한 사귐을 갖는 것이었다. 그것은 바로 성령에 참여함으로 이루어지는 것임을 조나단 에드워즈는 밝혀주고 있다. 구속받은 자들의 모든 축복은 그리스도의 충만함에 참여함으로 이루어지는 것인데, 그것은 바로 성령에 참여함으로 이루어짐을 에드워즈는 강조한다.[47]

45　Jonathan Edwards, "Discourse on the Trinity," *WJE*, 21:135-136.
46　Jonathan Edwards, "Discourse on the Trinity," *WJE*, 21:136.
47　Jonathan Edwards, "Discourse on the Trinity," *WJE*, 21:136.

조나단 에드워즈는 이처럼 성경적 근거들을 제시하면서 그리스도의 구속 사역의 절정이 약속하신 성령임을 강조한다. 교회의 머리에 부어주시는 기름은 그분의 몸된 지체들에게 흘러내리며 그분의 옷깃까지 흘러내린다(시 133:2). 그리스도께서는 참된 영적 탁월함, 은혜와 거룩함, 그리고 이것들의 절정인 사랑을 우리를 위해 획득하셨는데, 그것은 오직 마음속에 거하시는 성령의 내주하심이다. 그리스도께서 영적 기쁨과 평안을 획득하신 것은 우리를 위함인데, 그것은 하나님의 기쁨과 행복에 참여함으로 가능하며, 그 기쁨과 행복이 바로 성령이시다. 성령은 모든 선한 것들의 절정이시다. 선한 것들과 성령은 성경에서 동의어로 쓰인다.

> 하물며 하늘에 계신 너희 아버지께서 그분께 구하는 너희들에게 성령을 주시지 않겠느냐?(마 7:11)[48]

조나단 에드워즈에 따르면 성도들이 이 세상에서 지닐 수 있는 모든 영적 선의 절정이 바로 그들 안에 생명수의 근원이다(요 4:10-15). 그것이 바로 생수의 강이 흘러넘치는 성령이다(요 7:38-39). 피안에서의 모든 행복의 절정이 바로 하나님과 어린양의 보좌로부터 흘러나오는 생수의 강이다(계 22:1). 그것이 바로 하나님의 기쁨의 강이며 성령이다. 그러므로 복음에로의 초대의 절정은 바로 생명수에 와서 그것을 마시는 것이다(계 22:17). 성령은 성도들의 획득된 소유이자 상속이다(엡 1:14; 고후 1:22; 5:5). 그래서 에드워즈는 성령이야말로

---

48 Jonathan Edwards, "Discourse on the Trinity," *WJE*, 21:136.

모든 복음의 약속들의 위대한 주제이기에 약속의 성령이라고 불린다고 서술한다(엡 1:13).[49]

성령은 아버지의 약속으로도 불린다(눅 24:49). 만약 성령이 복음에서 약속한 모든 선한 것들의 이해라면, 사도 바울이 강조한 것을 쉽게 이해할 수 있을 것이라고 한다.

> 내가 알기 원하는 것이 이것인데, 여러분은 율법의 행위로
> 성령을 받았습니까? 아니면 믿음의 들음으로 입니까?
> (갈 3:2)

조나단 에드워즈는 로마서 11:36에서처럼, 우리의 모든 선한 것들이 하나님에게서(of), 하나님으로 말미암아(through), 그리고 하나님 안에(in) 있다는 것이다. 우리의 모든 선은 성부 하나님에게서 있으며, 모든 선이 성자 하나님으로 말미암고, 모든 선이 성령 하나님 안에 있다는 것이다. 또한 하나님은 친히 그분의 백성의 분깃이며 획득된 상속이시다. 그래서 조나단 에드워즈는 하나님께서 이러한 구속 사역에서 알파와 오메가이심을 서술한 것이다.[50]

이처럼 조나단 에드워즈는 구속의 사역에서 성부와 성자와 함께 성령도 동등함을 강조한다. 또한 성령께 속한 그 사역의 영광도 동등하다. 세상을 위한 하나님의 사랑은 그 대가를 치른 만큼인데, 그 대가는 하나님 자신의 독생자를 내어주실 정도였고, 그것은 성부, 성자, 성령 모두 동등한 대가를 치르신 것이다. 조나단 에드워즈는 구

---

49 Jonathan Edwards, "Discourse on the Trinity," *WJE*, 21:136-137.

50 Jonathan Edwards, "Discourse on the Trinity," *WJE*, 21:137.

속 사역에 있어서 삼위일체 하나님의 세 위격이 각각 동일하고 동등한 영광으로 획득한 것임을 강조한다.[51]

3) 우월성을 통한 삼위의 동등성

조나단 에드워즈는 삼위의 개별적 영광 안에서처럼, 그것은 삼위의 경륜적 영광 안에 있다고 본다. 만약 우리가 독단적인 의존이나 다른 의지에 의존하는 것으로 이해하지 않는다면, 한 위격의 신성이 다른 위격에의 의존은 영광 중의 완전한 동등성에 전혀 모순되지 않는다는 것이다. 즉 삼위일체 하나님의 삼위는 필연적이며 다른 종류의 서로 간의 의존이 있다는 것이다.[52]

조나단 에드워즈는 이렇게 신성의 의존을 언급하면서, 결코 다른 위격을 무시하는 독단적인 의존이나 다른 의지가 개입될 가능성을 두지 않는다. 그러한 전제 하에서의 의존은 하나님의 완전함과 동등성에 전혀 문제시되지 않는다는 것이다. 그러면서 조나단 에드워즈는 삼위일체 하나님의 삼위 각각의 우월성을 통해 그 동등성을 설명한다.

> 어떤 면에서 성부는 우월성을 지닌다. 즉 성부는 신성의 원천이시며, 사랑받는 성자를 낳으신 분이다. 다른 면에서 성자는 우월성을 지닌다. 성자는 신적 사랑의 위대한 첫 번째 대상이시다. 사랑을 받는 성자는 사랑하는 자보다 우월성을

---

51 Jonathan Edwards, "Discourse on the Trinity," *WJE*, 21:137-138.
52 Jonathan Edwards, "On the Equality of the Persons of the Trinity," *WJE*, 21:147.

지니며, 그분에게 영향을 끼치는 것이다. 또 다른 면에서 신적 사랑인 성령은 신성을 다스리며 신성의 마음을 다스리는 원리로서 우월성을 지닌다. 그래서 성부와 성자, 두 분이 하는 모든 일에서 완전히 영향을 끼친다.[53]

이처럼 삼위일체 하나님의 세 위격은 각각의 우월성(優越性)을 통해 동등성(同等性)을 확보한다. 성부는 신성의 원천으로서의 우월성, 성자는 신적 사랑의 대상으로서의 우월성, 그리고 성령은 신성을 다스리는 원리로서의 우월성을 지닌다는 것이다. 조나단 에드워즈의 이러한 세 위격들의 동등성을 신적 본질의 개념을 통해 계속 설명해 간다. 즉 성자는 성부로부터 신적 본질을 획득했고, 성령은 성자와 성령으로부터 신적 본질을 획득했다는 것이다. 이러한 점은 신적 본질이 나누어지지 않는다는 점과 신적 본질이 독립된 것이라는 개념을 반영해 준다. 조나단 에드워즈는 신적 본질의 비분리성과 독립성을 두 개의 존경으로 설명한다.[54]

첫째, 신적 본질의 존재에 대한 존경이지 신적 본질의 관계적 존재에 대한 존경이 아니다. 달리 말하면, 신적 본질은 그 자체로 존재하는 것이지, 어떤 의존에 의한 존경이 아니다. 하지만 그것은 획득에 의한 것일 수 있다. 성자가 자신 안에 생명을 지닌 것은 본래 생명이신 신적 본질을 소유했기 때문이다. 하지만 성부가 성자에게 그

---

53 Jonathan Edwards, "On the Equality of the Persons of the Trinity," *WJE*, 21:147.
54 Jonathan Edwards, "On the Equality of the Persons of the Trinity," *WJE*, 21:147-148.

생명을 지니도록 주신 것이다.[55]

둘째, 신적 본질은 다른 존재 안에서 독립적이며 파생된 것이 아니다. 그것은 다른 독단이나 의지적 전달에 의존한 것이 아니다. 그것의 관계적 존재는 필연적이며 본질적인, 그리고 독립적인 전달에 의존하지는 않는다. 그것이 비록 전달되지만, 위격은 그것의 전달을 위해 의존적이지 않다. 그것은 그 전달 자체가 독립적이기 때문이다. 그것은 어떤 의지에도 의존하지 않지만, 신성에는 본질적인 것이다.[56]

조나단 에드워즈는 하나님의 지혜인 그리스도에 대해서 언급함으로 그리스도께서 비유적인 의미에서만 하나님의 지혜로 언급되지 않았음을 성경이 보여 준다고 한다. 즉 그리스도께서 특별한 관심을 갖고 있는 사역 안에서 하나님의 지혜가 나타나지만, 그분이 실제로 진정한 하나님의 지혜라는 것이다.[57]

3. 삼위일체의 형상과 신비

1) 영적 창조물인 인간의 영혼과 가시적 창조물인 태양

조나단 에드워즈는 피조물들 가운데 두드러진 삼위일체의 형상

55　Jonathan Edwards, "On the Equality of the Persons of the Trinity," *WJE*, 21:147-148.

56　Jonathan Edwards, "On the Equality of the Persons of the Trinity," *WJE*, 21:148.

57　Jonathan Edwards, "On the Equality of the Persons of the Trinity," *WJE*, 21:148.

들 두 가지를 설명한다. 즉 인간의 영혼 안에 있는 정신, 관념, 영이 삼위일체 하나님의 형상이라는 것이다. 또한 가시적인 창조물인 태양 안에 있는 태양의 실체, 광채, 열을 성부, 성자, 성령으로 이해할 수 있다고 설명한다.[58]

이에 대해 조나단 에드워즈는 다음과 같이 말한다.

첫째, 영적 창조물인 인간의 영혼 안에 있는 것이다. 인간의 영혼에는 정신, 이해 혹은 관념, 그리고 정신의 영이 있다. 성경에서는 그것을 성향, 의지 혹은 감정으로 표현한다. 아우구스티누스 역시 유비를 통한 삼위일체의 흔적과 형상을 설명했다. 세 가지 측면을 하나로 묶어서 사람의 내면의 한 부분으로 이해하는 세 쌍으로 언급했다. 즉 존재와 지식과 의욕, 정신과 사랑과 지식, 기억과 이해와 의지다.[59]

둘째, 조나단 에드워즈는 가시적인 창조물, 곧 태양 안에 있다는 것이다. 성부는 태양의 실체와 같다. 성자는 태양의 광채이자 표면의 영광과 같다. 그래서 그것이 우리의 눈에 나타나는 찬란하고 영광스런 형태이다. 성령은 태양의 활동과 같다. 그것은 자체의 내부 열로 태양 안에서 활동하는데, 세상을 널리 퍼지게 하며, 빛을 주며, 따스하게 하며, 생명을 불어넣어주며, 보호해 준다. 그래서 성령은 하나님의 자신에 대한 무한한 사랑이자 자신 안에서의 무한한 행복으로서, 태양의 내부 열과 같다.

하지만 그것은 하나님의 자기 전달을 통해 태양 활동의 발산과 같거나 발출하는 태양광선과 같다. 이러한 점은 하나님의 사랑과 은

58　Jonathan Edwards, "Discourse on the Trinity," *WJE*, 21:138-139.
59　Augustini, *De Trinitate*, X.11.18, 490-491.

혜를 잘 표현한다. 그래서 대홍수 이후의 무지개처럼 이러한 목적으로 만들어진 것이다. 조나단 에드워즈는 이러한 설명을 하면서, 그러한 무지개가 에스겔이 본 보좌 주변에서 혹은 사도 요한이 본 그리스도의 머리 주변에서 있었던 것으로 묘사한다(겔 1:28; 계 4:3; 10:1).[60]

조나단 에드워즈는 태양광선의 다채로운 종류와 아름다운 색들은 성령 혹은 하나님의 다정하신 탁월성, 그리고 성령의 다채롭고도 아름다운 은혜와 덕을 아주 잘 표현한다는 것이다. 조나단 에드워즈는 태양광선의 이렇게 아름다운 색들을 표현해 주시는 목적이 우리로 하여금 하나님의 은혜를 발견하도록 하기 위함이라면서, 다음의 성경 구절을 인용한다.

> 비록 그 여인들이 그 때에 양 우리에 머물러 있었지만, 은을 입힌 비둘기의 날개를 나누었고, 황금빛 번쩍이는 깃을 나누었다(시 68:13).

비둘기의 깃에서 나오는 다채롭고도 아름다운 색채들에 비추인 빛과 색들은 천상의 비둘기의 은혜들을 표현한다는 것이다. 조나단 에드워즈는 또한 같은 의미에서 그 다채롭고 아름다운 빛깔은 흉배의 고귀한 보석들을 의미한다고 설명한다. 그래서 그러한 교회의 영적인 의복들은 성전의 돌들(대상 29:2)과 새 예루살렘의 초석이자 문들(계 21장; 사 54:11-12)에 있는 다채로운 아름다운 빛깔로 표현된다는 것이다.[61]

60　Jonathan Edwards, "Discourse on the Trinity," *WJE*, 21:138.
61　Jonathan Edwards, "Discourse on the Trinity," *WJE*, 21:138.

이러한 근거로 조나단 에드워즈는 태양광선의 다채로움과 아름다운 빛깔들은 위와 같은 목적을 위해 창조주께서 계획하신 것임을 확신한다. 그래서 비록 존재의 그늘 가운데 있는 모든 가시적 창조물은 하나님에 의해 영적인 존재들로 유형화되고 표현되도록 만들어졌고 그러한 질서 가운데 움직인다는 것이다. 조나단 에드워즈는 이러한 점을 단순한 가설로 제안하지 않고, 거룩한 성경 안에서 하나님께서 만드신 계시를 통해 충분하고도 완전히 확인된 신적 진리의 한 부분임을 강조한다.[62]

한편, 삼위일체의 흔적을 설명한 아우구스티누스는 인간의 내면적인 부분과 외부적인 부분을 구분했다. 즉 내면적으로 가지고 있는 인간의 정신을 통해 설명하고, 외부적으로는 감각을 통해 외부 대상에서 정신 속으로 끌어들인 현상을 통해 삼위일체를 설명한다.[63]

즉 삼위일체 하나님의 존재를 증명하기 위해 아우구스티누스는 자연에서 삼위일체의 유비를 발견하고, 인간의 외부적인 부분에서 흔적을 발견하며, 인간의 내면적인 부분에서 형상을 발견했다. 아우구스티누스는 이렇게 분석하면서 세계의 모든 존재와 사고구조 안에서 삼위일체의 흔적과 형상이 있다고 강조하지만 그것이 곧 삼위일체 하나님을 말하는 것이 아니라 유사할 뿐이라고 했다.[64] 아우구스티누스는 하나님의 피조물인 인간의 내면을 통해 삼위일체의 흔적을 설명하면서도 여전히 삼위일체의 신비에 대한 여지를 남겨 둔 것이다.

62　Jonathan Edwards, "Discourse on the Trinity," *WJE*, 21:138-139.
63　Augustini, *De Trinitate*, XIV.8.11, 631.
64　Augustini, *De Trinitate*, XV.28.51, 750-752.

2) 삼위일체 하나님의 신비

조나단 에드워즈는 역시 자신이 언급한 내용들에 있어서 여러 가지 논박의 가능성을 열어두면서, 이러한 시도가 삼위일체에 관한 신비를 풀기 위함이며, 그것의 신비로움과 불가해성을 제거하기 위함임을 밝힌다. 그러면서 조나단 에드워즈는 자신의 서술을 통해 일부는 난제들이 감소되었지만, 또 다른 부분에서는 새로운 문제들이 발생함을 느낀다고 그 한계를 인정한다.[65]

하지만 조나단 에드워즈는 이러한 위대한 신비와 불가해한 난제들에 대해서 하나님의 말씀이란 신적 진리를 더 심오하게 선언함으로 우리의 정신에 설명할 수 있다고 주장한다. 조나단 에드워즈는 하나님의 말씀이 우리에게 일반적으로 알게 되는 것보다 그것을 믿게 되는 것에 관해서 많은 것들을 가르쳐 준다고 생각한다. 그리고 그것은 우리가 알게 되는 것보다도 더욱 엄청나게 영광스럽고 놀라운 것들에 대해서 많은 것들을 보여준다는 것이다. 조나단 에드워즈는 삼위일체의 신비들이 불가해한 것으로 과대평가되었지만, 하나님의 말씀 안에서 설명되어 왔음을 밝힌다. 물론 그 안에도 여전히 수많은 신비가 있음을 인정한다.[66]

이러한 점은 아우구스티누스에게서도 발견된다. 아우구스티누스는 스스로 삼위일체를 논하는 방법에 대해서 하나님의 도움을 받아 전심으로 설명하며, 성경의 권위에 호소하는 신앙의 힘으로 할 것임

---

[65] Jonathan Edwards, "Discourse on the Trinity," *WJE*, 21:139.
[66] Jonathan Edwards, "Discourse on the Trinity," *WJE*, 21:139.

을 밝힌다.[67] 즉 아우구스티누스는 삼위일체를 연구함에 있어서 계시의 권위에서 시작한다. 아우구스티누스는 삼위일체 하나님을 계시의 하나님으로 자연종교나 이방인들의 신과는 구분한다.

이성은 탐구에 의해 많은 것을 입증할 수 있고 감각적인 것이나 지적인 것 중 하나의 경험을 출발점으로 하지만, 하나님의 본성은 이들 중 어느 것으로도 직접적으로 접근할 수 없는 한계가 있다. 그러므로 아우구스티누스는 계시된 진리로 삼위일체론을 연구해야 함을 강조한다.[68] 아우구스티누스에게 기적의 문제는 단순히 하나님의 활동의 다양한 모양들 가운데 하나로서, 거기에는 원칙적으로 신앙과 과학 사이에 어떠한 충돌도 있을 수 없다. 왜냐하면 하나님은 모든 육체적인 출현과 동작들의 시초이자 최고의 원인이시기 때문이다.[69]

조나단 에드워즈는 삼위일체의 신비를 단순히 이해할 수 없는 이성 밖의 문제로 제쳐두지 않고 인간의 이성과 정신으로 설명할 수 있는 부분까지 설명되어야 함을 강조한다.[70] 그러면서 무엇보다도 삼위일체의 신비가 너무 불가해한 것으로 과대평가되어 있음을 언급하면서 하나님의 말씀을 통한 설명에서 명확하게 알 수 있는 부분에 대한 설명을 시도한다.

또한 인간의 지식으로 알게 되는 것보다도 하나님의 말씀을 통해

---

67 Augustini, *De Trinitate*, I.2.4, 120.
68 Augustini, *De Trinitate*, I.1.1; I.2.4, 115-120.
69 Augustini, *De Trinitate*, III.5.11, 237-238.
70 Jonathan Edwards, "Discourse on the Trinity," *WJE*, 21:139.

믿게 됨으로 더 많은 신비들을 깨닫게 된다는 것이다.[71] 즉 삼위일체의 신비를 단순한 지적인 방식으로만이 아닌, 하나님의 말씀인 계시를 통한 믿음의 방식을 통해 온전한 깨달음을 촉구한 것이다. 즉 조나단 에드워즈의 삼위일체론은 단순한 신학적 사변과 형이상학적인 이론에 그치는 것이 아닌, 하나님의 말씀에 근거한 구체적인 신앙을 통해 살아가야할 그리스도인의 신앙적 본질임을 보여준다.

삼위일체론과 신앙의 구체적 실천과의 연결은 아우구스티누스의 『삼위일체론』에서도 발견된다. 다른 교부들과 마찬가지로 아우구스티누스는 삶에 대한 영적 통찰과 거룩함을 서로 밀접하게 연결하여 서술하였다. 그리스도의 임재가 충만한 삶은 반드시 생각의 삶과 생각할 수 있는 지성적인 능력에 적절하고도 겸손하게 영향을 줄 것이라고 생각했다. 거룩한 것들이 적절하게 이해되고 해석되기 위해서는 거룩한 성품이 요청된다고 보았다.

> 아버지와 아들의 관계가 하나의 위대한 신비임을 보면서, 우리의 행위는 이해될 수 있는 방식으로 형성되어야 하는데, 그것은 어리석은 이들에게는 이 신비의 관계가 닫혀있지만, 이 관계를 보기에 합당한 사람들에게는 이 신비의 관계가 열려 있기 때문이다.[72]

71　Jonathan Edwards, "Discourse on the Trinity," *WJE*, 21:139.
72　St. Augustin, *Sermons on Selected Lessons of the New Testament*, Sermon XCI, "On the Words of St. Matthew's Gospel, chapter 22:42, 'Where the Lord asks the Jews whose son they said David was.' Concerning the Trinity," tr. R. G. MacMullen, ed. Philip Schaff, *A Select Library of the Nicene and Post-Nicene Fathers of the Christian Church*. First Series vol. 6 (Grand Rapids: Eerdmans, 1887), 398.

조나단 에드워즈는 우리가 어린아이에게 하나님에 관해서 말해 줄 때, 하나님의 본성과 속성들, 그리고 하나님의 창조와 섭리 등에 대한 수많은 신비들을 언급하지 못함을 지적한다. 하지만 신학교에서 하나님에 관해서 말해 줄 때는 더 많은 부분들을 설명하여, 신성에 관해 더 분명하게 이해하게 된다는 것이다. 이러한 태도로 조나단 에드워즈는 자신이 전반적으로 고찰한 삼위일체론을 통해 굉장히 많은 부분을 인식하게 되었을지라도, 신성(神性)에 관한 그 외의 수많은 가시적 신비들이 계속 증가함을 겸손하게 인정한다.[73]

조나단 에드워즈는 구약성경에서 하나님의 교회가 우리가 현재 알고 있는 삼위일체론에 대해서 그렇게 많은 부분을 언급하지 않았지만, 신약성경에서는 하나님의 본성에 관해 우리의 견해가 많이 열려져 계시되었다는 것이다. 하지만 그럼에도 불구하고 엄청나게 놀랍고도 불가해한 것들과 수많은 가시적 신비들이 계속 증가되고 있다는 것이다. 또한 성육신과 그리스도의 속죄, 그리고 그 외의 영광스런 복음의 교리들이 교회 안에서도 생기게 되었다고 조나단 에드워즈는 지적한다.[74]

이러한 신비들은 신적인 부분뿐만 아니라 자연적인 부분에서 나타난다. 즉 생물이나 동물의 몸, 자연의 여러 활동들 속에서 우리의 이해력을 뛰어넘는 엄청난 신비들을 발견하게 된다는 것이다. 하지만 이러한 자연 속에서도 우리가 깨닫는 신비는 일부에 지나지 않음을 지적한다. 예를 들어, 현미경을 통해 어떠한 사물을 연구해 보면, 깨닫지 못한 많은 사실들을 알게 되고, 더 확실한 지식을 얻게 되지

---

[73] Jonathan Edwards, "Discourse on the Trinity," *WJE*, 21:139.
[74] Jonathan Edwards, "Discourse on the Trinity," *WJE*, 21:139-140.

만, 그럼에도 여전히 신비함은 남아 있다는 것이다.[75]

한편, 조나단 에드워즈는 자신이 탐독한 사상가들, 즉 17-18세기 케임브리지의 랄프 컷워스, 아일랜드의 필립 스켈턴, 프랑스의 슈발리에 램지 같은 개신교도들은 비(非) 그리스도인들이 기독교의 하나님을 알 수 있도록 하기 위해 신앙과 이성의 조화라는 전통을 사용했음을 알았다. 그래서 조나단 에드워즈는 이들의 영향을 통해 비(非) 그리스도인의 신앙이 삼위일체와 같은 기독교 신비들에 대한 지식의 단편들을 포함할 수 있다고 확신했다.[76] 이신론자들은 그들의 신학이 오직 이성(理性)으로부터 왔을 것이라고 했지만, 조나단 에드워즈는 그들이 문화적 전통들을 통해 물려받은 계시된 진리들을 무의식적으로 받아들였다고 생각했기 때문이다.[77]

조나단 에드워즈는 이처럼 삼위일체의 신비에 대한 설명을 통해 신앙과 삶의 전반에 걸친 신비로 이끌며 설명한다. 즉 신앙적 신비로움이 삼위일체 하나님뿐만 아니라, 기독교 신앙의 많은 교리들 속에서도 발견되며, 인간을 비롯한 모든 피조물들 속에서도 발견할 수 있음을 지적한다. 조나단 에드워즈는 그러한 신비들에 대한 발견과 깨달음이 여전히 많은 한계와 불가해함을 염두하고 있음을 알 수 있다.

---

[75] Jonathan Edwards, "Discourse on the Trinity," *WJE*, 21:140.

[76] Gerald R. McDermott, "A Possibility of Reconciliation: Jonathan Edwards and the Salvation of Non-Christians," *Edwards in Our Time: Jonathan Edwards and the Shaping of American Religion*, ed. Sang Hyun Lee and Allen C. Guelzo (Grand Rapids: Eerdmans, 1999), 179-182.

[77] Gerald R. McDermott, *Jonathan Edwards Consults the Gods* (New York: Oxford University Press, 1999), 6-10.

제3장

경향성과 조화를 통한 삼위일체 하나님 이해

1. 경향성을 통한 삼위일체 하나님 이해

1) 이신론과 자연과학의 도전을 극복한 경향적 존재론

영국의 존 로크는 청교도혁명과 왕정복고의 종교적이며 정치적 동란을 겪고, 이신론적 사상을 갖게 되었다. 그는 당시의 풍조를 따라 자연과학의 실험적 연구도 많이 하였다. 존 로크는 『인간 오성론』을 통해 순수한 물체와 운동의 세계에서 인간의 마음이 자기 외부에 있는 것을 어떻게 지각하고 아는지를 제시하였다. 인간은 '백지'(tabula rasa) 상태에서 감각을 통해서 외부의 사물이 정신 속에 들어옴으로써 관념이 생긴다.[1] 따라서 인간의 인식은 생득관념(生得觀念)

---

1 John Locke, *An Essay Concerning Human Understanding*, ed. A. S. Pringle-Pattison (Oxford, 1950), 42.

을 통해서가 아닌, 경험에서 생기는 것이다. 존 로크에 의하면 이성과 일치하는 계시는 받아들여져야만 하지만, 이성의 명석한 증거와 충돌하는 계시는 거부되어야 한다. 존 로크는 세계가 운동하는 물체로 되어 있어 그것이 하나의 질서정연한 패턴으로 배열되고 충분히 한정된 인과법칙에 따르는 것으로 간주하였다.

토마스 홉스(Thomas Hobbes)는 갈릴레오의 물리학을 물질론과 기계론을 모델로 삼아 인간 역시 단순한 일개의 물체 혹은 운동하는 기계로 보았다. 토마스 홉스는 공리적 방법과 운동하는 물체라는 개념 그리고 시간의 개념과의 결합에서부터 인과성의 개념을 형성하였다.[2] 이렇게 존 로크와 토마스 홉스의 세계관은 인간 및 사회적 관계에 관한 원자론적(原子論的) 견해를 피력했다.

18세기 초에 기독교는 자연과학으로 심한 도전을 받았고, 이에 대한 결과로 이신론(理神論)[3]이 나오게 되었다. 이신론에 의하면, 천지창조 이후 지금의 우주는 하나님께서 직접 관계치 않으시고 자연법칙에 의해 운행된다는 것이다. 하지만 에드워즈는 이러한 견해를 비판하면서, 자연과학의 관념 속에서 하나님의 역사하심을 지적하였다. 실례로 에드워즈는 더 이상 부서질 수 없는 원자의 개념을 무한한 힘, 즉 무한하신 하나님의 작용이라고 설명했다.[4] 즉 에드워즈는 자연과학의 도전에 대담함과 독창성으로 하나님의 주권과 역사를 강조한 것이다. 하나님의 주권과 역사하심에 대한 강조는 자연스

---

[2] Ernst Cassirer, *The Philosophy of the Enlightenment* (Princeton, 1951), 254.
[3] 이신론은 성경을 비판적으로 연구하고 계시를 부정하거나 그 역할을 현저히 후퇴시켜서 기독교의 신앙 내용을 오로지 이성적인 진리에 한정시킨 합리주의 신학의 종교관이다.
[4] Jonathan Edwards, "The Mind," *WJE*, 6:332-393.

레 사회개혁(社會改革)과 역사 참여적 신앙을 가능케 한다.

무엇보다도 에드워즈의 탁월한 공헌은 서구사상의 실재에 대한 관념을 동적(動的)인 이해로 재정의함으로써 혁명적인 실재에 관한 새로운 비전을 이론화했으며, 결국 하나님의 본질과 역사와의 관계를 새롭게 정의한 것이다.[5] 즉 전통적으로 실재(reality)를 '실체'(substance)로 이해했으나, 자연과학은 '실체'보다는 '에너지'와 '움직임'의 관념으로 실재를 생각했다. 아리스토텔레스와 스콜라 철학적 개념에 의하면, 실체는 어떤 사물을 그 본래적 특성대로 존재하게 만드는 요소이며, 변할 수 있는 속성 이면(기층)에 있는 영속적 요소를 뜻했다.[6] 하지만 존 로크는 참된 오성(悟性)이 기본적으로 실제적 경험에 기반한다는 입장과 모든 것을 본질적으로 관계와 역학적 작용으로 보는 뉴턴식 실재관으로 인해, 기존의 관찰될 수 없는 실체 개념은 더 이상 옹호 받을 수 없었다.

이러한 상황에서 에드워즈는 실재의 본질을 기존의 정적인 '실체' 개념에서 '성향'(disposition) 혹은 '경향성'(habit)이라는 동적인 관념, 즉 성향적 존재론(dispositional ontology)으로 재정립했다.[7] 세상은 하나의 '경향성'들의 조직이며, 한 개의 물체의 본질도 '경향성'들의 밀집이라는 것이다. 하나님의 존재도 소통하려는 성향으로 보았다. 성부 하나님의 경향적 본질을 행사한 결과 성부의 존재는 성자와 성령으로 전달되었고, 성자와 성령으로 반복되었다. 에드워즈 이전 학

---

5 이상현, 『삼위일체, 은혜 그리고 믿음: 조나단 에드워즈 신학 연구』, 20-21.

6 Lee, "Editor's Introduction," *WJE*, 21:6-7.

7 Jonathan Edwards, *Religious Affections, WJE*, 2:206-207, 282-283; *Scientific and Philosophical Wrights, WJE*, 6:384-385; *Ethical Wrights, WJE*, 8:539, 623.

자들에게서 실체는 '속성들의 소유자'였으나, 에드워즈에게서 실체란 '행동들의 행위자'였다.[8] 에드워즈에게서는 전반적 사물의 본성뿐만 아니라 하나님의 존재도 더 이상 자족적인 실체 개념이 아니며, 오히려 성향과 작용과 관계적 측면을 지닌 존재로 인식되었다.[9]

조나단 에드워즈가 실체 개념을 재정립할 수 있었던 것은 경향성(傾向性)에 대한 실재론적 개념 때문이다. 에드워즈에게 경향성은 영속적이고 존재론적으로 실제적인 원칙이다.[10] 경향성은 존재론적으로 실재하는 것이며, 법칙처럼 원인적으로 작용하는 힘이다.[11] 경향성은 영속적(永續的)인 요소이자, 하나의 실재의 성질이며, 역동적인 힘을 발휘하는 주체다. 모든 존재는 더 이상 실체가 아니고 오히려 어떤 실제적 힘들과 경향성들로 구성되어 있다는 것이다.[12]

2) 사랑과 아름다움의 경향성을 지닌 관계적 존재

조나단 에드워즈는 존재란 비례적 균형, 곧 아름다움이라고

---

8 "His predecessors thought of substance as the owner of properties; while Edwards thought of substance as the doer of deeds": Jonathan Edwards, "Editor's Introduction," *WJE*, 6:67.

9 Lee, "Editor's Introduction," *WJE*, 21:6.

10 "기억과 정신적 원리들과 경향성에는 그런 것들이 작용되지 않을 때도 마음에 실재적으로 머무르는 어떤 요소가 있다." Jonathan Edwards, *Religious Affections*, *WJE*, 2:385.

11 "모든 경향성들은 하나님께서 정한 하나의 법칙이다. 그렇기 때문에 특정한 상황이 생길 때마다 특정한 작용이 행사되기 마련이다." Jonathan Edwards, "Miscellanies," a-500, *WJE*, 13:358.

12 Jonathan Edwards, "Subject to Be Handled in the Treatise on the Mind," *WJE*, 6:391.

했다.[13] 성향과 아름다움은 동일한 실재를 바라보는 두 개의 방법으로서 '성향'은 아름다움의 역동적 측면을, '아름다움'은 성향이 나타내는 방식을 말한다. 참된 아름다움은 하나님의 아름다움이다. 성향들이 계속 발현됨으로써 존재는 더욱 현실적이고 더욱 실제적으로 된다. 결국, 존재를 본질적으로 반복되는 성향을 지니며 자기 실현을 증대한다.

조나단 에드워즈는 하나님의 본질도 사랑과 아름다움의 '경향성'으로 보았다. 물론 하나님은 실재와 경향성이 동일하시기에, 에드워즈는 하나님의 완전성을 고수하면서 동시에 하나님을 동적이며 창조적인 분으로 해석하였다.[14] 하나님 자신의 성향적 본질을 행사하는 것은 하나님 자신의 존재적 실현성을 증대시키게 된다. 최대로 실현된 하나님은 또한 본질적으로 계속 자신의 선험적(先驗的) 실현성을 행사하고 증대시키려 하며, 계속 자기 전달을 하려고 한다.[15]

조나단 에드워즈에게 하나님은 참된 아름다움이고 전지한 존재이며 사랑의 존재이기에, 하나님의 존재는 참된 아름다움을 알고 사랑하며 또한 참된 아름다움을 계속 알고 계속 사랑하려는 주권적 성향이다. 이렇듯 하나님께서 본질적으로 아름다움이라는 성향을 가진 존재라면 하나님은 본질적으로 관계적이다. 아름다움은 비례와 조화의 관계이기 때문에, 하나님은 본원적(本源的)으로 관계적이다.[16]

---

13   Jonathan Edwards, "The Mind," *WJE*, 6:336.
14   이상현, 『삼위일체, 은혜 그리고 믿음: 조나단 에드워즈 신학 연구』, 21.
15   Jonathan Edwards, "Dissertation Concerning the End for which God Created the World," *WJE*, 8:433.
16   Jonathan Edwards, "'The Mind' and Related Papers," *WJE*, 6:362.

3) 경향성의 재현인 천지창조

경향들은 영속하며 하나님은 자기 전달을 통해 무한히 창조적이다. 성향적인 신적 본질은 하나님의 내적 생명과 외적 자기 확장을 이루는 동일한 본질이다. 하나님은 내적으로 완전히 현실화되었으나 하나님의 본질인 경향성은 하나님 외부로(ad extra) 역사하길 원하기에, 천지를 창조하신 것이라고 에드워즈는 설명한다.[17]

하나님께서 천지를 창조하신 목적은 바로 그 하나님의 경향성의 발휘의 결과이고, 하나님의 내적 완전하심, 사랑과 아름다움의 재현(再現)이다. 즉 영원히 완전하신 하나님께서 내적으로 완전히 현실화된 아름다우심을 시간과 공간에 재현시키기 위해 천지를 창조하신 것이다. 인간이 그리스도를 통해 하나님의 사랑과 아름다우심을 알고 기뻐할 때 그 체험을 통하여 하나님의 내적 사랑과 아름다우심이 시간과 공간에 재현되는 것이다.[18]

이렇듯 조나단 에드워즈는 하나님의 완전성(完全性)과 경향성(傾向性)을 동시에 강조함으로 하나님 이해에 대한 전통적인 전통 속에 내재되어 있는 하나님과 세상의 이원론적 경향을 해소시켜주며, 하나님의 성품을 본받는 그리스도인의 역사 참여 입장을 강조할 수 있는 근거가 되었다. 에드워즈에게 하나님께서 창조하신 세상과 역사는 하나님의 내적(內的) 영광의 재현이다.

한편, 조나단 에드워즈의 이러한 하나님 이해는 하나님의 완전성

---

17 Jonathan Edwards, "Dissertation Concerning the End for which God Created the World," *WJE*, 8:527.
18 이상현, 『삼위일체, 은혜 그리고 믿음: 조나단 에드워즈 신학 연구』, 21-22.

의 문제를 극복하지 못한 과정신학(過程神學)의 신관과는 다르다. 알프레드 화이트헤드(Alfred N. Whitehead, 1861-1947)가 주장하는 과정신학의 근본 문제는 완성을 향한 과정으로 하나님을 묘사함으로 하나님의 완전성을 확보할 수 없다는 치명적인 결점을 지닌다. 하지만 조나단 에드워즈에게 있어서 하나님은 완전히 현실화된 하나님이시기에 조금도 더 현실화가 필요 없으신 완전한 분이시다. 단지 외적으로 시간과 공간 안에서 영원히 재현의 과정을 진행하는 것뿐이다.[19]

하나님은 본래 성향적인 본질의 계속되는 실천을 통하여 원초적인 현실성을 확대하고 재현하는 경향이 있다. 에드워즈에 있어 현실적이며 주권적인 하나님의 계속되는 목적적이고 창조적인 행동을 설명하는 논리는, 이따금 제시되는 신플라톤주의의 철학이 아니고, 하나님의 자기 확대의 성향적(性向的)인 존재론이다.

> 자기 자신에 대한 존중, 곧 하나님 자신의 영광에 대한 무한한 지향성과 기쁨이 하나님으로 하여금 자신의 존재의 풍성한 확산을 지향하게 만들고, 또한 하나님의 영광의 유출을 기뻐하도록 만든 것이다. 그러므로 나무 안에 있는 본성이 새순을 돋아나게 만들고, 그 가지들을 솟아나게 하며, 잎사귀와 열매를 맺게 하듯이, 나무 안에 있는 그 본성이 곧 자신의 완성된 자아를 지향하는 성향인 것이다. 따라서 태양 안에서 빛나게 하며 자신의 충만함과 온기와 광명을 풍성하게

---

19 Jonathan Edwards, "Dissertation Concerning the End for which God Created the World," *WJE*, 8:527.

> 발산하는 성향은 오직 그 자체의 가장 영광스럽고 완성된 상태를 지향하는 경향성일 뿐이다. 그러므로 하나님은 자신의 전달(傳達)과 자신 안에 있는 무한한 영광과 선(善)의 발산(發散)을 자신의 충만함과 완성에 속한 것으로서 간주한다. 마치 그것이 없이는 하나님께서 자신의 가장 완성되고 영광스러운 상태 가운데 있지 않은 것인 양 그러한 전달과 발산을 자기 자신의 완성에 속한 것으로 여긴다.[20]

창조된 세계란 하나의 경향성들과 성향들의 조직체다. 그것들의 궁극적인 목적은 하나님 자신의 존재를 시간과 공간 중에서 재현(再現)하기 위해서 하나님을 알고 하나님을 사랑하는 것이다. 창조된 실존은 영원한 것의 재현이며 목표를 향한 목적 있는 움직임이다. 역사는 이미 현실적으로 하나님이신 하나님을 재현하는 것이며, 시간 중에서 하나님의 자기 재현의 목표를 향해 움직이는 것이다. 역사의 궁극적인 목표, 곧 하나님의 나라는 역사 속에 내재하여 있음과 동시에 그것을 초월하여 있다.

하나님의 존재는 자기 재현의 의미에서 직접적으로 역사 속에 관련되어 있으므로, 역사 안의 모든 순간들은 하나님의 영원한 영광의 재현 또 그 재현의 반복으로서 이해되어질 수 있다. 그러나 무한한 하나님의 영광의 절대적이고 완전한 재현은 무한한 시간을 요구하며 다 성취되는 한 초점이 있을 수 없다. 참된 재현은 역사 속에 가

---

20 Jonathan Edwards, "Dissertation Concerning the End for which God Created the World," *WJE*, 8.

능하나 그 재현의 무한한 반복, 즉 삼위일체 내에서의 재현,[21] 그 재현의 반복과 같은 재현이 시간 안에서 성취되는 것은 무한한 시간을 필요로 할 수밖에 없는 것이다. 그것은 끝이 없는 과정이다. 이러한 해석은 하나님 나라의 완전한 성취의 초월적인 성격에 대한 시야를 상실함이 없이, 역사에 내재(內在)하는 천년왕국의 가능성을 강조한 에드워즈의 입장을 이해할 수 있게 만든다. 즉 하나님의 내재성(內在性)과 초월성(超越性)의 조화를 이루게 한다.

2. 영광을 통한 삼위일체 하나님 이해

1) 하나님의 영광을 통한 이해

하나님과 세상에 대한 이러한 새로운 이해는 세상과 역사에 대한 적극적인 참여의 근거를 제공할 뿐만 아니라, 자연보호에 대한 생태학적(生態學的) 관심에도 유용한 의미를 제공한다. 인간과 자연은 서로 의존하여 하나님의 영광을 시간과 공간 안에서 재현하는 소명을 가진 존재이기에, 생태학적 관점이 단지 정치나 경제의 문제가 아니라 하나님의 천지창조의 목적과 관련이 되는 신앙적 과제인

---

21 에드워즈는 다음과 같이 말한다. "하나님은 자신 안에서 다음과 같은 두 가지 방식으로 영화롭게 된다. 첫째, 자기 자신에게 자신의 완전한 관념 속에서 나타나고 드러남으로써, 즉 성부의 영광의 광명인 성자 안에서 영화롭게 된다. 둘째, 자신을 즐거워하고 기뻐함으로써, 또 자신을 향한 무한한 사랑과 기쁨 안에서 흘러나옴으로써, 곧 성령 안에서 영화롭게 된다."

것이다.²² 즉 신앙 실천의 본질적 일면으로 보아야 하는 것이다. 뿐만 아니라 이것은 삼위일체 하나님의 내적인 사랑과 아름다움을 외부적으로 재현하시는 신적 사역에 동참하며 경험하는 특권이기도 하다.

최근의 학자들은 과거 서구신학이 인간 중심 신학으로 현재의 생태계 위기에 큰 책임이 있음을 지적하였지만,²³ 조나단 에드워즈는 자연을 인간의 목적을 위한 도구나 물질이 아닌 하나님의 천지창조 목적 안에서 취급함으로 분명한 차이점을 보여주었다. 즉 하나님께서 창조하신 자연만물을 하나님의 충성된 청지기로서 인간이 가꾸고 다스려야 할 책임 있는 존재임을 인정했지만, 그것이 곧 자연을 도구화하고 수단화하는 것을 옹호한 것이 아니다.

오히려 조나단 에드워즈는 인간과 자연의 관계를 '삼위일체적 전망'을 통해 보았다. 즉 하나님께서는 삼위일체 하나님의 내재적 사랑과 아름다움의 충만함이 천지창조와 구속, 그리고 성화 사역을 통해 재현되고 영광받길 원하신다. 그래서 삼위일체 하나님께서는 경륜적 사역을 통해 지성적 존재인 인간만이 아닌, 자연을 포함한 모든 피조물들도 삼위일체 하나님께 영광을 돌리길 원하신 것이다. 성령의 거룩한 성향을 지닌 그리스도인이 자연만물의 아름다움을 통해 하나님께 영광을 올려드릴 때, 자연만물과 같은 피조물의 존재 이유와 목적이 회복된다는 것이다.²⁴

---

22 이상현, 『삼위일체, 은혜 그리고 믿음: 조나단 에드워즈 신학 연구』, 24-25.
23 Lynn White, Jr. "The Historical Roots of our Ecological Crisis," *Science* 155 (March, 1967), 1203-1207; Gordon D. Kaufman, "The Concept of Nature," *Harvard Theological Review* 65 (1972), 350-355.
24 Jonathan Edwards, "Miscellanies," no. 1263, *WJE*, 23:201-212.

이러한 입장은 결코 자연이 인간에게 종속적인 존재로 되는 것을 의미하지 않는다. 오히려 하나님의 천지창조의 목적에 자연과 함께 동참해야 하는 인간 삶의 터전이자 근간임을 강조하는 것이다. '하나님-인간-자연'이라는 인간 중심적 수직구조에서 삼위일체적 전망을 통해 하나님의 영광이란 목적 속에서 '삼위일체 하나님-인간과 자연' 사고구조, 즉 하나님 중심적 수평구조로 전환할 때, 인간과 자연이 함께 천지창조와 구속의 사역에 동참하는 특권을 누리게 되는 것이다.

자연을 돌보고 가꾸어야 할 인간이 기존의 인간 중심적 수직구조로 인해 오히려 개발과 이용이라는 미명 하에 자연을 마음대로 훼손하고 지배해 온 것이다. 물론 최초의 인류가 저지른 범죄로 인해 인간과 땅이 함께 저주를 받아 생긴 현상이기도 하지만(창 3:17), 그것이 결코 인간으로 하여금 자연에 대한 절대적 소유권자로 부여하여 마음대로 파괴하도록 인정해 준 것은 아니다. 조나단 에드워즈도 이에 대해서 "눈에 보이는 세계는 피조물이 지배하고, 피조물을 맡은 인간들의 남용된 개발을 통해 죄에 종속되었고, 그 종이 되어 갔다"고 보았다.[25]

인간과 자연의 관계를 삼위일체적 전망을 통해 도식화하면 아래와 같다. 하지만 그렇다고 해서 인간과 자연에 대한 이러한 삼위일체적 전망이 결코 인간과 자연을 대등한 입장으로 보는 것은 아니다.

25　Jonathan Edwards, "An Humble Attempt," *Apocalyptic Writings*, ed. Stephen J. Stein, *WJE*, 5:344-345.

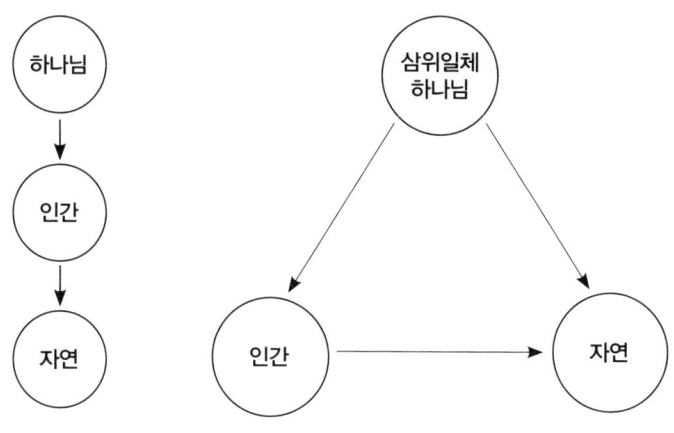

〈그림4〉 인간 중심적 수직구조 〈그림 5〉 하나님 중심적 수평구조

위의 〈그림 5〉에서 볼 수 있듯이, 지성적 존재인 인간을 통해서, 지각 있는 존재에 의해 궁극적인 목적이 실재화되는 것이다. 삼위일체적 전망은 성령께서 성부와 성자로부터 나오신 것처럼, 자연도 하나님의 돌보심과 인간의 신앙고백을 통해서 그 존재 목적과 이유가 성취되는 것이다. 또한 성령께서 이중발현을 통해 성부와 성자의 사랑, 곧 적극적인 사랑의 행위자가 되신 것처럼, 자연도 하나님의 사랑과 아름다움을 품고 있으면서 인간을 품고 있는 '비지성적' 존재다.

2) 경험적 인식론을 통한 하나님 이해

존 로크는 경험과 관찰만이 과학에 이르는 유일한 길이라고 했다. 이것은 "경험과 관찰은 느낌이라는 불확실성 때문에 이성에 있는 본유관념(本有觀念)과 연역적 지식이 진리라는 데카르트(René

Descartes, 1596-1650)의 주장을 비판한 것이었다.[26] 존 로크는 독립된 인식의 주체를 중심으로 신학적 사고방식에서 벗어나 과학적 토대에 진리를 목표로 경험이라는 새로운 흐름을 창안했다. 즉 올바른 진리에 도달하기 위해 물질과 정신이라는 두 개의 실체를 받아들였다.

조나단 에드워즈는 우리가 실재에 대해서 인식할 때 머릿속에 가지고 있는 이성적인 타고난 것으로 사물을 아는 것이 아니고, 우리가 가진 경험을 통해서 무엇을 알 수밖에 없다는 경험론의 영향을 받았다. 그래서 믿는다는 것을 하나의 감정이나 의지라기보다 체험으로 보았다.

존 로크의 인식론(認識論)은 모든 오성(悟性)이 경험을 토대로 하고, 경험은 다섯 가지 감각(感覺)과 내관(內觀)으로부터 수동적으로 받는 자료로 성립된다고 했다. 이에 대해 에드워즈는 경험 자료들의 성격이 단순하고 개체적(個體的)이기에 사물들 사이의 연결성과 실재의 구조와 경험과 인식은 충분히 설명되지 않는다고 보았다.

조나단 에드워즈는 아름다움과 사랑을 결부시켜서, 하나님의 본체(本體)가 사랑이시고 아름다움이므로 신앙은 예수 그리스도를 통해서, 자연(自然)을 통해서 초월적(超越的)으로 말로 표현할 수 없는 그 하나님의 아름다움을 실제로 경험할 때 하나님을 아는 것이라고

---

26 근대철학의 아버지로 불리는 데카르트의 형이상학적 사색은 방법적 회의(懷疑)에서 출발한다. "나는 생각한다, 고로 나는 존재한다"(*cogito, ergo sum*)라는 근본원리가 확립되어, 이 확실성에서 세계에 관한 모든 인식이 유도된다. 의심하고 있는 불완전한 존재에서 무한히 완전한 존재자의 관념이 결과할 리가 없다는 데서 신의 존재가 증명되고, 신의 성실이라는 것을 매개로 하여 물체의 존재도 증명된다.

했다.[27] 에드워즈에게 하나님을 아는 것은 아름다움을 아는 것과 같은 앎이다. 그래서 하나님에 대한 신앙을 경험적(經驗的)으로 보았다.

인간의 앎이라는 것은 인간 마음 자체의 자세와 융합 작용에 크게 달렸기에, 우리가 하나님의 아름다움을 성경을 통해서 볼 때 우리 마음의 태도가 옳지 않으면 경험할 수 없다는 것이다. 에드워즈는 여기서 성경에 나타는 하나님의 초월적인 아름다움을 성령께서 우리 마음을 감동하기 전에는 볼 수 없다고 주장했다. 18세기 철학은 경험할 수 없는 하나님은 알 수 없다고 비관적으로 본 것과 달리 에드워즈는 경험 그 자체가 하나님께서 인간 마음속에서 역사하심에 의존한다고 주장한 것이다.[28]

조나단 에드워즈는 1730-40년대에 일어난 대각성 시기에 저술한 『신앙감정론』(Religious Affections)에서 감정(affection)과 열정(passion)을 구분하여 참된 신앙적 감정을 제시했다. 찰스 촌시는 부흥가들이 오직 열정(熱情)에만 호소하는 것을 지적하였다. 그는 종교적 믿음이 의지나 이해가 아닌 열정으로부터 비롯된다면 믿을만한 것이 못된다고 생각했고, 그는 부흥운동을 열정의 폭발로 보았다.[29] 어떤 부흥운동 실천가의 묘사처럼, 그 비평이 감각(感覺)을 만들었다.

데이븐포트와 앤드류 크로스웰과 같은 극단주의자들은 그들의 집회에서 감정들을 마음껏 발산하였다. 그러나 다른 부흥가들은 찰스 촌시의 이론과 다르다는 것을 부인했다. 길버트 테넌트는 부흥이

27　이상현, 『삼위일체, 은혜 그리고 믿음: 조나단 에드워즈 신학 연구』, 17-18.
28　이상현, 『삼위일체, 은혜 그리고 믿음: 조나단 에드워즈 신학 연구』, 18-19.
29　Charles Chauncy, *Seasonable Thoughts on the State of Religion in New England*, 109.

이해를 위한 정보제공 이후 열정만을 자극시켰다고 말했다.30 또한 그는 회심에 있어서 성령의 첫 번째이자 으뜸 된 사역은 이해에 빛을 주는 것이라고 주장했다.31 그 이해는 변화 가운데 마음을 세워주며 의지를 북돋아주는 것을 의미했다. 조나단 디킨슨은 이해를 새롭게 하는 의지와 감정(affections)의 갱신을 믿었다.32

조나단 에드워즈는 『신앙감정론』에서 그리스도인의 올바른 신앙적 표징(標徵)을 제시하면서 실천을 강조했다. 즉 신앙은 하나님에 대한 올바른 이해, 체험, 감정, 그리고 성령의 역사를 토대로 한 올바른 실천임을 강조했다.33 이러한 그리스도인의 신앙과 실천 사이의 필연적 관계는 교회와 사회개혁을 위한 중요한 토대가 되는 신학적 지침이기도 하다.34

3. 조화를 통한 삼위일체 하나님 이해

1) 신앙과 이성·경험·감정의 조화

경험적 인식론을 통한 조나단 에드워즈의 하나님 이해는 신앙적

---

30 Gilbert Tennent, *Remarks Upon a Protestation Presented to the Synod of Pennsylvania* (1741) in David Harlan, *The Clergy and the Great Awakening in New England* (Ann Arbor, Michigan: UMI Research Press, 1979), 171.
31 Gilbert Tennent, *The Unsearchable Riches of Christ* (Boston: J. Draper, 1739), 96.
32 Jonathan Dickinson, *Nature and Necessity of Regeneration* (New York: James Parker, 1743), 14-15.
33 Jonathan Edwards, *Religious Affections*, WJE, 2.
34 이상현, 『삼위일체, 은혜 그리고 믿음: 조나단 에드워즈 신학 연구』, 20.

조화 측면에서도 나타난다. 즉 조나단 에드워즈의 성숙한 사상적 관심의 초점이 된 환경은 이성주의(理性主義)와 감성주의(感性主義), 그리고 신(新) 율법주의와 반(反) 율법주의 사이의 갈등으로 나누어진 미국의 종교적 상황이었다. 주로 대각성운동의 부흥회로 말미암아 조성된 이들 양극단 사이의 대립은 18세기 이후 미국의 종교 양상을 형성하였다.

이상현은 조나단 에드워즈를 현재 미국학계에서 미국이 낳은 가장 위대한 신학자로 인정하고 있다고 하면서 체리보다 훨씬 긍정적 평가를 하고 있다. 즉 이상현은 조나단 에드워즈를 서구신학의 거장들인 아우구스티누스, 아퀴나스, 루터, 칼빈 등과 대등한 인물로 보며, 문학계에서도 에머슨, 찰스 퍼스, 윌리엄 제임스 등 미국의 가장 독창적인 사상가들의 계열로 손꼽고 있다.[35] 그것은 조나단 에드워즈가 그 시대에 물려받은 기독교 신학 전통을 새롭고 독창성(獨創性) 있게 재표현하고, 서구사상의 실재(實在)에 대한 근본적 이해를 역동적(力動的)으로 재정의함으로 그리스도인의 역사(歷史) 참여를 새롭게 정의하였기 때문이라고 본다.[36]

조나단 에드워즈가 살던 18세기 뉴턴의 자연과학의 영향으로 기독교가 자연과학으로부터 받은 도전을 받게 되었다. 이로 인해 이신론[37]이 나오게 되었으나 에드워즈는 자연과학 그 자체는 배척하지 않으면서 하나님의 주권과 섭리를 타협하지 않고 새롭게 주장했다. 예

---

35 이상현, 『삼위일체, 은혜 그리고 믿음: 조나단 에드워즈 신학 연구』, 13.
36 이상현, 『삼위일체, 은혜 그리고 믿음: 조나단 에드워즈 신학 연구』, 13-14.
37 이신론의 견지에 의하면 하나님의 창조 이후, 지금 이 순간 하나님께서 이 우주를 보존하고 또 운행하시는 것이 아니라 자연법칙에 의해 움직인다는 것이다.

를 들면 과학자들이 더 이상 부술 수도 쪼갤 수도 없는 것을 원자(原子)라고 했을 때, 조나단 에드워즈는 원자 자체가 그 공간 그 초점에서 부서지지 않게 하나님께서 역사(役事)하시는 그 작용이라는 것이다.

존 로크의 경험론이 18세기 유럽을 휩쓴 사상 속에서 조나단 에드워즈는 믿는다는 것을 하나의 감정이나 의지라기보다 체험으로 보았다. 즉 신앙이라는 것은 예수 그리스도를 통해서, 자연을 통해서 초월적으로 말로 표현할 수 없는 그 하나님의 아름다움을 실제로 경험할 때 하나님을 아는 것이라고 주장했다. 결국, 하나님에 대한 신앙을 경험적으로 보았다. 18세기 하나님을 알 수 없다는 비관적인 철학 조류에 반하여 에드워즈는 경험 그 자체가 하나님께서 인간 마음속에서 역사하심에 의존한다고 주장한 것이다.

1730-40년대 미국 대각성의 상황에서 학자들과 부흥사들 간의 논쟁[38]을 통해 신앙에서 감정(感情)은 바람직한 것인가 아닌가라는 논쟁이 벌어지자 에드워즈는 부흥운동 대각성에 참여한 신학자이자 설교자로서 『신앙감정론』을 썼다. 이 책에서 에드워즈는 감정(affection)은 신앙의 본질에서 뺄 수 없는 것이지만, 성경말씀을 배우고 하나님에 대하여 깨달음도 없이 불쑥 솟아오르는 막연한 열정(passion)은 바람직한 것이 아니라고 하면서 건전한 부흥운동과 건전하지 못한 부흥운동을 구별함으로써 그 당시 교회를 바르게 인도하려고 노력하였다. 이 책에서 그리스도인의 12개의 징표를 논하면서 가장 중요한 징표로 하나님에 대한 전인격적 체험을 통한 신앙의 실

---

38 학자들은 부흥사들을 감정적으로 뜨겁기만 하고 내용이 부족한 '열광주의자'라고 비난했고, 부흥사들은 학자들을 머리에 든 것뿐이지 감정적으로 뜨겁지 못하다고 비난했다.

천을 강조하였다. 성령이 오셔서 새로운 마음의 경향성이 있을 때는 행동으로 나타날 수밖에 없다고 지적하면서 신앙을 토대로 한 실천을 강조하였다.

2) 하나님의 완전성과 역동성의 조화

조나단 에드워즈는 하나님의 완전성과 함께 하나님을 동적(動的)이고 창조적인 분으로 해석하였다. 하나님은 내적으로 완전히 현실화(現實化)되었으나 하나님의 본질인 경향성은 하나님 외부로 역사하시길 원하는 것이다. 이것이 하나님께서 천지를 창조하신 이유이다. 에드워즈는 『하나님께서 세상을 창조하신 목적』에서 하나님께서 창조하신 목적은 바로 그 하나님의 경향성의 발휘의 결과이고, 그 경향성의 발휘는 하나님의 내적 완전하심, 사랑과 아름다움을 재현하게 된다는 것이다. 즉 영원히 완전하신 하나님은 자신을 내적으로 완전히 현실화된 아름다우심을 시간과 공간에 재현시키기 위해 천지를 창조하신 것이다. 인간과 자연은 그 목적을 달성하는 작업에 동참하는 것이다.

인간이 그리스도를 통하여 하나님의 사랑과 아름다우심을 알고 기뻐할 때, 그 체험을 통하여 하나님의 내적 사랑과 아름다우심이 시간과 공간에 재현되는 것이다. 하나님의 내적 영광은 무한하시기 때문에 그 재현의 작업은 무한한 시간이 필요하다고 에드워즈는 주장한다. 하나님의 본질을 경향성으로 보는 에드워즈의 사상은 하나님을 모든 면에서 현실화된 완전하신 분으로 인정하는 동시에, 영원히 계속하여 창조적 재현(再現) 과정을 실현하시는 동적(動的) 하나님으로 이해할 수 있게 해준다.

3) 하나님의 내재성과 초월성의 조화

하나님의 본질을 경향성으로 보는 에드워즈의 사상은 하나님의 초월성과 내재성의 조화를 가능케 해 준다. 즉 에드워즈의 역동적 하나님 이해는 하나님의 완전성을 불변성으로 보는 헬라철학의 전통으로 서구신학이 대체적으로 하나님의 초월성이 강조된 나머지 기독교가 탈(脫)역사주의적이라는 비판과 위험성을 극복할 수 있게 해준다.

하나님의 초월성과 내재성의 조화는 자연스레 자연에 대한 올바른 생태학적 이해를 가능케 했다. 즉 자연은 존재론적으로 인간에게 의존하는 것이며, 인간 역시 자연에 의존하는 것이다. 예를 들어, 하나의 나무도 그 나무를 보는 사람이 그 나무에서 하나님의 아름다우심의 반영이었음을 보고 기뻐할 때, 그 사람의 기뻐하는 작용을 통하여 참된 나무로 존재한다는 것이다.

또한 인간이 자연 속에서 하나님의 아름다우심을 느끼고 기뻐하는 행위가 바로 그 인간이 거듭난 본질, 즉 그리스도인으로서의 경향성이 발휘되는 것이며, 바로 그 행위에서 그 인간은 참으로 현실화된 인간이 되는 것이다. 결국, 인간과 자연 모두 하나님의 영광을 시간과 공간 안에서 재현하는 소명을 가진 존재다. 그렇기에 자연을 보호하고 아끼는 생태적 문제는 경제적, 정치적, 환경적 문제를 떠나서 하나님의 천지창조 목적과 관계된 신앙 실천의 본질적 일면으로 보아야 한다는 것이다.

이상현은 에드워즈가 하나님의 주권과 다가오는 하나님의 나라를 연결할 때, 그 연결의 뒤에는 주권적인 하나님의 역동적인 성격에 대한 에드워즈의 혁신적 하나님 이해가 있다고 보았다. 즉 조나단 에드워즈는 칼빈주의가 가지는 변혁적인 추진력에 매우 적합한 역동적인 하나님 이해를 제공해 주었다는 것이다. 그러한 에드워즈의 공헌은 하나님의 초월성과 현실적 성격을 손상하지 않으면서 진정으로 인간 역사와 관련한 분으로 하나님의 존재를 이해했다는 점이다.[39]

제4부에서 필자는 조나단 에드워즈의 삼위일체론에 대한 정의와 속성을 살펴보았다. 에드워즈는 삼위일체 하나님의 일체성과 삼위성, 곧 통일성과 구별성을 균형 가운데 강조하였다. 특히 성자와 성령에 대한 전통적인 신학방법을 수용하면서도 자신만의 독특한 해석을 시도하였다. 즉 성자의 영원출생과 성령의 이중발현에 대한 전통적 해석을 희석시키지 않으면서, 하나님의 성향적 존재론 개념으로 내부적 자기 전달을 통해 밝혔다. 에드워즈는 성자를 성부 하나님 자신의 명철이자 관념으로 파악하였고, 성령은 성부와 성자의 상호 간의 사랑으로 보았다. 이점은 아우구스티누스가 해석한 '사랑의 띠'라는 비인격화를 극복한 개념으로, 에드워즈는 성령을 '적극적인 사랑의 행위자'로 독창적으로 묘사하였다.

조나단 에드워즈는 삼위일체 하나님을 단순한 양태(樣態)로서가 아닌 실제적 속성(屬性)으로 파악해야 함을 언급하면서 세 위격의 구별성과 함께 세 위격의 공유된 속성들을 다룬다. 이것은 삼위일체 하나님의 공유된 속성과 함께 비공유된 속성이 분명히 존재함을 보여준 것이다. 조나단 에드워즈가 설명한 삼위일체 하나님의 관계는

39　Lee, *The Philosophical Theology of Jonathan Edwards*, 268.

세 위격의 상호포괄의 관계로 표현될 수 있었다. 이에 조나단 에드워즈는 구속 사역에서 세 위격의 동등한 영광을 강조하면도 각각의 위격들이 갖는 독특한 영광과 우월성을 설명하였다. 독특한 영광과 우월성도 근본적으로 삼위일체 위격들의 동등성에 근거하여 설명하였다.

조나단 에드워즈는 경향성과 조화의 개념으로 삼위일체 하나님에 대해 독창적으로 이해했다. 에드워즈는 그 당시의 이신론과 자연과학의 도전을 경향적 존재론을 통해 극복했다. 경향성을 지닌 사랑과 아름다움의 개념으로 삼위일체 하나님을 파악하였다. 그것은 삼위일체 하나님의 본원적 관계를 보여주었다. 그러한 삼위일체 하나님의 경향성의 재현이 천지창조임을 살펴보았다. 에드워즈는 천지창조의 목적에 부합한 삶을 통해 하나님께 영광을 돌려야 함을 강조하면서 인간과 자연의 올바른 관계를 살펴보았다. 에드워즈는 경험적 인식론을 통해 삼위일체 하나님을 인식했으며, 조화의 개념을 통해 신앙적 조화를 추구했다. 에드워즈는 경향성을 통해 하나님의 완전성과 역동성의 조화, 내재성과 초월성의 조화를 도출했다.

이러한 삼위일체론에 관한 조나단 에드워즈의 정의와 속성을 중심으로 제5부에서는 조나단 에드워즈의 삼위일체론 특징을 세 가지로 살펴볼 것이다. 즉 조나단 에드워즈 신학 전반에 흐르는 연속성과 조화 그리고 균형의 개념을 통해 그의 삼위일체론 특징을 살펴보고자 한다.

The Doctrine of the Trinity
in the Theology of Jonathan Edwards

조나단 에드워즈의
삼위일체론

제5부 조나단 에드워즈의 삼위일체론 특징

제1장 심리학적 삼위일체론과 사회적 삼위일체론의 연속성
제2장 내재적 삼위일체론과 경륜적 삼위일체론의 조화
제3장 관계적 삼위일체론과 실천적 삼위일체론의 균형

제1장

심리학적 삼위일체론과 사회적 삼위일체론의 연속성

1. 심리학적 유비의 사회적 유비로의 전개와 통합

삼위일체론 연구에서 삼위일체 하나님 안의 삼위성과 일체성의 관계는 크게 두 가지 방식으로 이해되어 왔다.

첫 번째는 하나님의 일체성에서 출발하여 이 한 분 하나님께서 어떻게 세 위격으로 존재할 수 있는가를 설명하는 방식이다.

두 번째는 하나님의 삼위성에서 출발하여 세 신적 위격 사이의 일체성을 설명하는 방식이다.

'심리학적 삼위일체론'(Psychological Trinity)은 서방교회에서 아우구스티누스의 삼위일체론을 중심으로 하나님의 일체성에서 출발하여 삼위성을 질문하는 방식으로 이해해 온 방식을 의미하고, '사회적 삼위일체론'(Social Trinity)은 세 신적 위격의 온전한 사랑의 연합과 교제로 이해하는 방식을 의미한다.

조나단 에드워즈는 자신의 신학 전반에 걸쳐 나타나는 신학적 특징과 제4부에 나타난 그의 독창적인 하나님 이해에서 파악한 대로, 연속성과 조화 그리고 균형 개념을 중시했다. 이러한 신학사상은 그의 삼위일체론에서 더욱 명확하게 드러난다.

조나단 에드워즈는 삼위일체를 단지 하나의 신비로서 설명하지 않았다. 그는 삼위일체가 하나의 넘을 수 없는 신비(神秘)라고 주장했다. 그는 또한 인간의 자연 이성이 하나님 안에 셋이 있음을 충분히 분별하도록 해주며 그 이상을 생각할 수 없다고 주장했다. 에드워즈의 이러한 주장은 삼위일체의 궁극적인 신비를 주장하는 기독교의 고전적 전통에 견고하게 뿌리를 두고 있으면서도, 다른 한편으로는 합리적 종교에 대한 당시의 계몽주의적 관심에 뿌리를 내리고 있음을 보여준다. 아우구스티누스와 마찬가지로 에드워즈도 사유(思惟)가 하나님의 개념에서 삼위일체를 논증한다고 보았다. 빅토르의 리처드가 논증한 것처럼, 에드워즈도 사랑이란 하나님의 개념에서 삼위일체를 논증한다고 보았다.[1]

조나단 에드워즈는 성향의 개념에 의해 심리학적이며 사회적인 유비를 통합하였다. 즉 성향으로서의 존재라는 개념과 확장적이고 자기 전달적인 하나님의 특성과 결합된 심리학적이며 사회적인 유비를 사용하였다. 조나단 에드워즈의 심리학적 유비는 존 로크의 견해에 기초해 있었다. 즉 인간의 자아를 정신, 정신 그 자체의 내적 내용들에 대한 내향적 지각, 정신의 의지작용으로 보는 것이다. 그래서 하나님 안에서의 실제적인 구별은 바로 "하나님과 하나님의 관념과 하나님의 사랑이다."[2] "하나님은 자기 자신에 대한 관념을 그렇

---

1 Olson & Hall, 『삼위일체』, 123-124.
2 "God, and the idea of God, and the love of God": Jonathan Edwards, "Miscellanies,"

게 가짐으로써 진정으로 그리고 온전히 반복된다. 이런 하나님에 대한 관념은 본질적 관념이고 하나님의 본질 자체를 갖는 것이며 어느 점으로 보아도 이는 참된 하나님이시다."[3]

즉 삼위일체의 제2의 위격인 성자 하나님은 성부 하나님 자신에 대한 관념을 통해 태어났다. 또한 하나님은 자신에 대한 관념에서 무한한 기쁨을 갖고 또 다른 존재 방식으로 존재하는데 그것이 바로 삼위일체의 제3의 위격인 성령 하나님이시다. 곧 순수 작용의 하나님께서 나오신다.[4] 한편, 이러한 에드워즈의 개념에 대해서 로버트 젠슨(Robert W. Jenson)은 성부의 신성과 성자의 신성, 그리고 성령과 연관된 작용의 개념이 충분히 전개되지는 못했다고 지적하고 있다.[5]

하지만 삼위일체 안의 실제적인 구별에 대한 에드워즈의 논의는 그의 성향의 개념에 의한 삼위일체의 설명에서 보다 일관된 형태를 취한다.[6] 그래서 이상현은 심리학적 유비는 하나님에 대한 성향적 개념이라는 틀 안에서 사회적 유비라는 온건한 형태로 전개된다고 보았다.[7]

이러한 논쟁에는 일부 타당한 면이 있다. 이상현의 견해는 심리

---

no. 308: Trinity, *WJE*, 13:393.

[3] Jonathan Edwards, "Discourse on the Trinity," *WJE*, 21:114.

[4] Jonathan Edwards, "Discourse on the Trinity," *WJE*, 21:114: "The Godhead being thus begotten by God's having an idea of himself and standing forth in a distinct subsistence or person in that idea, there proceeds a most pure act, and an infinitely holy and sweet energy arises between the Father and Son: for their love and joy is mutual, in mutually loving and delighting in each other."

[5] Jenson, *America's Theologian: A Recommendation of Jonathan Edwards*, 97.

[6] Lee, "Editor's Introduction," *WJE*, 21:12.

[7] Lee, "Editor's Introduction," *WJE*, 21:12-13.

학적 유비에서 사회적 유비로 연결되는 중요한 고리를 성향적 개념으로 설명했지만, 여전히 해결되지 못하는 부분이 있다. 즉 조나단 에드워즈는 성부께서 자신을 재귀적으로 아는 것으로써 자신의 현실성을 반복할 뿐만 아니라 자신이 아는 것을 사랑함으로써 또한 자신의 현실성을 반복한다고 했기에, 그 재귀적 반복의 가능성을 어디까지 두어야 하는가에 대한 문제가 생긴다. 즉 성부 하나님의 재귀적 반복이 성자와 성령을 나오게 하셨다면, 과연 어떤 근거로 신성의 반복을 삼위성으로 국한될 수 있겠는가?

이에 대해서 조나단 에드워즈는 신성의 반복의 범위를 신적 관념과 사랑에 국한했다. 이를 위해서 조나단 에드워즈는 제4부에서 살펴 본대로 하나님의 거룩함과 완전함 등 여러 속성들을 언급하면서 이 모든 속성들은 모두가 삼위일체 하나님 세 위격에 공유되지만 각 위격에 해당되는 독특하고 구별된 존재를 설명했다. 그것은 곧 하나님의 자신에 대한 관념 혹은 명철이라는 성자와, 성부와 성자 사이의 적극적인 사랑의 행위자인 성령으로 귀결된다는 것이었다.

또한 조나단 에드워즈는 하나님 자신의 본질에 대해서 실체와 작용 사이에 구별이 없지만, 완전한 실체이자 완전한 작용이라고 했다.[8] 이것은 하나님께서 전적으로 완전한 분이면서도 동시에 자신을 확장하는 분임을 의미한다. 이러한 하나님의 자기 전달의 창조성은 받는 작용이 아닌 주는 작용이기에 이미 완성되어 있는 완전한 존재의 작용이라고 했다.[9] 그렇기에 하나님의 자기 관념이나 재현,

---

[8] Jonathan Edwards, "Discourse on the Trinity," *WJE*, 21:116.

[9] Roland Andre Delattre, *Beauty and Sensibility in the Thought of Jonathan Edwards: An Essay in Aesthetics and Theological Ethics*(New Haven and London: Yale University Press, 1968), 168-184.

혹은 생각과 자기 전달을 통한 창조성은 결코 하나님의 완전성을 전혀 훼손하지 않는다는 것이다.

2. 일체성과 동등성을 통한 심리학적 삼위일체론

1) 신적 본질의 일체성과 관계론적 접근을 통한 단일성

전통적 서방교회의 삼위일체론에서는 하나의 실체(substance)를 삼위일체의 일체성(unity)을 표현하는데 사용해 왔다. 에드워즈는 신성 존재 안에 어떤 실체가 있다고 보지 않았다. 에드워즈는 하나님의 본질(essence)이라는 말을 신성(deity), 하나님의 존재(God's being), 하나님의 본성(God's nature) 등으로 사용했다. 이것은 삼위 각각을 일컫는 말이다. 에드워즈는 성부, 성자, 성령은 각각 인식하고, 사랑하고, 이것을 반복하며, 그러한 성향을 가진 신적 본질로 보았다.[10]

이러한 견해는 자칫 신적 본질이 셋이 있다는 삼신론으로 오해할 수도 있다. 에드워즈는 신명기 6:4 말씀을 통해 하나님께서 여호와 한 분임을 단언한 것은 이스라엘 백성들이 복수의 신적 본질들과 존재들이 있는 것처럼 상상하지 못하도록 하기 위함이라고 지적했다.[11]

보에티우스(Aniciur Manius Severinus Boethius, 480년경-524년경)가 위격을 "합리적 본성의 개별적 실체"(*naturae rationabilis individua*

---

10 Lee, "Editor's Introduction," *WJE*, 21:21.
11 Jonathan Edwards, "Miscellanies," no. 833-1152, *WJE*, 20:487.

substantia)라고 정의한 후,[12] 한 분인 하나님께서 어떻게 셋이 될 수 있느냐는 문제가 어떻게 신적 본체 속에 세 개의 개별적 실체들이 있을 수 있느냐는 문제로 공식화되었다. 그러나 에드워즈는 실체론적 언어를 사용하지 않았다. 에드워즈는 어떻게 하나님의 존재와 그 존재의 완전한 두 자기 반복체들이 모두 한 하나님일 수 있느냐는 것이었다. 그래서 에드워즈는 성자와 성령 안에서 성부의 본질이 완전히 반복되고 재현된다고 주장했다.[13]

조나단 에드워즈는 하나님의 존재가 세 개의 본질들, 곧 세 인격체의 신이 아니라, 동일한 본질이고 한 분 하나님이시라는 것의 의미를 실체론적 접근이 아닌 관계론적 접근으로 다루었다. 즉 하나님의 일체성은 하나님의 존재의 '단일성'(simplicity)에 있다는 것이다.[14] 니케아 공의회의 주요 요점은 성부와 성자의 '동일한 신성'(ὅμοούσιος)이었지 성부와 성자의 일체성은 아니었다. 이러한 결정은 점차 삼위의 동등성뿐만 아니라 그 일체성도 강조하게 되었다. 즉 완전성에 대한 헬라철학의 개념의 영향으로 신적 존재의 일체성은 결국 신적 단일성으로 이해되기 시작했다.[15]

동·서방교회는 모두 신적 단일성을 인정했지만, 하나님의 일체성이 세 가지 개별적 실례들로서 구별되는 세 위격으로 구성되어

---

12   *Boethius: The Theological Tractates, The Consolation of Philosophy,* tr. H. F. Stewart, E. K. Rand, and S. J. Tester, ed. *LCL*, 85.
13   Lee, "Editor's Introduction," *WJE*, 21:21-22.
14   Jonathan Edwards, "Miscellanies," no. 135: Deity, *WJE*, 13:295.
15   "이러한 점은 하나님의 자존성 때문이다. 만약 하나님께서 자기로부터 구별되는 어떤 본성을 지니고 있다면 자신 외에 다른 무엇에 의존하는 존재가 되기 때문이다." Lee, "Editor's Introduction," *WJE*, 21:22.

있다는 주장은 서방교회에서는 배제되었다. 제4차 라테란공의회(Lateran Council)에서, "삼위 각각은 실재, 곧 신적 실체, 본질, 본성이다"라고 했다.16

개신교 스콜라 신학과 청교도 신학에서도 이 단일성의 전통은 계속되었다. 조나단 볼레비우스(Jonathan Wollebius)는 "하나님의 특성은 본질과 다른, 어떤 속성이나 우연성, 실제적 현존이 없다… 왜냐하면 하나님 안에는 하나님 자신이 아닌, 그 어떤 것도 없기 때문이다"라고 주장했으며,17 프란시스 튜레틴도 "하나님의 본질은 완전히 단일하며 그 어떤 합성도 없으며, 하나님은 종류상으로 한 분일 뿐 아니라, 숫자상으로도 단수"라고 했다.18

조나단 에드워즈 역시 『의지의 자유』에서 "하나님의 완전과 절대적 단일성"을 언급했다.19 에드워즈는 『문집』에서도 인간의 능력이 무한히 확대된다면 우리도 하나님의 존재와 "동일한 단일성, 불변성"을 가질 것이라고 말했다.20 이러한 단일성에 대해서 에드워즈는 히브리서 1:3에 관한 1743년 4월 설교에서 더욱 분명하게 언급했다.

---

16 *The Church Teachers: Documents of the Church in English Translation*, ed. John F. Clarkson et al.(St. Louis: B. Herder, 1955), 133.

17 "*Proprietates in Deo, non sunt qualitates, aut accidentia, aut res ab essentia, aut a se invicem diversae… Nihil ergo in Deo est, quod non sit ipse Deus*": Jonathan Wollebius, *Compendium Theologiae Christianae*(Amsterdam, 1638), I, I. i. quated in Pauw, *"The Supreme Harmony of All": The Trinitarian Theology of Jonathan Edwards*, 61.

18 Francis Turretin, *Institutes of Elenctic Theology*, tr. George M. Giger, 3 vols.; (Phillipsburg, N.J.: P&R Pub., 1992), I, Third Topic, Question VII, i, 191; XXV, I, 265.

19 Jonathan Edwards, *Freedom of Will*, WJE, 1:376.

20 Jonathan Edwards, "Miscellanies," no. 135: Deity, WJE, 13:295.

성자가 갖고 있는 탁월성은 바로 성부의 탁월성이다. 본질적으로 동일할 뿐만 아니라, 종류상으로도 동일하고 숫자상으로도 동일하며, 동일한 개별적 영광을 갖고 있다. 그러므로 성부와 성자는 양자 모두에 공통된 하나의 영광만을 갖는다.[21]

여기에서 숫자상으로 동일(identity)하다는 표현은 숫자상의 일체성(oneness)을 주장한 튜레틴을 반대했던 에드워즈의 입장과는 배치되는 모호한 점이 있다. 하지만 에드워즈는 삼위의 성향적 구별을 통한 삼위성 강조를 위해서 설명한 삼위체 개념에서는 숫자상의 일체성(oneness) 개념을 반대했지만, 신적 존재의 일체성을 강조하기 위해서는 숫자상의 동일성(identity)까지 언급했던 것으로 볼 수 있다.[22]

2) 동등한 본질과 독특한 영광

서구신학에서는 하나님을 본질적으로 하나이면서 존재하는 방식이 셋으로 본다. 에드워즈는 하나님의 일체성과 삼위성을 다룸에 있어서, 하나님의 일체성을 가리키는 하나님의 존재와 세 위격들을

---

21 Jonathan Edwards, *Sermons and Discourses, 1743-1758, WJE*, 25.
22 반면, 이에 대해서 크리스토퍼 스테드(Christopher Stead)와 에이미 포우(Amy P. Pauw)는 이러한 설명이 조나단 에드워즈의 전반적인 입장과는 일치되지 않는다고 보았다. Christopher Stead, *Divine Substance* (Oxford: Clarendon Press, 1977), 93-94; Pauw, *"The Supreme Harmony of All": The Trinitarian Theology of Jonathan Edwards*, 36.

가리키는 하나님의 존재를 구별하였다. 즉 성부와 성자로부터의 성령의 발현을 기술하면서 "성령은 행동으로 존재하는 하나님"이라고 말했다.[23] 즉 하나님은 본질적으로 하나이면서 이 동일본질이 존재하는 방식은 셋이기에, 본질이라는 용어가 하나님의 일체성을 언급할 때와 삼위성을 언급할 때, 그 의미가 달라진다.

그래서 에드워즈는 약간 다른 용어들로 접근을 하는데, 비록 삼위일체의 세 위격들 중 그 누구도 자체의 독특한 본질을 지니고 있지는 않지만, 각각 나름의 독특한 영광과 상대적 영광, 즉 관계적 영광을 지닌다고 주장했다. 에드워즈는 여기서 삼위의 상대적 영광들을 성부는 나머지 둘의 기원이고, 성자는 성부의 대상, 성령은 다른 두 위격들의 전달자로 서술했다. 여기서 에드워즈는 하나님의 존재, 곧 그 자체로 신적인 본질과 하나님의 상대적 존재를 서로 구별한다.[24]

에드워즈는 서구신학의 단일성의 전통을 반영하여 신적 본질은 삼위의 동등한 신성에도 불구하고 분리되지 않고 독립적이라고 주장했다.

> 이 신적 본질은 그 존재에서 분리되지 않고 독립적이지만, 그 상대적 존재와 관련해서는 그렇지 않다. 즉 이 신적 본질은 그 어떤 점에서도 의존이나 파생에 의해서가 아니라 그 자체로서 존재해야 한다. 그럼에도 불구하고 신적 본질은

---

23 Jonathan Edwards, "Discourse on the Trinity," *WJE*, 21:131.
24 Jonathan Edwards, "On the Equality of the Persons of the Trinity," *WJE*, 21:147-148.

파생될 수 있다… 신적 본질이 다른 위격들에 소속되기도 한다. 이 모든 것은 신적 본질 그 자체의 영광에는 조금도 손상을 주지 않는다.25

이러한 점은 전형적인 서구신학의 경향을 따라 에드워즈는 하나님의 삼위성을 다소 희생시키면서 하나님의 일체성을 확증한 것으로 보일 수 있지만, 오히려 조나단 에드워즈는 일체성과 삼위성의 균형을 취했다. 즉 조나단 에드워즈는 삼위일체 하나님의 일체성을 강조한 다음, 곧 이어서 세 위격을 각각의 우월성을 통해 동등성을 확보한다. 성부는 신성의 원천으로서의 우월성, 성자는 신적 사랑의 대상으로서의 우월성, 그리고 성령은 신성을 다스리는 원리로서의 우월성을 지닌다는 것이다. 그는 이러한 세 위격들의 동등성을 신적 본질의 개념을 통해 설명했다.26

3) 본질의 공통된 보편적 특성

조나단 에드워즈는 서방교회의 전통을 따라 삼위일체의 일체성과 단일성, 그리고 동등성에 무게를 두고 다루었을 뿐만 아니라, 동방교회 전통의 영향들도 분명히 나타난다. 하나님의 본질을 공통된 보편적 특성으로서 인식하면서 신적 존재의 일체성을 다루었다. 이러한 동방교회 전통은 케임브리지 플라톤주의자인 랄프 컷워스의 영향을

---

25 Jonathan Edwards, "On the Equality of the Persons of the Trinity," *WJE*, 21:147-148.
26 Jonathan Edwards, "On the Equality of the Persons of the Trinity," *WJE*, 21:147-148.

받았고, 랄프 컷워스를 통해 카파도키아의 교부인 닛사의 그레고리오스(Gregory of Nyssa)의 영향을 간접적으로 받았음을 알 수 있다.[27]

여기에서 에드워즈가 랄프 컷위스의 영향을 받았는지에 대한 여부는 학자들마다 다양한 의견을 제시하고 있다. 즉 에이미 포오(Amy Plantinga Pauw)는 에드워즈가 컷워스의 『우주의 지적 체계』(*The Intellectual System of the Universe*)를 읽었을 때 비록 학문적으로는 동의하지 않았다고 보았고,[28] 토마스 존슨(Thomas H. Johnson)과 에밀리 왓츠(Emily Stipes Watts)는 에드워즈가 10대나 20대 초반에 컷워스의 책을 읽었다고 주장했다.[29] 하지만 월리스 앤더슨(Wallace Anderson)은 에드워즈가 랄프 컷워스로부터 긴 인용문들을 기록했던 1756년이나 1757년이 될 때까지 실제로는 랄프 컷워스의 작품을 읽지 않았다고 추정한다.[30]

결국, 학자들의 공통된 의견은 에드워즈가 랄프 컷워스의 작품을 읽은 것은 분명하지만, 읽은 시점에 대해서는 차이점이 있음을 알 수 있다.

랄프 컷워스는 "세 위격들 모두 각각 하나님이시기 때문에 서로 일치하는 신성의 본질 혹은 본체는 하나의 단일하고 개별적인 것이

---

27 Patrica Wilson-Kastner, "God's Infinity and His Relation to Creation," *Foundations* 21(Oct.-Dec. 1978), 310, 317.
28 Pauw, *"The Supreme Harmony of All": The Trinitarian Theology of Jonathan Edwards*, 69.
29 T. H. Johnson, "Jonathan Edwards's Background of Reading," *Publications of the Colonial Society of Massachusetts* 28 (December 1931), 194-222; Emily Stipes Watts, "Jonathan Edwards and the Cambridge Platonists," Ph.D. Dissertation (University of Illinois, 1963).
30 Wallace Anderson, *WJE*, 6:329.

아니라 오직 하나의 공통된 보편적 본질 혹은 본체"라고 주장했다.[31] 조나단 에드워즈는 랄프 컷워스의 신적 본질이란 용어를 발생론적으로 사용하는데 동의한다고 밝히지는 않았다. 위에서 살펴본 대로, 에드워즈는 히브리서 1:3에 관한 설교에서는 성자의 본질을 성부의 본질과 수적인 동일성을 주장하지만, 랄프 컷워스의 견해에는 동의하지 않았다.

이러한 점들을 미루어 살펴 볼 때, 에드워즈는 분명 신적 일체성의 발생론적인 견해에 대한 확고한 입장은 아니었지만, 동방교회의 전통이 그의 삼위일체론에 미친 영향을 엿볼 수 있다.[32] 반면, 에드워즈는 성부를 신성의 원천으로 보아 성자와 성령의 존재론적 토대임을 강조함으로 컷워스와 동방교회의 영향을 분명히 보여 주었다. 에드워즈는 성부의 존재론적 우월성이 행위의 질서에 해당된다고 본 것이다.[33]

3. 삼위성과 상호순환을 통한 사회적 삼위일체론

1) 삼위의 성향적 구별을 통한 삼위성 강조

서구신학에서는 심리학적 유비의 사용이 삼위의 구별보다는 신

---

31 Ralph Cudworth, *The Intellectual System of the Universe* (London, 1678; rep. 1820), III, 144.
32 Lee, "Editor's Introduction," *WJE*, 21:25.
33 Jonathan Edwards, "Discourse on the Trinity," *WJE*, 21:131.

적인 일체성을 강조했던 반면, 에드워즈는 삼위의 구별을 성향적으로 시도함으로써 심리학적 유비를 삼위성(threeness)으로 강조하였다. 이것은 에드워즈의 심리학적 유비가 결국은 사회적 유비를 강화하거나 두 가지의 유비를 양립 가능하게 만든 것이었다.[34] 심리학적 유비에서 자아와 그 기능들은 자아와 자아의 두 반복체들, 곧 자기 전달들이다. 그래서 이제 분명히 하나님 안에 삼위체(triplicity)가 있는 것이다.[35] 삼위체란 말은 삼위일체 위격의 삼위성을 의미하는 것으로, 에드워즈는 그것이 함축하는 바를 '존재의 증가'나 신성의 '숫자상의 유일성'으로 여기지는 않았다.[36]

조나단 에드워즈는 하나님의 덕성을 자신을 향한 사랑이나 영원히 필연적으로 존재하는 상호 간의 사랑과 우정으로 보았다.[37] 또한 삼위는 모든 면에서 동등한 셋으로 된 공동체이거나 가족이며, 이 세 위격이 모두 하나님으로서 각각의 독특한 영예를 그 공동체나 가족 안에서 지니고 있다고 했다.[38] 이러한 점은 하나님의 관계성뿐만 아니라, 인간과 하나님, 그리고 인간과 인간의 관계, 즉 공동체와 가족의 올바른 모습과 방향을 제시해 주는 신앙의 출발점이 된다. 에

---

34 Lee, "Editor's Introduction," *WJE*, 21:19.

35 Jonathan Edwards, "Miscellanies," no. 94: Trinity, *WJE*, 13:262.

36 그래서 조나단 에드워즈는 튜레틴이 언급한 "존재의 증가를 포함하고 있는 삼위체(triplicity)가 아니라, 삼위일체(Trinity)가 적합한 용어다. 그러므로 하나님은 세 위격들(three persons)로 계시기 때문에 삼사(triple)가 아니고, 숫자상으로 유일한 존재로 계시기 때문에 삼위일체(triune)로 불리는 것이다"라는 사상에도 동의하지 않았다. Francis Turretin, *Institutes of Elenctic Theology*, tr. George M. Giger, 3 vols. (Philipsburg, N. J.: P&R Pub., 1992), I, Third Topic, Question XXIII, ix, 255.

37 Jonathan Edwards, *Nature of True Virtue*, *WJE*, 8:557.

38 Jonathan Edwards, "Discourse on the Trinity," *WJE*, 21:135.

드워즈는 본질적으로 아름답거나 탁월한 하나님과 존재에 대한 에드워즈의 관계론적 개념을 통해 사회적 유비를 사용했다.

에드워즈에게 있어서 하나님의 자기 반복과 자기 전달 활동 이면에는 어떤 실체도 없다. 즉 직접적 존재, 재귀적 인식, 재귀적 사랑은 하나님의 존재에 속하는 것이 아니라, 이것들 자체가 하나님의 존재이고 하나님의 존재를 구성한다는 것이다. 하나님 안에서는 신적 성향과 신적 존재, 그리고 그 활동들은 모두 하나의 신적 존재로 합치하기 때문이다. 그렇기 때문에 하나님의 존재는 하나님의 행동과 그 행동에 이르는 성향 이면에 숨은 어떤 차원도 갖고 있지 않다는 것이다.[39] 그래서 삼위적 존재인 하나님의 창조와 계시, 구원의 활동들은 하나님의 존재 방식들이 되는 것이다.[40]

2) 삼위의 상호순환

신적 일체성에 대한 상호순환(相互循環)은 삼위 모두가 각각 이해와 의지의 능력을 갖고 있는가의 여부에 관한 에드워즈의 논의에 등장한다. 이러한 삼위의 '상호순환'(περιχώρησις, circumcessio) 개념은 요한네스 다마스커스(Johannes Damascenus)가 처음으로 말한 것으로 신적인 세 위격들은 서로 구분되어 있으나 서로 다른 위격들에 참여

---

39 Lee, "Editor's Introduction," *WJE*, 21:20.
40 "삼위는 실체나 기층에 논리적으로 선행하는 존재 양식이 아니고, 오히려 실존 또는 존재 양식들이다." Stephen H. Daniel, "Postmodern Concepts of God and Edwards' Trinitarian Ontology," *Edwards in Our Time: Jonathan Edwards and the Shaping of American Religion*, ed. Sang Hyun Lee and Allen C. Guelzo (Grand Rapids: Eerdmans, 1990), 55.

하고 그들의 생명 속에 침투하여 하나의 순환운동을 형성한다는 뜻이다. 영원한 사랑의 힘으로 각 위격은 서로 다른 위격들 안에서 살며 일체를 형성한다. 즉 서로 구분되어 있는 세 위격들의 일체성을 표현한다.[41]

조나단 에드워즈는 아우구스티누스가 "성부가 성자를 통하여 지혜를 가졌다"고 생각하는 것은 어불성설이라고 주장했다. 물론 아우구스티누스의 관심은 하나님의 단일성을 지지하는 전통에서의 하나님의 일체성을 말하는 것이었다. 단일성의 전통에 의하면 만약 삼위 각자가 지혜나 사랑을 발하기 위해 서로 의존해야 한다면 신적 본질과 속성들 간의 일체성이 손상된다. 이런 이유로 아우구스티누스는 지혜가 각자의 본성 속에 내재되어 있고, 지혜를 가진 자로서 그가 지혜를 갖고 있으며, 이것은 변할 수 없는 단일한 실체라고 주장한 것이다.[42]

조나단 에드워즈는 아우구스티누스와 서방교회의 신적 단일성의 교리와 달리 전혀 다른 신적 일체성 개념으로 세 위격들의 이해와 사랑의 방식을 설명했다.

> 신성 전체의 본질은 이 세 위격들 각각 안에 하나님, 하나님의 명철, 하나님의 사랑으로 제대로 온전히 존재하게 되어 있다. 그리고 그분들 사이에는 놀라운 연합이 있다. 이들은 말로 표현할 수도 없고 상상할 수도 없는 방식으로 서로

---

[41] 반면, 일체성 속에 있는 세 위격들의 구분성은 점유(*appropriatio*) 개념을 통해 설명할 수 있다. 김균진, 『기독교조직신학 I』, 259-260.

[42] Augustini, *De Trinitate*, XV.16.28.

안에 있다. 따라서 각기 상대를 지니고 있고 이들은 서로 공유한다. 그리고 말하자면 이들은 서로의 속성이라고 할 수 있다. 그리스도께서 자기 자신과 하나님 아버지에 대해서 하신 요한복음 10:14의 말씀(내가 아버지 안에, 아버지가 내 안에)은 삼위 모두에게 적용될 수 있다. 성부가 성자 안에 있고, 성자가 성부 안에 있고, 성령이 성부 안에 있고, 성부가 성령 안에 있다. 성령은 성자 안에 있고, 성자는 성령 안에 있다.[43]

에드워즈는 1728년 봄에 『문집』(308번)에서 신적 본질의 극단적 일체성을 강조함으로 하나님 안에서의 실제적인 구별들을 강력히 내세운 자신의 주장을 약화시키게 되었다. "성부도 이해하고, 성자도 이해하고, 성령도 이해한다. 왜냐하면 모두 동일한 이해력의 신적 본질이기 때문이다. 각자가 자신만의 독특한 이해력을 지닌 것이 아니다."[44]

하지만 에드워즈는 1730년 『삼위일체론』을 통해 신적 일체성과 삼위와 신적 이해력과 사랑함 사이의 관계에 대한 강력한 상호순환으로 강조점을 옮겼다.

3) 삼위성과 상호순환을 통한 사회적 삼위일체론

이러한 에드워즈의 상호순환의 개념은 단일한 신적 실체 안에서

43　Jonathan Edwards, "Discourse on the Trinity," *WJE*, 21:133.
44　Jonathan Edwards, "Miscellanies," no. 308: Trinity, *WJE*, 13:392.

하나님의 일체성을 바라보는 서방교회의 전통과는 차이점이 있다. 즉 하나님의 일체성은 삼위일체의 세 위격들 사이의 놀라운 연합과 서로 간의 친교에 의해 이루어진다는 것이다. 여기에서 하나님의 일체성은 단자론적이고 자족적인 개별성이라기보다는 상호성, 친교성, 공동체성의 개념이다. 하나님의 위격들 이면에는 어떤 근원적인 실체도 없고, 삼위일체를 하나님과 하나님의 두 반복체들로 봄으로서 하나님의 삼위성을 분명히 강조한 에드워즈의 하나님 개념과 부합된다.[45]

하나님의 삼위성 강조와 상호순환을 통한 상호성, 친교성, 공동체성의 강조는 에드워즈가 사회적 삼위일체론을 강조했음을 보여준다. 제4부에서 살펴본 대로, 아우구스티누스 역시, 하나님의 일체성에서 출발하는 심리학적 삼위일체론뿐만 아니라, 하나님의 삼위성을 중심으로 세 신적 위격의 사랑의 연합을 통한 '사회적 삼위일체론'도 함축하고 있었다. 결국, 조나단 에드워즈의 사회적 삼위일체론은 아우구스티누스의 사랑의 연합을 통한 사회적 삼위일체론과 같은 맥락으로 이해하고 있음을 수 있다.

---

[45] Lee, "Editor's Introduction," *WJE*, 21:27.

제2장

내재적 삼위일체론과 경륜적 삼위일체론의 조화

'내재적 삼위일체론'(Immanent Trinity)은 니케아 회의 이후 발전되기 시작했으며, 삼위일체 하나님께서 성부와 성자, 성령 세 위격의 영원한 내적 존재 방식을 의미한다. '경륜적 삼위일체론'(Economic Trinity)은 역사 속에서 창조와 구속 그리고 성화를 통한 계시로 하나님 자신의 삼위일체성을 나타내시는 방식을 의미한다.

조나단 에드워즈는 유럽의 스콜라주의자들, 청교도 신학자들, 그리고 영국의 철학자들은 오랫동안 탁월성이란 용어를 사용해 왔기에, 조화, 대칭 또는 합리성이라는 정의에 친숙했다.[1] 합리성과 조화처럼 수학적 관계와 관련된 탁월성이기에, 그리고 미의 관념과 개념이 연관된 것이기 때문이다.

조나단 에드워즈가 예일대에서 학생으로 있으면서 읽었던 케임브리지 플라톤주의자들의 사상으로부터 조화의 개념에 대한 영향을

---

1 Jonathan Edwards, "The Mind," *WJE*, 6:335.

받았다. 에드워즈는 특히 플라톤 방식으로 도덕적 덕목의 조화를 강조한, 프랑코 부르게르스딕크의 서적에서 비슷한 개념을 발견했고, 모든 신은 직절함으로 구성되었다는 아드리안 헤레보르트 논쟁 속에도 비슷한 개념을 발견했다. 그렇기에 조나단 에드워즈의 사상에 흐르는 조화의 개념은 내재적 삼위일체론과 경륜적 삼위일체론의 조화 속에서 더욱 분명히 찾아볼 수 있다.

1. 삼위일체 하나님의 사역을 통한 신앙고백

1) 삼위일체 하나님의 내재적 사역과 경륜적 사역

삼위일체 하나님의 내재적 사역은 세계창조 이전부터 영원히 자신 안에 계신 하나님의 사역이고, 경륜적 사역은 하나님의 구원의 경륜에 있어서 일어나는 성부의 창조, 성자의 구원, 성령의 성화를 전통적인 의미로 여겨왔다. 그래서 내재적 삼위일체의 하나님을 자기 자신에 있어서의 하나님이며, 본질의 삼위일체로 부른다면, 경륜적 삼위일체의 하나님을 우리에 대한 하나님이며, 계시의 삼위일체로 부를 수 있다.[2] 즉 내재적 삼위일체와 경륜적 삼위일체를 하나님과 우리, 본질과 계시의 측면을 부각한 것이다.

삼위일체론은 성자 하나님, 즉 그리스도의 구원에 대한 경험으로부터 형성되기에, 구원의 선물을 받은 자는 이 선물을 주신 분에

---

2 김균진, 『기독교조직신학 I』, 246.

게 선물에 대한 감사만이 아니라, 그분의 자비하심에 대해서도 감사할 수밖에 없다. 그래서 그리스도의 구원의 사건이라는 하나님의 내적 존재 자체의 사랑 때문에 일어날 수밖에 없었던 사건으로 이해되었다. 그렇기에 내재적 삼위일체는 사변적인 논리가 아니라 구원의 사건에 대한 경험에서 신앙으로 고백된 것이었다. 결국, 내재적 삼위일체론은 이미 그리스도의 구원의 사건 전에 예정된 것이며, 성경적 근거에 입각하여 고백된 것이다(요 1:1, 10; 15:26; 엡 1:9; 빌 2:6-7; 골 1:15-17; 요일 1:1-2; 히 1:8-12).[3]

이와 마찬가지로 삼위일체론은 성경을 통해 계시된 삼위일체 하나님, 즉 성부 하나님의 창조, 성령 하나님의 성화 사역이 그리스도인의 실제적인 경험을 통한 신앙고백을 이끌어내는 근거가 되는 것이다. 특히 그리스도 안에 나타난 하나님의 경륜적 삼위일체는 하나님의 내재적 삼위일체에 근거되어 있고 이것을 계시하는 동시에 이것의 역사적 삶이다.[4]

2) 생명력 있는 신앙생활의 근거

조나단 에드워즈에게 있어서도 그리스도의 구원 사건을 통한 그리스도인의 경륜적 삼위일체 하나님에 대한 경험과 이해는 내재적 삼위일체에 근거가 되는 것이다. 뿐만 아니라 에드워즈에게 있어서 경륜적 삼위일체의 역사적 활동이 실현되는 것은 삼위일체 하나님의 내재적 생명의 역사를 통해 자기 자신을 전달하려는 신적 성향과

---

3 김균진,『기독교조직신학 I』, 246-248.
4 Paul Althaus, *Die Christliche Wahrheit*, S. 695.

동일한 것이었다. 즉 성부 하나님의 창조와 성자 하나님의 구원, 그리고 성령 하나님의 성화 등의 사건은 삼위일체 하나님의 내적 사랑과 기쁨의 재현이자 자기 전달인 것이다. 에드워즈에게 있어서 내재적 삼위일체와 경륜적 삼위일체는 불가분 연결되어 있음을 볼 수 있다. 그렇기에 내재적 삼위일체와 경륜적 삼위일체가 서로 조화를 이루는 상호성이 있는 것이다.

내재적 삼위일체와 경륜적 삼위일체의 조화는 조나단 에드워즈 신학의 핵심이다. 에이미 포오, 로버트 젠슨, 허버트 리처드슨과 같이 에드워즈의 삼위일체론을 연구한 학자들은 이 점에 모두 동의함을 알 수 있다.[5] 즉 에드워즈에게 삼위일체론은 신학자들만의 사변이나 복잡한 논리가 아니라, 하나님에 대한 구체적인 삶과 신앙의 근본적인 진리였다. 에드워즈에게 있어서 경륜적 삼위일체 하나님에 대한 이해는 그리스도인의 신앙생활의 구체적인 근거이자 원리였다.

또한 경륜적 삼위일체 하나님에 대한 그리스도인 각자의 신앙적 경험은 내재적 삼위일체 하나님의 존재 방식과 관계를 이해하게 하는 것이었다. 결국, 에드워즈에게 있어서 삼위일체 하나님의 내재적 사역과 경륜적 사역을 통한 조화는 삼위일체론과 기독교 공동체의 생명력 있는 신앙과의 본래적 연계성을 회복시켜 주는 근거였다.

---

5 Pauw, *"The Supreme Harmony of All": The Trinitarian Theology of Jonathan Edwards* (Grand Rapids: Eerdmans, 2002); Jenson, *America's Theologian: A Recommendation of Jonathan Edwards*, 91-98; Herbert W. Richardson, "The Glory of God in the Theology of Jonathan Edwards: A Study in the Doctrine of the Trinity," Ph.D. Dissertation (Cambridge, Massachusetts: Harvard University, 1962).

3) 내재성과 초월성의 조화

전통적인 서구 신관은 하나님의 완전한 현실성(現實性)과 자족성(自足性)을 절대 불변하는 존재로 이해하였다. 어떤 방법으로든 세상과의 관계에 의해서 영향 받을 수 없다고 생각했다. 그러나 점차 하나님 안에 잠재성(潛在性)의 어떤 요소가 없다면 어떻게 창조적인 행동을 할 수 있는가 하는 비판이 시작되면서, 고전적인 유신론의 대안으로 과정신학이 등장했다. 하지만 이 과정신학은 하나님의 존재를 양극적이며 양면적인 본성으로 봄으로써, 하나님의 존재가 한편으로는 완전하고 영원하지만, 다른 한편으로는 변화와 생성 속에 있음을 강조한다.[6]

즉 하나님의 영원한 본성의 현실화인 하나님의 구체적인 현실성은 세계의 창조적인 진전을 통해 계속 완전하게 성장하고 진화한다는 것이다. 이러한 과정신학은 고전적 유신론의 하나님의 불변성과 자족성을 강조하는 것에 대안으로 등장하여 변화하는 세계 속의 참여를 강조해 주었지만, 하나님의 불변성과 자족성을 약화시켰다.

그러나 조나단 에드워즈는 이러한 하나님의 성향적 존재론을 통한 하나님 이해를 역동적 실재로 파악함으로 하나님의 내재성과 초월성의 조화를 이루었다. 이러한 하나님에 대한 이해는 하나님과 인간관계의 밀접함을 의미하며, 그리스도인들의 역사참여에도 중요한 강조점을 부여해 준다.

---

6 Robert C. Neville, *Creativity and God: A Challenge to Process Theology* (New York: Seabury Press, 1980); Royce G. Gruenler, *The Inexhaustible God: Biblical Faith and the Challenge of Process Theism* (Grand Rapids, Michigan: Baker Book House, 1983).

2. 내재적 삼위일체론과 경륜적 삼위일체론의 조화

1) 하나님의 존재와 생명에 기초

조나단 에드워즈에게 있어서 내재적 삼위일체론과 경륜적 삼위일체론과의 조화는 하나님의 존재와 생명에 기초한 것이다. 또한 이러한 조화는 하나님의 동일한 성향적 본질의 행사임을 주장했다. 하나님은 자신 안에서 다음과 같은 두 가지 방법으로 영화롭게 된다.

> 이와 마찬가지로 하나님은 자신의 피조물들을 향해서도 역시 다음 두 가지 방식으로 자신을 영화롭게 하신다.
> 첫 번째는 피조물들에게 자신을 나타내심으로, 그들이 이해하도록 드러내심으로써 영화롭게 하신다.
> 두 번째는 피조물들의 마음에 자신을 전달하고, 그렇게 함으로서 하나님께서 스스로 드러내신 것을 피조물들이 즐거워하고 기뻐하는 것을 즐기는 것에서 자신을 영화롭게 하신다.[7]

여기서 에드워즈는 하나님 자신 안과 피조물을 향한 것, 즉 하나님의 내적인 성향과 외적인 성향(性向)을 통해 자신을 영화롭게 하신다는 것이다. 내적인 성향은 내재적 삼위일체론의 근간이 되고, 외적인 성향은 경륜적 삼위일체론의 근간이 된다. 하나님 자신의 내적

---

[7] Jonathan Edwards, "Miscellanies," no. 448: End of the Creation, *WJE*, 13:495.

생명과 그의 외적 자기 전달 사이에 어떤 형이상학적(形而上學的) 간격은 없다. 그렇기에 그리스도인들이 예수 그리스도 안에서 경험하는 것도 역시 하나님 자신이다. 결국, 하나님의 내적인 존재와 생명을 기초로 해서 경륜적 삼위일체와 내재적 삼위일체는 서로 조화(調和)를 이루게 되는 것이다.

초대교회의 교부들도 삼위일체론을 정교하게 정립할 때, 내재적 삼위일체와 경륜적 삼위일체를 분리하지 않고 연결하였다. 교부들은 경륜적으로 삼위일체인 하나님을 체험하면서 하나님을 본질적으로 삼위일체라고 고백하였고, 내재적으로 하나님께서 삼위일체라고 고백함으로써 경륜적 삼위일체를 영원한 토대 위에 세웠다.

주후 325년 니케아 공의회와 381년 콘스탄티노플 공의회를 통해 성부, 성자, 성령 삼위 하나님께서 동일한 본질(本質)이라고 공인되었다. 하지만 동방 정교회는 삼위일체에서 일체(一體)보다는 삼위(三位)를 더 강조했고, 성부를 신성을 원천으로 보고, 삼위의 '상호순환'(περιχώρησις)의 개념으로 통일성을 지키고자 하는 경향을 지녔다. 요한네스가 제안한 상호순환의 개념은 삼위의 상호순환 속에서 하나님의 신적인 위격이 서로 안에 거함으로써 하나가 됨을 의미한다.[8]

삼위의 상호순환 속에서 각각의 위격을 구분하는 개별적 특성들이 삼위를 하나로 묶어주는 특성이 된다. 다마스커스의 요한의 사상을 토대로 위르겐 몰트만은 삼위의 상호순환 속에서 삼위일체적 위격들은 삼위의 서로 다른 개체들로 이해될 수 없으며, 오직 신적인 삶의 상호순환 속에서 자신의 통일성을 형성하는 독특한 공동체로

---

8 John of Damascus, *De Fide Orthodoxa*, in *Patrologia Graeca,* ed. J. P. Migne, 94:789-1228.

이해된다고 주장한다.[9] 반면, 서방교회는 신성의 통일성을 강조하는 경향으로 흘렀다.[10]

2) 본질적으로 삼위일체적인 하나님의 구원 사역

하나님의 내재적 존재와 생명이 삼위일체론의 내재성과 경륜성을 조화롭게 하듯이, 하나님의 경륜적 사역, 그중에서도 하나님의 구원 사역도 삼위일체론의 내재성과 경륜성을 조화롭게 한다. 다시 말해 하나님의 경륜적 사역은 하나님의 내재적 존재와 생명과 마찬가지로 삼위일체적이며, 이 둘은 조화를 이룬다.

> 성부는 구원을 허락하고, 누구를 구원할 것인지를 결정한다. 중재적 사역을 담당하고 있는 성자는 우리의 구원이라는 위대하고 어려운 그리고 자기를 낮추는 역을 감당한다. 성령, 곧 신적인 사랑은 그리스도께서 획득한 주요한 것으로서 그리스도에 의해 선택된 자들에게 주어진다.[11]

전통적으로 삼위일체 하나님의 경륜적 사역을 창조는 성부의 사역, 구원은 성자의 사역, 그리고 성화는 성령의 사역으로 여겨져 왔다. 하지만 이런 방식의 사고는 삼위일체 하나님의 내적 출현과

---

9 Moltmann, *The Trinity and the Kingdom: The Doctrine of God*, 174-175.
10 Lee, "Editor's Introduction," *WJE*, 21:2-3.
11 Jonathan Edwards, "Miscellanies," no. 1062: Economy of the Trinity and Covenant of Redemption, *WJE*, 20:430-443.

발현, 그리고 하나님께서 역사 안에서 행하시는 일을 서로 단절시키는 결과를 초래했다는 비판을 받기도 했다.

그래서 조나단 에드워즈는 하나님께서 역사 안에서 행하시는 일은 삼위일체 하나님의 내적인 삶과 전적으로 연관될 뿐만 아니라, 역사 안에서 이것을 '재생산'한다고 보았다.[12] 즉 조나단 에드워즈는 삼위일체의 세 위격들은 구원의 역사에서 각기 특정한 역할들을 수행하고 또 그분들의 역할의 질서는 삼위일체 안의 영원한 존립의 질서에 근거하고 있으며 그 질서를 반복함을 힘써 주장했던 것이다.[13] 성부와 성자와 성령의 이러한 관계를 전통적으로 점유(appropriatio)와 상호순환 개념으로 설명할 수 있다.

3) 만물의 원리와 진리를 표현

에드워즈는 내재적 삼위일체와 경륜적 삼위일체의 조화가 인류와 만물이 지닌 진리와 의미, 그리고 그 원리를 표현하는데 도움을 준다고 보았다.[14]

그 예로 에드워즈는 성령의 사역을 통해 다음과 같이 주장했다.

> 성령은 하나님의 순수 작용이며 신적 에너지다. 성령은 자신의 직분에 따라 모든 것들을 움직이게 만들며 그 모든 것들

---

12 Jenson, *America's Theologian: A Recommendation of Jonathan Edwards*, 94-95.
13 Lee, "Editor's Introduction," *WJE*, 21:33.
14 Lee, "Editor's Introduction," *WJE*, 21:33-34.

에 생기를 불어넣고, 창조된 모든 것에 에너지와 생명력을 넣어 준다.15

또한 『삼위일체론』에서는 다음과 같이 표현했다.

성령은 모든 것들에 생기를 불어넣고 아름답게 한다. 과연 모든 것들을 활동하게 만들고 생명을 갖게 만들 수 있는 것은 누구의 역할인가? 바로 하나님의 영원하고 본질적인 작용이자 에너지인 성령의 역할이 아닌가?16

조나단 에드워즈는 이렇게 그리스도인의 삶의 체험을 통해 실제로 일어나는 현상들을 성령의 역사에 기초해서 설명하였다. 이러한 입장은 곧 인류 역사 가운데서의 하나님의 구속(救贖) 사역의 실재와 방식이 사변적인 것이 아님을 강조한 것이다. 세상 만물 속에 일어나는 모든 활동과 현상들의 근원적인 발생과 원리를 삼위일체 하나님의 내재성(內在性)과 경륜성(經綸性)의 조화 가운데서 설명한 것이다.

---

15 Jonathan Edwards, "Miscellanies," no. 94: Trinity, *WJE*, 13:261.
16 Jonathan Edwards, "Discourse on the Trinity," *WJE*, 21:123.

3. 삼위일체 하나님의 창조와 구원

1) 내재적 삼위일체 하나님의 외적인 연장과 반복

에드워즈는 하나님의 구원의 사역에서 삼위의 일체성뿐만 아니라 삼위성(구별됨)을 강조하였기에, 하나님의 경륜적 사역들을 내재적 삼위일체 하나님의 생명의 외적인 연장(連狀)이자 반복체로 인식한 것이다. 성부 하나님께서 구원을 허락하기로 결정하고, 중보자인 성자가 자신을 낮추어 구원이라는 위대한 사역을 감당하고, 성령은 그리스도가 획득한, 타락한 인류를 위한 신적인 사랑이 된 것이다. 이 사랑이 삼위일체 안에서 성부와 성자 사이의 상호 간의 사랑이 반복되어 나온 것이다.

삼위일체 하나님의 창조와 구원은 모두 하나님 자신을 전달하려는 성향의 실현이며, 구원은 창조의 목적에 봉사하는 것이다.[17] 에드워즈는 자신의 저술, 『하나님께서 이 세상을 창조한 목적』에서 다음과 같이 서술했다.

> 이 세상 창조의 궁극적인 목적은 오직 이 세상의 처음 창조와 그 창조의 배치에 의해 하나님께서 중요한 목적들을 이루실 수 있는 기회들을 제공하는데 있다… 하나님께서 창조하시면서 본래 계획하셨던 것, 곧 이 세상에 대한 원래의 작정은 항상 견지되어야 하며, 그것은 모든 하나님의 일들, 즉 피

---

17 Lee, "Editor's Introduction," *WJE*, 21:34.

> 조물을 향해 하나님께서 행하시는 모든 일에 지배적인 영향력을 지닌다.[18]

에드워즈는 모든 하나님의 역사를 이 세상을 창조하신 하나님의 목적 안에서 이해해야 함을 강조했다. 하나님의 창조 목적은 계속 지속되어야 하며, 세상의 모든 일들은 그것에 영향을 주고 있음을 강조했다. 세상의 모든 법칙과 원리들도 이 세상을 창조하신 하나님의 작정하심과 의도 아래 있음을 보여 주는 대목이다.

조나단 에드워즈에게 있어서 이 세상을 창조하신 하나님의 목적은 '최고의 선'이었다. 그래서 에드워즈는 하나님께서 자기 자신을 지고의 목적으로 만드는 것은 무한히 거룩한 하나님으로서 자기 자신임을 언급했다. 하지만 에드워즈는 이에 대해서 다음과 같은 질문을 던졌다.

> 하나님께서는 이미 영원 전부터 모든 것에 자존적이시고, 그 자체로 절대적으로 완전하고 무한하고 독자적인 선을 소유하고 있는데, 어떻게 하나님 자신이 아직 성취되지 않은 어떤 목적이 될 수 있는가?[19]

이러한 질문에 대한 에드워즈의 답변은 창조에서의 하나님의 목

---

18 Jonathan Edwards, "Dissertation Concerning the End for which God Created the World," *WJE*, 8:413.

19 Jonathan Edwards, "Dissertation Concerning the End for which God Created the World," *WJE*, 8:422-433.

적은 "자기 자신을 전달함"이라고 대답했다.[20] 창조를 통해 하나님께서는 확산되고, 넘쳐나고, 확대되기를, 즉 외부적으로(*ad extra*) 존재하는 것을 추구하기 때문이다. 하나님의 영원한 선험적(先驗的) 현실성이 시공간적 안에서 증대되고, 반복되고, 배가되는 것이 하나님의 목적이라는 것이다.[21]

2) 경륜적 삼위일체 하나님의 외적인 충만과 발산

조나단 에드워즈에게는 현실성이 실질적인 것이나 실제 가능성보다 더 크기에,[22] 신적 성향의 실현은 신적 실현의 증대를 구성하게 된다. 그러므로 영원한 신적 성향으로서 하나님은 자신의 현실성을 증대하려는 성향이다. 결국, 에드워즈는 하나님 자신을 전달하려는 성향은 하나님의 본질이라고 했다.[23]

에드워즈에게 성부는 재귀적(再歸的)인 명철을 통해 신적 성향을 계속 실현하고, 성자는 성부의 지적 반복체요, 성부의 자기 전달체다. 또한 성부와 성자의 신적인 성향을 상호 간의 사랑을 통해 실현하는 것은 성부와 성자의 감정적 자기 교통인 성령이다. 이렇게 성부 자신의 현실성의 지적이고 감정적인 반복체들로서의 하나님의 현실성은 영원한 신적 성향과 완전히 동일한 하나님의 삼위일체 내

20　Jonathan Edwards, "Miscellanies," no. 247: Glory of God, *WJE*, 13:361.
21　Jonathan Edwards, "Dissertation Concerning the End for which God Created the World," *WJE*, 8:433.
22　Jonathan Edwards, "The Mind," *WJE*, 6:45.
23　Jonathan Edwards, "Miscellanies," no. 107[b]: Grace, *WJE*, 13:277-278.

적 현실성과 자기 전달을 이룬다.[24]

신적 성향이 완벽하게 실현된 하나님의 현실성이 이 세상을 창조한 목적은 바로 하나님의 무한한 현실성임에도 불구하고 하나님의 본질은 아름다움에 대한 더 많은 명철과 사랑을 통해 자신을 전달하려는 성향이 그대로 남아 있기 때문이다. 그래서 하나님께서는 본래적 본성의 한 특성으로서 그 자신의 무한한 충만을 발산하기 위해 이 세상을 창조한 것이다.[25]

조나단 에드워즈에 의하면 하나님께서는 하나님 자신을 외부로 전달하고 반복하기 위해서 세상을 창조하셨는데, 이 목적을 달성하기 위해서 하나님의 내적 명철과 사랑을 반복할 수 있는 인간을 창조하셨다. 인간이 우주만물을 통해 하나님의 아름다움을 지각함으로써 하나님의 영광을 드러낼 수 있다.

하나님께서는 이런 일들을 할 수 있는 자발적이고 능동적인 주체들, 즉 하나님의 도구들이 되어 능동적으로 하나님의 영광을 높일 수 있는 지적인 피조물을 만드셨다.[26]

피조물들이 하나님을 알고, 존경하고, 사랑하고, 하나님 안에서 기뻐하고, 하나님을 찬양하는 가운데 하나님의 영광은 나타나고 인정되며, 하나님의 충만함을 받아들여지고 되돌려진다.[27]

---

24 Jonathan Edwards, "Miscellanies," no. 104: End of the Creation, *WJE*, 13:272.
25 Jonathan Edwards, "Dissertation Concerning the End for which God Created the World," *WJE*, 8:435.
26 Jonathan Edwards, "Miscellanies," no. 554: Wisdom of God in the Work of Redemption, *WJE*, 18:98.
27 Jonathan Edwards, "Dissertation Concerning the End for which God Created the World," *WJE*, 8:531.

하나님께서 이렇게 자신의 내적 충만함을 반복함으로 인간과 피조물들은 하나님의 명철과 사랑을 경험함으로 '행복'하게 되는 것이다. 삼위일체 하나님의 내적 명철과 사랑의 전달과 반복이 세상 창조의 주된 궁극적인 목표이고, 그로 인해 하나님을 기뻐하고 그분의 명철과 사랑으로 인해 인간이 행복해 하는 피조물의 선이 또 하나의 목표인 것이다.

조나단 에드워즈에게 있어서 하나님의 창조와 구원 사역에 있어서 일어나는 모든 현상들은 하나님 자신의 성향적 본질의 실현으로서, 하나님 자신의 전달을 주된 목표로 하고 있다.[28] 또한 하나님의 창조와 구원은 바로 하나님의 내적 아름다움이 세상에서의 반복을 통해 인간의 행복과 피조물들의 선이 추구되어, 하나님께 영광을 돌려드리는 것이다. 특별히 창조의 목적은 성자를 기쁘게 하기 위함으로서 그리스도를 위한 신부, 곧 선택받은 자를 제공하는 것을 포함한다.

3) 영적 차원과 물질적 차원의 구원

조나단 에드워즈의 이러한 반복과 자기 전달 사상은 신플라톤주의적인 요소로 여겨질 수 있지만, 아서 러브조이(Arthur Lovejoy)는 신플라톤주의적 사고를 존재들의 거대한 사슬의 관계로 보면서 조나단 에드워즈의 사고 체계와의 차이점들을 비교했다.[29]

---

28 Lee, "Editor's Introduction," *WJE*, 21:38.
29 Arthur Lovejoy, *The Great Chain of Being: A Study of the History of an Idea* (New York: Harper and Row, 1936), 43-50.

첫째, 신플라톤주의의 세계관은 초월적인 신에서 유출(流出)되는 것으로 종말이 없음을 지적했다. 반면, 에드워즈에게 창조는 하나님의 존재를 확대하기 위한 발산, 그리고 하나님의 성향의 운용인 목적이 있는 행동인 것이다. 조나단 에드워즈의 이러한 발산론적(發散論的) 언어와 목적론적 언어에는 신성에 대한 동적(動的)인 재인식이 기초된 것이다.

둘째, 신플라톤주의의 하나님 개념이 한편으로는 만물의 뒤에 있는 영원불변의 원칙으로 보기도 하지만, 다른 한편으로는 만물의 창조적 힘으로 배치하여 모순이 존재한다는 것이다. 하지만 에드워즈에게서 하나님은 영원하고 완전한 실재며 동시에 스스로 확대해 가는 영원한 성향이라는 것이다.

셋째, 신플라톤주의의 유출 개념에 의해 물질적인 우주는 저급한 존재로 취급을 받아, 물질의 세계로부터 탈피하는 영적인 구원만을 강조하는 한계가 있다. 반면, 조나단 에드워즈는 존재의 단계들을 언급함으로 '단계적(段階的) 실재론'을 주장했다. 에드워즈는 모든 실재들이 서로 다른 단계들에 속해 있는데, 물질적인 것에서부터 식물과 동물, 그리고 지적인 존재들과 성육신하신 로고스 자체인 예수님까지 그 단계가 다르다는 것이다.

존재의 단계들이 보다 낮은 위치에 있을수록 그만큼 자연법칙의 지배를 받지만, 단계가 높을수록 자연의 법칙의 지배를 적게 받는다는 것이다. 그래서 에드워즈는 우리가 창조된 존재의 단계에서 더 높이 상승할수록 또 창조주에게 더 가까이 갈수록 창조물에 작용하는 하나님의 역사가 더욱더 주권적임을 알게 된다고 했다.[30]

---

30 에드워즈는 역사를 하나님의 주권적 역사, 자연적 역사, 그리고 혼합된 역사로

조나단 에드워즈는 영적인 존재에 가까워질수록 그 실재에 포함된 계급에서 높은 위치를 차지한다고 함으로써 어느 정도 신플라톤주의의 사고체계의 영향을 받았음을 알 수 있다. 하지만 그 근본적 차이점은 영적인 존재가 어느 계급에 속하더라도 현실적 실재의 물질적 차원에서 실재화 되었다는 것이다.[31] 즉 세상의 모든 존재들은 그 존재가 어느 계급에 속하든지 하나님의 영광을 시간과 공간, 즉 역사 현장에서 반복한다는 것이다. 결국, 에드워즈에게 있어서 영적 차원뿐만 아니라 물질적 차원도 하나님의 창조목적과 영광을 위해 평등한 존재로서 중요성이 강조된 것이다.

구별했다. Jonathan Edwards, "Miscellanies," no. 1263, *WJE*, 23.
31   이상현, 『삼위일체, 은혜 그리고 믿음: 조나단 에드워즈 신학 연구』, 149-151.

제3장

관계적 삼위일체론과 실천적 삼위일체론의 균형

'관계적 삼위일체론'(Relational Trinity)은 아우구스티누스와 조나단 에드워즈의 사상에서 분명히 나타나는 삼위일체 하나님의 관계적 존재를 의미한다. 특히 성자의 출생과 성령의 이중발현을 통해 삼위일체 하나님의 동등성(同等性)을 부인하지 않으면서도, 존재나 본질에 있어서의 종속이 아닌 관계, 즉 세 위격의 관계가 종속적(從屬的)이거나 위계적(位階的)인 차원이 아닌, 질서(秩序) 차원의 관계를 의미한다.

'실천적 삼위일체론'(Practical Trinity)은 삼위일체를 생생한 그리스도인의 신앙과 삶으로 연계된 것으로서 삼위일체 하나님의 속성을 통해 실제 삶 속에서의 구체적인 경건의 실천을 가능케 하는 삼위일체론을 의미한다.

1. 성향적 본질을 통한 삼위일체 하나님

조나단 에드워즈는 성향과 아름다움은 동일한 실재를 바라보는 두 개의 방법으로서 '성향'은 아름다움의 역동적 측면을, '아름다움'은 성향이 나타내는 방식이라고 했다. 그래서 참된 아름다움은 하나님의 아름다움을 의미한다. 성향들이 계속 발현됨으로써 존재는 더욱 현실적이고 더욱 실제적으로 되고, 결국 존재는 본질적으로 반복되는 성향을 지니며 자기 실현을 증대한다.

조나단 에드워즈는 하나님의 본질도 사랑과 아름다움의 성향으로 보았기에, 하나님 자신의 성향적 본질을 행사하는 것은 하나님 자신의 존재적 실현성을 증대하는 것을 의미한다. 최대로 실현된 하나님은 또한 본질적으로 계속 자신의 선험적 실현성을 행사하고 증대시키려 하며, 계속 자기 전달을 하려고 한다.[1]

1) 성향적 본질이 실현된 최초의 현실성: 성부

조나단 에드워즈가 하나님의 존재를 성향적으로 규정한 것은 하나님께서 자신의 본성에 있어서 확대하는 방향으로 나아가는 경향성이기 때문이다. 즉 조나단 에드워즈는 자기 자신을 소통하려는 경향이 하나님의 본질이기에, 하나님의 거룩한 성향의 행사는 하나님의 자기 전달로 나아간다고 보았다. 하나님은 진정한 현실성으로 존재하며 동시에 자신의 신적 성향이 더 깊이 시행됨으로 자신의 현실

1　Jonathan Edwards, "Dissertation Concerning the End for which God Created the World," *WJE*, 8:433.

성을 다시 실현하는 성향을 본성적으로 가지고 있다는 것이다.[2] 이러한 성향적 존재론을 통해 에드워즈는 동일한 하나님의 삼위를 신적 존재의 원초적 실현과 이 원초적 실현의 지적 감정적인 반복이라고 설명했다.[3] 성부는 하나님의 성향적 본질이 원초적으로 처음 행사된 하나님의 첫 번째 현실성이다.

> 성부는 우선적으로 존재하는 신성으로 어디서 발생한 것도 아닌 가장 절대적인 방식으로 존재한다. 직접적으로 존재하는 신성이시다.[4]

또한 하나님의 성향적 본질은 참된 아름다움을 알고 또 사랑하고자 하는 하나님의 아름다운 성향이나 탁월한 성향이기에, 에드워즈는 이렇게 설명한다.

> 우리가 가장 먼저 알아야 할 하나님 안의 명철이나 이해는 가능한 한 그분에 관한 모든 명철이다. 이 명철은 사랑이어야 하는데, 이 사랑은 최초로 존재하는 신성의 본질에 속하는 것으로서 인식해야만 한다.[5]

성부 하나님은 하나님의 직접적 존재다. 즉 성부 하나님은 자신

---

[2] Lee, *The Philosophical Theology of Jonathan Edwards*, 184-185.
[3] Lee, "Editor's Introduction," *WJE*, 21:13.
[4] Jonathan Edwards, "Discourse on the Trinity," *WJE*, 21:131.
[5] Jonathan Edwards, "Discourse on the Trinity," *WJE*, 21:141.

의 명철과 사랑을 실천하는 작용들의 결과로 형성되는 분이 아니라, 성부는 제1의 명철이요 사랑이시다. 결국 성부 하나님은 본질적으로 명철과 사랑의 현실성이다.

> 힘은 단지 모든 것에 대한 본질의 충분하고 적절한 관계다. 그러나 힘을 관계와 구별한다면 힘은 다름 아닌 하나님의 본질이다. 만약 힘을 하나님 자신을 실현하는 것이라고 한다면 힘은 곧 성부 하나님이시다. 왜냐하면 하나님 자신과 관련된 하나님의 완전한 에너지가 가장 완전한 하나님의 실현이기 때문이다.[6]

여기에서 하나님의 성향과 에너지는 성부다. 직접적 존재인 하나님은 하나님의 성향적 본질과 일치하며, 성부 하나님은 참된 아름다움의 원초적 신적 활동이며 자신을 실현하는 신적 성향이다. 그래서 성부에게서 현실성과 성향은 일치한다.[7] 이것은 하나님의 자존성을 강조한 것이다. 만약 신적 성향이 하나님의 현실성보다 앞선다면 하나님은 자신의 존재를 위해 자신의 현실성 이외에 다른 어떤 원리에 의존하게 되기 때문이다.

토마스 아퀴나스(Thomas Aquinas)는 하나님의 본질이 하나님의 존재라고 주장함으로써 하나님의 자존성을 확증했다.[8] 토마스 아퀴

---

6 Jonathan Edwards, "Miscellanies," no. 94: Trinity, *WJE*, 13:262.
7 Lee, "Editor's Introduction," *WJE*, 21:14.
8 Thomas Aquinas, *Summa Contra Gentiles* (Garden City, New York: Doubleday, 1955), I.22, 118-120.

나스에게 있어서 논리적으로든 시간적으로든 하나님의 현실성 이전에는 절대로 어떤 것도 있을 수 없다고 한 것이다. 하지만 조나단 에드워즈는 아퀴나스의 사상에서 한 걸음 더 나아가서 하나님의 '성향적' 본질이 하나님의 존재라고 했다. 즉 하나님에게서 성향은 존재라는 것이다. 그렇기에 하나님의 성향과 현실성의 일치성으로 하나님의 본질을 영원하며 절대적으로 존재한다고 믿으며 영구히 역동적인 창조력으로 보게 된다. 이러한 점에서 조나단 에드워즈는 하나님의 자존성과 현실성을 타협하지 않으면서 하나님의 본질적인 역동성을 주장했던 것이다.[9]

2) 신적 성향의 재귀적 명철을 통한 실현: 성자

이렇게 성부를 현실성이면서 성향이라고 하는 것은 성부의 현실성을 반복하고 자기를 전달하려는 경향을 갖는다는 주장이다.

> 명철의 재귀적 작용이 있다. 그것은 자기 스스로를 보는 것이며 스스로를 아는 것, 그리고 그렇게 자기 자신의 명철을 아는 것이다. 그렇게 성자가 출생하셨다. 하나님 안에는 명철 중의 명철, 관념 중의 관념 같은 것이 있다. 그것은 다름 아닌 반복된 관념이나 명철이다.[10]

성자 안에서 성부의 총체적인 신성과 영광이 충만하게 반복되고

9　Lee, *The Philosophical Theology of Jonathan Edwards*, 188.
10　Jonathan Edwards, "Discourse on the Trinity," *WJE*, 21:141-142.

재현되어 있다. 성자는 성부 성향의 지적인 실현으로서 출생하셨다.

> 성부가 성자를 낳은 것은 자신의 모든 행복의 완전한 의사소통이다. 그러므로 이것은 완전한 선의 영원하고 적절하며 무한한 실현이다. 이것은 완전함 속에 있는 성향과 완전히 동일하다.[11]

하지만 성자는 신적 본성이요 본질이고, 성부와 동일한 하나님이시다. 또한 성부에서와 마찬가지로 성자에게도 현실성과 성향은 일치한다. 그래서 성부와 마찬가지로 성자도 완전한 현실성이면서 동시에 자신을 계속 실현하려고 한다.

> 성자는 성부의 선을 최적으로 전달받았고, 성부의 분명하고 완전한 형상이다. 그러나 성자 또한 자신의 행복에 참여할 수 있는 그의 위격의 형상 속에서 자신을 전달하려는 성향을 지니고 있다. 이것이 창조의 목적이요, 하나님의 아들의 행복의 전달이기도 하다.[12]

3) 신적 성향의 재귀적 사랑의 실현: 성령

성부는 자신을 재귀적 앎을 통해 자신의 현실성을 반복할 뿐만 아니라, 자신이 아는 것을 사랑함으로써 또한 자신의 현실성을 반복한다.

11　Jonathan Edwards, "Miscellanies," no. 104: End of the Creation, *WJE*, 13:272.
12　Jonathan Edwards, "Miscellanies," no. 104: End of the Creation, *WJE*, 13:272.

> 하나님의 본질 자체가 넘쳐흐르게 되고, 그 본질이 사랑과 기쁨 안에서 내뿜어져 나온다. 그래서 하나님의 신성이 또 다른 존재 방식으로 세워지고, 거기에서 삼위일체의 제3의 위격인 성령이 발현된다. 곧 활동하시는 하나님이시다.[13]

성부와 성자의 경우처럼 성령에게서도 현실성과 성향은 일치한다. 성령은 감정적으로 재현되고 자기 전달된 하나님이시다. 또한 성령은 신적인 사랑의 현실성이면서 동시에 사랑하려는 성향이다. 하나님의 현실성은 성부의 영원하고 무한히 충만한 현실성이며, 이것이 성자와 성령 안에서 완전히 재현된다.

이러한 개념은 에드워즈가 그 당시 하나님의 존재와 됨에 대한 논의에서 창의적인 대안으로 제시한 것이다. 즉 고전적 유신론에서는 하나님의 불변성과 자족성을 강조하여 하나님의 이 세상에서의 개입 설명이 어려웠다. 이에 대해 에드워즈는 하나님을 최대로 실현된 존재인 동시에 본질적으로 자신의 선험적 실현을 이 세상의 창조를 통해 반복하는 경향을 가진다고 보았다. 그럼으로써 하나님의 영원한 실현성을 훼손하지 않고 하나님 자신의 생명 속에 외적으로 역동적인 요소를 도입할 수 있게 되었다.[14] 에드워즈의 자기 반복(self-repetition)의 사상은 칼 바르트가 하나님의 자기 재천명(self-reiteration) 개념을 통해 유사하게 설명되었다.[15]

---

13 Jonathan Edwards, "Discourse on the Trinity," *WJE*, 21:121.
14 Lee, "Editor's Introduction," *WJE*, 21:16-17.
15 Eberhard Jengel, *The Doctrine of the Trinity: God's Being Is in Becoming* (Grand Rapids: Eerdmans, 1979).

조나단 에드워즈의 삼위일체론은 고전적 유신론의 한계를 극복하여, 하나님의 영원한 실현성을 훼손하지 않고, 역동적인 요소를 도입할 수 있었지만, 그럼에도 불구하고 에드워즈의 삼위일체론에 있어서 삼위에 대한 실제적 구별에는 몇 가지 고찰해 봐야할 사항들이 있다.

첫째, 에드워즈는 성부의 성향적 본질에 의한 재귀적 명철과 사랑의 실현을 각각 성자와 성령으로 보고 있는데, 이것은 전통적인 삼위일체 교리인 성자의 출생과 성령의 발출과의 차이점이 명확히 드러나지는 않는다. 즉 조나단 에드워즈는 전통적인 삼위일체론의 개념을 지향하면서도 자신만의 독창적인 이해와 용어를 사용하는 탁월함을 발휘했다. 그럼에도 불구하고 조나단 에드워즈는 재귀적 명철을 출생으로 보고, 재귀적 사랑을 성령의 발출로 구별하는 논리적 근거가 명확하지 않다.

이것에 대한 차이점이 명확히 구분되지 않는다면, 무엇보다도 성자의 독생자 개념은 설 자리가 없다. 즉 출생과 발출을 구별하는 중요한 차이점은 성부로부터의 유일한 성자의 출생을 확인시켜 주기 때문이다. 조나단 에드워즈의 신적 반복을 통한 성자와 성령의 동등성을 확보한 점에는 큰 진전이 있었지만, 출생과 발현의 차이점에 대한 설명이 여전히 명확하지 않아 독생자 개념에 한계가 있음을 지적하지 않을 수 없다.

둘째, 에드워즈는 성부와 성자, 그리고 성령의 성향적 속성으로 인해 계속적인 자기 반복과 전달의 실현이 이루어진다고 했다. 그렇다면 성부로부터의 재귀적인 반복과 전달의 실현이 성자와 성령이라면 제4의 위격 혹은 제5의 위격의 가능성은 어떻게 배제하겠는가?

이에 대한 문제도 조나단 에드워즈는 이미 그 한계를 신적 명철과 신적 사랑에 한계를 긋고 있기에 나름의 답변이 될 수 있다.

또한 조나단 에드워즈의 이러한 사상은 고전적 유신론의 한계였던 하나님의 불변성과 자족성 강조로 인한 하나님의 역사참여에 대한 단절을 창의적 대안으로 제시한 공헌이 분명히 있다. 즉 조나단 에드워즈는 신적 존재를 내적으로 최대로 실현하는 동시에 본질적으로 자신의 실현에 앞서 외적으로 반복하는 경향을 갖는다는 개념을 통해 하나님의 완전성과 역동성을 함께 강조할 수 있는 면에서는 탁월했다. 하지만 여기에서 같은 맥락에서 이어지는 또 다른 문제제기가 가능하다.

셋째, 에드워즈에 의하면 하나님은 삼위 안에서 내부적으로(ad intra) 완전한 실재이지만, 자신을 전달하고 나누고 싶은 성향으로 인해 천지를 창조하셨다고 했다.[16] 이러한 하나님의 창조의 목적이 삼위일체 하나님의 성향적 본질이 시간과 공간 안에서 계속 작용하여 자기 실현이 외부적으로(ad extra) 되풀이 되는 재현이라면, 내부적 재현과 외부적 재현의 경계의 기준은 무엇인가?

다시 말하면, 삼위일체 안에서의 내재적 재귀성과 세계에서의 외부적 재귀성의 근본적인 차이점이 분명하지 않다는 점이다. 물론 이에 대해선 위에서 언급한 아서 러브조이의 견해에 귀 기울일만하다. 아서 러브조이는 조나단 에드워즈의 사고 체계가 신플라톤주의적 사고와는 다르다는 것이다.[17] 즉 조나단 에드워즈의 신적 반복의 개

---

16 Jonathan Edwards, "Dissertation Concerning the End for which God Created the World," *WJE*, 13:433.

17 Arthur Lovejoy, *The Great Chain of Being: A Study of the History of an Idea* (New York: Harper and Row, 1936), 43-50.

넘이 신플라톤주의자들의 존재들의 사슬 개념에서 나타나는 종말에 대한 부재, 불변성과 창조성의 모순, 영과 육의 단절 등과는 다름을 보여주었다.[18]

특히 조나단 에드워즈는 영적 차원뿐만 아니라 물질적 차원도 하나님의 창조목적과 영광을 위해 평등한 존재로서 중요성이 강조된 것이다. 결국, 이러한 점들을 감안해 보면, 조나단 에드워즈의 신성의 내적 충만과 외적 충만의 차이점은 '창조성'에서 찾아야 할 것이다. 즉 성부, 성자, 성령 삼위일체 하나님은 결코 창조되거나 만들어진 분이 아니시지만, 외적 충만으로 인해 생겨난 모든 영적 존재와 물질적 존재의 근본 차이는 삼위일체 하나님과 달리 창조되었다는 것이다. 에드워즈의 신성의 반복이나 자기 전달 개념이 하나님의 천지창조 개념을 통해 강조할 때, 그 내적 충만과 외적 충만의 구분이 명확해질 것이다.

2. 신적 탁월성과 사랑을 통한 관계적 삼위일체론

에드워즈는 하나님 존재를 아름다움으로서의 존재에 대한 관계론적 개념으로 접근하였다.

> 하나님은 하나님이시요, 결정적으로 하나님 자신의 신적 아름다움으로써 다른 모든 존재들로부터 구별되며 그들보다

---

18 Jonathan Edwards, "Miscellanies," no. 1263, *WJE*, 23.

우위에 있다.[19]

모든 존재들 가운데 가장 탁월한 미(美), 아름다운 존재의 필연성이 요구되는데, 그 존재가 바로 하나님이심을 논증한 것이다. 결국, 에드워즈는 성경적 토대와 그리스도인의 경험에서 나온 이성, 그리고 아름다움으로서의 존재에 대한 관계론적 개념, 즉 자신의 독특한 신학적 방법을 토대로 삼위일체론을 저술하였다.

1) 신적 탁월성을 통한 내적 관계성

조나단 에드워즈는 창조된 세상의 탁월성은 성부와 성자, 그리고 성령의 관계 속에서 시대를 초월하는 신적 아름다움을 반영할 때에만 존재할 수 있다고 했다. 조나단 에드워즈에게 있어서 아름다움은 곧 존재를 의미한다. 즉 조나단 에드워즈는 존재란 비례적 균형, 곧 아름다움이라고 했다.[20] 그는 하나님의 본질도 사랑과 아름다움의 '경향성'으로 보았다. 물론 하나님은 실재와 경향성이 동일하시기에, 에드워즈는 하나님의 완전성을 고수하면서 동시에 하나님을 동적이며 창조적인 분으로 해석하였다.[21]

조나단 에드워즈에게 하나님은 참된 아름다움이고 전지한 존재이며 사랑의 존재이기에, 하나님의 존재는 참된 아름다움을 알고 사랑하며 또한 참된 아름다움을 계속 알고 계속 사랑하려는 주권적 성

---

19 Jonathan Edwards, *Religious Affections*, WJE, 2:298.
20 Jonathan Edwards, "The Mind," WJE, 6:336.
21 이상현, 『삼위일체, 은혜 그리고 믿음: 조나단 에드워즈 신학 연구』, 21.

항이다. 이렇듯 하나님께서 본질적으로 아름다움이라는 성향을 가진 존재라면 하나님은 본질적으로 관계적이다. 아름다움은 비례와 조화의 관계이기 때문에, 하나님은 본원적으로 관계적이다.[22]

뿐만 아니라 조나단 에드워즈는 하나님 존재 자체의 본성이 하나님 안에서 내적 관계성과 복수성을 요청한다고 보았다. 그는『정신』(*The Mind*)에서 이렇게 기록했다.

> 다른 것과 어떤 관계가 없이 단독으로 뛰어날 수 없다… 절대적으로 어떤 복수성도 없는 존재에게는 어떤 뛰어남도 있을 수 없다. 그것은 그런 상황에서는 어떤 일치나 동의도 있을 수 없기 때문이다.[23]

조나단 에드워즈는 그 후에 저술한『문집』(*Miscellanies*)에서 "그러므로 하나님께서 뛰어나시다면, 하나님 안에 복수가 있기 마련이다. 그렇지 않으면 하나님 안에 어떤 일치도 있을 수 없다"고 하였다.[24] 에드워즈는 이렇게 탁월성으로 존재를 재규정함으로 삼위일체론을 논하였다. 월리스 앤더슨(Wallace E. Anderson)은 에드워즈의 이러한 논의에 대해 "하나님의 선하심은 자기 존재의 절대적 단일성과 그 단순함에 근거하는 것이 아니라 그가 관계를 형성하는 복수를 구성

22　Jonathan Edwards, "'The Mind' and Related Papers," *WJE*, 6:362.
23　Jonathan Edwards, "The Mind," *WJE*, 6:337.
24　Jonathan Edwards, "Miscellanies," no. 117, *WJE*, 13:283-284: "Therefore, if God is excellent, there must be a plurality in God; otherwise, there can be no consent in him."

할 때에만 그 선하심이 그 자신에게로 귀속된다"고 평가했다.[25] 성경적 증거와 탁월한 존재 개념을 통한 이러한 복수성은 곧 성부, 성자, 성령의 구별됨이다.

조나단 에드워즈는 "동의할 수 없는 경우에 한해서 오직 하나만 탁월할 리가 없다"고 믿었다. 결국, 신적 탁월성은 신적 다원성을 필요로 한다. 비록 에드워즈는 삼위일체 신학이 주로 성경적 계시로부터 연역되어 구성되었다고 믿었지만, 그는 꾸밈없는 이성조차도 신적 삼위일체를 발견할 수 있다고 생각했다. 모든 지식, 하나님의 명철까지도 개념에 의한 것임이 이성적인 듯했다. 하나님은 자신의 개념을 소유하셔야 한다. 그렇지 않다면 하나님은 자기 인식의 결여가 있는 것이다.

그러나 하나님의 개념은 완전하시다. 그리고 "어떤 사물의 절대적으로 완전한 개념은 바로 그 사물이다," 왜냐하면 사물이 존재함으로 무를 결여시키기 때문이다. 이것은 하나님 스스로의 개념이 곧 하나님이심을 도출한다. 신적 자기 반영이 하나님의 본체적 형상인 아들을 출생하셨다. 또한 아버지와 아들은 필수적으로 서로를 기뻐하셔서 아들의 출생이 서로 간의 완전한 사랑-혹은 성령-의 작용 가운데 이루어져 아버지와 아들과는 서로 다르다. 에드워즈는 성령께서 주로 그리스도의 유익을 적용시키시는 행위자로서 초기 개혁주의 신학에서 토론하며 개선하여, 아버지와 아들과 함께 '정확한 동등'이라는 교리를 믿었다.

하나님께서는 신적 탁월성이 표현되고, 알려지고, 찬양 받고자

---

25 Wallace E. Anderson, "Editor's Introduction," *WJE*, 6:84.

세상을 창조하셨다. 이것이 칼빈주의자의 확신이었고, 이제 미적 감각의 형태로 표현한 것인데, 창조의 목적은 바로 하나님의 영광이었다. 신적 아름다움 그 자체를 표현하고 계시해야 하는 것은 저절로 적합하고 알맞으며, 온화한 것이었다. 창조의 궁극적인 목적은 인간의 행복이 아니라 목적 자체를 위해 하나님의 탁월한 충만함을 확산하는 것이었다. 최고의 탁월성은 방법에 있어서 그 자체에 동의하는 범위를 확대하는 표현을 찾아야 하는 것은 본질적으로 선한 것이었다. 신적 아름다움의 확산 속에서-'발산', 그리고 피조물의 지식과 사랑, 아름다움을 기뻐함 속에서-'보충', 하나님은 자신의 목적을 이루셨다.

2) 성령의 이중발현과 상호 간의 사랑

에드워즈는 서방교회의 전통을 따라, 에드워즈는 성령이 성부와 성자로부터 나아온다고 보았다. 이것은 곧 성령이 성부의 영(靈)일뿐만 아니라, 그리스도의 영이라는 것을 강조하는 서방교회의 전통이었다. 여기서 에드워즈는 성령이 성부와 성자로부터 나온다는 이중발현(發現)의 의미를 세밀히 구분해서 설명했다.

> 성령은 내부적으로 성부와 성자로부터 나온다. 하지만 성령은 성자에 의해 중재되어 성부로부터 나온다. 즉 성자 안에 있는 성부 자신의 모습을 성부가 바라봄으로써 나온다. 그러나 성령은 자신 안에 있는 성부를 바라보면서 성자 자신으로부터 곧바로 나온다… 하나님의 성령과 아름다움과 사랑스러움과 기쁨은 원래 일차적으로 성부로부터 나오고 이차적

으로는 성자로부터 나오지만, 성자는 성부가 갖고 있지 않은 영예를 갖고 있다. 그것은 성령이 성자 자신으로부터 곧바로 나오는 것이다.[26]

이러한 에드워즈의 주장은 성령이 주로(principaliter) 성부로부터 발현되며, 성부와 성자로부터 시간적인 간격 없이 동시에 발현된다는 아우구스티누스의 사상과 일치한다.[27] 여기에서 삼위일체의 삼위가 서로 구별되면서 동시에 동등하게 신성을 지닌 점들이 나타난다. 즉 성부는 성자를 출생하고 성자를 사랑한다. 또한 성자와 함께 성령이 발현되도록 한다. 출생한 성자는 성부를 사랑하고 성부와 함께 성령이 발현되도록 한다. 삼위일체 하나님의 이러한 관계 속에서 성령은 사랑 행위 그 자체다. 즉 성자를 향한 성부의 사랑이거나 성부와 성자 사이의 사랑이다.

3) 사랑의 적극적 행위자인 성령

조나단 에드워즈는 아우구스티누스의 주장을 따라 성령을 성부와 성자 상호 간의 사랑이라고 했다. 성부와 성자의 사랑과 기쁨은 서로를 사랑하고 기뻐하는 상호적인 것이다.[28] 서방교회에서는 아우구스티누스의 삼위일체론 전통을 따라 성령을 성부와 성자 상호 간

---

26 Jonathan Edwards, "Discourse on the Trinity," *WJE*, 21:143.
27 "*Filius autem de Patre natus est: et Spiritus sanctus de Patre principaliter, et ipso sine ullo temporis intervallo dante, communiter de utroque procedit*": Augustini, *De Trinitate*, XV.26.47, 744.
28 Jonathan Edwards, "Discourse on the Trinity," *WJE*, 21:121.

의 사랑의 띠(viculum caritatis)로 보았기에, 성령을 추상화하고 비인격화했다는 비판을 받아왔다.

하지만 에드워즈는 성령을 성부와 성자 상호 간의 사랑의 결속일 뿐만 아니라, 사랑의 적극적 행위자로 인식함으로써 아우구스티누스의 삼위일체론을 한층 더 성숙하게 심화시켰다. 에드워즈는 『삼위일체 위격들의 동등성에 대하여』에서 서방교회의 전통을 뛰어넘는 성령의 개념을 독창적으로 제시하였다.

> 어떤 면에서 성부 하나님께서 우월성을 지닌다. 성부가 신성의 원천이다. 성부가 사랑하는 성자를 낳았다. 또 다른 측면에서 보면 성자가 우월성을 갖는다. 성자는 신적인 사랑의 위대한 첫 대상이다. 즉 사랑을 받는 자가 사랑하는 자보다 우월성을 갖고 사랑하는 자를 지배한다. 반면에 신적 사랑인 성령이 우월성을 갖는다. 말하자면 원천적 신성을 지배하고 원천적 신성의 마음을 다스리고 전체적으로 모든 일에서 성부와 성자 양자에게 영향을 준다.[29]

여기서 삼위의 관계는 결코 성부의 우월성만을 강조하지 않았고, 성부, 성자, 성령 각 위격의 독특한 우월성을 통해 삼위의 동등성을 역설적으로 나타낸 것이다. 이러한 우월성 가운데 성령의 우월성은 신적 사랑으로 "원천적 신성을 지배"하고, "원천적 신성의 마음을 다스릴" 뿐만 아니라, "성부와 성자 양자에게 영향을 주는" 존재

---

29 Jonathan Edwards, "On the Equality of the Persons of the Trinity," *WJE*, 21:147.

로 묘사되었다. 삼위일체 하나님 안에서 성령의 역할이 수동적이거나 소극적인 존재가 아니라, 적극적인 사랑의 행위자로 표현함으로써 교회전통 속에 제기되었던 성령의 역할뿐만 아니라, 삼위일체 하나님의 동등성에도 큰 진전을 보여 주었다.

이러한 조나단 에드워즈의 사상에 대해서 이상현은 에드워즈가 서방교회의 전통에서 확연히 벗어나 삼위일체에서 성령의 개념을 완전히 독창적으로 제시했다고 평가했다.[30] 즉 조나단 에드워즈가 『삼위일체의 위격들의 동등성에 관하여』에서 성령의 더 이상 사랑의 관계가 아닌 적극적인 사랑의 행위자로 묘사한 것에서 성령의 역할에 대한 교리의 심오한 진전을 이룬 것으로 본 것이다.[31]

하지만 에드워즈의 이러한 성령 이해가 서방교회 전통에서 '확연히 벗어난' 것이 아니라, 오히려 아우구스티누스를 중심으로 하는 서방교회 전통의 '한계를 극복한' 것이다. 즉 사랑의 띠로 묘사함으로 성령을 비인격화한 아우구스티누스 이후의 서방교회 전통을 적극적인 사랑의 행위자라고 독창적으로 표현함으로 성령의 추상화와 비인격화 문제를 해결한 것이다.

4세기 후반까지 동방교회의 헬라 교부들은 삼위일체 신앙을 "세 위체이신 한 본질"(τρες ὑπόστασις καὶ μια οὐσια)로, 서방교회의 라틴 교부들은 "세 위격이신 한 실체"(tres personae et una essentia[substantia])로 각각 고백하였다. 서방교회에서 볼 때, 동방교회가 사용하는 '위체'(ὑπόστασις)는 '실체'(substantia)로 번역이 되기에 삼신론의 오해 소지가 있었다. 하지만 콘스탄티노플 회의에서 나지안주스의 그레고

---

30 Lee, "Editor's Introduction," *WJE*, 21:18-19.
31 Jonathan Edwards, "On the Equality of the Persons of the Trinity," *WJE*, 21:147.

리오스가 헬라어의 '위체'(ὑπόστασις)와 라틴어의 '위격'(persona)이 동의어임을 주장하여 일단락 지어졌다. 그럼에도 불구하고, 헬라어의 '위체'(ὑπόστασις)는 삼위일체의 객관성을 강조하고자 했고, 라틴어의 '위격'(persona)은 삼위일체 사이의 대화와 관계의 시각에서 주체성이 강조되었다.32 헬라어의 '위체'(ὑπόστασις)가 특수하고 고유한 존재를 뜻하는 반면, 라틴어의 '위격'(persona)은 종종 특수한 자기 의식을 뜻하기 때문이다.

아우구스티누스는 성부, 성자, 성령이라는 명칭들이 서로 다른 존재의 이름이 아니라 관계들의 이름이라는 사상을 더욱 발전시켰다.33 하나님의 위격들은 단일한 본질(οὐσία)의 구별되는 실현이 아니라 오히려 단지 한 분 하나님께서 영원하게 스스로 관계하시는 실질적인 방식들이라는 것이다. 이런 관계 속에서 '심리학적 유비'가 작용하게 되어 인간이 하나님의 형상대로 창조되었다는 교리에 호소하여 인간의 자아가 그 자신의 자기 관계성 안에서 그리고 자기 관계성을 통해 존재한다는 주장을 발전시켰다고 윌리스턴 워커(Williston Walker)는 평가한다.34

콜린 군턴(Colin Gunton)은 아우구스티누스가 그 이전 교부들의 삼위일체 신학을 너무 신플라톤주의적 시각으로 해석하여 삼위일체

32　C. Andresen, "Zur Entstehung und Geschichte des trinitarischen Person-Begriffes," *Zeitschrift Für die neutestamentliche Wissenschaft* 52 (1961), 1-39; B. Studer, "Zur Entwicklung der patristischen Trinitätslehre," *Theologie und Glaube* 74 (1984), 81-93. 심광섭, "어거스틴의 삼위일체론," 『어거스틴 사상 연구: 오늘의 어거스틴』 (서울: 대한기독교서회, 1997), 73에서 재인용함.

33　Williston Walker, 『기독교회사』, 송인설 역 (고양: 크리스챤다이제스트, 2004), 235.

34　Williston Walker, 『기독교회사』, 235.

의 관계를 존재론적인 서술로서보다는 논리적 서술로 보는 실수를 했다고 주장하지만,[35] 아우구스티누스가 사용한 관계는 일반적인 개념에서의 단일한 본질이 아니기에 논리적인 서술이 아닌, 삼위의 분명한 존재론적인 서술로 봐야 한다. 하나님의 본질은 하나이고 관계에서는 셋이기에 아우구스티누스는 관계들을 칭하는 '위격'(persona)을 사용하고,[36] '위체'(ὑπόστασις)라는 개념 대신 '본질'(essentia)을 사용함으로 삼위일체의 위격들이 동일하면서도 일반적이지 않은 하나의 본질을 가지고 있음을 표현한 것이다.

파울 알트하우스(Paul Althaus)와 김균진은 전통적인 삼위일체론이 성자의 출생과 성령의 내어 쉼 개념으로 성부의 근원성을 전제하기에 성부와 성령은 성부에게 의존하며 그에게 종속되어 있는 것으로 표상될 수밖에 없다고 보았다. 그래서 출생(generatio)과 내어 쉼(spiratio) 개념 대신 세 위격이 영원히 서로 독립된 위격으로서 '대칭'(Gegenüber)하고 있는 동시에 분리될 수 없는 사랑의 일치 속에 있는 것으로 이해되어야 한다고 주장했다.[37] 특히 김균진은 내재적 삼위일체의 고유한 사역은 종속론적 표상을 벗어날 수 없는 출생과 내어 쉼이 아니라, 에베소서 1:4-5을 근거로 '예정'(praedestinatio)이라고 말했다.[38]

그러나 이러한 비판의 입장은 삼위일체 하나님의 관계가 본질에

---

35 Colin E. Gunton, *The Promise of Trinitarian Theology* (Edinburgh: T. & T. Clark, 1991), 38-43.
36 Augustini, *De Trinitate*, VII.6.12, 402-404.
37 Paul Althaus, *Die Christliche Warheit*, S. 699f, 김균진, 『기독교조직신학』, vol. 1, 253-257.
38 김균진, 『기독교조직신학 I』, 256-257.

귀속된다고 보았으나, 아우구스티누스는 관계 자체가 실체적이라고 말하지는 않았다. 그래서 아우구스티누스는 시초(principium)란 말을 위격에 관해서만 쓰고, 본질에 관해서는 쓰지 않는다. 아우구스티누스는 "성부를 신성 전체의 시초"[39]라고 하면서, "성부를 성자의 시초"[40]라고 부르며, "성부와 성자를 성령의 시초"[41]라고 부른다. 결국, 본질에 관한 아리우스적인 종속이 아니라, 위격과 관계에 관한 삼위일체적인 '종속'으로서 관계적 삼위일체라 부를 수 있다.[42]

그래서 하겐바하(Hagenbach)는 "동방뿐 아니라 서방의 가장 전통적인 교부들인 아타나시우스와 힐라리우스에게서도 분명히 발견되는 종속 사상의 흔적을 아우구스티누스가 삼위일체 교리에서 일소했다"고 평가했다.[43] 페타비우스(Petavius), 불(Bull), 워터랜드(Waterland), 피어슨(Pearson)과 같은 교리사가들도 니케아 신조가 아들로서의 종속을 주장했으나 아리우스적 종속을 부정하며, 위격과 관계에서의 종속을 가르치면서 본질에서 종속을 부인함으로써 계시된 진리를 선언했으며, 동서의 모든 교부들이 이러한 삼위일체론을 지지했다.[44]

---

39 Augustini, *De Trinitate*, IV.20.29, 317: *videlicet ostendens quod totius divinitatis, vel si melius dicitur, deitatis, principium Pater es.*

40 Augustini, *De Trinitate*, V.14.15, 345: *Pater ad Filium principium est.*

41 Augustini, *De Trinitate*, V.14.15, 347: *fatendum est Patrem et Filium principium esse Spiritus sancti, non duo principia.*

42 St. Augustin, *On the Holy Trinity*, tr. Arthur W. Haddan, rev. William G. T. Shedd, ed. Philip Schaff, *A Select Library of the Nicene and Post-Nicene Fathers of the Christian Church*, Series I, vol. 3 (Grand Rapids: Eerdmans, 1887), 5.

43 Smith's Ed. 95. St. Augustin, *On the Holy Trinity*, 4에서 재인용함.

44 St. Augustin, *On the Holy Trinity*, 4.

이렇게 아우구스티누스는 성자의 출생과 성령의 이중발현을 통해 삼위일체 하나님의 동등성을 부인하지 않으면서도, 존재나 본질에 있어서의 종속이 아닌 관계적 삼위일체론을 보여준다. 이러한 아우구스티누스의 『삼위일체론』은 후대에 큰 영향을 끼쳤다. 토마스 아퀴나스의 『삼위일체에 관한 논문』(Treatise on the Trinity)이나 존 칼빈의 『기독교 강요』의 삼위일체론, 그리고 조나단 에드워즈의 『삼위일체론』에 이르기까지 영향을 주었다.

그래서 일부 학자들은 후대 사상가들의 전통적 삼위일체론이 아우구스티누스의 삼위일체 접근법에 대한 재진술이나 직접적인 반복에 불과할 정도라고 볼 정도였다. 하지만 칼빈은 아우구스티누스의 심리학적 유비에 대해서는 어느 정도 거리를 두었고, 조나단 에드워즈 역시 삼위일체의 삼위의 동등성 강조를 비롯해서 성령의 역할에 대한 독특한 이해를 통한 차이점이 있다.

3. 동등성과 역동성에 근거한 실천적 삼위일체론

1) 독특성과 동등성

조나단 에드워즈는 삼위일체 하나님의 세 위격의 독특한 영광과 독특한 우월성을 강조하였다. 이러한 독특성에 대한 강조는 삼위성, 즉 삼위일체 하나님의 구별을 명확히 해 주는 것으로서 자칫 그 일체성과 동등성에 있어서 균형을 잃을 수 있다. 하지만 조나단 에드워즈는 세 위격의 독특한 영광에 대한 강조와 함께 그 영광이 결코 삼위일체 하나님의 동등성에 위배되지 않음을 동시에 강조하였다.

즉 조나단 에드워즈는 삼위의 개별적 영광 안에서처럼, 그것은 삼위의 경륜적 영광 안에 있다고 본다. 만약 우리가 독단적인 의존이나 다른 의지에 의존하는 것으로 이해하지 않는다면, 한 위격의 신성이 다른 위격에의 의존은 영광중의 완전한 동등성에 전혀 모순되지 않는다는 것이다.45 또한 조나단 에드워즈는 삼위일체 하나님의 삼위 각각의 우월성을 통해 그 동등성을 설명한다.46

이러한 삼위일체 하나님의 동등성은 세 위격의 관계가 결코 종속적이거나 지배적인 관계가 아님을 의미한다. 삼위일체 하나님은 존재의 단계에서 삼위일체의 세 위격들이 서로 동등하며 어떤 종속적인 의미도 함축하지 않는다. 그러나 세 위격들의 존립 질서에는 어떤 종류의 우월성이 수반된다. 존립 차원에 내재된 이런 질서는 이 세상과의 관계에서 하나님의 모든 활동들이 가지는 질서들의 기초다.47

그렇기에 이러한 삼위일체 하나님의 동등성은 하나님의 모든 인간관계나, 인간과 자연과의 관계 등에 있어서도 동일하게 적용될 수 있음을 의미한다. 그것은 모든 피조물들이 하나님의 절대적 주권과 다스림 가운데 있는 존재이기 때문이다. 특히 창조와 구속, 그리고 성화의 사역을 통한 하나님의 경륜적 사역 역시 세 위격의 상호 공유와 존중이 바탕이 되어 있는 것처럼, 하나님의 창조와 구속의 사역에 동참하는 인간들과 자연만물도 상호 공유와 존중이 바탕이 되어야 할 것이다.

이러한 의미는 기존의 자연에 대한 생태학적 관점을 삼위일체적

---

45 Jonathan Edwards, "On the Equality of the Persons of the Trinity," *WJE*, 21:147.
46 Jonathan Edwards, "On the Equality of the Persons of the Trinity," *WJE*, 21:147.
47 Lee, "Editor's Introduction," *WJE*, 21:30.

전망을 통해 격상시키는 의미가 있다. 그것은 결코 인간과 대등하거나 인간 위에 있음을 의미하는 것이 아니라, 하나님의 창조된 피조물이라는 동등성 가운데 하나님의 영광과 창조목적에의 참여를 의미하는 것이다. 하나님의 절대적 주권 속에서 인류와 자연의 권리는 항상 절대화할 수 없음을 의미하는 것이다.

자연은 하나님의 통치와 섭리를 경험하는 인간의 터전이자 근간이기에, 자연과 인류 양자는 모두 하나님께서 세상을 창조하신 목적에 봉사하게 되는 것이다. 그래서 스탠리 하우어워스(Stanley Hauerwas)와 존 버크맨(John Berkman)도 "하나님의 왕국에서의 공통된 생명체로서의 관계"를 유지하며 살아야함을 강조했다.[48]

이렇듯 기존의 생태학적 관점은 자연을 단순히 인간의 이익을 위한 존재로 보았지만, 조나단 에드워즈의 공헌은 삼위일체적 전망을 통해 하나님의 천지창조 목적과 연결을 지은 것이다. 또한 삼위일체적 전망을 통한 조나단 에드워즈의 자연이해는 기존의 개혁주의 신학전통을 발전시킨 것이다. 즉 칼빈은 자연에게 인간과는 별도로 하나님이 부여한 목적을 주장하지는 않았지만, 18세기 초반 자연에 대한 인식이 증대됨으로 조나단 에드워즈는 칼빈주의 전통 속에서 삼위일체 하나님 중심적 자연관을 분명하게 했기 때문이다.[49] 이러한 조나단 에드워즈의 사상은 인류뿐만 아니라 자연까지도 하나님이 창조 목적에 부합되도록 실천하며 살아가야하는 근거를 제공해 주는 것이다.

---

48 Stanley Hauerwas and John Berkman, "The Chief End of All Flesh," *Theology Today* 49/2 (1992), 207.
49 이상현, 『삼위일체, 은혜 그리고 믿음: 조나단 에드워즈 신학 연구』, 172-176.

2) 하나님의 역동성과 천지창조의 목적

조나단 에드워즈의 삼위일체론이 실천적인 근거는 그의 독창적인 하나님 이해에서 비롯된다. 즉 고전적인 불변성과 자족성 강조로 인한 하나님의 역사참여의 근거와 입지가 적었던 그 당대의 비판에 대해, 조나단 에드워즈는 하나님의 성향적 본질의 개념을 통해서 그 한계를 뛰어넘었다. 즉 하나님의 영원한 현실성을 전혀 훼손하지 않으면서도 하나님 자신의 생명 속의 역동성을 외부로 나타냄을 강조한 것이다.

조나단 에드워즈는 자신의 저술, 『삼위일체론』과 『하나님께서 세상을 창조하신 목적』에서 하나님의 천지창조 목적은 자신의 신적 사랑과 아름다움을 재현하시는 것이며, 창조된 모든 피조물들이 그 사랑과 아름다움에 동참함으로 영광 받으시고 기뻐하고자 함이라고 밝혔다. 삼위일체 하나님의 내재적 사랑과 거룩함이 충만히 흘러넘쳐서 창조된 세계에서도 동일하게 재현되고 반복되길 원하신 것이다. 그렇기에 인간과 자연의 모든 피조물들이 서로 사랑하며 거룩함으로 변화되어지는 것은 하나님의 천지창조의 목적에 동참하는 것이다. 뿐만 아니라, 하나님의 탁월성과 사랑을 통한 관계적 삼위일체 하나님을 실제적으로 경험하는, 참된 신앙적 감정을 누리는 삶이 되는 것이다.

조나단 에드워즈에게 있어서 자연과 인간은 하나님을 향한 궁극적인 책임으로 볼 때, 동등한 협조자다. 자연이나 물질적 우주의 그 원래 궁극적 목적으로서의 실재화는 지각 있는 존재에 의존하여 이루어지면서 동시에 지각이 있는 존재가 물질적 실재에 의존하는 상호 공유적 관계다. 인간의 목적은 하나님의 하시는 일을 경배하고 감탄하는 것이며, 자연이나 지각이 없는 존재의 목적도 삼위일체 하나님의 중심에서 벗어난 것이 아니다.[50]

3) 사랑과 경건의 실천을 통한 실천적 삼위일체론

조나단 에드워즈의 『삼위일체론』에 나타나는 두드러진 특징은 그리스도인의 신앙 또는 실생활과 삼위일체론을 전혀 분리시키지 않았다는 점이다. 하나님과 그리스도인의 체험을 매우 밀접히 연결해 놓았다. 이러한 점은 개혁주의 스콜라 철학자들과 청교도 신학자들의 저술 속에 나타나는 서방교회의 삼위일체 가르침을 이어 받은 것이다. 물론 그의 사상은 랄프 컷워스의 저술을 통해 동방교회의 전통도 이어받았다.[51]

이러한 점은 아우구스티누스의 『삼위일체론』에서도 분명히 드러난다. 초대교회 교리의 절정이자 탁월한 기독교 교리서였던 아우구스티누스의 삼위일체론은 초대 기독교 동방교회와 서방교회의 신앙고백을 종합하여 뿌리내리게 한 전통신학의 중심적 교리이자, 중세와 종교개혁을 비롯한 현대의 그리스도인의 경건에도 아주 구체적이며 실제적인 교리였다. 그것은 삼위일체 하나님의 사랑의 연합과 일치가 하나님의 형상이자 삼위일체의 흔적이 있는 인간의 모든 삶 속에서도 분명히 적용될 수 있는 탁월한 신학적 근거이기 때문이다.

아우구스티누스와 에드워즈의 삼위일체론에서 공통적으로 발견되는 하나님에 대한 속성이 종속적인 차별이나 등급이 아닌, 사랑의

---

50 Jonathan Edwards, "The Mind," *WJE*, 6:353.
51 Lee, "Editor's Introduction," *WJE*, 21:3-4.

연합을 통한 완전한 일체성과 동등한 본질로서의 관계적 구별로 말미암아 하나님의 형상대로 지음 받은 인간의 삶이 어떠해야 하는지를 분명히 보여준 것이다. 즉 삼위일체 신앙을 고백하는 그리스도인의 삶이 인간 사회에서 벌어지는 모든 억압과 차별, 그리고 증오와 폭력 등의 온갖 문제들을 배격하며, 하나님의 형상대로 지음 받은 존엄한 인간을 사랑하며 평등 가운데 살아가야 함을 제시해 준 것이다.

그래서 에드워즈의 삼위일체론은 하나님의 구원과 관련된 그리스도인의 삶을 비롯하여, 개인과 사회의 자유와 평등, 그리고 생태계 보존 등 오늘날의 다양한 현안들에 대한 근본 해결책으로서 기독교 신학과 신앙의 근본적 토대를 제공한다.

조나단 에드워즈의 이러한 의도는 삼위일체론이 그리스도인의 신앙과 직접적인 실천적 삼위일체론임을 밝히 드러낸 것이다. 그의 삶에서도 알 수 있듯이, 70개의 결심문을 만들어 매주 점검하면서 스스로를 절제하며 경건의 훈련에 힘쓰는 청교도적 경건의 실천, 그리고 18세기 대각성운동의 부흥을 주도한 것에서도 그 예들을 찾아볼 수 있다.

결국, 조나단 에드워즈의 삼위일체론은 관계적 삼위일체론과 실천적 삼위일체론의 균형을 통해 하나님의 내재적 사랑과 거룩함, 아름다움과 영광이 그대로 인간과 자연의 삶 속에서도 사랑과 경건의 실천을 통해 성취되는 것이다. 이것은 그리스도인의 삶이 결코 교리적이고 사변적인 신앙이나 지식에 머물지 않고 삶의 구체적인 현장에서 삼위일체 하나님의 속성과 관계를 드러낼 있도록 살아야 함을 의미한다. 또한 신앙 없는 실천은 공로나 자기 의에 불과하며, 실천 없는 신앙은 죽은 신앙임을 알기 때문이다(약 2:26).

그래서 조나단 에드워즈는 그리스도인의 자유는 육신의 욕망을 따라 살지 않고, 성령 안에서 동행하는 삶으로 이웃 사랑을 실천하는 삶임을 강조한 것이다.[52] 또한 조나단 에드워즈는 우리의 마음에 느끼는 하나님의 사랑과 하나님 안에서의 기쁨은 우리 마음에 거하시는 성령의 감각이라는 것이다. 왜냐하면 성령의 본성이 사랑과 기쁨으로 이루어졌기 때문이라는 것이다.[53]

조나단 에드워즈는 성부와 성자의 창조와 구속 사역의 절정이 바로 하나님의 사랑, 곧 성령임을 강조했는데, 그 성령이 곧 적극적인 사랑의 행위자이며, 거룩한 성향이시다. 그래서 성령의 내주하심 가운데 거룩한 성향으로 인도하심을 받을 때, 참된 사랑과 경건의 실천이 가능케 되는 것이다. 그것은 또한 삼위일체 하나님의 거룩한 사귐에 동참하는 것이며(요일 1:3), 신의 성품에 참여하는 특권이다(벧후 1:4).

지금까지 제5부에서는 조나단 에드워즈의 삼위일체론을 세 가지 측면에서 그 특징을 살펴보았다. 첫 번째 특징은 심리학적 삼위일체론과 사회적 삼위일체론의 연속성이다. 조나단 에드워즈의 삼위일체론에서는 아우구스티누스의 사상을 토대로 심리학적 유비와 사회적 유비로의 전개와 통합이 이루어진다. 특히 삼위일체 하나님의 신적 본질이 동일하다는 것은 실체론적인 단일성이 아닌 관계론적인 단일성을 의미한다. 하지만 세 위격은 동등한 본질로서 공동된 보편적 특성을 지니고 있으며 독특한 영광을 통해 분명한 구별이 된다.

---

52 Jonathan Edwards, "Discourse on the Trinity," *WJE*, 21:124-125.
53 Jonathan Edwards, *The Blank Bible*: note on Rome 5:5, *WJE*, 24.

이러한 삼위성은 성향적 구별을 통해 강조가 되며 상호순환을 통해 사회적 삼위일체론의 이룬다.

두 번째 특징은 내재적 삼위일체론과 경륜적 삼위일체론의 조화다. 조나단 에드워즈에게 있어서 그리스도의 구원 사건을 통한 그리스도인의 경륜적 삼위일체 하나님에 대한 경험과 이해는 내재적 삼위일체에 근거가 된다. 또한 경륜적 삼위일체의 역사적 활동이 실현되는 것은 삼위일체 하나님의 내재적 생명의 역사를 통해 자기 자신을 전달하려는 신적 성향과 동일한 것이다. 이 둘의 조화는 삼위일체 하나님의 창조와 구속 그리고 성화 사역에 동참하게 되는 그리스도인의 생명력 있는 신앙생활의 근거가 된다. 또한 과정신학의 문제인 불변성을 성향적 존재론을 통해 삼위일체 하나님의 내재성과 초월성이 조화를 이루게 된다. 이것은 창조와 구원을 통해 내재적 삼위일체 하나님의 외적인 연장과 반복, 그리고 경륜적 삼위일체 하나님의 외적인 충만과 발산이 되는 것이며, 영적인 차원과 물질적인 차원의 구원이 가능케 되는 것이다.

세 번째 특징은 관계적 삼위일체론과 실천적 삼위일체론의 균형이다. 성향적 본질이 실현된 최초의 현실성이 성부, 신적 성향의 재귀적 명철을 통한 실현이 성자, 그리고 신적 성향의 재귀적 사랑의 실현이 바로 성령이다. 신적 아름다움 통해 신적 탁월성을 드러내게 되며, 성령은 성부와 성자의 이중발현이자 상호 간의 사랑이다. 여기서 성령은 단순한 '사랑의 띠'로 수동적인 존재가 아닌, 사랑의 적극적 행위자가 된다. 또한 삼위일체 하나님은 독특성과 역동성으로 인해 사랑과 경건의 실천의 근거가 된다. 즉 삼위일체 하나님의 성향적 본질인 역동성과 관계성을 통해 개별성을 초월하는 사회성과 공동체성의 일치와 사랑의 실천적 근거를 제시해 준다.

The Doctrine of the Trinity
in the Theology of Jonathan Edwards

조나단 에드워즈의
삼위일체론

제6부 결론

제1장 요약
제2장 평가
제3장 전망

제1장

요약

　본 저서는 기독교 신앙과 신학의 중심인 삼위일체론을 사변적이며 신앙의 부수적인 교리로 간주하는 신학자들과 신앙인들의 도전에 문제의식을 갖고 출발하였다. 체계화된 초대교회에서 현대에 이르기까지 수많은 신학자들의 정교하고도 치밀한 연구와 논쟁을 통해 체계화된 삼위일체론이 오늘을 살아가는 그리스도인들에게는 과연 어떤 의미가 있는지를 검토해 보았다. 즉 삼위일체론은 결코 신학자들만의 사변의 산물이 아닌, 삼위일체 하나님의 창조와 구원, 그리고 성화의 구체적 사건 속에서 경험되어지는 신앙적 체험이자 고백이며, 신앙과 삶의 실천적 지침임을 확인할 수 있었다.

　삼위일체론은 그동안 그리스도인의 개인의 신앙과 삶뿐만 아니라, 사회의 자유와 평등, 생태계 현안에 걸친 기독교 신학과 신앙에도 근본적 토대를 제공해왔다. 특히 포스트모던의 종교적 다원주의 시대에 기독교의 삼위일체론의 중요성과 가치는 삼위의 구별성과 각 위격들의 독특한 영광과 탁월성을 강조하는 조나단 에드워즈의 삼위일체론을 통해 중심 가치를 공유할 수 있다. 특히 삼위일체 하나님에 대한 조나단 에드워즈의 동등성 강조를 통해 '동등한 공존'을 요구하는 포스트모던 사회에서 하나님의 형상대로 지음을 받은 인간 간의 종속적 관계나 위계적 질서에 대해서 단호하게 거부할 수 있는 근거를 확보한다. 뿐만 아니라, 조나단 에드워즈가 주장한 삼위일체 하나님의 성향적 본질인 역동성과 관계성을 통해 개별성을 초월하는 사회성과 공동체성의 일치와 사랑의 근거를 제시해 준다.

각 시대마다 주어진 역사적 상황과 사명에 따라 정통 삼위일체론의 강조점은 달랐지만 그 중심 교리는 변하지 않았다. 이러한 삼위일체론은 아우구스티누스를 정점으로 하는 초대교부들, 루터와 칼빈과 같은 종교개혁자들, 그리고 이러한 동방교회와 서방교회의 전통적 삼위일체론의 조화와 균형으로 탁월하게 체계화한 조나단 에드워즈의 사상을 통해 신앙과 신학의 중심적이며 실천적인 강조의 흐름은 지속되었다.

제2부에서는 조나단 에드워즈의 생애와 신학사상을 살펴보았다. 조나단 에드워즈가 살던 18세기 뉴잉글랜드는 영국 정착민들의 초기 개척지로서 전쟁과 가난으로 많은 정치적, 문화적 충돌이 있던 곳이었다. 식민지 정착으로 인한 여러 전쟁과 충돌, 그리고 경제적 부를 추구하는 새로운 움직임 등으로 유럽에서의 신앙의 자유를 찾아 온 청교도 신앙과 경건은 차츰 퇴색해 가고 있었다. 교회는 계몽주의로 인한 세속화가 가중되었고, 이성과 과학의 영향으로 이신론과 반(反) 삼위일체론, 그리고 알미니안주의가 퍼져있던 시대였다.

식민지의 척박한 상황에서 형식적인 신앙생활에 큰 변화가 18세기 뉴잉글랜드 지역에 일어났다. 즉 대각성운동으로 인해 곳곳에 영적 각성과 부흥이 퍼져 나갔다. 하지만 그런 부흥으로 인한 열광주의 신앙과 냉소적 비판, 그리고 교단 목회자들 사이의 갈등과 분열 등이 지속되었다.

이런 역사적 배경 속에서 조나단 에드워즈는 모범적인 목회자 가정에서 철저한 신앙 교육을 배워왔다. 또한 예일대학을 최우수학생으로 졸업하였기에, 자칫 내면적 교만이나 형식적인 신앙생활에 빠지기 쉬웠으나 오히려 조나단 에드워즈의 삶에 찾아온 늑막염으로, 또한 그의 내면 깊은 곳에서 씨름하고 있던 죄에 대한 철저한 몸부림을 통해, 그는 죽음의 문턱에서 지옥까지 떨어지는 고통과 시련의 터널을 지나게 되었다. 결국, 1721년 18세의 나이에 회심 체험을 하게 되었다. 하나님의 절대적인 주권하심에 의한 회심 체험과 예일대학에서의 예리한 학문적 습득을 통해 탁월한 신학자이자 목회자로서 자질을 키워갔다. 회심을 체험한 후 조나단 에드워즈는 70개의 결심문을 통해 자신의 삶을 스스로 성찰할 정도로 하나님의 영광을 위한 경건과 거룩의 삶에 헌신했다.

외조부가 계신 노샘프턴교회에 부임하여 목회를 하면서 대각성운동과 부흥운동을 직접 경험하고 지도했다. 특히 그는 열광주의에 빠져 있는 신앙을 경계하면서 하나님에 대한 참된 지식을 통한 올바른 신앙적 감정의 기준을 제시하며 목회를 했다. 하지만 회중교회 성도들의 건강한 신앙을 추구하고자 성만찬 참여 자격에 대한 갈등이 커지면서 교회에서 나와 스톡브리지에서 인디언 선교를 감당하게 되었다. 그곳에서 조나단 에드워즈는 비교적 시간적 여유가 많아져서 자신의 저술활동에 매진할 수 있었다. 그 후 프린스턴대학 총장으로 부임한 후 천연두 예방접종의 후유증으로 인해 55세의 생을 마감했다.

이러한 생애 가운데 조나단 에드워즈는 삼위일체 하나님께 초점을 두어 하나님의 영광과 절대주권을 강조한 청교도적 칼빈주의자였다. 조나단 에드워즈는 자신의 신학과 사상의 근간이 삼위일체 하나님에 대한 지식과 경험을 중심에 두었기에, 그의 신학과 사상을 이해하는 데 있어서 매우 중요한 열쇠이자 출발점이 바로 그의 삼위일체론이다. 그래서 필자는 조나단 에드워즈의 신학과 사상을 '삼위일체적 전망'으로 연구했다. 이러한 방법론은 삼위일체 하나님의 존재양식과 마찬가지로 조나단 에드워즈의 삼위일체론에 나타난 구별성과 통일성의 연속성과 조화 그리고 이 둘의 균형을 살펴 볼 수 있었다.

조나단 에드워즈의 신학사상은 경향성을 통한 역동적 신학방법이었기에 당대의 계몽주의 도전을 극복할 수 있었다. 또한 에드워즈는 탁월성 개념을 통해 세계 질서 속의 영적 조화를 표현했다. 에드워즈는 청교도와 칼빈주의 신학 전통, 계몽주의를 극복한 경험론 신학자였으며, 계몽주의의 도전을 극복한 철학자이자 성경신학자였고, 부흥을 통한 대중주의와 열광주의를 경계한 부흥운동가였다.

에드워즈는 삼위일체론을 비롯한 신학사상을 연구함에 있어서 성경적 계시와 이성적 추론의 조화를 이루었으며, 하나님과 은총에 대한 탁월성 개념을 통해 하나님의 영광을 드러냈다. 또한 에드워즈는 오성(悟性)활동을 통해 얻어낸 이론과 오성과 의지의 은혜로운 경향성인 실천을 통해 하나님의 사랑에 기초한 거룩한 기독교적 실천을 제시했다.

제3부에서 필자는 삼위일체론의 형성과 이에 대한 조나단 에드워즈의 계승에 대해서 교리사적으로 살펴보았다. 그래서 필자는 삼

위일체론의 성경적 토대와 형성과정을 구약성경과 신약성경, 초대 교회의 주요 교부들의 사상을 통해 연구했다. 또한 조나단 에드워즈가 계승한 전통적 삼위일체론을 아우구스티누스와 종교개혁자들, 그리고 개혁적 계몽주의자들에 이르기까지 삼위일체론에 관한 주요 사상을 짚어 보았다.

무엇보다도 이 저서에서 중점적으로 부각시킨 조나단 에드워즈의 삼위일체론 계승에 관한 논쟁을 에이미 포오와 스티븐 스튜드베이커를 중심으로 검토했다. 에이미 포오는 삼위성-일체성 방식으로 아우구스티누스의 심리학적 모델과 사회적 모델의 조화를 강조하면서 개혁적 전통의 영향을 강조했다. 반면, 스튜드베이커는 포오가 취한 삼위성-일체성 방식을 거부하고 역사적-신학적 방법론을 토대로 아우구스티누스의 상호 간의 사랑 모델만을 에드워즈가 수용했다고 논증했다. 그러면서 그는 그 당시 역사적 정황인 초기 계몽주의의 사상가들로부터의 영향과의 관계를 오히려 중요시했다. 이에 필자는 삼위일체적 전망을 통해 두 가지 방법론에 대한 문제점을 극복하면서 두 견해를 통합하였다. 필자는 이러한 통합과 더불어 성경의 계시와 이성적 추론에 대해서도 강조했다.

제4부에서는 조나단 에드워즈의 삼위일체 하나님에 대한 정의와 속성을 살펴보았다. 에드워즈는 성부를 자존하시는 최초의 신성으로 파악하면서도 양태설과 유출설의 위험성을 차단했다. 성자를 하나님 자신의 관념으로 파악한 에드워즈가 전통적인 출생 개념을 자기 전달을 통한 창조성으로 논증했다. 성령에 대해서는 이중발현의 전통을 확인하면서 성부와 성자의 신적인 사랑의 행위자로 묘사함으로 아우구스티누스의 성령 이해를 독창적으로 계승했다.

에드워즈의 삼위일체론의 속성과 동등성은 세 위격의 완전하심과 신성의 반복을 통해서 상호 간의 관계가 형성되었다. 이에 독특한 영광과 동등한 영광의 개념으로 삼위일체 하나님의 공유된 속성과 비공유된 속성, 그리고 동등성을 연구하였다. 에드워즈가 밝힌 삼위일체 하나님의 세 위격의 관계는 상호포괄임을 도식화해서 살펴보았다. 그러면서 삼위일체의 형상과 신비에 대한 점들을 아우구스티누스의 사상과 비교하며 고찰했다.

조나단 에드워즈는 삼위일체 하나님의 관계에서 각 위격의 독특한 우월성을 통해 삼위의 동등성을 역설적으로 강조했다. 『삼위일체론』을 저술한 조나단 에드워즈의 공헌은 세 위격의 동등성에 대한 강조로 성령의 독특한 영광과 우월성을 상대적으로 부각시킨 점이다. 조나단 에드워즈는 성령의 독특한 영광과 다른 위격이 누리지 못하는 영예와 우월성에 대해서 설명하면서 성부와 성자가 누리는 모든 것을 성령이 동시에 누리는 영예가 있으며, 성부와 성자의 창조와 구속 사역의 절정이 바로 성령이심을 강조함으로써 삼위일체 하나님의 세 위격 중에서 성령에 대한 동등성과 독특성을 탁월하게 표현했다.

에드워즈는 경향성과 조화의 개념으로 삼위일체 하나님에 대해서 독창적으로 이해했다. 그것은 경향성과 영광, 그리고 조화의 개념으로 삼위일체 하나님에 대한 구체적인 이해와 삶의 실천적인 근거를 마련한 것이다. 하나님의 자기 전달 방식의 표현을 통해 내재적 삼위일체 하나님과 창조와 구속, 그리고 성화의 사역을 감당하는 경륜적 삼위일체 하나님의 자연스런 조화를 가능케 해 주었다. 조나단 에드워즈는 성경의 계시에 삼위일체의 토대를 두었고, 성경의 가르침 안에서 철학적이며 신학적인 조명, 즉 이성적 추론의 가능성도

열어 두었다. 불가해한 삼위일체 신비에 대한 이성적 논의를 열어 둔 것이다.

에드워즈는 경향성과 하나님의 영광 그리고 조화의 개념을 통해 삼위일체 하나님에 관한 독창적 이해를 도출했다. 경향성, 즉 역동적 실재로서 삼위일체 하나님을 이해함으로 이신론과 자연과학의 도전을 극복하였고, 경험적 인식론을 통한 삼위일체 하나님 이해로 참된 신앙적 감정과 실천을 강조했다. 또한 그는 삼위일체 하나님 이해에 있어서 조화의 개념을 통해 신앙과 이성, 신앙과 경험, 그리고 신앙과 감정의 조화를 부각시켰으며, 하나님의 완전성과 경향성의 조화를 통한 고전적 유신론을 극복했다.

제5부에서 필자는 조나단 에드워즈의 삼위일체론을 세 가지 특징으로 살펴보았다.

첫째, 심리학적 삼위일체론과 사회적 삼위일체론의 연속성이다. 하나님의 성향적 개념을 통해 심리학적 유비는 사회적 유비로 전개되며 통합되어 서로 간에 연속성을 이룬다. 삼위일체 하나님의 통일성과 동등성을 강조하는 심리학적 삼위일체론에서 조나단 에드워즈는 동등한 본질과 독특한 영광에 대한 강조로 본질의 공통된 보편적 특성을 나타냈다.

한편, 조나단 에드워즈는 삼위의 성향적 구별을 통한 구별성과 상호 순환을 강조함으로 공동체성이 부각되는 사회적 삼위일체론으로 연속성 있게 주장했다. 심리학적 삼위일체론과 사회적 삼위일체론의 연속성은 동방교회와 서방교회의 신학적 갈등에 대한 해결의 실마리를 시사해 준다. 조나단 에드워즈는 성령의 이중발현에 대한 입장 차이를 성부와 성자의 보좌로부터 흘러나오는 생수의 강으로 설명함(계 22:1-2; 요 7:38-39)으로 전통적인 성령의 발현과 보냄 받으심에 대한 갈등의 초점을 옮겨갔음을 알 수 있다.[1] 이러한 점은 성경의 근거를 본문상의 성부, 성자, 성령이라는 문자에 얽매이지 않고, 성령을 비유로 설명한 여러 본문들을 폭넓게 적용하고 있음을 보여준다. 이러한 태도는 동·서방교회는 물론 현대 수많은 교회들의 문자적인 해석의 집착으로 인한 분열과 갈등을 완화시켜주는 지혜를 제공한다.

둘째, 조나단 에드워즈의 삼위일체론의 특징은 내재적 삼위일체론과 경륜적 삼위일체론의 조화다. 즉 삼위일체 하나님의 내적 명철과 사랑의 충만함이 내재적 삼위일체를 형성한 것이라면, 하나님의 외적 명철과 사랑의 충만함이 창조와 구원, 성화라는 경륜적 삼위일체를 형성한 것이다. 삼위일체 하나님의 세상 창조와 구원으로 내재적 삼위일체 하나님의 외적인 연장과 자기 반복이 실현되는 것이며, 인간과 모든 자연의 존재 이유와 목적이 발견되는 것이다. 인간은 하나님의 명철과 사랑을 경험함으로 인생의 참된 행복을 맛보게 되는 것이다. 이러한 삼위일체 하나님의 특징은 완전한 현실성과 자족성이라는 불변적 존재뿐만 아니라, 세계와 역사 속에서 영원한 본성을 현실화하시는 조화를 가능케 한다. 그렇기에 하나님의 창조와 구원은 하나님의 영광과 인간의 행복을 추구하게 된다.

특히 조나단 에드워즈에게 있어서 구원은 단계적 실재론을 통해 영지주의나 신플라톤주의자들과 같은 영적 차원과 물질적 차원의 차별이 아닌, 하나님의 창조목적과 영광을 위한 평등한 존재로 여

---

[1] Jonathan Edwards, "Discourse on the Trinity," *WJE*, 21:129.

겨진다. 그래서 모든 신분과 권력에 의한 차별은 물론, 인간과 인간, 인간과 자연과의 착취와 억압의 구조와 관계는 모두 철폐될 수밖에 없다.

셋째, 관계적 삼위일체론과 실천적 삼위일체론의 균형이다. 즉 삼위일체 하나님의 각 위격은 독특한 영광과 탁월성을 지녀 구별이 되면서도 하나님의 성향적 본질이 역동적이며 관계적이기에 동등하다. 성부 하나님은 성향적 본질이 실현된 최초의 현실성이며, 성자 하나님은 신적 성향의 재귀적 명철을 통한 실현이고, 성령 하나님은 신적 성향의 재귀적 사랑의 실현이다. 그렇기에 적극적인 사랑의 행위자인 성령으로 인해, 하나님의 영광에 근거한 실천적 삼위일체론이 가능케 된다.

조나단 에드워즈의 삼위일체론의 두드러진 특징은 그리스도인의 실생활과 분리시키지 않은 점이다. 하나님의 성향적 본질의 재현이라는 천지창조와 구원의 목적에 참여하는 신앙을 갖게 될 뿐만 아니라, 사랑의 적극적인 행위자인 성령의 인도하심을 통해 하나님의 영광에 근거한 실천적 삶을 살게 되는 것이다.

한편, 이러한 특징들은 각각 구별되는 특징들이면서도 동시에 상호 간에 깊은 연관성을 갖고 있다. 그것은 조나단 에드워즈의 독창적인 하나님 이해와 자신의 사상적 토대가 있었기 때문이다. 조나단 에드워즈의 신학과 신앙은 철저히 삼위일체 하나님 중심에 서 있었고, 철저히 삼위일체 하나님에 대한 명철과 사랑으로 비롯되는 삼위일체론으로 그리스도인의 올바른 신앙과 구체적 실천의 삶의 토대를 마련해 주었다.

제2장

평가

존 칼빈 이후 기독교 사상사에 있어서 가장 탁월한 업적을 이루었다고 해도 과언이 아닌 조나단 에드워즈의 사상과 가치는 그동안 교회사적으로는 충분한 평가를 받지 못했다. 그것은 우선 교단 배경을 근거로 신학적 연구를 하는 한국 상황에서 회중교회 목회자는 낯설 수밖에 없기 때문이다.

한국 신학계에서 대부분의 신학사상사나 신학자에 대한 교회사적 연구는 주로 유럽 중심으로 연구가 이루어졌기에, 조나단 에드워즈와 같은 '신대륙'의 신학자는 그 업적에 대한 충분한 연구와 정당한 평가가 어려운 현실이었다. 그것은 조나단 에드워즈에 관해서 최근 탄생 300주년을 맞아 비교적 융숭한 대접을 받고 있는 미국에서의 명성과는 달리, 그의 신학과 사상에 대한 유럽 학자들의 연구와 관심조차 찾기 힘든 상황임을 통해서도 알 수 있다.[1]

---

1 물론 조나단 에드워즈의 신학과 사상에 대한 세계적인 명성을 에드워즈 시대부터

조나단 에드워즈와 같은 해에 출생한 영국의 감리교 창시자 존 웨슬리에 대한 한국교회의 많은 관심과 연구에 비하면, 회중교회 목회자, 조나단 에드워즈에 대한 관심과 연구가 부족한 것은 어쩌면 당연한 결과일 것이다.

철저히 하나님의 영광과 주권을 강조한 조나단 에드워즈의 신학적 사고와 체계의 구심점이 되는 삼위일체론에 대한 연구도 미국과 캐나다의 일부 학자들 외에는 찾아보기 힘든 상황이다. 하지만 18세기 뉴잉글랜드의 혼란스런 정치적 상황과, 과학과 이성의 거센 도전 앞에서, 그리고 교회의 영적 위기 상황 속에서도 놀라운 부흥을 주도하며 탁월한 신학적 저술과 목회를 통해 후대에 큰 영향을 끼친 조나단 에드워즈의 생애와 사상을 연구하는 것은 굉장히 값진 일임에 틀림없다. 특히 한국교회의 신앙적 뿌리와 연관이 있는 미국교회에 가장 큰 영향을 끼친 인물에 대한 신앙과 신학사상을 연구함은 더 큰 소득이라 하겠다.

조나단 에드워즈의 삼위일체론을 통해서 얻을 수 있는 신학과 신앙의 자세는 다음과 같다.

첫째, 조나단 에드워즈가 강조한 관계적 삼위일체론의 특징처럼 성령 하나님의 적극적인 사랑의 행위를 통해 삼위일체 하나님의 사랑과 기쁨이 충만해지며, 인간의 삶에서도 하나님의 거룩한 성향의 인도함을 받은 그리스도인들이 세상을 향한 적극적인 사랑의 실천이 가능할 것이다. 이것은 결코 인간의 자아 성취나 자기 의를 드러

최근까지의 영국과 프랑스, 독일, 네덜란드 등의 나라별로 다양하게 연구한 논문도 있다. D. W. Bebbington, "The Reputation of Edwards Abroad," ed. Stephen J. Stein, *The Cambridge Companion to Jonathan Edwards* (Cambridge: Cambridge University Press, 2007), 239-261.

내는 실천이 아니라, 관계적 삼위일체 하나님에 대한 온전한 오성과 경험을 통해서 가능한 것이다.

에드워즈의 삼위일체론에서 얻을 수 있는 신학과 신앙의 자세는 평양대부흥 100주년을 기념한 한국교회에 올바른 방향과 성숙한 신앙인의 태도를 제시해 준다. 개교회 성장을 위해 각종 훈련과 집회를 찾아다니며 분별없이 도입하는 목회자들과 성도들의 열광주의적 자세, 그리고 자기 스스로의 신앙을 정통보수라고 자처하며 성령의 역사하심을 쉽게 정죄하며 무시하는 냉소주의적 태도에 에드워즈의 신학과 사상은 분명한 도전을 제시해 준다. 분위기나 인위적인 열정에 의한 부흥이 아닌 삼위일체 하나님에 대한 올바른 성경적 지식과 성령의 거룩한 성향으로 말미암은 참된 영적각성과 부흥이 필요한 때이다.

한국교회는 이제 삼위일체 하나님의 절대 주권 속에서 성령의 역사하심을 통한 참된 신앙적 감정이 요구된다. 즉 삼위일체 하나님에 대한 전인격적인 체험과 인식의 변화가 필요한 시기이다. 한국교회와 개개인의 영적각성과 부흥을 위해서 자신이나 사회의 문제와 죄악만을 바라보는 것이 아니라, 하나님의 탁월하심과 거룩하심, 그분의 아름다우심과 사랑을 바라보고 맛보아야 할 것이다.

둘째, 조나단 에드워즈의 삼위일체론은 인간의 사상과 체계를 절대화하지 않고, 언제든 삼위일체 하나님으로부터 비롯되는 올바른 신앙과 신학에 비추어 늘 상대화하며 과감히 변화와 개혁의 기회를 제공할 수 있음을 보여준다. 영원하고도 불가시적인 삼위일체 하나님의 초월성과 절대성에 대한 중심은 견지하면서, 인간과 자연의 모든 사상과 가치에 대한 끊임없는 상대화와 개혁을 부각하고 강조함으로 포스트모던 사회와의 접촉점 제시(상대화)와 대안적 제시(개혁)

를 가능케 한다. 즉 인간이 이 땅에서 완전히 실현할 수 없는 하나님의 절대적인 사랑과 공의의 기준 앞에서 인간의 모든 사상과 가치관들을 끊임없이 상대화하면서 개혁하며 사는 자세를 제시해 준다.

셋째, 조나단 에드워즈의 삼위일체론은 삼위일체 하나님의 명철과 사랑의 내적 충만, 그리고 그것의 외적 반복과 확산이 동시적으로 조화를 이루고 있다. 이것은 내재적 삼위일체 하나님과 경륜적 삼위일체 하나님의 조화에서 엿볼 수 있었다. 인간의 삶도 자신이 속한 가정과 교회에서 서로를 깊이 알아가며 사랑함이 필요함을 보여준다. 또한 그러한 신적 지식과 사랑이 외부로 발산되고 반복됨으로 사회와 세계 공동체에 참된 하나님의 창조 목적이 실현될 수 있게 해 준다.

특히 이러한 삶에 있어서는 인간 공동체의 '조화'가 중요하다. 인간의 본성은 끊임없이 자기를 사랑하며 탐욕으로 재물을 쌓아두며 베풀기를 꺼려한다. 하지만 삼위일체 하나님께서는 자신의 사랑과 기쁨, 탁월성의 속성들을 내적으로만이 아니라 외적으로 충만하게 발산하신다. 인간이 이러한 삼위일체 하나님의 속성과의 상호교제와 사랑으로 말미암아 참된 자족과 코이노니아의 삶이 성취되고, 인간 사회의 상대적 부에 대한 집착으로부터 자유가 가능하게 된다. 그것은 곧 빈곤과 탄식의 현장, 절박한 도움이 필요한 곳에 물질과 정신 그리고 영적인 나눔과 섬김의 삶을 살아야 함을 보여주는 삼위일체 하나님의 속성에서 비롯되는 가치들이다.

그래서 조나단 에드워즈의 이러한 삼위일체론은 포스트모던 시대를 살아가는 현대인들의 파편화된 삶에 큰 의미부여가 가능하다. 우선은 그리스도인들에게 있어서 이러한 사상은 예수 그리스도를 믿기만 하면 구원받는다는 식의 단편적이고 왜곡된 자기중심적 신앙에서 삼위일체 하나님의 관계와 속성을 통한 온전한 신앙의 자세를 제시해 준다. 또한 비그리스도인에게는 기존의 그리스도 중심적 신학으로 말미암아 생기는 배타성을, 삼위일체 중심적 신학으로 축을 옮겨갈 때 새로운 대화의 장을 마련해 줄 수 있을 것이다.

그리스도의 십자가 복음을 통한 구원과 함께 삼위일체 하나님의 심리적이며 사회적 관계를 강조함으로 인간과 사회, 인간과 자연세계에 대한 공동체적 대안의 근거를 마련해 줄 수 있다. 예를 들어, 관계적이며 실천적인 삼위일체론을 통해 이 시대의 문제 해결과 역사 참여적 실천의 근거를 제시함으로 공감대를 마련할 수 있게 된다. 결국, 복음이 내포하고 있는 하나님의 사랑과 공의를 공감하고 맛보게끔 하는 것이다.

삼위일체론에 대한 바른 이해와 지식을 통해 성부, 성자, 성령 삼위일체 하나님의 독특한 영광과 공유된 속성을 대화할 때, 우리 모든 인류의 상호 공존과 사랑의 실천적 근거들을 공감하게 될 수 있기 때문이다. 삼위일체 하나님의 속성과 관계를 통해 참된 공동체성과 하나 됨을 발견할 수 있다. 또한 개인 이기주의로 치닫는 현대인들이 봉착한 상대적 박탈감과 소외감 속에서 새로운 공동체성의 근거와 따스한 소망을 던져 줄 수 있기 때문이다.

조나단 에드워즈가 당시의 계몽주의와 자연과학의 도전 앞에서 굴하지 않고 신학과 사상을 오히려 창조적으로 계승 발전시켰다. 그러한 개척자 정신은 포스트모던 시대를 살아가는 현대인들에게도 실제적인 도전을 준다. 조나단 에드워즈는 그 시대에 통용되는 인간의 보편 가치, 즉 시대정신을 통해 기독교의 핵심사상과 교리를 전달할 수 있는 독창적인 용어와 개념을 개발했다. 그는 전통적인 가르침에 얽매이지 않고 삼위일체론의 전통을 계승하면서도 독창적으로 대안을 제시했다. 즉 모든 인류가 가지고 있는 보편적인 이성의 추론을 통해 조나단 에드워즈는 삼위일체 하나님을 설명하였다. 그는 하나님 자신, 하나님의 자신에 대한 관념, 그리고 하나님의 사랑으로 존재하시는 삼위일체 하나님을 자연과 이성의 빛을 통해 이해하는, 성경적 계시로 접근할 수 있는 새로운 가능성을 보여주었다.

한편, 이러한 조나단 에드워즈의 삼위일체론에서 볼 수 있듯이 삼위일체 하나님 중심적 신학과 사상은 그리스도인들에게도 중요한 도전을 제공해 준다. 즉 삼위일체 하나님에 대한 참된 지식은 인간의 자기 의와 공명심에서 비롯되는 열정적 신앙을 배격하며, 하나님으로부터 비롯되는 성경적 지식과 성품을 통해 참된 신앙적 감정과 사랑의 열매를 맺을 수 있기 때문이다. 이러한 삼위일체 하나님에 대한 신학과 신앙은 그리스도인으로 하여금 그저 기다리는 피동적인 신앙에 머물게 하지 않으며, 우리 안에 내주하시는 적극적인 사랑의 행위자이신 성령의 인도하심을 통해, 동료 인류는 물론 자연만물과 함께 하나님의 천지창조 목적에 적극적으로 동참하게 한다.

제3장

전망

　필자는 조나단 에드워즈의 삼위일체론 연구를 통해 몇 가지 향후 연구 과제를 남긴다.

　첫째, 조나단 에드워즈의 삼위일체론을 연구함에 있어서 그 배경이 되는 초대교회 교부들과 종교개혁자들 그리고 개혁적 청교도들과의 연속성과 차이점에 대한 좀 더 주도면밀한 비교연구가 필요하겠다. 이에 대한 치밀하고도 종합적인 연구로 조나단 에드워즈의 삼위일체론은 물론 그의 신학 전반에 걸친 배경과 토대를 마련하게 될 것이다. 구체적으로는 종교개혁 이후에 진행된 칼빈주의와 개혁주의와의 연속성과 차이점, 감리교나 알미니안 그리고 회중교회와의 관계와 차이점, 종교개혁 이후 영국과 미국의 청교도들의 신학과 사상 등의 비교연구 등이 지속되어야 할 것이다.

　둘째, 조나단 에드워즈의 사상을 파악하기 위해서 17-18세기의 '사상사적 접근'을 통해 그 당시 큰 이슈가 되었던 주제들을 자세히 다룰 필요가 있다. 에드워즈가 살던 시대의 주요 사상가들의 사상과 저술 분석을 통해 그에게 끼친 영향을 면밀히 연구가 요구된다.

셋째, 이 저서는 주로 조나단 에드워즈의 신학사상의 역사적, 사상적, 교리사적 배경과 토대는 어느 정도 검토되었지만, 그의 신학과 사상이 후대에 미친 영향력은 포함되지 않았다. 이에 조나단 에드워즈의 신학과 사상이 미국과 유럽, 그리고 한국교회와 신학에 어떠한 영향과 반향을 일으켰는지에 대한 연구가 필요하겠다.

넷째, 필자가 에드워즈의 삼위일체론을 연구할 때 사용한 '삼위일체적 전망'으로 그의 신학과 사상 전반에 걸친 폭넓은 연구가 지속되어야 할 것이다.

다섯째, 조나단 에드워즈의 신학과 사상을 연구함에 있어서 비교적 철학적이며 사상사적 접근, 그리고 신앙론, 종말론, 칭의론, 중생론 등 교리사적 접근은 어느 정도 진행되었으나, 사회·경제사적인 접근이나 문화사적 접근을 통한 연구는 그리 많지가 않은 상황이다. 이에 그 시대 상황을 다각도로 이해할 수 있는 시도와 노력이 계속되어야 할 것이다.

여섯째, 최근 한국교회는 총체적 위기 상황이라 할 수 있다. 한국교회와 그리스도인들은 사회전반의 문제에 대해 빛과 소금의 역할을 감당하며 끊임없이 개혁을 요구해야 함에도 불구하고, 오히려 교회가 세상 사람들과 언론으로부터 부정부패에 대한 시정을 요구받고 있는 실정이기 때문이다.[1] 하나님의 나라와 공의를 위해 예언자적 사명을 감당하며 교회가 고난을 받는 것이라면 마땅한 일이겠지

---

[1] 통계청의 2005년 11월 기준 인구주택 총조사 자료에 의하면, 천주교, 불교, 원불교는 지난 10년간 종교인구가 증가했지만, 개신교만 감소했다. 이것은 최근 타종교에 비해 기독교에 대한 신뢰가 현격하게 떨어졌음을 입증하는 것이다.

만, 개인 이기주의와 천박한 자본주의의 폐단이 교회 안에도 그대로 들어와 번영신학과 개교회 성장주의, 그리고 부동산 불로소득과 세상의 성공 등에 눈이 멀어 비난 받는 것은 심히 부끄러운 일이다. 다시금 하나님의 나라와 공의를 향한 교회와 그리스도인들의 올바른 사명 감당을 위해서는 신앙적 지성과 감정의 균형과 조화를 이룬 조나단 에드워즈의 생애와 사상에 귀를 기울이며 지속적인 연구가 진행되어야 할 것이다.

일곱째, 최근 각국의 주요 이슈가 되고 있는 기상변화와 환경파괴 문제 등 생태학적 연구에 대한 신학적 통찰력과 대안이 에드워즈의 삼위일체론과 밀접하게 연관되어 있기에 이에 대한 심도 깊은 연구가 필요하겠다. 이것은 에드워즈가 하나님의 영광을 위해 창조된 인간과 세상이 하나님의 천지창조 목적에 합당하게 살아가는 존재의 이유이자 방법이기 때문이다. 자연세계와 물질에 대한 올바른 이해와, 기독교적 관점과 연구가 절실히 필요한 때이다.[2]

Gloria enim Dei vivens homo; vita autem hominis visio Dei[3]

---

[2] 자연과 물질에 대한 최근의 기독교적 관심과 연구 중 하나로 알리스터 맥그라스의 '과학적 신학'(*Scientific Theology*) 연구물이 그 좋은 예라 하겠다.

[3] Irenaeus, *adversus haereses*, ANF 1, IV.20.7.

참고문헌

1. 성경 및 사전류

1) 성경

Biblia Hebraica Stuttgartensia. Stuttgart: Deutsche Bibelgesellschaft, 1967/1997.

Biblia Sacra. Iuxta Vulgatam Versionem. Edited by Bonifatio Fischer. Stuttgart: Deutsche Bibelgesellschaft.

Die Bibel. Nach der Übersetzung Martin Luthers. Stuttgart: Deutsche Bibelgesellschaft, 1985.

Novum Testamentum Graece. Edited by Erwin Nestle & Kurt Aland. Stuttgart: Deutsche Bibelgesellschaft, 1993.

The Holy Bible. New International Version. Colorado Spring: International Bible Society, 1973.

The Holy Bible. New Revised Standard Version. Thomas Nelson, 1989.

The Holy Bible. Revised Standard Version: OT. New York: American Bible Society, 1952; NT. New York: American Bible Society, 1946.

2) 사전류

Bauer, Walter. *A Greek-English Lexicon of the New Testament and Other Early Christian Literature*. Edited by Frederick W. Danker. Chicago:

University Of Chicago Press; 3rd edition, 2000.

Botterweck, G. Johannes & Ringgren, Helmered.. *Theological Dictionary of the Old Testament*. Translated by J. T. Willis & G. W. Bromiley. Grand Rapids, Michigan: Wm. B. Eerdmans Publishing Company, 1978.

Douglas, J. D. & Comfort, Edited by Philip. *WHO's WHO in Christian History*. Tyndale House Publishers, 1992.

Ferguson, Everett. *Encyclopedia of Early Christianity*. NY & London: Garland Publishing, Inc., 1990.

Hillerbrand, Hans J. *The Oxford Encyclopedia of the Reformation*. 4 vols.; Oxford: Oxford University Press, 1996.

Kittel, Gerhard & Friedrich, Gerharded. *Theological Dictionary of the New Testament*. Translated by Geoffrey W. Bromiley. Grand Rapids, Michigan: Wm. B. Eerdmans Publishing Company, 1977.

Simpson, D. P. *Cassell's Latin Dictionary*. London: Cassell & Company Limited, 1959.

Water, Mark. *The New Encyclopedia of Christian Martyrs*. Grand Rapids, MI: Baker Books, 2001.

2. 일차 문헌

1) 조나단 에드워즈

Edwards, Jonathan. *Freedom of the Will*. Edited by Paul Ramsey. *The Works of Jonathan Edwards*. 25 vols. New Haven: Yale University Press, 1957. Vol. 1.

_____. *Religious Affections*. Edited by John E. Smith. *The Works of Jonathan Edwards*. 25 vols. New Haven: Yale University Press, 1959. Vol. 2.

_____. *Original Sin*. Edited by Clyde A. Holbrook. *The Works of Jonathan Edwards*. 25 vols. New Haven: Yale University Press, 1970. Vol. 3.

_____. *The Great Awakening*. Edited by C. C. Goen. *The Works of Jonathan Edwards*. 25 vols. New Haven: Yale University Press, 1972. Vol. 4.

_____. *Apocalyptic Writings*. Edited by Stephen J. Stein. *The Works of Jonathan

Edwards. 25 vols. New Haven: Yale University Press, 1977. Vol. 5.

_____. *Scientific and Philosophical Writings*. Edited by Wallace E. Anderson. *The Works of Jonathan Edwards*. 25 vols. New Haven: Yale University Press, 1980. Vol. 6.

_____. *The Life of David Brainerd*. Edited by Norman Pettit. *The Works of Jonathan Edwards*. 25 vols. New Haven: Yale University Press, 1985. Vol. 7.

_____. *Ethical Writings*. Edited by Paul Ramsey. *The Works of Jonathan Edwards*. 25 vols. New Haven: Yale University Press, 1989. Vol. 8.

_____. *A History of the Work of Redemption*. Edited by John F. Wilson. *The Works of Jonathan Edwards*. 25 vols. New Haven: Yale University Press, 1989. Vol. 9.

_____. *Sermons and Discourses, 1720-1723*. Edited by Wilson H. Kimnach. *The Works of Jonathan Edwards*. 25 vols. New Haven: Yale University Press, 1992. Vol. 10.

_____. *Typological Writings*. Edited by Wallace E. Anderson & David Watters. *The Works of Jonathan Edwards*. 25 vols. New Haven: Yale University Press, 1993. Vol. 11.

_____. *Ecclesiastical Writings*. Edited by David D. Hall. *The Works of Jonathan Edwards*. 25 vols. New Haven: Yale University Press, 1994. Vol. 12.

_____. *The "Miscellanies,"Entry Nos. a-z, aa-zz, 1-500*. Edited by Thomas A. Schafer. *The Works of Jonathan Edwards*. 25 vols. New Haven: Yale University Press, 1994. Vol. 13.

_____. *Sermons and Discourses, 1723-1729*. Edited by Kenneth P. Minkema. *The Works of Jonathan Edwards*. 25 vols. New Haven: Yale University Press, 1997. Vol. 14.

_____. *Notes on Scripture*. Edited by Stephen J. Stein. *The Works of Jonathan Edwards*. 25 vols. New Haven: Yale University Press, 1998. Vol. 15.

_____. *Letters and Personal Writings*. Edited by George S. Claghorn. *The Works of Jonathan Edwards*. 25 vols. New Haven: Yale University Press, 1998. Vol. 16.

_____. *Sermons and Discourses, 1730-1733*. Edited by Mark Valeri. *The Works of Jonathan Edwards*. 25 vols. New Haven: Yale University Press, 1999. Vol. 17.

_____. *The "Miscellanies," 501-832*. Edited by Ava Chamberlain. *The Works of Jonathan Edwards*. 25 vols. New Haven: Yale University Press, 2000. Vol. 18.

_____. *Sermons and Discourses, 1734-1738*. Edited by M. X. Lesser. *The Works of Jonathan Edwards*. 25 vols. New Haven: Yale University Press, 2001. Vol. 19.

_____. *The "Miscellanies," 833-1152*. Edited by Amy Plantinga Pauw. *The Works of Jonathan Edwards*. 25 vols. New Haven: Yale University Press, 2002. Vol. 20.

_____. *Writings on the Trinity, Grace, and Faith*. Edited by Sang Hyun Lee. *The Works of Jonathan Edwards*. 25 vols. New Haven: Yale University Press, 2003. Vol. 21.

_____. *Sermons and Discourses, 1739-1742*. Edited by Harry S. Stout & Nathan O. Hatch; With Kyle P. Farley. *The Works of Jonathan Edwards*. 25 vols. New Haven: Yale University Press, 2003. Vol. 22.

_____. *The "Miscellanies," 1153–1360*. Edited by Douglas A. Sweeney. *The Works of Jonathan Edwards*. 25 vols. New Haven: Yale University Press, 2004. Vol. 23.

_____. *The Blank Bible*. Edited by Stephen Stein. *The Works of Jonathan Edwards*. 25 vols. New Haven: Yale University Press, 2006. Vol. 24.

_____. *Sermons and Discourses, 1743-1758*. Edited by Wilson H. Kimnach. *The Works of Jonathan Edwards*. 25 vols. New Haven: Yale University Press, 2006. Vol. 25.

_____. *The Works of Jonathan Edwards*. 2 vols. Edinburgh: the Banner of Truth Trust, 1998.

_____. *Works of Jonathan Edwards*. 4 vols. the Worcester Edition. New York: Jonathan Levitt & John F. Trow, 1843.

_____. *Freedom of the Will*. WJE Online Vol. 1.

_____. *Religious Affections.* WJE Online Vol. 2.
_____. *Original Sin.* WJE Online Vol. 3.
_____. *The Great Awakening.* WJE Online Vol. 4.
_____. *Apocalyptic Writings.* WJE Online Vol. 5.
_____. *Scientific and Philosophical Writings.* WJE Online Vol. 6.
_____. *The Life of David Brainerd.* WJE Online Vol. 7.
_____. *Ethical Writings.* WJE Online Vol. 8.
_____. *A History of the Work of Redemption.* WJE Online Vol. 9.
_____. *Sermons and Discourses 1720-1723.* WJE Online Vol. 10.
_____. *Typological Writings.* WJE Online Vol. 11.
_____. *Ecclesiastical Writings.* WJE Online Vol. 12.
_____. *The "Miscellanies": Entry Nos. a-z, aa-zz, 1-500.* WJE Online Vol. 13.
_____. *Sermons and Discourses: 1723-1729.* WJE Online Vol. 14.
_____. *Notes on Scripture.* WJE Online Vol. 15.
_____. *Letters and Personal Writings.* WJE Online Vol. 16.
_____. *Sermons and Discourses, 1730-1733.* WJE Online Vol. 17.
_____. *The "Miscellanies," Entry Nos. 501-832.* WJE Online Vol. 18.
_____. *Sermons and Discourses, 1734-1738.* WJE Online Vol. 19.
_____. *The "Miscellanies," 833-1152.* WJE Online Vol. 20.
_____. *Writings on the Trinity, Grace, and Faith.* WJE Online Vol. 21.
_____. *Sermons and Discourses, 1739-1742.* WJE Online Vol. 22.
_____. *The "Miscellanies," Entry Nos. 1153-1360.* WJE Online Vol. 23.
_____. *The "Blank Bible."* WJE Online Vol. 24.
_____. *Sermons and Discourses, 1743-1758.* WJE Online Vol. 25.
_____. *Catalogues of Books.* WJE Online Vol. 26
_____. *"Controversies" Notebook.* WJE Online Vol. 27.
_____. *Minor Controversial Writings.* WJE Online Vol. 28.
_____. *"Harmony of the Scriptures."* WJE Online Vol. 29.
_____. *"Prophecies of the Messiah."* WJE Online Vol. 30.
_____. *"History of Redemption" Notebooks.* WJE Online Vol. 31.
_____. *Correspondence by, to, and about Edwards and His Family.* WJE Online Vol. 32.

_____. *"Misrepresentations Corrected" Draft*. WJE Online Vol. 33.
_____. *"Original Sin" Notebook*. WJE Online Vol. 34.
_____. *Sermon Notebooks*. WJE Online Vol. 36.
_____. *Documents on the Trinity, Grace and Faith*. WJE Online Vol. 37.
_____. *Dismissal and Post-Dismissal Documents*. WJE Online Vol. 38.
_____. *Church and Pastoral Documents*. WJE Online Vol. 39.
_____. *Autobiographical and Biographical Documents*. WJE Online Vol. 40.
_____. *Family Writings and Related Documents*. WJE Online Vol. 41.
_____. *Sermons, Series II, 1723-1727*. WJE Online Vol. 42.
_____. *Sermons, Series II, 1728-1729*. WJE Online Vol. 43.
_____. *Sermons, Series II, 1729*. WJE Online Vol. 44.
_____. *Sermons, Series II, 1729-1731*. WJE Online Vol. 45.
_____. *Sermons, Series II, 1731-1732*. WJE Online Vol. 46.
_____. *Sermons, Series II, 1731-1732*. WJE Online Vol. 47.
_____. *Sermons, Series II, 1733*. WJE Online Vol. 48.
_____. *Sermons, Series II, 1734*. WJE Online Vol. 49.
_____. *Sermons, Series II, 1735*. WJE Online Vol. 50.
_____. *Sermons, Series II, 1736*. WJE Online Vol. 51.
_____. *Sermons, Series II, 1737*. WJE Online Vol. 52.
_____. *Sermons, Series II, 1738, and Undated, 1734-1738*. WJE Online Vol. 53.
_____. *Sermons, Series II, 1739*. WJE Online Vol. 54.
_____. *Sermons, Series II, January-June 1740*. WJE Online Vol. 55.
_____. *Sermons, Series II, July-December 1740*. WJE Online Vol. 56.
_____. *Sermons, Series II, January-June 1741*. WJE Online Vol. 57.
_____. *Sermons, Series II, July-December 1741*. WJE Online Vol. 58.
_____. *Sermons, Series II, January-June 1742*. WJE Online Vol. 59.
_____. *Sermons, Series II, July-December 1742, and Undated, 1739-1742*. WJE Online Vol. 60.
_____. *Sermons, Series II, 1743*. WJE Online Vol. 61.
_____. *Sermons, Series II, 1744*. WJE Online Vol. 62.
_____. *Sermons, Series II, 1745*. WJE Online Vol. 63.

_____. *Sermons, Series II, 1746*. WJE Online Vol. 64.
_____. *Sermons, Series II, 1747*. WJE Online Vol. 65.
_____. *Sermons, Series II, 1748*. WJE Online Vol. 66.
_____. *Sermons, Series II, 1749*. WJE Online Vol. 67.
_____. *Sermons, Series II, 1750*. WJE Online Vol. 68.
_____. *Sermons, Series II, 1751*. WJE Online Vol. 69.
_____. *Sermons, Series II, 1753*. WJE Online Vol. 71.
_____. *Sermons, Series II, 1754-1755*. WJE Online Vol. 72.
_____. *Sermons, Series II, 1756-1758, Undated, and Fragments*. WJE Online Vol. 73.

2) 조나단 에드워즈 이외 전집류

A Select Library of the Nicene and Post-Nicene Fathers of the Christian Church. Edited by Philip Schaff. 2nd Series 14 vols. New York: Christian Literature, 1887~1894; Reprinted by Grand Rapids, Michigan: Wm. B. Eerdmans Publishing Company, 1952~1956.

Acta Martyrum et Sanctorum Syriace. Edited by P. Bedjan. 6 vols. Paris and Leipzig: Harrassowitz, 1890~1897.

Ancient Christian Writers. 415 vols. New York: Newman, 1942~.

Calvin's Commentaries. 47 vols. Edinburgh, 1843~1859.

Calvin's Commentaries. Edited by D. W. Torrance & T. F. Torrance. Edinburgh, 1959~.

Corpus Christianorum Series Graeca. Turnholti, Belgium: Typographi Brepolis Editores Pontificii, 1977~.

Corpus Christianorum Series Latina. Turnholti, Belgium: Typographi Brepolis Editores Pontificii, 1953~.

Corpus Scriptorum Ecclesiasticorum Latinorum. Vienna, 1866~.

Joannis Calvini Opera Selecta. Edited by Peter Barth. 5 vols. Munich, 1926~1936.

Luther's Works. Edited by Jaroslav Pelikan & Helmut Lehmann. 55 vols. St. Louis, Philadelphia, 1955~1975.

Luthers Werke, Briefwechsel. 15 vols. Weimar, 1930~1978.
Luthers Werke, Tischreden. 6 vols. Weimar, 1912~1921.
Luthers Werke: Kritische Gesamtausgabe. Edited by J. K. F. Knaake & G. Kawerau et al. Weimar, 1883~.
Obras de San Agustin. Edited by Luis Arias. in *Biblioteca de Autores Cristianos* 282 vols. 3rd Edition; Madrid: La Editorial Catolica, S.A., 1968.
Opera Calvini. Berlin, 1834~. Vol. 29-87.
Patrologia Graeca. Edited by J. P. Migne. 162 vols. Paris, 1857~1934.
Patrologia Latina. Edited by J. P. Migne. 217 vols. Paris, 1843~1890.
Pelikan, Jaroslav. *The Christian Tradition: A History of the Development of Doctrine*. 5 vols. Chicago and London: The University of Chicago Press, 1971~1989.
Schaff, Philip. *History of the Christian Church*. 8 vols. Grand Rapids, Michigan: Wm. B. Eerdmans Publishing Company, 1950.
Sources Chrétiennes. Edited by H. deLubac & J. Naniélou, et al. Paris: Cerf, 1942~.
St Thomas Aquinas Summa Theologica. Translated by Fathers of the English Dominican Province. 5 vols. New York: Benginger Brothers, 1911; Reprinted by Westminster, Md.: Christian Classics, 1981.
The Anti-Nicene Fathers. Edited by Alexander Roberts & James Donaldson. Edinburgh, 1867~1896. Reviesd by Michigan, Grand Rapids: Eerdmans, 1951~1956.
The Fathers of the Church. Edited by Roy Joseph Deferrari. Washington D.C.: The Catholic University of America Press, 1947~.
The Library of Christian Classics. Edited by J. Baillie et al. 26 vols.; Ichthus Edition; Philadelphia: The Westminster Press, 1953~1966.
The Loeb Classical Library. Edited by G. P. Goold, Translated by Kirsopp Lake. 495 vols. Cambridge, Massachusetts: Harvard University Press, 1912~.

3) 조나단 에드워즈 이외 단행본

Alexander. *The Epistle of Alexander Bishop of Alexandria*. Edited by Philip

Schaff. *A Select Library of the Nicene and Post-Nicene Fathers of the Christian Church.* 2nd Series 14 vols.; Grand Rapids, Michigan: Wm. B. Eerdmans Publishing Company, 1892. Vol. 2.

Anonymous. *The Epistle to Diognetus.* Edited by H. I. Marrou. *Sources Chrétiennes.* Manchester: Manchester University Press, 1949. Vol. 33.

Aquina, Thomas. *Aquinas on Nature and Grace.* Edited by A. M. Fairweather. *The Library of Christian Classics.* Edited by J. Baillie et al. 26 vols. Ichthus Edition; Philadelphia: The Westminster Press, 1954. Vol. 11.

_____. *Summa Contra Gentiles.* Garden City, New York: Doubleday, 1955.

Arius. "The Letter of Arius to Eusebius of Nicomedia," *Christology of the Later Fathers.* Edited by Edward R. Hardy. *The Library of Christian Classics.* 26 vols. Philadelphia: Westminster Press, 1954. Vol. 3.

Augustin. *Confessions and Enchridion.* Translated by Albert C. Outler. *The Library of Christian Classics.* 26 vols. Ichthus Edition; London: SCM Press Ltd., 1955. Vol. 7.

_____. *Earlier Writings.* Translated by John H. S. Burleigh. *The Library of Christian Classics.* 26 vols. Ichthus Edition; Philadelphia: The Westminster Press, 1953. Vol. 6.

_____. *Late Works.* Translated by John Burnaby. *The Library of Christian Classics.* 26 vols. Ichthus Edition; London: SCM Press Ltd., 1955. Vol. 8.

_____. *Obras de San Agustin* T. v: *Tratado Sobre la Santísima Trinidad.* Edited by Luis Arias. *Biblioteca de Autores Cristianos* 282 vols. 3rd Edition. Madrid: La Editorial Catolica, S. A., 1968. Vol. 39.

_____. *On the Holy Trinity.* Translated by Arthur W. Haddan. Edited by Philip Schaff. *A Select Library of the Nicene and Post-Nicene Fathers of the Christian Church.* 14 vols. Grand Rapids, Michigan: Wm. B. Eerdmans Publishing Company, 1887. Series I, Vol. 3.

_____. *Sermons on Selected Lessons of the New Testament*, Sermon 2, "Of the Words of St. Matthew's Gospel, chapter 3:13, 'Then Jesus cometh from Galilee to the Jordan unto John, to be baptized of Him.' Concerning the Trinity," Translated by R. G. MacMullen, Edited by

Philip Schaff. *A Select Library of the Nicene and Post-Nicene Fathers of the Christian Church*. 1st Series 14 vols. Grand Rapids, Michigan: Eerdmans, 1887. Vol. 6.

_____. *The City of God*. Translated by Marcus Dods. Edited by Philip Schaff. *A Select Library of the Nicene and Post-Nicene Fathers of the Christian Church*. 14 vols. Grand Rapids, Michigan: Wm. B. Eerdmans Publishing Company, 1886. Series I, Vol. 2.

_____. *The Confessions*. Translated by J. G. Pilkington. Edited by Philip Schaff. *A Select Library of the Nicene and Post-Nicene Fathers of the Christian Church*. 14 vols. Grand Rapids, Michigan: Wm. B. Eerdmans Publishing Company, 1886. Series I, Vol. 1.

_____. *On Christian Teaching*. Oxford: Oxford University Press, 1997.

_____. *De Civitate Dei*. Libri i-x. Aurelii Augustini Opera. pars xiv, 1. *Corpus Christianorum*; Series Latina; Turnholti, Belgium: Typographi Brepolis Editores Pontificii, 1955. Vol. 47.

_____. *De Civitate Dei*. Libri xi-xxii. Aurelii Augustini Opera. pars xiv, 2. *Corpus Christianorum*; Series Latina; Turnholti, Belgium: Typographi Brepolis Editores Pontificii, 1955. Vol. 48.

Balch, William. *The Apostles St. Paul and St. James Reconciled With Respect to Faith and Works*. Boston: D. Fowle, 1743.

_____. *Vindication of Some Points of Doctrine*. Boston: Rogers and Fowle, 1746.

Barnard, John. *The Lord Jesus Christ the only, and Supreame Head of the Church*. Boston: S. Kneeland and T. Green, 1738.

Berkeley, George. *Treatise Concerning the Principles of Human Knowledge*. (1710). *The Works of George Berkeley*. Edited by Fraser Alexander C. 2 vols., Oxford: Clarendon Press, 1871.

Boethius. *The Theological Tractates, The Consolation of Philosophy*. Translated by Stewart, H. F. and Rand, E. K. Edited by Tester, S.J. *The Loeb Classical Library*. Cambridge, Massachusetts: Harvard University Press.

Bray, Thomas. *A Short Discourse Upon the Doctrine of Our Baptismal Covenant*.

4th Edition; London: S. Hole, 1696, 1704.

Briant, Lemuel. *The Absurdity and Blasphemy of Depretiating Moral Virtue*. Boston: J. Green, 1749.

Bulkley, John. *The Usefulness of Reveal'd Religion, to Preserve and Improve that which is Natural*. New London: T. Green, 1730.

Calvin, John. *Calvin's Commentaries*. Translated by A. W. Morrison. Edited by D. W. Torrance and T. F. Torrance. 12 vols. Edinburgh: The Saint Andrew Press, 1972.

_____. *Institutes of the Christian Religion*. Edited by John T. McNeill, Translated by Ford Lewis Battles. 2 vols. *Library of Christian Classics*; Philadelphia: The Westminster Press, 1960. Vols. 20-21.

Chauncy, Charles. *Mr. Chauncy's Sermon on the Outpouring of the Holy Ghost*. Kila, Montana: Kessinger Publishing, 2003.

_____. *Seasonable Thoughts on the State of Religion in New England*. Boston: Rogers and Fowle, 1743.

Clement of Alexandria. "Who is the rich man that shall be saved?" Edited by Alexander Roberts & James Donaldson. *The Anti-Nicene Fathers*. 10 vols.; Grand Rapids, Michigan: Wm. B. Eerdmans, 1885. Vol. 2.

_____. ΚΛΗΜΕΝΤΟΣ ΠΡΟΣ ΚΟΡΙΝΘΙΟΥΣ Ā. *The Apostolic Fathers* I. Translated by Kirsopp Lake. *The Loeb Classical Library*. Edited G.P. Goold. Cambridge, Massachusetts: Harvard Univ. Press, 1977.

Colman, Benjamin. *The Credibility of the Christian Doctrine of the Resurrection*. Boston: Thomas Hancock, 1729.

_____. *The Glory of God in the Firmament of His Power*. Boston: S. Kneeland and T. Green, 1743.

Cudworth, Ralph. *The Intellectual System of the Universe*. London, 1678. 1820.

Eusebius, Pamphili. *Ecclesiastical History*. Books 1-5, Translated by Roy J. Deferrari. *The Fathers of the Church*. Washington D.C.: The Catholic University of America Press, 1953. Vol. 19.

_____. *Ecclesiastical History*. Books 6-10, Translated bu Roy J. Deferrari. *The Fathers of the Church*. Washington D.C.: The Catholic University of

America Press, 1955. Vol. 29.

_____. *The Ecclesiastical History.* Michigan: Grand Rapids, 1995.

Finney, Charles Grandison. *Finney's Systematic Theology.* Edited by J. H. Fairchild. Minneapolis, Minnesota: Bethany House Publishers, 1976.

_____. *Lectures on Revivals of Religion.* Edited by William G. McLoughlin. Cambridge: Harvard University Press, 1960.

_____. *The Memoirs of Charles G. Finney.* Grand Rapids, Michigan: Zondervan Publishing House, 1989.

Foxcroft, Thomas. *Observations Historical and Practical on the Rise and Primitive State of New England.* Boston: S. Kneeland and T. Green, 1730.

Garden, Alexander. *Regeneration and the Testimony of the Spirit.* Charlestown, South Carolina: Peter Timothy, 1740.

_____. *Six Letters.* 2nd Edition; Boston: T. Fleet, 1740.

_____. *The Doctrine of Justification.* Charlestown, South Carolina: Peter Timothy, 1752.

Gregory of Nyssa. *On the Holy Trinity.* Translated by William Moore & Henry A. Wilson. Edited by Philip Schaff. *A Select Library of the Nicene and Post-Nicene Fathers of the Christian Church.* 14 vols.; Grand Rapids, Michigan: Wm. B. Eerdmans Publishing Company, 1892. Series II, Vol. 5.

Hilary of Poitiers. *The Trinity.* Translated by Stephen McKenna. *The Fathers of the Church.* 111 vols.; Edited by Roy Joseph Deferrari. Washington, D.C.: The Catholic University of America Press, 1954. Vol. 25.

Hopkins, Samuel. *The Life of the Late Reverend, Learned and Pious Mr. Jonathan Edwards.* Boston: S. Kneeland, 1765.

Ignatius. ΜΑΓΝΗΣΙΕΥΣΙΝ ΙΓΝΑΤΙΟΣ. *The Apostolic Fathers* I. Translated by Kirsopp Lake. *The Loeb Classical Library.* Edited by G.P. Goold. Cambridge, Massachusetts: Harvard University Press, 1977.

_____. ΜΑΡΤΥΡΙΟΝ ΤΟΥ ΑΓΙΟΥ ΠΟΛΥΚΑΡΠΟΥ ΕΠΙΣΚΟΠΟΥ ΣΜΥΡΝΗΣ. *The Apostolic Fathers* II. Translated by Kirsopp Lake. *The Loeb Classical Library.* Edited by G.P. Goold. Cambridge, Massachusetts:

Harvard University Press, 1976.

_____. ΠΡΟΣ ΕΦΕΣΙΟΥΣ ΙΓΝΑΤΙΟΣ. *The Apostolic Fathers* I. Translated by Kirsopp Lake. *The Loeb Classical Library.* Edited G. P. Goold. Cambridge, Massachusetts: Harvard University Press, 1977.

_____. ΡΩΜΑΙΟΙΣ ΙΓΝΑΤΙΟΣ. *The Apostolic Fathers* I. Translated by Kirsopp Lake. *The Loeb Classical Library.* Edited by G. P. Goold. Cambridge, Massachusetts: Harvard University Press, 1977.

Irenaeus. *Against Heresies.* Edited by Alexander Roberts & James Donaldson. *The Anti-Nicene Fathers.* 10 vols.; Grand Rapids, Michigan: Wm. B. Eerdmans, 1885. Vol. 1.

Josephus. *Wars of the Jews.* London, 1960.

Justin Martyr. *Dialogue with Trypho.* Edited by Alexander Roberts & James Donaldson. *The Anti-Nicene Fathers.* 10 vols.; Grand Rapids, Michigan: Wm. B. Eerdmans, 1885. Vol. 1.

_____. *The First Apology.* Edited by Alexander Roberts & James Donaldson. *The Anti-Nicene Fathers.* 10 vols. Grand Rapids, Michigan: Wm. B. Eerdmans, 1885. Vol. 1.

Justinian. *Epistulae ad Menam.* Edited & Translated by Henry Bettenson. *The Early Christian Fathers.* Oxford: Oxford University Press, 1956.

Locke, John. *An Essay Concerning Human Understanding.* New York: Dover, 1959. Vol. 1-2.

Locke, John. *An Essay Concerning Human Understanding.* Edited by A.S. Pringle-Pattison, Oxford, 1950.

Luther, Martin. *The Disputation Concerning Justification.* in *LW.* Vol. 34.

Mather, Cotton. *Ratio Disciplinae Fratrum Nov-Anglorum.* Boston: S. Gerrish, 1726.

Mayhew, Experience. *Grace Defended.* Boston: B. Green, 1744.

Niles, Samuel. *A Vindication of Several Important Gospel-Doctrines.* Boston: S. Kneeland, 1752.

Novatian. *The Treatise of Novatian Concerning the Trinity.* Edited by Alexander Roberts & James Donaldson, *The Ante-Nicene Fathers.* 10 vols. Grand rapids, Michigan: Wm. B. Eerdmans Publ., 1986. Vol. 5.

Origen. *Against Celsus*. Edited by Alexander Roberts & James Donaldson, Translated by Holmes. *The Anti-Nicene Fathers*. 10 vols. Grand Rapids, Michigan: Wm. B. Eerdmans, 1885. Vol. 4

_____. *In Ioannem Commentariorum Series*. Edited & Translated by Henry Bettenson. *The Early Christian Fathers*. Oxford: Oxford University Press, 1956.

_____. *On First Principles*. Translated by G. W. Butterworth. Gloucester, Mass.: Peter Smith, 1973.

Osborn, Samuel. *The Case and Complaint of Mr. Samuel Osborn*. Boston: n.p., 1743.

Quincy, Samuel. *Twenty Sermons*. Boston: John Draper, 1750.

Tennent, Gilbert. *The Unsearchable Riches of Christ*. Boston: J. Draper, 1739.

Tertullian. *Against Praxeas*. Edited by Alexander Roberts & James Donaldson, Translated by Holmes. *The Anti-Nicene Fathers*. 10 vols.; Grand Rapids, Michigan: Wm. B. Eerdmans, 1886. Vol. 3.

Theophilus of Antioch. *Theophilus to Autolycus*, Edited by Alexander Roberts & James Donaldson, Revised by A. Cleveland Coxe. *The Anti-Nicene Fathers*. 10 vols. Grand Rapids, Michigan: Wm. B. Eerdmans, 1983. Vol. 2.

Turell, Ebenezer. *The Life and Character of the Reverend Benjamin Colman*. Boston: Rosers and Fowle, 1749.

Wadsworth, Benjamin. *The Imitation of Christ a Christian Duty*. Boston: B. Green, 1719.

White, John. *New England's Lamentations*. Boston: T. Fleet, 1734.

Wise, John. *Vindication of the Government of New England Churches* (1717), Edited by Miller, Perry and Johnson, Thomas H. *The Puritans: A Sourcebook of their Writings*. 2 vols. New York: Harper, 1963. Vol. 1.

3. 이차 문헌

1) 조나단 에드워즈 관련

Ahlstrom, Sydney E. *A Religious History of the American People*. New Haven: Yale University Press, 1972.

Angoff, Charles. *A Literary History of the American Peolpe*. New York: Alfred A Knopf, 1931. Vol. 1.

Bailey, Richard A. and Wills, Gregory A. *The Salvation of Souls: Nine Previously Unpublished Sermons on the Call of Ministry and the Gospel by Jonathan Edwards*. Wheaton, Illinois: Crossway Books, 2003.

Baird, William. *History of New Testament research, II: From Jonathan Edwards to Rudolf Bultmann*. Minneapolis, Minnesota: Augsburg Fortress, 2003.

Bogue, Carl. *Jonathan Edwards and the Covenant of Grace*. Cherry Hill: Mack Publishing Company, 1975.

Brantley, Richard E. "The Common Ground of Wesley and Edwards," *Harvard Theological Review*. 83(1990).

Brooks, Van Wyck. *America's Coming-of-Age*. New York: Huebsch, 1915.

Brown, Robert E. *Jonathan Edwards and the Bible*. Bloomington: Indiana University Press, 2002.

Caldwell III, Robert W. *Communion in the Spirit: The Holy Spirit as the Bond of Union in the Theology of Jonathan Edwards*. Milton Keynes: Paternoster, 2006.

Chai, Leon. *Jonathan Edwards and the Limits of Enlightenment Philosophy*. New York and Oxford: Oxford University Press, 1998.

Chamberlain, Ava. "Jonathan Edwards Against the Antinomians and Arminians," Ph.D. Dissertation, Columbia University, 1990.

Cherry, Conrad. *The Theology of Jonathan Edwards: A Reappraisal*. Bloomington and Indianapolis: Indiana University Press, 1966, 1990.

Conforti, Joseph A. *Jonathan Edwards, Religious Tradition, and American Culture*. Chapel Hill: University of North Carolina Press, 1995.

Corrigan, John. *The Prism of Piety: Catholic Congregational Clergy at the

　　　　Beginning of the Enlightenment. New York: Oxford University Press, 1991.

Crabtree, A. B. *Jonathan Edwards's View of Man: A Study in Eighteenth Century Calvinism*. Wallington Surrey, England: Religious Education Press, 1948.

Crips, Oliver D. "Jonathan Edwards on Divine Simplicity," *Religious Studies*. 39/1 (2003).

_____. "On the Theological Pedigree of Jonathan Edwards's Doctrine of Imputation," *Scottish Journal of Theology*. 56/3 (2003).

Crooker, Joseph H. "Jonathan Edwards: A Psychological Study," *New England Magazine*. New Series, 1890. Vol. 2.

Danaher, William J. *The Trinitarian Ethics of Jonathan Edwards*. Louisville, Kentucky: Westminster John Knox Press, 2004.

Daniel, Stephen H. *Postmodern Concepts of God and Edwards's Trinitarian Ontology*. Edited by Sang Hyun Lee and Guelzo, Allen C. *Edwards in Our Time: Jonathan Edwards and the Shaping American Religion*. Grand Rapids, Michigan: William B. Eerdmans, 1999.

De Prospo, R. C. *Theism in the Discourse of Jonathan Edwards*. Newark: University of Delaware Press, 1985.

Delattre, Roland André. "Recent Scholarship on Jonathan Edwards," *Religious Studies Review*. 24(1998).

_____. *Beauty and Sensibility in the Thought of Jonathan Edwards: An Essay in Aesthetics and Theological Ethics*. New Haven and London: Yale University Press, 1968.

Doren, Carl. *Benjamin Franklin and Jonathan Edwards: Selections from their Writings*. New York: Charles Scribner's Sons, 1920.

Elwood, Douglas J. *The Philosophical Theology of Jonathan Edwards*. New York: Columbia University Press, 1960.

Erdt, Terrence. "The Calvinist Psychology of the Heart and the 'Sense'of Jonathan Edwards," *Early American Literature*. 13 (1978).

_____. *Jonathan Edwards: Art and the Sense of the Heart*. Amherst: University of Massachusetts Press, 1980.

Fiering, Norman. *Jonathan Edwards' Moral Thought and its British Context*. Chapel Hill: University of North Carolina Press, 1981.

Gaustad, Edwin Scott. *Memoirs of the Spirit: American Religious Autobiography form Jonathan Edwards to Maya Angelou*. Grand Rapids, Michigan: Wm. B. Errdmans Publishing, 2001.

Gerstner, Edna. *Jonathan and Sarah: An Uncommon Union*. Morgan, Pennsylvania: Soli Deo Gloria Publications, 1998.

Gerstner, John H. *Jonathan Edwards: A Mini-Theology*. Wheaton, Illinois: Tyndale House Publishers, 1987.

Grinffin, Edwards M. *Jonathan Edwards*. Minneapolis: University of Minnesota Press, 1971.

Hall, David D. "Jonathan Edwards in His Time, and in Ours," *Modern Intellectual History*. Vol. 1, No. 3, 2004.

Hart, D. G. Lucas Sean Michael and Nichols, Stephen J. *The Legacy of Jonathan Edwards: American Religion and the Evangelical Tradition*. Grand Rapids, Michigan: Baker Academic, 2003.

Hatch, Nathan O. and Stout, Harry S. *Jonathan Edwards and the American Experience*. New York and Oxford: Oxford University Press, 1988.

Helm, Paul and Crisp, Oliver D. *Jonathan Edwards: Philosophical Theologian*. Gower House, England, 2003.

Helm, Paul. "John Locke and Jonathan Edwards: A Reconsideration," *Journal of the History of Philosophy*. 8 (1969).

Holifield, E. Brooks. *Theology in America: Christian Thought from the Age of the Puritans to the Civil War*. New Haven: Yale University Press, 2003.

Holmes, Stephen R. *God of Grace and God of Glory: An Account of the Theology of Jonathan Edwards*. Grand Rapids, Michigan: William B. Eerdmans Publishing Company, 2001.

Hosier, Helen Kooiman. *Jonathan Edwards: The Great Awakener*. Uhrichsville, Ohio: Barbour Publishing, 1999.

Howard, Leon. *"The Mind" of Jonathan Edwards: A Reconstructed Text*. Berkeley and Los Angeles: University of California Press, 1963.

Howe, D.W. *Making the American Self: Jonathan Edwards to Abraham Lincoln*. Cambridge, London: Harvard University Press, 1997.

Husband, Paul Edwards. "Church Membership in Northampton: Solomon Stoddard Versus Jonathan Edwards," Ph.D. Dissertation, Westminster Theological Seminary, 1990.

Jang, Kyung-Chul. "The Logic of Glorification: The Destiny of the Saints in the Eschatology of Jonathan Edwards," Ph.D. Dissertation, Princeton, New Jersey: Princeton Theological Seminary, 1994.

Jenson, Robert W. *America's Theologian: A Recommendation of Jonathan Edwards*. New York and Oxford: Oxford University Press, 1988.

Kling, David W. and Sweeney, Douglas A. *Jonathan Edwards at Home and Abroad: Historical Memories, Cultural Movements, Global Horizons*. Columbia, South Carolina: University of South Carolina Press, 2003.

Kuklick, Bruce. *Churchmen and Philosophers: From Jonathan Edwards to John Dewey*. New Haven and London: Yale University Press, 1985.

Larsen, Dale & Sandy. *Jonathan Edwards: Renewed Heart*. Downers Grove, Illinois: Inter Varsity Press, 2002.

Laurence, David Ernst. "Jonathan Edwards, Solomon Stoddard, and the Preparationist Model of Conversion," *Harvard Theological Review*. 72/3-4 (1979).

Leader, Jennifer L. "In Love with the Image: Transitive Being and Typological Desire in Jonathan Edwards," *Early American Literature*. 41/2 (2006).

Lee, Sang Hyun and Guelzo, Allen C. *Edwards in Our Time: Jonathan Edwards and the Shaping American Religion*. Grand Rapids, Michigan: William B. Eerdmans, 1999.

_____. *The Philosophical Theology of Jonathan Edwards*. Princeton, New Jersey: Princeton University Press, 1988.

_____. *The Princeton Companion to Jonathan Edwards*. Princeton and Oxford: Princeton University Press, 2005.

Lesser, M. X. *Jonathan Edwards: A Reference Guide*. Boston: G. K. Halle

Compant, 1981.

_____. *Jonathan Edwards: An Annotated Bibliography, 1979-1993*. Westport: Greenwood Press, 1994.

Lloyd-Jones, D. Martyn. *The Puritans: Their Origins and Successors*. Edinburgh: The Banner of Truth Trust, 1987.

Lohse, Bernhard. *Martin Luther's Theology: Its Historical and Systematic Development*. Translated by Roy A. Harrisville. Minneapolis: Fortress, 1999.

Logan, Jr. Samuel T. "The Doctrine of Justification in the Theology of Jonathan Edwards," *Westminster Theological Journal*. 46 (1984).

Lukasik, Christopher. "Feeling the Force Certainty: The Divine Science, Newtonianism, and Jonathan Edwards''Sinners in the Hands of an Angry God,'" *New England Quarterly*. 73/2 (2000).

Marsden, George M. *Jonathan Edwards: A Life*. New Haven: Yale University Press, 2003.

McClymond, Michael James. "The Protean Puritan: The Works of Jonathan Edwards, Volume 8 to 16," *Religious Studies Review*. 24/4 (1998).

_____. *Encounters with God: An Approach to the Theology of Jonathan Edwards*. Oxford: Oxford University Press, 1998.

McDermott, Gerald R. *Jonathan Edwards Confronts the Gods: Christian Theology, Enlightenment Religion, and Non-Christian Faiths*. Oxford: Oxford University Press, 2000.

McDermott, Gerald R. *Jonathan Edwards Consults the Gods*. New York: Oxford University Press, 1999.

_____. *One Holy and Happy Society: The Public Theology of Jonathan Edwards*. University Park, Pennsylvania: Pennsylvania State University Press, 1992.

_____. *Seeing God: Jonathan Edwards and Spiritual Discernment*. Vancouver: Regent College Publishing, 2000.

McGiffert, Arthur Cushman Jr. *Jonathan Edwards*. New York and London: Harper & Brothers Publishers, 1932.

McNerney, J. R. "The Mystical Journey of Jonathan Edwards," *Studia Mystica*. 8/1 (1985).

Miller, Perry. *Jonathan Edwards*. New York: Meridian Books, 1959.

_____. *Jonathan Edwards*. New York: W. Sloane Associates, 1949.

Morimoto, Anri. *Jonathan Edwards and the Catholic Vision of Salvation*. University Park: Pennsylvania State University, 1995.

Morris, William Sparkes. *The Young Jonathan Edwards: A Reconstruction*. Eugene, Oregon: Wipf & Stock Publishers, 2005.

Murray, Iain Hamish. *Jonathan Edwards: A New Biography*. Edinburgh and Carlisle, Pennsylvania: Banner of Truth Trust, 1987.

Nichols, Stephen Jeffrey. *Jonathan Edwards: A Guided Tour of His Life and Thought*. Philipsburg, New Jersey: P & R Publishing, 2001.

_____. "'An Absolute Sort of Certainty': The Holy Spirit and the Apologetics of Jonathan Edwards," Ph.D. Dissertation, *Westminster Theological Seminary*, 2000.

Niebuhr, H. Richard. "The Anachronism of Jonathan Edwards," *The Christian Century*. 113 (1996).

Noll, Mark A. *A History of Christianity in the United States and Canada*. Grand Rapids: William B. Eerdmans, 1992.

Parkes, Henry Bamford. *Jonathan Edwards, the Fiery Puritan*. New York: Minton, Balch, 1930.

Pauw, Amy Plantinga. *"The Supreme Harmony of All": The Trinitarian Theology of Jonathan Edwards*. Grand Rapids, Michigan and Cambridge, U.K.: William B. Eerdmans, 2002.

Piggin, Stuart and Cook, Dianne. "Keeping Alive the Heart in the Head: The Significance of 'Eternal Language'in the Aesthetics of Jonathan Edwards and S. T. Coleridge," *Literature and Theology*. 18/4 (2004).

Piper, John. *A God Entranced Vision of All Things: The Legacy of Jonathan Edwards*. Wheaton, Illinois: Crossway Books, 2004.

Proudfoot, Wayne. "From Theology to a Science of Religions: Jonathan Edwards and William James on Religious Affections," *Harvard*

Theological Review. 82/2 (1989).

Reid, Jasper William. "Jonathan Edwards on Space and God," *Journal of the History of Philosophy*. 41/3 (2003).

Richardson, Herbert W. "The Glory of God in the Theology of Jonathan Edwards: A Study in the Doctrine of the Trinity," Ph.D. Dissertation, Harvard University, 1962.

Ricketts, Allyn Lee. "The Primacy of Revelation in the Philosophical Theology of Jonathan Edwards," Ph.D. Dissertation, Westminster Theological Seminary, 1995.

Ross, Melanie. "Jonathan Edwards: Advice to Weary Theologians," *Scottish Journal of Theology*. 59/1 (2006).

Rudisill, Dorus Paul. *The Doctrine of the Atonement in Jonathan Edwards and His Successors*. New York: Poseidon Books, 1971.

Rupp, George. "The 'Idealism' of Jonathan Edwards," *Harvard Theological Review*. 62 (1969).

Schafer, Thomas A. "Jonathan Edwards'Conception of the Church," *Church History*. 24 (1955).

_____. "Jonathan Edwards and Justification by Faith," *Church History*. 20 (1951).

Scheick, William J. *The Writings of Jonathan Edwards: Theme, Motif, and Style*. Texas A&M University Press, 1975.

Smith, H. Shelton. *Changing Conceptions of Original Sin*. New York: Scribner, 1955.

Smith, John E. "Testing the Spirits: Jonathan Edwards and the Religious Affections," *Union Seminary Quarterly Review*. 37/1 & 2 (1981-1982).

_____. "Jonathan Edwards as Philosophical Theologian," *Review of Metaphysics* 30 (1976).

_____. *Jonathan Edwards: Puritan, Preacher, Philosopher*. Notre Dame, Indiana: University of Notre Dame Press, 1992.

_____., Stout, Harry S. and Minkema, Kenneth P. *A Jonathan Edwards Reader*. New Haven and London: Yale University Press, 2003.

Steele, Richard Bruce. "'Gracious Affection'and 'True Virtue'in the Experimental Theologies of Jonathan Edwards and John Wesley," Ph.D. Dissertation, Marquette University, 1990.
Stein, Stephen J. *The Cambridge Companion to Jonathan Edwards*. Cambridge: Cambridge University Press, 2007.
Stob, Henry. "The Ethics of Jonathan Edwards," *Faith and Philosophy: Philosophical Studies in Religion and Ethics*. Edited by A. Plantinga Pauw. Grand Rapids: Eerdmans, 1964.
Story, F. Allan, Jr. "Promoting Revival: Jonathan Edwards and Preparation for Revival," Ph.D. Dissertation, Westminster Theological Seminary, 1994.
Stout, Harry S., Minkema, Kenneth P. and Maskell, Caleb J. *Jonathan Edwards at 300: Essays on the Tercentenary of His Birth*. Lanham, Maryland: University Press of America, 2005.
_____. *The New England Soul: Preaching and Religious Culture in Colonial New England*. New York: Oxford University Press, 1986.
Studebaker, Steven M. "Jonathan Edwards's Social Augustinian Trinitarianism: An Alternative to a Recent Trend," *Scottish Journal of Theology*. 56/3 (2003).
_____. "Jonathan Edwards'Social Augustinian Trinitarianism: A Criticism of and an Alternative to Recent Interpretations," Ph.D. Dissertation, Marquette University, 2003.
Sweeney, Douglas A. and Guelzo, Allen C. *The New England Theology: From Jonathan Edwards to Edwards Amasa Park*. Grand Rapids, Michigan: Baker Academic, 2006.
Tracy, Patricia Juneau. *Jonathan Edwards, Pastor: Religion and Society in Eighteenth-Century Northampton*. New York: Hill and Wang, 1980.
Tweney, Ryan D. "Jonathan Edwards and Determinism," *Journal of the History of the Behavioral Sciences*. 33/4 (1997).
Valeri, Mark. "The Economic Thought of Jonathan Edwards,"*Church History*. 60/1 (1991).

Vaughan, David. *A Divine Light: The Spiritual Leadership of Jonathan Edwards*. Nashville, Tennessee: Cumberland House, 2007.

Wainwight, William J. "Jonathan Edwards and the Sense of the Heart," *Faith and Philosophy: Journal of the Society of Christian Philosophers*. 7/1 (1990).

Walton, Brad. *Jonathan Edwards, Religious Affections, and the Puritan Analysis of True Piety, Spiritual Sensation, and Heart Religion*. Lewiston: E. Mellen Press, 2002.

Wilson, Stephen A. "The Virtue of the Saints: Jonathan Edwards on the Nature of Christian Ethics," Ph.D. Dissertation, Stanford University, 1999.

_____. *Virtue Reformed: Rereading Jonathan Edwards's Ethics*. Leiden & Boston: Brill, 2005.

Winslow, Ola Elizabeth. *Jonathan Edwards, 1703-1758*. New York: Collier Books, 1961.

Zakai, Avihu. *Jonathan Edwards's Philosophy of History: The Reenchantment of the World in the Age of Enlightenment*. Princeton & Oxford: Princeton University Press, 2003.

2) 조나단 에드워즈 이외

Abramsky, C. *Essays in Honour of E.H. Carr*. London: Macmillan, 1974.

Ahlstrom, Sydney E. *A Religious History of the American People*. New Haven & London: Yale University Press, 1972.

_____. *Theology in America*. Indianapolis: Bobbs-Merrill, 1967.

Aland, Kurt. "The Relation between Church and State in Early Times: A Reinterpretation," *Journal of Theological Studies*. 19(1968).

Altaner, Berthold. *Patrology*. Translated by Hilda C. Graef, West Germany: Herder, 1960.

Althaus, Paul. *The Theology of Martin Luther*. Translated by Robert C. Schultz. Philadelphia: Fortress Press, 1970.

Anderson, B. W. *Understanding the Old Testament*. 4th Edition. New Jersey: Prentice-Hall, 1986.

Angell, J. William & Helm, Robert M. *Meaning and Value in Western Thought: A History of Ideas in Western Culture*. 2 vols.; Lanham: University Press of America, 1981. Vol. 1.

_____. *Meaning and Value in Western Thought: A History of Ideas in Wesstern Culture*. 2 vols. Lanham: University Press of America, 1988. Vol. 2.

Atkinson, R. F. *Knowledge and Explanation in History*. New York: Cornell Press, 1978.

Avila, Charles. *Ownership: Early Christian Teaching*. Maryknoll, New York: Orbis Books; London: Sheed and Ward, 1983.

Ayers, Lewis. *Nicaea and Its Legacy: An Approach to Fourth-Century Trinitarian Theology*. Oxford: Oxford University Press, 2004.

Barnes, H.E. *A History of Historical Writing*. New York: Dover Press, 1963.

Barnes, Michael René. "Augustine in Contemporary Trinitarian Theology," *Theological Studies*. 56 (1995).

_____. "Rereading Augustine's theology of the Trinity," *Trinity*. New York: Oxford University Press, 1999.

_____. "The visible Christ and the invisible Trinity: Mt. 5:8 in Augustine's Trinitarian Theology of 400," *Modern Theology*. 19 (2003).

Barth, Karl. *Church Dogmatics*. Translated by G.W. Bromiley, Edinburgh: T. & T. Clark, 1975.

Battenhouse, Roy W. "The Life of St. Augustine," *A Companion to the Study of St. Augustine*. Grand Rapids, Michigan: Baker Book House, 1979.

Beckwith, Carl. "Nicaea and Its Legacy: An Approach to Fourth-Century Trinitarian Theology," by Lewis Ayers is reviewed. *Journal of Early Christian Studies*. 13/3 (2005).

Berchman, Robert M. *From Philo to Origen: Middle Platonism in Transtion*. Chico, California: Scholars Press, 1984.

Berkhof, L. *Systematic Theology*. Michigan: Grand Rapids, 1941.

Bernardin, Joseph B. "St. Augustine as Pastor," *A Companion to the Study of St. Augustine*. Edited by Roy W. Battenhouse, Grand Rapids, Michigan: Baker Book House, 1979.

Blumhofer, Edited by Edith L. & Balmer Randall. *Modern Christian Revivals*. Urbana: University of Illinois Press, 1993.

Bonhoeffer, Dietrich. *Life Together*. Translated by John W. Doberstein. New York: Harper & Row, Publishers, 1954.

_____. *The Cost of Discipleship*. Translated by R. H. Fuller. New York: The Macmillan Company, 1949.

Booth, E. G. T. "St Augustine's *De Trinitate* and Aristotelian and Neo-Platonist Noetic," *Studia Patristica*. 16 (1985).

Born, A. R. *Alexander the Great and the Hellenistic Empire*. New York: Penguin Books, 1948.

Bouwsma, William J. *John Calvin: A Sixteenth-Century Portrait*. New York: Oxford University Press, 1988.

Bowersock, G. W. *Martyrdom and Rome*. Cambridge: Cambridge University Press, 1995.

Braudel, Fernand. *On History*. Translated by Sarah Matthews. Chicago: The University of Chicago Press, 1980.

Bray, Gerald L. "The Doctrine of the Trinity in Augustine's *De Civitate Dei*," *European Journal of Theology*. 1 (1992).

Brown, R. L. "Aspects of the Christianization of the Roman Aristocracy," *Journal of Roman Studies*. 51 (1961).

Bruce, F. F. *The Spreading Flame: The Rise and Progress of Christianity from Its First Beginnings to the Conversion of the English*. Reprinted by Michigan: Grand Rapids, 1982.

Brunner, Emil. *The Christian Doctrine of God: Dogmatics*. Translated by Olive Wyon, London: Lutterworth Press, 1949. Vol. 1.

Burke, Peter. *What is Cultural History?* Cambridge: Polity Press, 2004.

Butin, W. *Revelation, Redemption, and Response: Calvin's Trinitarian Understanding of the Divine-Human Relationship*. New York: Oxford University Press, 1995.

Butterfield, H. *Man on His Past: The Study of the History of Historical Scholarship*. Cambridge: The Cambridge University Press, 1969.

_____. *The Origins of History*. New York: Basic Books, Inc., Publishers, 1981.

Cannadine, David. *What is History Now?* New York: Palgrave Macmillan, 2002.

Cantor, Norman F. & Schneider Richard I. *How to Study History*. Wheeling, Illinois: Harlan Davidson, 1967.

Cary, Philip. "Historical Perspective on Trinitarian Doctrine," *Religious and Theological Studies Fellowship Bulletin*. Nov.-Dec., 1995.

Cassirer, Ernst. *The Philosophy of the Enlightenment*. Princeton, 1951.

Cavadini, John C. "The Quest for Truth in Augustine's *De Trinitate*," *Theological Studies*. 58 (1997).

Chadwick, Henry. *Augustine*. Oxford: Oxford University Press, 1986.

_____. *The Early Church*. New York: Penguin Books, 1967.

Chilton, Bruce D. "St. Augustine and The Trinity," *Living Pulpit*. 8 (1999).

Choi, Jai-Keun. "Doctrinal and Institutional Development of Catholicism in 19th Century Korea: An Analysis based on a Comparative Study of the Great Persecutions of 1801 and 1866." Cambridge, Massachusetts: Harvard University, Ph.D. Dissertation, 1997.

Christo, Gus George. *Martyrdom according to John Chrysostom: To Live is Christ, To Die is Gain*. Lampeter: Mellen University Press, 1997.

Clark, Elizabeth A. *History, Theology, Text: Historians and the Linguistic Turn*. Massachusetts, Harvard University Press, 2004.

Clark, Mary T. "Augustine's Theology of the Trinity: Its Relevance," *Dionysius*. 13 (1989).

_____. "*De Trinitate*," *The Cambridge Companion to Augustine*. Edited by Eleonore Stump & Norman Kretzmann. Cambridge: Cambridge University Press, 2001.

_____. "The Trinity in Latin Christianity," *Christian Spirituality*. New York: Crossroad, 1985.

Cohen, Deborah & O'Connor, Maura. *Comparison and History: Europe in Cross-National Perspective*. London: Routledge, 2004.

Collingwood, R. G. *The Idea of History*. London: Oxford, 1973.

Croce, Benedetto. *Theory and History of Historiography*. 1915.

Crouse, R. D. "St. Augustine's *De Trinitate*: Philosophical Method," *Studia Patristica*. 16 (1985).

Cullmann, Oscar. *Early Christian Worship*. Philadelphia: The Westminster Press, 1953.

Davidson, James West. *The Logic of Millennial Thought*. New Haven, Connecticut: Yale University Press, 1977.

De Lubac, Henri. *Origen: On First Principles*. Gloucester, Mass.: Peter Smith, 1973.

de Ste. Croix, G. E. M. "Early Christian Attitude to Property and Slavery," *The Studies in Church History*. 12 (1975).

_____. "The Religion of the Roman World,"*Didaskalos*. 4/1 (1972).

_____. "Why were the Early Christian Persecuted?: A Rejoinder," *Journal of Past and Present*. 27 (1964).

_____. "Why were the Early Christian Persecuted?"*Journal of Past and Present*. 26(1963).

Dewey, John. *Human Nature and Conduct*. New York, 1922.

Dray, W. H. *Philosophy of History*. Prentice-Hall Inc., 1974.

Eadie, John W. "Martyrdom and Rome," by Reviewed by G. W. Bowersock. *Journal of Church and State*. 39/3 (1997).

Ellis, Joseph J. *The New England Mind in Transition: Samuel Johnson of Connecticut, 1696-1772*. New Haven, Connecticut: Yale University Press, 1973.

Engel, Mary Potter. *John Calvin's Perspectival Anthropology*. American Academy of Religion Academy Series, No. 52, 1988.

Fain, H. B. *Between Philosophy and History*. New Jersey: Harper & Row, 1970.

Fiering, Norman. *Moral Philosophy at Seventeenth-Century Harvard: A Discipline in Transition*. Chapel Hill: University of North Carolina Press, 1981.

Fortman, Edmund J. *The Triune God: A Historical Study of the Doctrine of the Trinity*. London: Hutchinson, 1972.

Franklin, H. Littel. *Atlas History of Christianity*. New York: Macmillan Publishing, 1976.

Fredriksen, Paula. "Christianity and Roman Society," *Journal of Early Christian Studies*. 13/4 (2005).

Frend, W. H. C. "Religion and Social Change in the Later Roman Empire," *Cambridge Journal*. 2 (1949).

_____. "The Failure of the Persecution in the Roman Empire," *Journal of Past and Present*. 16 (1959).

_____. "The Gnostic Sects and the Roman Empire," *Journal of Ecclesiastical History*. 5 (1954).

_____. *Martyrdom and Persecution in the Early Church*. Michigan: Baker Book House, 1965.

_____. *The Early Church*. Minneapolis: Fortress, 1965.

Fruchtenbaum, Arnold. *Jewishness and the Trinity*. San Francisco: Jews for Jesus, 1987.

Gaustad, Edwin S. *George Berkeley in America*. New Haven, Connecticut: Yale University Press, 1979.

George, Timothy. *Theology of the Reformers*. Nashville, Tennessee: Broadman Press, 1988.

Gerson, Lloyd P. *Plotinus*. London: Routledge, 1994.

Glover, T. R. *The Conflict of Religion in the Early Roman Empire*. Boston: Beacon Press, 1909.

Goold G. P. *The Apostolic Fathers*. Edited by Kirsopp Lake, London: William Heinemann, 1977.

Graham, W. Fred. *The Constructive Revolutionary: John Calvin and His Socio-Economic Impact*. Atlanta: John Knox Press, 1978.

Grant, Robert McQueen. "Christian and Roman History," *The Catacombs and the Colosseum*. Edited by S. Benks & J. J. O'Rourke, Judson Press, 1971.

_____. *Ignatius of Antioch*. New Jersey: Nelson, 1966.

_____. *Irenaeus of Lyons*. London: Routledge, 1997.

_____. *The Early Christian Doctrine of God*. Charlottesville, Virginia: University of Virginia Press, 1966.

Green, Robert W. *Protestantism and Capitalism: The Weber Thesis and Its Critics*. Boston: Health, 1959.

Gregory, John. *The Neoplatonists*. London: Cox & Wyman Ltd., 1991.

Gruenler, Royce G. *The Inexhaustible God: Biblical Faith and the Challenge of Process Theism*. Grand Rapids, Michigan: Baker Book House, 1983.

Gunton, Colin E. "Augustine, the Trinity and the Theological Crisis of the West," *Scottish Journal of Theology*. 43 (1990).

_____. *The Promise of Trinitarian Theology*. Edinburgh: T. & T. Clark, 1991.

Hall, Michael G. *The Last American Puritan: The Life of Increase Mather, 1639-1723*. Middletown, Connecticut: Wesleyan University Press, 1988.

Harlan, David. *The Clergy and the Great Awakening in New England*. Ann Arbor, Michigan: UMI Research Press, 1979.

Heiler, Friedrich. *Prayer: A Study in the History and Psychology of Religion*. New York: Oxford University Press, 1932.

Heinisch, Paul. *Theology of the Old Testament*, Liturgical Press, 1955.

Helmer, Christine. *The Trinity and Martin Luther: A Study on the Relationship between Genre, Language and the Trinity in Luther's Works (1523-1546)*. Mainz: Verlag Philipp Von Zabern, 1999.

Hoffman, R. Joseph. *Marcion: On the Restitution of Christianity*. Chicago: Scholars, 1984.

Holifield, E. Brooks. *Theology in America: Christian Thought from the Age of the Puritans to the Civil War*. New Haven: Yale University Press, 2003.

Jeffers, James S. *Conflict at Rome: Social Order and Hierarchy in Early Christianity*. Minneapolis: Fortress Press, 1991.

Jones, A. H. M. "The Social Background of the Struggle between Paganism and Christianity," *The Conflict between Paganism and Christianity in the Fourth Century*. Edited by A. Momogliano, Oxford: Clarendon Press, 1963.

Jowers, Dennis W. "Divine Unity and the Economy of Salvation in the *De Trinitate* of Augustine," *Reformed Theological Review*. 60 (2001).

Jungel, Eberhard. *The Doctrine of the Trinity: God's Being Is in Becoming*. Grand

Rapids: Eerdmans, 1970.

Kant, Immanuel. *The Conflict of Faculties*. Translated by Mary J. Gregor, New York: Abaris Books, 1979.

Kany, Roland. "'*Fidei contemnentes initium*': on certain positions opposed by Augustine in *De Trinitate*," *Studia Patristica*. 27 (1993).

Kaufman, Gordon D. "The Concept of Nature," *Harvard Theological Review* 65 (1972).

Kent, Bonnie. "Augustine's Ethics," *The Cambridge Companion to Augustine*. Edited by Eleonore Stump & Norman Kretzmann. Cambridge: Cambridge University Press, 2001.

Kerr, Hugh Thomas Jr. ed. *A Compend of Luther's Theology*. Philadelphia: The Westminster Press, 1943.

Kienzler, Klaus. "Zu den Anfängen einer 'Trinitarischen Ontologie': Augustinus'Bekenntnisse," *Dreieine Gott und die eine Menschheit*. Freiburg: Herder, 1989.

Kirwan, Christopher. "Augustine's Philosophy of Language," *The Cambridge Companion to Augustine*. Edited by Eleonore Stump & Norman Kretzmann. Cambridge: Cambridge University Press, 2001.

Knuuttila, Simo. "Time and Creation in Augustine," *The Cambridge Companion to Augustine*. Edited by Eleonore Stump & Norman Kretzmann. Cambridge: Cambridge University Press, 2001.

Kraft, H. *Early Christian Thinkers*. London: Lutterworth, 1964.

Lake, Kirsopp. *The Apostolic Fathers* I. *The Loeb Classical Library*. Edited by G. P. Goold. Cambridge, Massachusetts: Harvard University Press, 1977.

Lancaster, Sarah Heaner. "Divine Relations of the Trinity: Augustine's Answer to Arianism," *Calvin Theological Journal*. 34 (1999).

Legrand, Lucien. *Unity and Plurity: Mission in the Bible*. Translated by Robert R. Barr. Maryknoll, New York: Orbis Book*s*, 1990.

Lewis, Gordon R. "Faith and History in St. Augustine," *Trinity Journal*. 3 (1982).

Lietzmann, Hans. *From Constantine to Julian*. Translated by Bertram Lee

Woolf, London: Lutterworth Press, 1950.

Lloyd-Jones, D. M. *The Puritans: Their Origins and Successors*. Pennsylvania: The Banner of Truth Trust, 1987.

Long, David & Wilson, Peter. *Thinkers of the Twenty Years' Crisis Inter-War Idealism Reassessed*. New York: Oxford University Press, 1995.

Lovejoy, Arthur. *The Great Chain of Being: A Study of the History of an Idea*. New York: Harper and Row, 1936.

Luebke, David M. *The Counter-Reformation*. Oxford: Blackwell Publishers, 1999.

MacDonald, Scott. "The Divine Nature," *The Cambridge Companion to Augustine*. Edited by Eleonore Stump & Norman Kretzmann. Cambridge: Cambridge University Press, 2001.

MacKenzie, Charles S. "Augustine's Trinitarian Ideal and Aquinas's Universal Christendom," *Building a Christian World View*. 2 (1988).

Mackey, J. P. *The Christian Experience of God as Trinity*. London: SCM, 1981.

MacMullen, Ramsey. *Enemies of the Roman Order*. Cambridge, Mass: Harvard University Press, 1966.

Mann, William E. "Augustine on Evil and Original Sin," *The Cambridge Companion to Augustine*. Edited by Eleonore Stump & Norman Kretzmann. Cambridge: Cambridge University Press, 2001.

Marcus, R. A. *Saeculum: History and Society in the Theology of St Augustine*. Cambridge: Cambridge University Press, 1970.

Marsh, Thomas. *The Triune God: A Biblical, Historical and Theological Study*. Mystic, Connecticut: Twenty-Third Publications, 1994.

Martland, Thomas R. "Study of Cappadocian and Augustinian Trinitarian Methodology," *Anglican Theological Review*. 47 (1965).

Matthews, Gareth B. "Knowledge and Illumination," *The Cambridge Companion to Augustine*. Edited by Eleonore Stump & Norman Kretzmann. Cambridge: Cambridge University Press, 2001.

_____. "Post-medieval Augustinianism," *The Cambridge Companion to Augustine*. Edited by Eleonore Stump & Norman Kretzmann.

Cambridge: Cambridge University Press, 2001.

McGrath, Alister E. *Christian Theology: An Introduction*. Oxford: Blackwell, 1994.

_____. *Justitia Dei*. Cambridge: Cambridge University Press, 1986.

Meredith, Anthony. *The Cappadocians*. Crestwood, NY: St Vladmir's Seminary Press, 1995.

Miles, Margaret R. "Augustine," *Encyclopedia of Early Christianity*. Edited by Everett Ferguson. NY & London: Garland Publishing, Inc., 1990.

Moltmann, Jürgen. *The Trinity and the Kingdom: The Doctrine of God*. Translated by Margaret Kohl. London: SCM Press, 1981.

Muller, Earl C. "The Trinity and the Kingdom," *Studia Missionalia*. 46 (1997).

Musurilio, Herbert. *The Acts of the Christian Martyrs*. Oxford: Oxford University Press, 1972.

Neill, Stephen. *A History of Christian Missions*. in *The Pelican History of the Church*. Edited by Owen Chadwick, 6 vols.; Harmondsworth: Penguin Books, 1964. Vol. 6.

Neville, Robert C. *Creativity and God: A Challenge to Process Theology*. New York: Seabury Press, 1980.

Noll, Mark. *A History of Christianity in the United States and Canada*. Grand Rapids: Eerdmans, 1992.

O'Collins, Gerald. *The Tripersonal God: Understanding and Interpreting the Trinity*. New York: Paulist Press, 1999.

O'Daly, Gerad. "The Response to Skeptism and the Mechanisms of Cognition," *The Cambridge Companion to Augustine*. Edited by Eleonore Stump & Norman Kretzmann. Cambridge: Cambridge University Press, 2001.

O'Donnell, James J. "Augustine: His Time and Lives," *The Cambridge Companion to Augustine*. Edited by Eleonore Stump & Norman Kretzmann. Cambridge: Cambridge University Press, 2001.

Odahl, Charles Matson. *Constantine and the Christian Empire*. New York: Routledge, 2004.

Osborne, Catherine. "The *nexus amoris* in Augustine's Trinity," *Studia Patristica*. 22 (1989).

Pakinson, F. *The Philosophy of International Relations*. London: Sage, 1977.

Parker, T. H. L. *Calvin's Old Testament Commentaries*. Edinburgh: T. & T. Clark Ltd, 1986.

_____. *John Calvin: A Biography*. Philadelphia: The Westminster Press, 1975.

Pecknold, C. C. "How Augustine used the Trinity: Functionalism and the Development of Doctrine," *Anglican Theological Review*. 85 (2003).

Pelikan, Jaroslav. "*Canonica regula*: the Trinitarian Hermeneutics of Augustine," *Collectanea Augustiniana*. Edited by Joseph C. Schnaubelt. New York: Peter Lang, 1990.

_____. *From Luther to Kierkegaard: A Study in the History of Theology*. Saint Louis, Missouri: Concordia Publishing House, 1963.

_____. *Historical Theology: Continuity and Change in Christian Doctrine*. New York: Corpus, 1971.

_____. *The Christian Tradition 1: The Emergence of the Catholic Tradition (100-600)*. 5 vols.; Chicago: The University of Chicago Press, 1971. Vol. 1.

_____. *The Christian Tradition 2: The Spirit of Eastern Christendom*. 5 vols.; Chicago and London: The University of Chicago Press, 1974. Vol. 2.

_____. *The Christian Tradition 3: The Growth of Medieval Theology*. 5 vols.; Chicago and London: The University of Chicago Press, 1978. Vol. 3.

_____. *The Christian Tradition 4: Reformation of Church and Dogma*. 5 vols.; Chicago and London: The University of Chicago Press, 1984. Vol. 4.

_____. *The Christian Tradition 5: Christian Doctrine and Modern Culture*. 5 vols.; Chicago and London: The University of Chicago Press, 1989. Vol. 5.

Peters, Ted. *God as Trinity: Relations and Temporality in Divine Life*. Westminster: John Knox Press, 1993.

Plumb, J. H. *The Death of the Past*. New York: Palgrave Macmillan, 2004.

Prichard, Robert. *A History of the Episcopal Church*. Harrisburg, Pennsylvania: Morehouse, 1991.

Principe, Walter H. "The Dynamism of Augustine's Terms for Describing the

Highest Trinitarian Image in the Human Person," *Studia Patristica*. 17(1982).

Radice, Betty. Translated by *Pliny Letters and Panegyricus* Ⅱ. London: William Heinemann, 1976.

Rahner, Karl. *The Trinity*. Translated by Joseph Donceel, London: Herder & Herder, 1970.

Rasmussen, Barry. "St Augustine: God in *se* and God *pro nobis*," *Consensus*. 24 (1998).

Rayner, A. J. "Christian Society in the Roman Empire,"*Journal of Greece and Rome*. 11 (1942).

Rees, B. R. *Pelagius: Life and Letters*. Woodbridge: The Boydell Press, 1988.

Richardson, Cyril C. "The Enigma of the Trinity," *A Companion to the Study of St. Augustine*. Edited by Roy W. Battenhouse. Grand Rapids, Michigan: Baker Book House, 1979.

_____. *The Doctrine of the Trinity*. New York: Abingdon Press, 1958.

Rist, John. "Faith and Reason," *The Cambridge Companion to Augustine*. Edited by Eleonore Stump & Norman Kretzmann. Cambridge: Cambridge University Press, 2001.

Rudolph, Kurt. *Gnosis: The Nature and History of Gnosticism*. Translated and Edited by Robert McLachlan Wilson. San Francisco: Harper & Raw, 1987.

Rusch, William G. *The Trinitarian Controversy*. Philadelphia: Fortress Press, 1980.

Ryba, Thomas. "Augustine's Trinitology and the theory of groups," *Augustine*. New York: Peter Lang, 1993.

Schaff, Philip. *History of the Christian Church: Ante-Nicene Christianity*. 8 vols.; Grand Rapids, Michigan: William B. Eerdmans Publishing Company, 1950. Vol. 2.

_____. *History of the Christian Church: Apostolic Christianity*. 8 vols. Grand Rapids, Michigan: William B. Eerdmans Publishing Company, 1950. Vol. 1.

_____. *History of the Christian Church: Nicene and Post-Nicene Christianity*.

8 vols. Grand Rapids, Michigan: Wm. B. Eerdmans Publishing Company, 1950. Vol. 3.

Schmaus, M. *Die Psychologische Trinitätslehre des hl. Augustinus*. Münster, 1927.

Schödel, William R. *Ignatius of Antioch*. Philadelphia: Fortress, 1985.

Seeberg, Reinhold. *The History of Doctrines*. Translated Charles E. Hay, Grand Rapids, Michigan: Baker Book House, 1983.

Sherwin-White, A. N. "Why were the Early Christian Persecuted?: An Amendment," *Journal of Past and Present*. 27 (1964).

Stone, M. W. "Augustine and Medieval Philosophy," *The Cambridge Companion to Augustine*. Edited by Eleonore Stump & Norman Kretzmann. Cambridge: Cambridge University Press, 2001.

Straw, Carole. *Gregory the Great: Perfection in Perfection*. Berkeley: University of California Press, 1988.

Stromberg, Roland N. *Religious Liberalism in Eighteenth-Century England*. London: Oxford University Press, 1954.

Stump, Eleonore & Kretzmann, Norman. *The Cambridge Companion to Augustine*. Cambridge: Cambridge University Press, 2001.

_____. "Augustine on Free Will," *The Cambridge Companion to Augustine*. Edited by Eleonore Stump & Norman Kretzmann. Cambridge: Cambridge University Press, 2001.

Sweeney, Leo. "Augustine and Gregory of Nyssa: Is the Triune God infinite in being?" *Augustine*. New York: Peter Lang, 1993.

Tawney, R. H. *Religion and the rise of Capitalism*. New York: Mentor Books, 1926.

Teske, Roland. "Augustine's Philosophy of Memory," *The Cambridge Companion to Augustine*. Edited by Eleonore Stump & Norman Kretzmann. Cambridge: Cambridge University Press, 2001.

_____. "Augustine's Theory of Soul," *The Cambridge Companion to Augustine*. Edited by Eleonore Stump & Norman Kretzmann. Cambridge: Cambridge University Press, 2001.

Tillich, Paul. *A History of Christian Thought*. Edited by Carl E. Braaten. London: SCM Press Ltd., 1968.

Torrance, Thomas F. *The Christian Doctrine of God, One Being Three Persons*. Edinburgh: T. & T. Clark, 1996.
_____. "The Doctrine of the Trinity in Gregory of Nazianzus and John Calvin," 1990. *Trinitarian Perspectives*. Edinburgh: T. & T. Clark, 1994.
Toulouse, Mark & Duke, James O. *Makers of Christianity Theology in America*. Nashville: Abingdon Press, 1997.
_____. *Sources of Christianity Theology in America*. Nashville: Abingdon Press, 1999.
Troeltsch, Ernst. *Religion in History*. Translated by James Luther Adams & Walter F. Bense. Edinburgh: T. & T. Clark, 1991.
_____. *The Social teaching of the Christian Churches*. Translated by Olive Wyon, 2 vols. London: George Allen & Unwin, 1931. Vol. 1-2. New York, 1950.
Vanhoozer, Kevin J. *The Trinity in a Pluralistic Age: Theological Essays on Culture and Religion*. Grand Rapids, Michigan and Cambridge, U.K.: William B. Eerdmans Publishing Company, 1997.
Valeri, Mark. *Law and Providence in Joseph Bellamy's New England*. New York: Oxford University Press, 1994.
Verdyaev, Nicholas. *Christian Existentialism*. Translated by Lowrie, W. New York: Harper & Row, 1965.
Vogt, Joseph. "Pagans and Christians in the Family of Constantine the Great," *The Conflict between Paganism and Christianity in the Fourth Centuries*. Edited by A. Momigliano, Oxford, 1963.
Warfield, Benjamin B. "Calvin's Doctrine of Trinity," *Calvin and Augustine*. Philadelphia: Presbyterian and Reformed, 1974.
Wassmer, Thomas A. "The Trinitarian Theology of Augustine and His Debt to Plotinus," *Harvard Theological Review*. 53 (1960).
Webb, Eugene. "Augustine's New Trinity: The Anxious Circle of Metaphor," *Innovation in Religious Traditions*. Berlin: Mouton de Gruyter, 1992.
Weber, Max. *The Protestant Ethic and the Spirit of Capitalism*. Translated by Talcott Parsons. London: George Allen & Unwin, 1952.

Weinandy, Thomas G. "Nicea's Homoousion: Defining God's Begetting and Becoming," *Does God Change?* St. Bede's Publications, 1985.

Weithman, Paul. "Augustine's Political Philosophy," *The Cambridge Companion to Augustine*. Edited by Eleonore Stump & Norman Kretzmann. Cambridge: Cambridge University Press, 2001.

Wendel, François. *Calvin: Origin and Development of His Religious Thoughts*. Translated by Phillip Mairet. New York: Harper and Row, 1963.

Wetzel, James. "Predestination, Pelagianism, and Foreknowledge," *The Cambridge Companion to Augustine*. Edited by Eleonore Stump & Norman Kretzmann. Cambridge: Cambridge University Press, 2001.

White, Jr. Lynn. "The Historical Roots of Our Ecological Crisis," *Science* 155/ March (1967).

Wilken, R. N. "Judaism in Roman and Christian Society," *Journal of Religion*. 47 (1954).

Willams, Daniel D. "The Significance of St. Augustine Today," *A Companion to the Study of St. Augustine*. Edited by Roy W. Battenhouse. Grand Rapids, Michigan: Baker Book House, 1979.

Williams, Rowan. "Sapientia and the Trinity: Reflections on *De trinitate*," *Collectanea Augustiniana*. Louvain: Leuven University Press, 1990.

Williams, Thomas. "Biblical Interpretation," *The Cambridge Companion to Augustine*. Edited by Eleonore Stump & Norman Kretzmann. Cambridge: Cambridge University Press, 2001.

Wilson III, Robert J. *The Benevolent Deity: Ebenezer Gay and the Rise of Rational Religion in New England, 1696-1787*. Philadelphia: University of Pennsylvania Press, 1984.

Wright, Conrad. *The Beginnings of Unitarianism in America*. Boston: Beacon Press, 1955.

Wuerl, Donald W. *Fathers of the Church*. Boston: St. Paul Editions, 1974.

Yarbrough, Anne. "Christianization in the Fourth Century: the Example of Roman Women," *Church History*. 45 (1976).

ABSTRACT

The Doctrine of the Trinity in the Theology of Jonathan Edwards

Kim, You-Joon Ph.D.
Yonsei University

The purpose of this book is to inquire into the practical foundation and guidance of the Christian faith and life in modern time. This is accomplished by studying the creative contents and characteristics found in the Trinity of Jonathan Edwards, who was a Puritan and Calvinist of New England in the 18th century.

The doctrine of the Trinity, a central doctrine and the essential foundation of faith, has distinguished Christianity from other religions. It has provided the fundamental solution to today's various issues found in the Christian life with regard to creation, salvation and sanctification, the problem of freedom and equality between individuals and society, and the reservation of the ecosystem. Though an emphasis on the doctrine of the orthodox Trinity had been different according to the historical contexts and missions in each period, the main doctrine was not changed. This doctrine of the Trinity continued in the stream of central and practical emphasis on faith and theology through Jonathan Edwards' thoughts, which excellently systematized with the harmony and balance through Augustine who marked the climax of early church fathers, Luther and Calvin who were reformers, and the doctrine of the orthodox Trinity in Eastern and Western church.

In the 18th century there were political and cultural conflicts in New England as the early reclaimed land of England settlers. Gradually as Puritan faith and piety disappeared, secularization increased. In addition, there were prevalent deism, anti-trinitarianism and arminianism by the influence of reason and science. As a result of the Great Awakening, the mood of spiritual awakening and revival was spread, but there were also conflicts and divisions because of enthusiasm. In spite of this confusing political situation, strong challenge of science and reason by the Enlightenment, and the spiritual crisis of church, Jonathan Edwards took the initiative of the Great Awakening. With the various creative theological writings and pious ministries, he has been regarded as the most excellent thinker who had influenced American history. Based on the understanding and experience about the Trinity, Jonathan Edwards developed his theology and thought, emphasizing God's glory and absolute sovereignty. Therefore, the study on the doctrine of the Trinity in the theology of Jonathan Edwards became a very significant foundation on the research in his theology and thought.

Despite the new challenges of postmodernism and pluralism

which call for equal coexistence between various religions and values in 21th century, the excellence and creativity in thought of Jonathan Edwards has shown admirable insight and creative alternative. In the requirement of equal coexistence of the postmodern period, his emphasis on the Equality of the Persons of the Trinity has ensured a firm basis to reject the subordinate relationship or hierarchy between human beings who are created according to the image of God. Moreover, the essence of being as dynamic and the relationship of God's dispositional essence in Jonathan Edwards' conception have shown the basis of the sociality transcending individuality and the unity and love of community.

Amy P. Pauw maintained that Jonathan Edwards employed both psychological and social models of Augustinian Trinitarianism in the Trinity. In contrast, Steven M. Studebaker refuted that Pauw's use of the threeness-oneness Trinitarian paradigm in interpreting Edwards over-generalized the Augustinian models and Trinitarian traditions. Instead, Studebaker insisted that Jonathan Edwards did not employ two models of the Trinity, but the one which was the Augustinian mutual love model. In this dissertation, however, I have proved that Jonathan Edwards' doctrine of the Trinity was not only influenced by the Augustinian mutual love model, but it was also influenced by social model. Moreover, I have shown with the method of 'Trinitarian Perspective' that Jonathan Edwards' Trinitarianism was creatively succeeded to the Reformed tradition and the early Enlightenment with continuity, balance and harmony.

Succeeding to the traditional conception of the Trinity on the eternal generation of the Son and the procession (*filioque*) of the Holy Spirit, Jonathan Edwards interpreted this conception as the divine communication and self-repetition of the dynamic reality as his own creative understanding of God. That is, he expressed the Son as God's idea of Himself, and the Holy Spirit as the Doer of Love. With the representation of God's self-communication, Edwards' trinitarian thought was able to harmonize Immanent and Economic Trinity. Based on his original study on the understanding of God, Edwards improved the Equality of the Persons of the Trinity with the unique superiority of the Persons of the Trinity.

Regarding Trinitarian God as dispositional ontology, Jonathan Edwards got over the challenge of deism and natural science. In addition, he put the emphasis on the true religious affections and practices as the understanding of Trinitarian God through empirical epistemology. He stressed the harmony of faith and reason, faith and experience, and faith and emotion with the understanding of God through the conception of harmony. Especially, he overcame the limitations of classical theism about the attribute of God with the conception of harmony.

In short, the Doctrine of the Trinity in the Theology of Jonathan Edwards could be summarized as follows: first, it is the continuity of Psychological and Social Trinity. With the dispositional conception of God, this psychological analogy is evolved into social analogy, so it makes mutual continuity. Second, it is the harmony of Immanent and Economic Trinity. On one side, God's inner understanding and fullness of love shapes Immanent Trinity. On the other side, God's outer understanding and fullness of love forms the Economic Trinity implying creation, salvation and sanctification. Finally, it is the balance of Relational and Practical Trinity. The three Persons of the Trinity have a unique glory and excellence, but they are also distinguished, because God's dispositional essence is a dynamic and relational essence. Thus, we can own the faith of participating in the end of creation and salvation, which is the repetition of God's dispositional essence. In addition, we can live the practical life on the basis of the glory of God through the guidance of Holy Spirit who is doer of love.

In conclusion, this 'Trinitarian perspective' can offer many advantages of communication and consensus with modern people by changing the central axis from classical Christ-central interpretation into Trinitarian-central interpretation in study on the doctrine of the Trinity. Therefore, it has established the foundation that all human beings and creatures can take actively part in the end of God's creation towards the glory of God.

Key Words:
Jonathan Edwards, The Doctrine of the Trinity, Dynamic Reality, God's Idea of Himself, Doer of Love, The Equality of the Persons, Psychological Trinity, Social Trinity, Immanent Trinity, Economic Trinity, Relational Trinity, Practical Trinity.

조나단 에드워즈의 삼위일체론
The Doctrine of the Trinity
in the Theology of Jonathan Edwards

2016년 08월 10일 초판 발행

지 은 이 | 김유준

편   집 | 정희연
디 자 인 | 이수정, 박슬기
펴 낸 곳 | 사)기독교문서선교회
등   록 | 제16-25호(1980. 1. 18)
주   소 | 서울시 서초구 방배로 68
전   화 | 02) 586-8761-3(본사) 031) 942-8761(영업부)
팩   스 | 02) 523-0131(본사) 031) 942-8763(영업부)
홈페이지 | www.clcbook.com
이 메 일 | clckor@gmail.com
온 라 인 | 기업은행 073-000308-04-020, 국민은행 043-01-0379-646
           예금주: 사)기독교문서선교회

ISBN 978-89-341-1571-7 (93230)

* 낙장 · 파본은 교환해 드립니다.

이 도서의 국립중앙도서관 출판시 도서목록(CIP)은 서지정보유통지원시스템 홈페이지(http://seoji.nl.go.kr)와 국가자료공동목록시스템(http://www.nl.go.kr/kolisnet)에서 이용하실 수 있습니다.
(CIP제어번호: CIP2016018271)